동아시아 실학, 그 의미와 발전 Ⅱ

景仁文化社

간행사

　실학박물관은 개관 이래 실학사상에 관한 자료의 수집·연구·교육 및 전시를 통해 조선후기 실사구시實事求是의 신 학풍 출현 배경과 그 내용을 이해하는 데 이바지하고, 나아가 실학이 추구한 개혁과 문명지향의 정신을 오늘과 새로운 시대를 위한 가치 모색의 동력으로 삼고자 힘써 왔습니다. 이러한 방향에 맞추어 상설 전시실에서는 실학의 형성과 전개, 실학과 과학 등 사상 전반을 체계 있게 보여주고 있으며, 해마다 두 차례의 특별기획 전시회를 개최하고 있습니다.

　아울러 전시회 주제를 널리 알리고 학술적인 성과를 축적하여 향후 박물관의 전시 교육에 활용하기 위해 해마다 실학 관련 주제를 선정하여 학술회의를 진행해 왔습니다. 2009년 10월 개관기념 국제학술회의를 시작으로 매년 특별 기획전시 개최에 즈음하여 관련 학회와 협력하여 학술회의를 기획하였습니다. 관련 연구자들의 새로운 논문과 토론은 실학 연구의 자산임과 동시에 '신실학新實學 운동'을 모색하고자 하는 박물관의 운영 방향에 충실한 사업이었습니다.

　이제 그간 진행되어 온 학술회의의 성과들을 주제별로 모아 단행본으로 묶어 내려 합니다. 앞으로 이 사업을 계속함으로써 조선후기 실학

사상에 대한 이해와 해석, 그리고 새로운 생활적 사유와 문화 창조에 작으나마 보탬이 되기를 기대합니다.

『동아시아 실학, 그 의미와 발전』Ⅱ은 2009년 10월 박물관의 개관을 기념하여 개최한 국제학술회의에서 발표한 논문들을 수록하였습니다. 동아시아 실학 국제학술회의는 일찍이 한·중·일 3국의 실학 연구자들이 2년에 한 번씩 번갈아 개최해 온 국제학술행사로서, 지난 1990년 '동아시아 삼국에 있어서 실학사상의 전개'를 주제로 서울 성균관대 대동문화연구원에서 처음 개최한 이래 꾸준히 진행되었고, 경기도 실학박물관에서 그 10회째를 맞이한 뜻 깊은 행사였습니다.

한국과 중국과 일본을 함께 사고하는 동아시아적 관점에서 실학을 조명하고 현재까지 연구 성과와 실학의 근본적 의미를 재조명할 뿐만 아니라, 향후 실학의 발전 방향을 모색해 보는 좋은 계기를 마련했던 자리였습니다.

이 책에는 총 11편의 글을 수록하고 있습니다. 한국 실학에 대한 주제로는 이익李瀷의 정치학 및 영남 학인과의 교유, 연암燕巖의 문학, 정약

용정丁若鏞의 천도관天道觀, 서유구徐有榘의 지역인식, 심대윤沈大允의 사유체
계를 다룬 6편의 글이 있으며, 중국 실학은 명청시기 경세실학 및 명말
서학西學 수용의 양상을 다룬 글 2편, 그리고 일본 실학은 히로세 탄소廣
瀨淡窓와 구마자와 반잔熊澤蕃山, 가츠 가이슈勝海舟 등의 사상을 고찰한
글 3편을 수록하고 있습니다.

연구총서의 발간을 계기로 관련 주제에 대한 학계와 일반인의 관심
이 제고되기를 기대하며, 좋은 논문을 집필해 주신 필자 여러분과 토론
자 여러분들께 깊은 감사의 말씀을 드립니다.

2012년 11월

경기문화재단 실학박물관장 김 시 업

▌ 차 례 ▌

성호 이익
—냉정한 우호의 정치학

김대중 | 서울대학교 규장각 조교

1. 실학 연구와 '타자'의 문제

한국은 중국과 일본 사이에 있다. 이들은 단순한 이웃이 아니다. 어떤 숙명적인 조건 같은 것이다. 이들과의 관계를 떠나서 한국의 존립 가능성을 타진한다는 것 자체가 불가능하기 때문이다. 공동체의 존립은 정치학의 근본 과제이다. 따라서 중국 및 일본과 어떻게 더불어 살 것인가 하는 고민은 어떤 의미에서든 '정치적 사유'가 될 수밖에 없다. 정치학은 곧 '주체'와 '타자'에 대한 실존적 사유의 장場이 된다.

본고는 성호星湖 이익李瀷(1681~1763)의 국제정치학을 탐구하고자 한다. 성호의 시대는 동아시아의 대전환을 통과한 시점에 해당한다. 그 전환은 무엇보다도 대규모의 전쟁을 통해 체험되었다. 그것은 조선의 존립 자체를 위협할 정도로 가공할 만한 것이었다. 따라서 타자와의 관계를 어떻게 설정할 것인가 하는 문제는 그 당시로서는 생사를 건 과제였다. 성호의 정치학은 이 문제에 대한 경이로운 통찰과 첨예한 사유를 보여준다. 그런데 기존의 성호 연구에서는 그 중요성이 대체로 간과된 듯하다. 비정치적인 시각에 의한 연구는 차치하더라도, 성호의 진보성에 주목한 연구들조차도 그렇다.[1)]

---

1) 한우근(1980), 『성호 이익 연구』, 서울대학교 출판부, 190~199면에서 국제정치의 문제에 대한 간단한 언급이 있었다. 그러나 그 뒤로 국제정치학은 성호 정치학의 중요한 과제로 파악되지 못한 듯하다. 송찬식(1970), 「성호의 새로운 사론」, 『백산학보』 제8호, 405~422면; 이종호(1984), 「이익의 국방론」, 『마산대학 논문집』 제6권 제2호, 87~97면; 하우봉(2001), 「조선후기 실학파의 대외인식」, 『한국실학의 새로운 모색』, 한국사연구회 편, 경인문화사, 158~159면 등에서 국제정치와 연관된 내용이 전혀 언급되지 않은 것은 아니나, 그 언급이 소략한 편이다. 다만 강경원(1994), 「성호 이익의 정치외교 사상」, 『유교사상연구』 7, 417~455면은 국제정치의 문제를 정면으로 다룬 것이긴 하나, 그 시각은 본고와 근본적으로 다르다. 이 점에 대해서는 나중에 다시

기실 '타자와 더불어 살기'는 실학 연구의 중요한 과제였다. 그런데 기존의 실학 연구에서는 그 '타자'가 은연중에 '조선사람' 내지 '한국사람'으로 전제되어 있었던 것이 아닌가 한다. 이런 일국적一國的 시각에 대한 반성에서 촉발되어, 최근에는 한중교류韓中交流나 한중 비교연구 등이 학계의 주요 관심 분야로 부상했다. 이들 연구는 '타자와의 교섭'으로 눈을 돌리는 계기를 마련했다는 점에서 학계에 중요한 기여를 했다. 그러나 이런 의의가 인정됨에도 불구하고, 이런 방향의 연구들은 타자와의 교섭과 관련된 중요한 논점 하나를 결여하고 있는 듯하다. 그 연구들은 주로 지식의 유통이나 문화 교류 같은 것에 초점을 맞추었다. 그런데 정치학의 견지에서 보면 이런 연구들이 보여주는 세계는 지나치게 평화롭다. 거기에서는 타자와의 관계 맺음에 따른 '긴장감' 같은 것이 잘 느껴지지 않는다. 한마디로 몰정치적이다. 그러나 이런 관점으로는 성호의 첨예한 문제의식을 정당하게 파악하기 힘들다.

본고는 이상의 두 가지 문제에 유의한다. '냉정한 우호의 정치학'은 '타자와 더불어 살기'에 대한 성호의 사유 일반을 개념화한 것이다. '냉정한 우호'는 중국과 일본에 대한 성호의 양면적 인식과 태도를 지칭한다. '우호'에 '냉정'이라는 한정어가 붙는 것은, 성호가 이들 타자에 대해 개방적이었으면서도 늘 경각심을 늦추지 않았기 때문이다. 그런데 이런 냉정한 타자인식은 냉철한 내부성찰과 불가분의 관계를 맺는다. 앞으로 살펴보겠지만, 성호는 자국自國의 한계와 문제점을 반성하면서 타자와의 평화적 관계를 구축하고자 했다. '냉정'은 이렇게 타자에 대한 '현실주의적 인식'과 주체에 대한 '자기반성적 태도'를 모두 포괄하는 말이다. 그럼 지금부터, 우선 일본에 대한 성호의 '냉정한 우호'에 대해 살펴보자.

언급하기로 한다. 그 밖에 성호의 정치사상에 대한 연구에서는 대부분 국제정치의 문제가 누락되었다. 그리고 꼭 성호 연구는 아니지만, 동아시아 국제정치에 대한 본격적인 연구서인 이삼성(2009), 『동아시아의 전쟁과 평화』, 한길사에서도 성호의 정치학은 전혀 다루어지지 않았다.

2. 타자에 대한 성호의 인식과 태도

1) 일본에 대한 '냉정한 우호'

성호는 『국조정토록國朝征討錄』에서 이른바 '삼포왜란'에 대한 기사를 옮겨 적은 다음 이렇게 말한다.

> 내가 상고해 보니, 쓰시마(對馬島) 정벌은 다이라도오젠(平道全) 등이 왜(倭)를 이끌고 왔기 때문이었다. 당시에 여러 섬의 왜를 잡아서 모두 국경내의 마을에서 살게 했으니, 나중에 틀림없이 인구가 불어났을 것이다. 지금 또 왜인 대조마노(大趙馬奴) 등이 다이라도오젠의 예전 술책을 썼는데, 비록 이들을 평정하긴 했지만, 한 번 큰 소요가 발생할 것이다. 그들은 결국 우리의 동족이 아니므로, 틈이 생기면 난을 일으킬 것이니, 결국 오랑캐를 몰아내고자 한 곽흠(郭欽)의 계책이 좋을 것이다. 그러나 정현룡(鄭見龍)이 역수(易水)의 오랑캐를 섬멸할 때, 항왜(降倭)를 선봉으로 삼자 항왜들이 사력을 다 했으니, 그렇다면 오직 어떻게 쓰느냐에 달려 있을 뿐이다.
>   지금 듣건대 연해의 여러 고을에 향화촌(向化村)이 많다고 한다. 그곳은 별도로 한 부락을 이루고 있고, 읍민(邑民)들은 그들과 통혼하지 않는다고 한다. 그들을 천시하기 때문이다. 이러다가 훗날 혹시라도 왜구의 침략을 받게 되면, 그들이 반드시 그 기회를 틈타 화(禍)를 키우지 않으리라는 법이 없다. 중국의 명문가 중에 원래 오랑캐 출신이 얼마나 많은가? 지금 왜인이 대대로 우리나라에서 살면서 문명교화를 입은 지 오래되었는데 어째서 유독 그들에게만 심하게 군단 말인가? 지금 왜관(倭館)의 남녀가 간통하면 사형시키니, 이것은 진실로 좋은 법이다. 하지만 귀화한 지 오래된 사람에 대해서는 마땅히 각 고을에 명하여, 그들 중에 일을 시킬 만 한 자를 가리고 그중에서 우수한 자를 뽑아서 현달하게 하여,

> 차츰차츰 우리나라 사람들과 더불어 섞여 살게 해야 비로소 화합할 것이다.[2]

향화일본인向化日本人을 조선사회에 적극 동화시켜야 한다는 것이다. 이들에 대한 조선 측의 처우는, 시대에 따라 단일하지 않았던 것으로 보이지만, 조선 초기를 제외하고는 대체로 억압적이고 차별적이었던 것으로 생각된다.[3] 임진란 이후로 특히 그랬던 듯하다. 이런 현실에 비추어

---

2) "愚按: 馬島之役, 因平道全等引倭至也. 當時捕諸島倭, 悉置內邑, 後必有蕃殖益衆者矣. 今又倭大趙馬奴等用道全故智, 雖得底平, 而一番大騷擾矣. 畢竟非我族類, 因釁生亂, 終不若郭欽驅出之策爲得也. 然鄭見龍剿滅易水胡, 以降倭爲前鋒, 得其死力, 惟在用之如何耳. 今聞沿海諸郡多向化村, 自成廬落, 邑民不通婚姻, 盖賤之也. 異日或有寇亂, 未必無乘機媒禍也. 中華之閥閱族姓, 原出胡貉者何限? 今倭人傳世旣遠, 進而中國之者久矣, 獨何甚哉? 今倭館男女相通者誅, 此固善法, 而其向化久遠者, 宜令諸郡揀閱任使, 拔其尤而顯之, 稍稍與國人混居, 方始委曲耳."(李瀷, 「三浦倭」『星湖僿說』卷之十九 經史門; 『星湖僿說』下, 경희출판사 영인, 1967, 68~69면) 인용문의 번역은 민족문화추진회 편, 『국역 성호사설』 7(민족문화문고간행회, 1977~1984), 237면을 참조하여 필자가 수정한 것이다. 앞으로 『성호새설』을 인용할 때에는 모두 이렇게 한다. 인용문에서 대조마노(大趙馬奴)는 오바리시(大趙馬道)를 가리키는 듯하다. 오바리시는 야스코(奴古守長)와 더불어 삼포에서 반란을 일으킨 인물이다. 곽흠 운운한 것은, 그가 서진(西晉) 내의 오랑캐를 변방 밖으로 몰아내어 출입을 엄금할 것을 건의했으나 채용되지 않았는데, 그 뒤에 서진이 결국 오호(五胡)의 난으로 망했기에 한 말이다. 정현룡 운운한 것은, 1594년 역수부(易水部)의 오랑캐들이 영건보(永建堡)에 와서 노략질을 하자 그가 군사 2천 명을 거느리고 가서 적을 토벌한 일을 말한다. 전쟁 당시에 적군이 저항하자, 항왜들이 적극적으로 나선 덕분에 관군(官軍)이 드디어 성을 함락시킬 수 있었다고 한다.

3) 關周一(1998), 「對馬三浦の倭人と朝鮮」『朝鮮史硏究會論文集』 36, 朝鮮史硏究會), 95~113면; 한문종(2001), 『조선전기 향화·수직 왜인 연구』, 국학자료원, 57~62면, 190~191면 참조. 다만 이들 연구는 조선 초기를 위주로 한 것이다. 조선 후기의 향화일본인을 집중적으로 다룬 연구는 찾을 수 없었다. 교양서까지 고려한다 해도, 이희근(2008), 『우리 안의 그들! 역사의 이방인들』, 너머북스, 192~194면에 향화일본인에 대한 선조대(宣祖代)의 차별과 폭력

보면, 성호의 주장은 대단히 주목된다. 그것은 임진란 이후로 일본인에 대해 갖고 있던 조선사람들의 뿌리 깊은 적개심을 상당 부분 극복한 것이다. 한 가지 예를 들어 보자. 1606년에 호조戶曹의 요청에 따라 항왜인降倭人에게 양료量料를 지급한 일이 있었는데, 여기에 대해 사관史官은 이렇게 논평했다.

> 왜적은 원릉(園陵)을 욕보이고 묘사(廟社)를 파괴했으니, 의리상 차마 하루도 같은 하늘 아래에 함께 살 수 없다. 우리나라에서 살고 있는 왜인을 남김없이 도륙하더라도 죽은 사람과 산 사람의 분(憤)을 씻지 못할 텐데, 도리어 이들을 받아들여서 백성으로 삼고 다달이 늠료(廩料)를 주어 그들이 살아갈 수 있도록 구제해준단 말인가?[4]

물론 시간적인 상거相距를 고려해야겠지만, 성호의 주장이 적개심에 불타는 이런 반응과 극명한 대비를 이루는 것만은 틀림없다. 그렇기는 하나, 이방인에 대한 성호의 주장은 '무조건적 환대'와는 또 거리가 멀다. 성호의 입장은 우호적이지만 온정 일변도는 아니다. 오히려 냉정하고 현실적이다. 지금부터 상반된 이 두 측면에 대해 좀 더 자세히 따져 보자.[5]

성호가 향화일본인 문제에 주목하게 된 것은 이방인에 대한 경계와

이 언급되어 있는 정도이다.

4) "倭賊辱及園陵, 夷毀廟社, 義不忍一日戴天. 倭之居我土者, 無遺誅戮, 猶不足以雪神人之憤, 乃反受而爲民, 月給廩料, 以濟其生乎?"(『宣祖大王實錄』卷之二百三 39年 丙午 9月 22日 戊子;『朝鮮王朝實錄』25, 국사편찬위원회, 1971, 266면).

5) 한우근(1980), 『성호 이익 연구』, 서울대학교 출판부, 194~195면; 하우봉(1989),『조선후기실학자의 일본관 연구』, 일지사, 80면과 같은 선행연구에서도 향화일본인에 대한 성호의 입장에 주목한 바 있다. 그런데 이들 연구는 성호의 주장을 간단하게 요약하는 선에서 논의를 그쳤고, 그 양면성에는 유의하지 못했다.

자기보존에의 욕구 때문이다. 향화일본인은 우선 '사이좋은 이웃'이 아니라 '잠재적 위험요소'로 간주된다. 여차하면 조선의 평화와 안녕을 위협할 '불안요소'로 말이다. 심지어 성호는 이들을 아예 몰아내는 것이 좋은 계책이라고 말하기까지 한다. 이런 경계심은 역사적 경험에 의한 것이다.

그러나 그뿐만이 아니다. 다른 한편으로 성호는 향화일본인이 겪고 있는 소외를 심각한 문제로 인식하고 있다. 그들을 소외시킨 것은 조선사회이지 결코 그 반대가 아니다. 향화일본인이 불안요소이긴 하다. 그러나 그들이 태생적으로 나빠서 그런 것이 아니다. 그들에 대한 조선사회 전반의 편견과 차별 때문에 그런 것이다.

이런 사고의 전기轉機가 된 것은 정현룡의 사례이다. 성호는 이민족을 추방하고자 한 곽흠의 사례에 이어 정현룡의 사례를 떠올리면서 생각을 바꾼다. 곽흠의 사례가 적대적 경험을 환기하는 반면 정현룡의 사례는 우호적 경험을 환기한다. 전자가 중국의 경험인 반면 후자는 조선의 체험이다. 요컨대 성호는 중국의 사례에 조선을 비추어보는 대신, 조선이 직접 경험한 '우호의 체험'을 떠올림으로써 사고의 중요한 전기를 마련했다. 이것이 '역사적 기억'의 힘이다. 이 힘에 의해 성호는, 향화일본인을 위험요소로 낙인찍는 시각에 머무르는 대신, 조선이 그들을 어떻게 대해야 할 것인가를 문제 삼기에 이른다. 조선 측의 '태도'와 '책임'이 향화일본인과의 평화로운 공존을 위한 선결과제로 부각된 것이다.

이렇게 해서 성호는 이방인의 거주권과 생활권을 보장할 책임을 조선사회에 스스로 묻는다. 그런데 성호의 이런 주장은 이방인에 대한 인간적 배려를 위한 것만은 아니다. 성호는 그보다는 국내의 잠재적 불안요소를 없애기 위한 '정치적 고려'를 하고 있다. 그의 이런 시각은 근본적으로 '적'과 '동지'의 이분법에 기인한다. '적'이 '적'인 한, '적'과의 공존은 '잠재적 전쟁'의 상태이다. 따라서 성호의 눈에는, 향화일본인들이 조선에서 계속 이방인으로 존재한다는 것 자체가 비정상적인 상태 내지

언젠가는 해소되어야 할 위험 상태로 보였던 듯하다. 그 해결책으로 제시된 것이 곧 선별적·점진적 동화정책이다.

그렇다면 미처 동화되지 못한 사람, 그리고 동화되기를 거부한 사람은 여전히 이방인으로 간주될 수밖에 없다. 그렇다면 이들에 대한 차별과 배제는 불가피하다는 것일까? 문제는 여기서 그치지 않는다. 향화일본인들의 생활습속이나 언어 같은 것은 어디까지, 어떻게 존중할 것인가? 성호의 글에서는 이런 문제들에 대한 고민이 보이지 않는다. 만약 성호의 사유가 계속 진전되었더라면 그 자신도 이런 문제들을 비껴가기 어려웠을 듯하다. 그러나 성호의 시대는 아직 이런 문제들을 감당할 만한 단계에까지는 도달하지 못한 것이 아닌가 한다. 따라서 성호에게 무리한 주문을 하기보다는, 그가 이방인과의 평화적 공존을 심각한 문제로 제기하고 그에 대한 구체적인 방안을 수립하고자 했다는 점, 그리고 그럼으로써 후세에 중요한 실마리를 남겼다는 점에 주목하는 편이 더 온당할 것이다.

그렇다면 '냉정한 우호의 정치학'은 어떤 한일관계를 열어가려 하는가? 외교승 켄뽀오玄方에 대한 글을 통해 이 문제에 대해 생각해 보자.

인조(仁祖) 기사년(1629) 여름에 일본의 중 켄뽀오(玄方)가 서울로 올라오기를 청하기에 조정에서 허락했다. 켄뽀오가 가마를 타고 가서 서울에 당도하자 병조(兵曹)에서 영위연(迎慰宴)을 열었다.

켄뽀오가 이렇게 말했다. "조선이 산융(山戎: 후금)에게 침략을 받았으니 의리 상 구원하지 않을 수 없습니다. 그리고 이참에 천조(天朝: 명나라)에도 조공을 바치고자 합니다." 또 이렇게 말했다. "옛날에는 일본으로 사람을 보내 글을 가르쳐 주고 음악을 가르쳐 주었습니다. 음악은 '고려악'(高麗樂)이라 칭하여 지금까지도 천황궁(天皇宮)에서 쓰고 있는데 음률이 변했습니다. 조선은 상국(上國)과 더불어 부자(父子)의 나라가 되었으니, 불법(佛法)도 반드시 성대하게 전해졌을 것이니 전수 받았으면 합니다." 예관(禮官)이 개유(開諭)하여 거절하면서 이렇게 말했다. "지금 우리 조정은 오로지 유교만을 숭상하고 불교는 폐기했다."

켄뽀오가 또 "예전에 송운선사(松雲禪師: 사명당)를 뵈었는데 진정한 대사(大師)이셨습니다"라고 하자, 예관이 "송운은 이미 죽었고 그를 계승한 자도 없다"라고 대답하니, 켄뽀오가 노발대발하여 전별연(餞別宴)도 받지 않고 돌아갔다.[6]

임진란 이후로 한일관계는 경색될 수밖에 없었다. 이런 상황에서 조선 후기를 통틀어 처음이자 마지막으로 상경한 일본인 특사가 곧 켄뽀오이다. 성호는 켄뽀오의 방문과 관련된 몇 가지 사실을 위와 같이 정리한 뒤, 조선 조정의 대처 방식을 다음과 같이 비판한다.

내 생각에, 불교를 전수해달라는 요청은 이치상 불허하는 것이 마땅하지만, 예악(禮樂)의 가르침으로 말하면, 그 귀향(歸向)에 따라 인도해주는 것이 옳았는데 어째서 거절했단 말인가? 다만 이것도 아마 가르칠만한 스승이 없어서 그랬던 듯하니, 심히 부끄럽다. 송운을 계승한 자가없다는 대답 역시 지극히 무식하다.

더구나 일본은 지역이 넓고 토질이 비옥하며, 무기가 예리하고 군졸이 굳세니 우리나라가 비할 바가 아니다. 임진년 이후로 저들도 잘못을 고쳐, 150년에 이르도록 변방에 전쟁이 없었다. 하지만 앞으로 끝내 별 일이 없을 것이라고 어찌 장담할 수 있겠는가? 저들의 나라가 예나 지금이

---

6) "仁祖己巳夏, 日本僧玄方請詣京師, 朝廷許之. 玄方乘轎而行, 至則設迎慰宴于兵曹. 玄方曰: '朝鮮爲山戎所侵, 義不可不援, 因欲通貢于天朝.' 又云: '舊時送人日本, 敎以文, 敎以樂. 樂則稱以高麗樂, 至今用之於天皇宮, 音律變訛. 朝鮮與上國爲父子之國, 佛法亦必盛傳, 欲得傳授.' 禮官開諭不從曰: '今朝專尚儒術, 棄廢禪道.' 玄方又云: '向見松雲禪師, 眞大師也.' 禮官答: '松雲已死, 無繼者.' 玄方發怒, 不受錢宴而歸."(李瀷, 「倭僧玄方」『星湖僿說』卷之九 人事門, 영인본 上, 295면).

나 외침을 당하지 않는 것은 지형 덕분이다. 하지만 여러 주州가 분열되어 다툰 일은 있었으니, 이런 상태가 오래 되면 반드시 장차 통합될 것이고, 통합되고 나면 문풍(文風)이 일어나고 무비(武備)는 쇠해질 것이다.

그 백성은 절실하게 중화를 사모하여, 서적을 많이 간행하고 시문(詩文)도 조금 전하긴 하지만, 여전히 촌수재(村秀才)의 미숙한 기미(氣味)를 면하지 못했다. 따라서 우리가 만약에 이번 기회를 틈 타 적절한 방법으로 그들을 진작시켰더라면, 그들도 곧바로 변화되어 집집마다 글을 숭상하게 되었을 것이다. 그래서 문예로써 선비를 뽑을 정도까지 된다면 한창 성대하게 스스로 뽐내느라 외국을 엿볼 겨를이 없을 것이다. 이렇게 되면 어찌 양국(兩國)의 이익이 아니겠는가?

그 전기(轉機)는, 통신사가 왕래할 때 재주 있고 학식을 갖춘 선비를 뽑아 그들과 더불어 수창하고 강론하게 하여, 그들의 소원을 많이 들어주는 데 있을 따름이다. 대저 이웃나라와 교제할 때 신실하게 하는 것이 선왕先王의 아름다운 전례이니, 지금 저들의 사신이 일단 우리의 국경 위에 멈추어 있도록 하고 우리가 또 그들의 청을 기다린 뒤에야 사신을 보내는 것은 크게 정성과 신뢰를 결여한 것이다. 마땅히 다시 약조를 맺어, 3년에 한 번씩 사신을 교환하여, 우리가 가면 그쪽도 오되, 각각 도성 안까지 들어오도록 하여 번다한 비용을 줄이고, 그 거만하고 간사한 버릇을 금한다면 정(情)이 서로 통하고 의(義)가 서로 합할 것이니, 이보다 더 좋은 장구한 계책은 없다.

켄뽀오가 서울로 올라오기를 청하자 당시 조정의 의논이 허락한 것으로 말하면 전례가 없었던 것은 아니다. 하지만 다만 일개의 머리 깎은 중이 가마를 타고 항례(抗禮)를 했으니, 어찌 수치스러운 일이 아니겠는가? 당시에 이런 이유를 들어 거절하지 못한 것이 또한 한스럽다.[7)]

---

7) “愚案: 佛學之請, 理宜不許. 如禮樂之敎, 因其歸向勸導之可矣, 奈何不從? 但恐此亦無可敎之師而然耳, 旣甚愧惡. 松雲無繼之答亦極無識. 且日本地廣土饒, 兵利卒勁, 非我邦之比. 自壬辰之後, 彼亦懲艾, 迄百五十年, 邊徼無

예악을 전수해달라는 요청을 거절한 것이 잘못이라는 것이다. 그리고 일개의 승려에 불과한 그가 항례抗禮하도록 허용한 것이 잘못이라는 것이다. 첫 번째 비판의 핵심은 일본과의 문화 교류에 있다. 문화 교류가 꼭 필요한 것은 전쟁 위험을 줄이기 위해서이다. 전쟁 가능성을 줄이기 위해서는 일본에 문명교화가 퍼져야 한다는 것이 성호의 생각이다. 결국 성호는 향화일본인 문제에서와 마찬가지로 '정치적 판단'을 하고 있는 것이다. 두 번째 비판의 핵심은 외교적 격식에 있다. 성호는 심지어 '수치스럽다고까지 한다. 다른 글을 참고해 보면, 일본에 천황天皇이 엄존하는 상황에서 조선 국왕이 일본 관백關白과 항례하는 것이 언젠가 외교문제로 비화될 수 있다고 성호는 우려한 바 있다.[8] 결국 성호가 우려했던 대로 된 것은 잘 알려진 사실이다. 이렇듯 성호는 조선의 외교적 체신에 대해 극히 민감한 반응을 했다. 켄뽀오에 대한 과분한 예우를 두고 성호가 비판한 것은 그 연장선상에 있다.

이렇게 보면 성호의 입장은 양면적이다. 성호는 일본에 대한 조선의 우호와 성의가 부족한 것을 비판하는 동시에, 일본에 대한 처우가 지나친 것을 비판한 셈이다. 성호가 강조한 문화 교류는 한일 간의 평화적 관계 구축을 위한 것이지만, 그것은 어디까지나 정치적 판단에 의한 것

警. 然亦安保來者之卒無事乎? 彼國今古不被外侵, 地勢有然者也. 然諸州分爭則有之, 久則必將統合, 合則文風起而武備衰. 其民切切慕華, 多刊書籍, 稍傳詩文, 尚不免村秀才酸醋氣味. 我若乘此會, 風動之有術, 其將不日革變, 家戶詞華, 以至於文藝取士, 則方且楚楚自華而無暇於外窺, 豈非兩國之利耶? 其機在信使往來, 選一時才學之士, 多與之唱酬講說, 俾增榮願而已矣. 夫交際信命, 先王之懿典. 今彼使止於境上, 我又待其請, 然後發使, 大欠誠信. 宜更與約條, 三年一使, 我往彼來, 各達都中, 刪其繁費, 禁其慢謠, 則情相通也, 義相比也, 悠遠之圖莫過於此. 如玄方請詣京師, 時議許之, 則不爲無例. 但髡頭衲子, 乘轎抗禮, 豈非可恥耶? 亦恨當時不能以此辭之也."(李瀷, 위의 글, 295~296면).

8) 李瀷,「日本忠義」『星湖僿說』卷之十七 人事門, 영인본 上, 602면; 임형택 (2000),「실학자들의 일본관과 실학」『실사구시의 한국학』, 창작과비평사, 191~192면 참조.

이다. 비록 그렇기는 하나, 문화 교류 전체가 '정치적인 것'으로 환원되지는 않을 터이다. '문화적인 것'과 '상호 신뢰' 같은 것은 특히 그러하다. 이 점을 고려한다면, 성호가 제안한 문화 교류는 다소 역설적으로 보이는 면이 없지 않을 듯하다. 정치적·현실적 필요에서 문화 교류가 요청되었지만, 그것이 개개인 간에 구체적으로 실현될 때에는 스스로 그런 요청을 초과할 가능성이 높기 때문이다.

켄뽀오의 방문은 곧 타자의 도래를 의미한다. 성호의 글에서는 어떤 이유에서인지 생략되었지만, 켄뽀오의 방문은 그 당시 조정의 분분한 논쟁을 불러일으킨 바 있다. 켄뽀오의 방문 목적이 과연 무엇인지, 켄뽀오의 말을 어느 정도 신뢰할 수 있는지를 판단하는 것 자체가 그리 간단치 않았던 것이다. 과거 일본 측의 전쟁 도발 경험, 그 당시 동아시아 정세의 불안정성, 켄뽀오의 외교문서 미지참, 일본에 대한 정보 부족 등이 복합적으로 작용하여 켄뽀오는 도저히 알 수 없는 '부담스러운 타자'로 받아들여졌다.[9]

그런데 성호의 글에서는 이런 복잡 미묘한 문제들에 대한 고려가 보이지 않는다. 이러한 침묵이 의도적인 것이었는지, 아니면 정보 부족이나 부주의에 기인한 것인지는 미상이다. 그러나 이런 각도에서 생각해 보면 어떨까? 켄뽀오의 의도를 남김없이 파악한 뒤에야 일본과의 교류가 가능해지는 것인가? 그 이전에 교류를 시작하는 것은 위험한가? 요컨대 타자에 대한 어느 정도의 확실한 지식이 타자와의 교류를 허용하는가? 타자가 타자인 한, 타자는 미지의 존재이다. 그만큼 불확실한 미래를 선사하는 존재가 타자이다. 따라서 타자와 교섭하기 위해서는 그 '불확실성'을 감수하려는 결의가 전제되어야 할 것이다. 성호가 조정의 대

---

9) 켄뽀오의 방문이 조선 조정에 미친 파장에 대해서는 한명기(2009), 『정묘·병자호란과 동아시아』, 푸른역사, 273~291면 참조. 켄뽀오의 방문 목적과 활동에 대해서는 田代和生(2005), 『倭館: 鎖國時代の日本人町』; 정성일 옮김, 『왜관』, 논형, 3~49면 참조.

응 방식을 비판하면서 무엇보다도 문화 교류를 우선시한 이면에는 혹시 이런 결의 같은 것이 있었던 것은 아니었을까? 만일 이런 결의가 없다면, 문화 교류라는 것 자체가 불가능해지는 것 아닌가? 이런 의문들을 미결의 문제로 남겨둔다.[10]

　이제까지 일본에 대한 '냉정한 우호'에 대해 살펴보았다. 그런데 일본과의 관계는 일본과의 관계로 그치지 않는다.

　　내 생각은 이렇다. 왜의 땅은 비파 모양이라 뾰족한 머리가 서쪽을 향했다. 그래서 왜가 수시로 나와서 침략할 수는 있지만 외국의 군사는 들어갈 수 없다. 우리나라에서 왜관(倭館)을 설치해서 후하게 대접하여, 영남의 부세 절반을 운송해 가 그들을 잘 돌봐준 덕에 변경(邊境)이 조금

---

10) 그런데 다른 한편으로 생각해 보면, 성호는 타자의 타자성을 그 자체로 받아들이지는 못한다. 예를 들어 성호는, 불법(佛法)을 전수해달라는 켄뽀오의 요청을 거절한 것에는 찬성하고 있다. 이 점에서 성호는 여타의 조정 신료들과 다를 바 없다. 요컨대 성호가 생각한 문화 교류는 상호적인 것이 아니라 일방적인 것이다. 그리고 그 밑바탕에는 중국 중심의 문명의식이 자리 잡고 있다. 마침 일본이 '절실히 중화를 사모'하고 있는데 조선이 그보다 더 문명화되었으니, 조선이 일본을 가르쳐야 한다는 것이다. 즉, 성호가 대화 상대로 상정한 일본은 그냥 일본이 아니라 '중국을 사모하는 일본'이다. 게다가 그 당시 일본 문화의 수준을 그렇게 낮은 것으로 치부하는 것이 과연 정당한가? 예를 들어 아라이 하쿠세키(新井白石, 1657~1725)는 처음에는 조선 사신들로부터 큰 충격을 받았지만, 나중에는 조선 지식인들 특유의 문화적 우월주의를 조목조목 비판하기에 이르렀다. 여기에 대해서는 김태준(1987), 「동아시아 문학의 자국주의와 중화주의의 위기」, 『일본학』, 동국대학교 일본학 연구소, 65~84면 참조. 이런 사례에 유의해 보면, 일본의 문화 수준이 조선에 비해 한참 떨어진다고 본 성호도, 우월감에 빠져 있는 여타의 조선 지식인들과 별반 다르지 않다고 할 수 있다. 이렇듯 성호는 일본과의 문화 교류를 제안하면서도 타자의 타자성을 너무나 당연하다는 듯이 배제하고 있다. 그러나 이것은 성호 한 개인만의 한계는 아니다. '유교문화의 보편성'이라는 관념이 강고하게 남아 있는 한, 그 당시 조선의 사대부라면 누구나 그럴 수밖에 없었을 것이다.

안정된 편이다. 하지만 만약에 상국(上國)이 군림한다면, 예전대로 하자
니 명분이 없고, 그렇다고 제도를 변경했다가는 틈이 벌어질 것이다. 그
렇게 되면 우리나라 한쪽 구석만 끊임없이 쇠잔해져 없어질 뿐 아니라
장강(長江)과 회수(淮水) 일대도 이 때문에 전쟁이 끊이지 않을 것이다.
이미 지나간 일은 논외로 치더라도 앞으로의 일은 알 수 없는 것이 있으
니, 나라를 도모하는 사람이라면 마땅히 알아야 할 것이다.[11]

성호는 한일관계의 문제를 양자 간의 것으로 국한시키지 않는다. 시
야를 확대하여 한중일 삼자 간의 문제로 파악하고 있다. 성호는 특히 한
일관계에 중국이 개입하게 되는 상황을 예상하면서 우려를 표한다. 실
제로 청나라는 조선과 일본의 관계에 예의주시하여 그 사이에 개입하고
자 한 바 있다. 조선과 일본이 연합하여 청나라에 위협이 될까 경계했기
때문이다. 그래서 조선은 청나라의 감시를 의식하지 않을 수 없었다.[12]
성호가 우려하고 있는 것은, 이렇게 청나라의 개입으로 빚어질 삼자 간
의 갈등이다. 이런 상황에 처한다면, 조선은 이러지도 저러지도 못하는
딜레마에 빠질 것이다. 그렇게 되면 결국 조선뿐 아니라 청나라도 전란
의 소용돌이에 휩쓸릴 가능성이 높다고 성호는 진단한다. 이렇게 한일
관계를 더 넓게 동아시아 전체의 역학구도 속에서 파악하고 있다는 점,
그리하여 한일 간의 평화적 관계 구축을 동아시아 전체의 평화적 관계
구축의 일환으로 파악하고 있다는 점에서 성호의 높은 식견을 확인할
수 있다.

그렇다면 성호는 중국이라는 타자에 대해서는 어떤 태도를 취했는

---

11) "愚謂: 倭地琵琶形局, 尖頭向西, 故倭可以時出寇掠, 而外兵不能入也. 我國
設館厚接, 半輸嶺南之賦, 以撫安之, 邊境少安. 若使上國臨之, 因前則無名,
變制則生釁. 是不惟東邦一隅殘滅不息, 江淮之間亦且因此而干戈相尋矣. 旣
往置不論, 方來有未可知者. 謀國者宜知之."(李瀷, 「東國內地」, 『星湖僿說』
卷之二十六 經史門, 영인본 下, 338면).
12) 한명기(2009), 『정묘·병자호란과 동아시아』, 푸른역사, 341~351면 참조.

가? 이런 질문이 자연스럽게 떠오른다.

2) 중국에 대한 '냉정한 우호'

잘 알려져 있다시피, 명청교체기는 조선에 큰 시련을 안겨주었다. 이른바 '병자호란'은 국제정치의 장場에서 조선이 어떻게 생존해 나갈 것인가에 대한 반성을 촉구했다. 성호는 병자호란을 둘러싼 분분한 논쟁을 두고 이렇게 말한다.

> 세상에서 정축년(1637)의 일을 논할 때, 백 사람이 논쟁하면 백 사람의 마음이 모두 이쪽을 옳다 하고 저쪽을 그르다 하는 반면, 백 사람의 입은 모두 저쪽을 옳다 하고 이쪽을 그르다 한다.
>
> 어떤 이는 이렇게 말했다. "태왕(太王)과 구천(句踐)은 마땅히 인용할 바가 아니다. 태왕이 피폐(皮幣)와 주옥(珠玉)을 바쳐 적인(狄人)을 섬긴 것은 옳았으니, 그가 어찌 신복(臣服)한 것이었겠는가? 구천이 오(吳)나라에 복종하긴 했지만, 주(周)나라 정벌에 협력해야 했다면 그는 의리 상 따를 수 없었을 것이다."
>
> 이 말이 일리가 있지만 또한 그렇지 않은 것이 있다. 작은 나라가 큰 나라를 섬기는 것은 힘으로 굴복한 것이지, 마음으로 복종하는 것은 아니다. 신하라 칭하고 군사를 파병해 전쟁을 돕더라도 결국 힘으로 굴복하는 것을 면하지 못할까 두려운데, 더구나 그 뜻을 거역한다면 사직(社稷)을 보전할 수 있겠는가?[13]

---

13) "世論赤牛事, 百人對辨, 百心皆是此而非彼, 百口亦是彼而非此矣. 或曰: '太王句踐非所當引. 太王之皮幣珠玉則可, 豈臣服者也? 句踐之於吳, 苟使助伐宗周, 則義不可從.' 其說有理, 而亦有不然者. 以小事大, 力屈, 非心服也. 稱臣助兵, 終恐不免力屈, 而復逆其意, 社稷可保耶?"(李瀷, 「助伐南朝」, 『星湖僿說』卷之二十二 經史門, 영인본 下, 197면) 1637년은 곧 조선이 청나라에

성호가 인용하고 있는 어떤 이의 말은 남구만南九萬(1629~1711)이 최명길 崔鳴吉(1586~1647)에게 보낸 답장의 일부이다.14) 최명길의 주화론主和論에 대한 반론이 그 주된 내용이다. 이 편지에서 남구만은 '의리'와 '이해'利害를 양분한 다음, '의리'를 강조한다.15) '의리'는 나라가 망할지언정 대명의리對明義理를 지키는 것을 말한다. '이해'는 나라를 보존하기 위해 대명의리를 저버리고 청나라에 복종하는 것을 말한다. 남구만의 경우 이 이분법은 조금도 타협의 여지를 허용하지 않는다. 이 이분법은 강경하고 절대적인 '이념적 판단'에 기인한다.

그러나 성호의 생각은 다르다. 남구만은 '의리'와 '이해'가 마치 양립 불가능한 두 가지 선택사항인 것처럼 전제하고 있다. 그리고 '이해'를 무시하고 '의리'를 선택하는 것이 가능할 뿐만 아니라 그 편이 더 고결하고 정당한 것처럼 말하고 있다. 그러나 성호가 보기에 그것은 선택의 문제가 아니다. '생존'이 걸려 있기 때문이다. '생존'은 정치공동체의 유지·보존을 위한 '절대적 가치'이다. 이런 가치 앞에서야말로 선택의 여지가 없는 것이다. 그런데 남구만은 마치 생사를 초월하여 의리를 지킬 수 있는 것처럼 말하고 있다.

그리고 남구만은 청나라에 대한 복종을 곧 '마음으로 한 복종'으로 치부하고 있다. 그러나 성호가 보기에 '복종'이 곧 '마음으로 한 복종'인 것은 아니다. 그것은 마음과 무관하게 이미 '힘에 의한 굴복'이다. 그것은 어떤 상황에서든 면할 수 없다. 심지어 척화론자들마저도 이미 힘 앞

굴욕적인 항복을 한 때이다.

14) 南九萬, 「答崔汝和」『藥泉集』 第三十二, 한국문집총간 132, 541면.
15) 해당부분을 들면 다음과 같다: "至於丁丑下城之際, 天之未陰雨, 旣不能綢繆牖戶, 使人莫敢侮予, 而勢弱力竭, 及於此地. 當是時只有兩道. 若曰: '生我者我爲之死, 古之制也. 明朝前旣再造我社稷, 今爲明朝亡社稷, 亦無所恨, 君臣上下, 效死不二.' 此從義理之論也. 若曰: '三百年社稷, 不可一時覆亡. 屈身忍辱, 稽首稱臣, 唯其言而莫敢違.' 此從利害之論也. 此兩道之外, 夫安有利害義理俱全之道也?"(南九萬, 위의 글, 541~542면).

에서는 굴복한 것과 다름없다. 그런데 남구만은 이 점을 간과하고 있다. 이념적인 선택과 판단에 앞서 엄연히 현실적으로 작용하고 있는 강고한 힘을 가볍게 무시하고 있다. 이렇게 남구만의 입장과 대비해 볼 때, 성호의 입장은 '철저하게' 현실적이다. 그리하여 성호는 다음과 같이 단언하기에 이른다.

> 무릇 번방(藩邦)은 천자(天子)에게 애초에 나라를 받은 은혜가 없는 것이다. 전쟁을 당했는데 천자가 금할 수 없다면, 강한 이웃 나라에 굴복하는 것은 그 형세가 곧 그런 것이다. 하지만 임진년(壬辰年)의 일로 말하면, 거의 망해가다가 겨우 보존되었으니, 이는 나라를 존속시켜 준 은혜이고, 나라를 받은 것과는 같지 않다.
>
> 비유하자면 남의 기물(器物)을 지키는 것과 같아서 내 마음대로 할 수 있는 것이 아니다. 혹 내가 원래부터 가지고 있던 기물을 남에게 겁탈되는 것을 장차 면치 못하다가 어떤 사람 덕분에 그 기물을 파손시키지 않았다면, 그 은혜에 비록 깊이 감사할 터이지만, 훗날 또 어떤 힘센 자에게 위협을 당하게 되면, 혹 애걸하면 기물을 온전히 지킬 수 있고, 예전의 은혜를 다시 기대할 수 없다면, 장차 어떻게 대처해야 하겠는가?
>
> 내 입장에서는 마땅히 "깨어지게 된 이 기물은 예전의 은혜가 아니었다면 오늘날까지 이르지 못했을 것이다"라고 해야 할 것이고, 저 입장에서는 마땅히 "우리가 예전에는 은혜를 베풀었으나 그 뒤에는 그러지 못했으니, 저 사람이 지금 애걸하는 것은 예전에 우리에게 의지했던 것과 마찬가지다"라고 해야 할 것이다.
>
> 그러나 이것도 두 갈래로 나누어 한 말일 뿐이다. 더구나 이 기물은 나 자신이 만든 것이 아니라 바로 우리 조종(祖宗)께서 고민하고 노력하여 대대로 전해 오는 소중한 보배가 된 것이다. 그렇다면 자손으로서 어찌 남의 은혜를 중시하고, 조종의 고생을 소홀히 여길 수 있겠는가?
>
> 정축년의 일이 무엇이 이와 다른가? 또 더구나 이런 의리는 갑신년

(1644) 이전의 의론이다. 만약 정축년의 일이 갑신년 이후에 있었다면 군자(君子)의 의론은 과연 어느 쪽으로 나왔겠는가?16)

단적으로 말하면 그때는 그때이고 지금은 지금이라는 것이다. 우선 성호는 명나라의 은혜라는 게 어떤 성격의 것인지 부터 따진다. 명나라는 망해가던 조선을 부지해준 것이지, 없던 조선을 조선사람에게 준 것이 아니다. 조선을 물려준 것은 조선의 선대先代 왕조이다. 이런 논법 속에서 조선의 부모가 누구인지 분명해진다. 병자호란을 겪은 당사자들은 부모가 물려준 보배를 지켜야 할 의무를 진 자손들이다. 명나라는 조선을 도와주긴 했지만 결국 '남'이다. 그러니 조상이 남겨준 보배를 지켜야 한다는 요청이 남의 은혜를 갚아야 한다는 요구보다 더 강력할 수밖에 없다.

이런 성호의 논법은 대단히 흥미롭다. 기실 조선의 정치가와 지식인들은 이른바 '재조지은再造之恩'에 대한 채무의식에서 자유롭지 못했다. 더 나아가 조선 지도층은 이 채무의식을 정치적으로 이용하기까지 했다.17) 이 채무의식이 명청교체기에 조선이 유연하게 대처하지 못하게 한 장애물이 되었다는 것도 부인하기 힘들다.18) '재조지은'을 강조하는 논리는 대개 '부모-자식'의 비유에 호소하는 형태를 취했다. 성호가 비

---

16) "凡藩邦之於天子, 初無受國之恩者. 被兵而天子不能禁, 則屈服於强隣, 其勢卽然. 然壬辰之事, 將亡而僅存, 此存國之恩也, 與受國差不同. 比如守人之器, 非我所得專也. 或我本有器, 將不免劫奪, 而賴人不破, 則其感惠雖重, 他日又爲有力者威脅, 則容有乞哀保守之道, 而前之惠後不能復賴, 則將何以處之? 在我則宜曰: '此器之破, 非前惠則不至今日也.' 在彼則宜曰: '我前惠而後否, 後之乞哀, 猶前之我賴也.' 此猶兩端之說. 況此器, 非我自做成, 乃祖宗勞心費力, 爲傳世重寶, 則子孫其可以人惠爲重而忽祖宗之投艱耶? 赤牛之事何以異是? 又況此義以靑猿以前論也. 若使赤牛在靑猿之後, 君子之論果將何出?"(李瀷, 「助伐南朝」『星湖僿說』卷之二十二. 經史門, 영인본 下, 197면) 1644년은 곧 명나라가 멸망한 때이다.

17) '재조지은'이라는 관념의 형성과 정치적 의미에 대해서는 한명기(1999), 『임진왜란과 한중관계』, 역사비평사, 67~88면 참조.

18) 한명기(2009), 앞의 책, 64~70면 참조.

판한 남구만의 편지에서도 이 점은 마찬가지이다.

> 예로부터 약소국이 강한 적국을 섬겨서 그 나라를 보존한 것은, 비유
> 하면 먹고 마시는 일상적인 일과 같으니, 이는 누가 안 된다고 하겠습니
> 까? 하지만 우리나라가 청나라와 화친한 것으로 말하면 이것과 매우 다
> 릅니다. 청나라 사람이 한창 명나라 왕조와 원수가 되어 매일 전쟁을 일
> 삼았습니다. 우리나라가 명나라 왕조에게 받은 은혜는 매우 깊어서, 신
> 라와 고려가 당나라와 송나라에게 받은 정도가 아닙니다. 따라서 부모의
> 원수와 더불어 형제의 의를 맺는다는 것은 의리상 차마 할 수 없는 짓입
> 니다. 그래서 정묘년에 화친할 때 여론이 떼 지어 일어났던 것입니다.[19]

명나라는 부모의 나라이다. 따라서 그 자식인 조선이 부모의 원수 청
나라와 형제의 의리를 맺는다는 것은 있을 수 없는 일이라는 것이다. 척
화론의 전형적인 논법이다. 이런 논법에서 가족주의 담론은 대명의리를
절대적 가치로 정당화하는 기제로 작동하고 있다.

이와 달리 성호는 가족주의 담론을 더 근본적으로 적용함으로써, 가
족주의 담론에 기댄 이데올로기를 뒤집어놓는다. 그 결과 조선에 대한
명나라의 기여는 상대화되고, 생존에의 절대적 요청이 우위를 점하기에
이른다. 조선이 명나라로부터 나라를 받은 은혜가 애초에 없었다는 성
호의 단언은 궁극적으로 이런 전도顚倒를 노린 것이다.

방금 지적했다시피 성호는 '재조지은'에 대한 채무의식을 상대화했
다. 그렇다면 성호의 현실주의적 입장은 '의리'와 같은 이념적 가치를 도

---

19) "自古弱國之事強敵以保其國, 譬猶飮食常事然, 夫誰曰不可? 至於我國之和
清, 則大異於是. 淸人方與明朝爲仇, 日事爭戰, 而我國之於明朝, 恩義深重,
非若羅, 麗之於唐, 宋而已也. 與父母之仇結爲兄弟, 義所不忍, 故丁卯和時,
群議朋興者此也."(南九萬, 「答崔汝和」『藥泉集』 第三十二, 한국문집총간
132, 541면).

외시한 것인가? 그것은 그렇지 않다. 성호는 철저히 현실적이면서도 또 의리는 의리대로 지키고자 했다.

> 경(經)에 "목숨을 살려 준 은혜는 목숨을 바쳐서 갚고, 물건을 하사해 준 은혜는 부지런히 일함으로써 갚아야 한다"라고 했다. 만력제(萬曆帝)가 천하의 군사를 출동시켜 외번(外藩: 조선을 가리킴 – 인용자)을 부지해주었으니, 이는 반드시 갚아야 할 은혜이다. 그 손자 숭정제(崇禎帝)에 이르러, 시대가 오래되지 않았는데, 나라 안이 혼란스러워 곧 망할 날만 기다린 것이 거의 10년이나 되었다. 그런데도 우리나라는 어찌하여 재력(財力)을 다하여 유적(流賊: 이자성 등을 가리킴 – 인용자)을 치는 것을 돕기는커녕 느긋하게 잠자코 있으면서 틈 사이로 전쟁을 구경하기만 할 뿐 화살 하나도 쓰지 않았는가? 그 당시에 척화 제신(斥和諸臣)이 모두 조정에 있었는데 이 문제에 대해서는 한 마디도 언급하지 않았던 것은 어째서인가?[20]

조선이 명나라에 대한 은혜를 저버린 것에 대해 성호는 다각도로 비판하고 있다. 그 비판은 다음 세 가지 사실을 겨냥한다. 첫째, 망해가는 명나라를 조선은 조금도 돕지 않았다. 둘째, 도와주기는커녕 조선은 명나라 정벌에 파병까지 했다. 셋째, 그런데도 척화론자들은 말로만 대의 大義를 내세우면서 위선적인 행태를 일삼았다. 요컨대 성호는 척화론을 비판하면서도 척화론자들과는 또 다른 입장에서 명나라에 대한 의리를 강조하고 있는 것이다.

---

20) "經曰: ‘報生以死, 報賜以力.’ 萬曆帝動天下兵, 扶植外蕃, 此必報之恩也. 至 其孫崇禎帝, 年代未遠也, 宇內雲擾, 朝夕待亡, 殆十年. 我國胡不悉槳賦, 助 征流賊, 而從容暇豫, 隙中觀鬪, 不費一矢? 當時斥和諸臣, 誰不在朝, 無一言 及此, 何也?"(李瀷, 「助伐南朝」, 『星湖僿說』 卷之二十二 經史門, 영인본 下, 197면) 성호가 인용한 글은 『國語』 「晉語」 一에 보인다. 이 글은 『小學』 內 篇에도 실려 있다.

　　더욱 한스러운 것은, 성안에 포위되어 있을 때 길을 막고 오랫동안 항거했다는 점이다. 저들의 의도는 먼저 조선을 평정하여 장차 천하에 과시하여 호령하려는 것이었다. 그래서 그들은 서둘러 돌아가려는 생각에, 하늘을 가리켜 맹세까지 해 가며 겨우 성을 함락시켰던 것이다. 그런데 국서(國書)가 오갈 때 조선 측에서는 어째서 이렇게 말하지 못했던 것인가?

　　"나라가 작고 국력이 약하니 강대국을 섬기는 것이 저희 분수이고, 다른 것은 돌볼 겨를이 없습니다. 그러나 폐방(弊邦)은 이미 명조(明朝)의 재조지은을 입었으니, 그 은혜가 뼈에 새겨져 잊기 어렵다는 것은 대국(大國)도 통촉해주실 것입니다. 이제 무릎을 꿇은 이상, 분부하시는 것이라면 모두 받들어 따를 뿐 더 이상 아까울 게 없습니다. 하지만 남조(南朝: 명나라) 정벌에 협력하라는 것으로 말하면 차라리 죽을지언정 의리상 따를 수 없으니, 이는 고금의 공통된 의리입니다. 만약 위엄스러운 명령에 겁먹어 하루아침에 도리어 남조를 공격한다면, 혈기(血氣) 있는 모든 사람들이 틀림없이 침 뱉고 더럽게 여기느라 여가가 없을 것이니, 이렇게 변절하여 불의(不義)한 사람을 대국에서 또한 어디에 쓰시겠습니까? 대국에서 만약 이런 정성을 헤아려 맹세를 곡진히 이루어 주신다면, 저희는 어떠한 곤경이라도 마음에 달게 여겨, 남조를 잊지 않는 마음으로 반드시 대국을 섬길 것이니, 어찌 천하에 신(信)을 보이는 데 조금이나마 도움이 되지 않겠습니까?" 이렇게 말했더라면 저들도 틀림없이 인색하게 굴지는 않았을 것이다.[21]

---

21) "尤可恨者, 其在圍城中遮拒亦久. 彼意不過先定朝鮮, 將顯示天下爲號令, 歸意甚促, 至於指天爲誓, 僅致下城. 其國書往返之際, 胡不曰: '國小力屈, 事大是分, 他非所恤. 然弊邦已蒙明朝再造之恩, 銘骨難忘, 亦大國之洞燭也. 此膝一屈, 凡所命敎, 悉合遵奉, 無復所惜. 至於助攻南朝, 有死而已, 義不可從. 此古今之通義也. 若但怯於威令, 一朝反噬, 則凡有血氣者, 必皆唾鄙之不暇, 大國亦何用翻覆不義之人乎? 大國若果稱量忱誠, 曲成信誓, 投水赴火, 亦所甘心. 必將以不忘南朝者事大國, 豈非示信天下之一助耶?' 如此則彼必有不靳者矣."(李瀷, 같은 글, 같은 책, 197~198면).

결국 성호는 청나라에 대한 우호와 명나라에 대한 우호 모두를 중시하고 있는 셈이다. 청나라와의 우호는 조선의 존립을 위해 꼭 필요한 것이다. 이것은 엄연한 현실이다. 명나라에 대한 우호는, 과거에 자신을 도와준 은혜에 대한 최소한의 도리이다. 자신을 도와준 나라의 정벌에 가담한다는 것은 있을 수 없는 일이다.

여기에서 한 가지 주목되는 것이 있다. 그것은 이 경우에 '의리' 내지 '이념적 가치'도 현실주의적 속성을 획득하게 된다는 것이다. 성호의 글에서 명나라에 대한 의리는 척화론자의 논의에서와는 전혀 다른 기능을 한다. 명나라에 대한 의리는 청나라와의 우호를 차단하지 않는다. 오히려 미래의 더 확고한 신의를 청나라에 약속해준다. '의리'가 절대적 이념이 아니라, 상대방과의 '타협'을 통해 재조정될 수 있는 '가변적인 것'으로, 그러면서도 믿을 만한 '확고한 것'으로 재정위된 것이다.

그런데 이런 양면적 우호가 현실정치의 장場에서 병립 가능한가? 주지하다시피 청나라는 삼전도 강화 이후 여러 차례 조선에 파병 압력을 넣은 바 있다. 이에 조선은 청나라의 가도椵島 공격, 금주錦州 정벌 등에 협조할 수밖에 없었다. 성호의 비판은 이중에서 특히 금주 정벌 협력을 겨냥한 것이다. 그런데 그 당시 조정에서도 청나라의 파병요구에 난색을 표했으나 결국 청나라를 설득하는 데 실패했다.[22] 이런 사실에 비추어 보면, 성호의 제안도 현실적으로 무력한 것이 되었을 가능성이 적지 않을 듯하다.

그러나 성호의 양면적 입장이 어느 정도 현실에서의 내성耐性을 갖고 있는지 여부와는 별도로, 그의 입장에 내포된 난점은 그가 추구한 '냉정한 우호'가 어떤 성격의 것인지 만큼은 분명히 보여준다. '냉정한 우호의 정치학'은 철저한 현실주의이다. 그러나 그 현실주의는 무책임한 변절에

---

22) 청나라의 요구에 의한 조선의 파병에 대해서는 한명기(1999), 앞의 책, 219~227면; 계승범(2009), 『조선시대 해외파병과 한중관계』, 푸른역사, 222~238면 참조.

는 반대한다. 현실적인 고려 속에 이념적 가치를 저버리지 않는 것이 성호의 현실주의이다. 따라서 그것은 냉정하되 비정하지 않다. 그리고 유연하되 무원칙적이지 않다. 현실에 휩쓸리는 것이 아니라 현실에 책임감 있게 대응하는 것이다.

3. '자기반성적 관계'로서의 '냉정한 우호'

중국에 대한 성호의 '냉정한 우호의 정치학'은 기본적으로 사대외교事大外交의 문제에 닿아 있다. 국제정세를 예의주시하면서 생존전략을 모색하는 것이 그 핵심 과제이다. 사대외교는 선택의 문제가 아니다. 조선이 너무나 약하기 때문이다. 성호의 정치학은 이런 절망에서 출발한다.

> 우리나라는 천하에서 가장 약한 나라이다. 땅이 구석지고 백성이 가난할 뿐만이 아니다. 기자(箕子)가 조선에 봉해진 뒤로 문명교화가 끊어지지 않아 모두 예의범절의 나라라고 일컬어졌지만, 문명교화가 성행하면 군사적 대비가 허술해지는 것 또한 당연한 형세이다. 물려받은 영토를 지키는 것을 좋아하고 정벌을 싫어하며, 강대국을 섬기는 데 부지런하고 천명(天命)을 두려워하여, 전후(前後) 3천 년간 오직 이것을 원칙으로 삼았을 뿐이다. 만약에 혹시라도 이것을 어기면 나라가 쇠잔해지고 훼손되지 않았던 적이 없었으니, 모두 거울로 삼을 만하다.[23]

조선이 문명국이라는 것에 대한 자부심 같은 것은 찾아보기 힘들다.[24] 문명교화가 성행한 대가로 조선은 최악의 약소국 신세에서 벗어

---

23) "我國, 天下之最弱者也. 不但地偏民貧, 自箕封以後, 文敎不絕, 共稱禮義之邦, 文敎行則武備歇, 亦其勢也. 樂守成而厭征討, 勤事大而畏天命, 上下三千歲間, 惟此規模而已. 苟或違越, 無不殘毀, 皆可鑑也."(李瀷, 「東國內地」『星湖僿說』卷之二十六 經史門, 영인본 下, 338면).

나지 못하게 되었다. 그래서 사대외교에 나라의 운명이 좌우될 수밖에
없다. 성호의 이런 자기인식은 대단히 냉정하다. 이렇게 자기 자신의 초
라함을 직시하는 데에서 '냉정한 우호의 정치학'이 출발한다. 그것은 자
고자존自高自尊과는 전혀 다르다.

> 우리나라는 고려 때 요(遼)·금(金)·원(元)이라는 세 강대국을 번갈아
> 섬겼다. 거의 스스로 보존하지 못할 듯한 상황에서도 사대(事大)의 정성
> 덕분에 겨우 멸망을 면할 뿐이었으니, 어느 때인들 한 번 위엄을 떨쳐 승
> 리를 거둔 적이 있었던가? 저 세 강대국은 중국도 일찍이 두려워하여 복
> 종했던 대상인데, 소국(小國)이 감히 어찌할 수 있었겠는가? 설령 일시적
> 으로 승리를 거둔다 한들 후환을 어찌하겠는가? (중략) 한나라와 송나라는
> 그래도 그들과 거리가 멀었다. 하지만 우리나라는 강역이 매우 가깝고,
> 또 국력의 차이가 하늘 땅 만큼 현격했으니, 아무리 관중(管仲)과 제갈량
> 이 다시 나왔더라도 실로 어찌할 수 없었을 것이다. 더구나 우리나라 풍
> 속이 스스로를 헤아리지 못하여, 적이 오면 반드시 동정(同情)을 구걸하
> 다가 떠나가면 반드시 모욕하니, 앞으로 어떻게 될지 모르겠다.25)

> 적국과 이웃하는 방법은 다만 두 가지 뿐이다. 화친할 만하면 화친하
> 고 끊을 만하면 끊을 것이지, 중간의 어중간한 곳은 없다. 끊는 방법에

---

24) 물론 성호의 문명의식 전반이 그런 것은 아니다. 오히려 성호는 조선이 유
　구한 문명국이라는 점을 누차 강조하면서 그 나름의 자존의식을 보여준 바
　있다. 비록 그렇기는 하나, 국제정치에 대해 생각할 때만큼은, 성호는 스스
　로에 대해 냉정한 평가를 내린 것이다.

25) "我國高麗時, 迭事遼金元三大邦, 殆若不能自存, 賴事大之誠, 僅免覆亡,
　何嘗一番宣威取勝乎? 彼三大邦者, 中華之所嘗讋服, 小國其敢耶? 假使一時
　抄略得志, 奈後患何? (중략) 漢宋猶是距遠. 我國疆域迫近, 大小强弱之別,
　霄與壤之懸絶, 雖管·葛復生, 實無奈何也. 況俗不自量, 來必乞憐, 去必侮辱,
　不知將如何出場."(李瀷, 「韓公泣血」 『星湖僿說』 卷之十七 人事門, 영인본
　上, 594~595면).

두 가지가 있다. 끊으면 반드시 노할 것이고 노하면 반드시 침략할 것이
니, 스스로 내 힘을 헤아려 막을 수 있으면 막고, 혹 세력이 대등하지 않
아 막을 수 없다면 비록 잔패하거나 멸망하더라도 후회하지 말아야 한
다. 이는 의리의 소재로 볼 때 어쩔 수 없는 것이다. 약한 처지에 있으면
서 강대국을 대하는 데는 이 외에는 다른 방법이 없다. 그런데 막지 못하
리라는 것을 이미 알고 있으면서도 잔패하거나 멸망하는 것을 싫어하여,
안으로는 실로 근심하고 겁내면서 밖으로는 무시하고 거만한 태도를 보
여, 기어이 도륙 당한 뒤에야 화친을 빌고 항복을 비니, 그 무모함을 잘
알 수 있다. (…) 허장성세를 부리며 마치 사마귀가 수레바퀴를 막듯이
하다가, 다행히 멸망하지 않고 헐떡이다가 조금 진정되면 이내 입을 놀
려대며 겉으로나 노여워하고 위엄 있는 척하면서 병사(兵事)를 담론하고
전투를 말하니, 이것이 도시에서 얻어맞고 암실에서 용기를 뽐내는 것과
무엇이 다른가? 그러므로 화친을 할 것인가 전쟁을 할 것인가에 대한 판
단은 반드시 스스로 먼저 헤아리는 것에서부터 시작해야 한다.[26]

지금 유자(儒者)들이 오랑캐를 능히 막을 수 있다고 입으로만 날카롭
게 논하는 것은 모두 빈 말이다. 서경(西京)의 일도 오히려 이와 같았는
데 하물며 한 구석의 작은 지역으로서 마치 오월(吳越)과 같은 나라야 어
떻겠는가? 무릇 강대국과 약소국 사이에 대처할 때 어찌 경계하지 않을
수 있겠는가?[27]

---

26) "隣敵之道只有二, 可和則和, 可絶則絶, 無那中間溫吞煖處. 絶之之道有二,
絶則必怒, 怒則必侵, 自度我力, 可以禦則禦, 或勢不敵而不可禦, 則雖殘敗
滅亡而無悔, 猶是義之所在, 無可如何, 處弱待强, 更無他術也. 旣知其不能
禦, 又惡夫殘敗滅亡, 內實憂怯, 而外示侮慢, 必待其度劉創殺, 然後乞和乞
降, 多見其無謀矣. (…) 虛矯矜伐, 奮螳臂以拒轍, 幸而不殄, 喘息俄定, 旋騰
口舌, 飾怒壯威, 談兵說鬪, 是何異被毆於都市, 賣勇於闇室哉? 故和戰之事,
必自先量."(李瀷,「和戰」『星湖僿說』卷之十三 人事門, 영인본 上, 465면).
27) "今儒者刺口論禦戎, 皆空言也. 西京之事尙猶如此, 况一隅小域如吳越者

이들 인용문을 통해 성호의 일관된 입장을 확인할 수 있다. 성호는 왜곡된 자기의식의 허구성을 질타한다. 아무 힘도 없으면서 강경론을 펼치다가, 강한 적 앞에서는 비굴하게 굴더니, 뒤에서는 또 적을 깔보고 허황된 강경론을 펼친 조선 신료들 특유의 뿌리 깊은 위선과 자기기만을 정면으로 문제 삼고 있는 것이다. 단적으로 말해 그것은 척화대신들, 그리고 그 주장을 이데올로기화한 이들의 모습일 터이다.

성호가 보기에 이런 자기기만은 스스로를 냉정하게 파악하지 못한 데서 연유한다. 성호는 단언한다. 적국에 대응하는 방법은 '화친' 아니면 '전쟁' 둘 중의 하나뿐이라고. 어중간한 태도는 절대로 용납되지 않는다. 이런 비정한 국제정치의 장에서 생사를 좌우할 판단 기준은 냉정한 자기인식에서 확보된다. '자기 한계의 자각'이 곧 자기 보존의, 그리고 타자와의 평화적 관계 구축의 출발점이 되는 것이다. 이러한 냉철한 자기인식은 전쟁책임에 대한 자기반성으로 이어진다.

> 병자년 전에 척화론자들이 청나라 사신을 죽이려 하자 그 사신이 도망쳐 버렸으니, 병자년의 난리는 실은 우리가 끌어들인 셈이다.
> 지금의 양상은 다만 중국이 편안하면 우리나라도 무사하고, 중국이 자기 자리를 보전하지 못하면 우리나라도 피해를 입으니, 마치 봄에 더위를 대비하고 가을에 추위를 대비하는 것과 같이 해야 할 터인데, 여기에 대해 염려하는 사람을 볼 수가 없다.[28]

병자호란의 책임이 조선 측에 있다는 것이다. 병자호란은 명청교체

哉? 凡處於小大之際者, 盍於是監哉?"(李瀷,「東邦如吳越」『星湖僿說』卷之二十四 經史門, 영인본 下, 289면).

28) "丙子之前, 斥和之論至欲斬其來使, 使乃逸歸, 丙子之亂, 我實引以來也. 今之光景, 只是上國安, 則我亦無事; 上國不保其居, 我之受病, 如春而待暑, 秋而待寒. 顧未見有慮及此者耳."(李瀷,「備預外敵」『星湖僿說』卷之十 人事門, 영인본 上, 361면).

기라는 거대한 전환기에 발생한 전란이다. 따라서 그 복합성에 비추어 보면, 그 원인을 어느 한두 가지로 단순화하는 것은 적절치 않다. 성호 도 꼭 그러려는 의도는 아니었을 것이다. 다만 현실 감각을 상실한 조선 측의 태도가 실질적으로 사태의 발단을 제공했다는 것을 특별히 강조한 것일 터이다. 이런 자기반성은, 청나라에 대한 적개심을 키우고 이데올 로기화하는 것과는 다른 자세를 보여준다.

중국뿐 아니라 일본에 대해서도 마찬가지이다. 향화일본인에 대한 글로 돌아가 보자. 거기에서 성호는 중국의 명문가 중에 오랑캐 후손이 많다는 사실을 지적하면서, 향화일본인에 대한 조선사람들의 '이중 잣 대'를 비판하고 있다. 타자를 적극 받아들이기로 하자, 자신이 속한 공동 체에 만연한 위선적인 태도가 문제시되기에 이른 것이다. 요컨대 성호 의 '냉정한 우호'는 타자에 대한 '지배적 관계'가 아닌 '자기반성적 관계' 를 촉구한다.

일본에 대한 '자기반성적 관계'는 성호의 여타의 글들에서 일관되게 확인된다. 일례로 성호는 고려시대 이래의 한일관계를 회고하면서 이렇 게 말한다.

신우(辛禑) 원년(1375)에 이르러, 왜인 후지 쓰네미쓰[藤經光]가 무리 를 거느리고 투항하자 순천(順天)·연기(燕岐) 등지에 거주하게 하고 관 가에서 물자와 양곡을 지급했다. 그런데 얼마 후에 또 전라도 원수(元帥) 김선치(金先致)에게 명을 내려, 후지 등의 왜인들을 유인하여 주연(酒宴) 을 틈 타 죽이게 하려 했다가 기밀이 누설되었다. 그래서 후지 쓰네미쓰 는 무리를 거느리고 바다를 건너 달아났고, 김선치는 겨우 3명을 잡아서 죽였다.

그 전에는 왜구들이 우리나라의 고을을 침략하더라도 사람을 죽이지 는 않았는데, 이때부터 격노하여 매번 침입할 때마다 부녀자와 어린 아 이까지 남김없이 죽였다. 그 결과 전라도와 양광도(楊廣道) 등 연해의 고을이 텅 비게 되었다. (중략) 사람들은 "왜인은 성질이 표독해서 원한이 있으면 반드시 보복한다"고들 한다. 중종(中宗) 경오년(1510)의 전란에 죽은 왜인이 매우 많았는데, 이어서 삼포(三浦)의 왜인마저 모조리 섬멸하고 왜관(倭舘)도 없애 버렸으니, 이것이 바로 저들의 원한을 가장 깊이 맺은 것이다.[29]

성호는 피해자의 눈으로, 자국自國을 가해자로 직시하고 있다. 조선 측의 침략과 승리를 영광이 아니라, 피해자의 원한으로 기억하는 것이다. 이 점은 다음 글에서도 그대로 확인된다. 『국조정토록』의 쓰시마정벌 관련 기사를 정리한 다음에 한 말이다.

내가 상고해 보니, 쓰시마라는 곳이 예나 지금이나 원래 신라(新羅)에 속했다고들 하지만 『삼국사기』에 근거해 봐도 꼭 그런지 알 수 없다. 하지만 그곳은 땅이 별로 두텁지 않아서 오직 귤, 탱자, 담배가 가장 잘 된다. 그곳 사람들은 장사를 주업(主業)으로 해서 오직 조선(朝鮮)만 쳐다볼 뿐이니, 그렇다면 칼자루는 우리에게 있는 셈이다. 진실로 은혜로 어루만져 주고 위엄으로 군림하여 적절한 방법으로 처우했더라면, 무력을 쓰지 않고서도 그들을 제압할 수 있었을 터인데, 어찌하여 수고롭게 군대를 동원하는 지경에까지 이르렀단 말인가?[30]

---

29) "至辛禑元年, 倭藤經光率衆來投, 處之順天·燕岐等處, 官給資粮. 俄又諭全羅道元帥金先致誘殺藤倭, 欲因餉殺之, 謀洩, 經光率衆浮海而去, 僅捕殺三人. 先是, 倭寇州郡, 不殺人物, 自是激怒, 每入, 婦女嬰孩, 屠戮無遺, 全羅·楊廣濱海州郡蕭然一空. (중략) 人謂: '倭性狼毒, 有怨必報.' 中廟庚午之役, 倭死者甚衆, 仍盡勦三浦倭而罷倭館, 乃結怨最深者也."(李瀷,「倭寇始末」『星湖僿說』卷之十四 人事門, 영인본 上, 497~499면).

30) "愚按: 對馬島者, 古今言本屬新羅, 據『三國史』, 未見其必然. 然其地土無數尺之厚, 惟橘柚及南草最盛, 其人業商販, 仰食朝鮮, 是柄橛在我矣. 苟恩以撫之, 威以臨之, 處之得其道, 可以折箠而制其命矣, 何至於勞師乎?"(李瀷,「征對馬島」『星湖僿說』卷之十九 經史門, 영인본 下, 64면).

성호는 일본 측에 전쟁 책임을 돌리고 조선의 정벌행위를 정당화하거나 찬미하는 입장에서 완전히 탈피하여, 일본에 대한 조선의 '우호의 의무'를 강조하고 있다. 쓰시마정벌은 결국 조선이 이 의무를 태만히 하다 초래돼 불필요한 전쟁이었다는 것이다. 이 점에서 성호의 '냉정한 우호'는 스스로를 침략자의 입장이 아니라 피침략자의 입장에 세우는 태도를 내포한다.

주지하다시피 『국조정토록』은 단순한 방어전이 아니라 본격적인 침략전에 대한 기록이다. 이런 자료적 성격에 비추어 보면, 성호의 시각과 태도는 대단히 돋보인다. 『국조정토록』은 능동적이고 주체적인 대외인식을 보여주는 자료로 평가받는다.[31] 그러나 그 주체성이란 결국 '전쟁하는 주체성'에 다름 아니다. 이와 달리 성호는 '자기반성적 주체성'의 길을 열어가고자 분투했다. 이것이 성호 정치학의 중요한 성과이다.[32]

4. 전쟁과 보복에 대한 성호의 입장

이제까지 살펴본 성호의 글들은 직접·간접적으로 모두 전쟁 체험과 연관된다. 이런 사실에서 짐작할 수 있듯이, '냉정한 우호의 정치학'은 전쟁 문제와 불가분의 관계를 맺는다. 기본적으로 성호는 전쟁에 반대

---

31) 정구복(2003), 「『국조정토록』의 자료적 성격」 『장서각』 9집, 14~15면 참조.
32) 성호의 국제정치학에 대한 선행연구에 대해서도 마찬가지의 반론이 가능하다. 그 연구는 성호의 사대외교론을 두고 '자기비하적'이고 '몰주체적'이라 비판한 바 있다(강경원(1994), 「성호 이익의 정치외교 사상」 『유교사상연구』 7, 3면 및 25~39면). 그러나 그런 비판은 설득력이 부족하다. 그 주장은 침략적인 것을 능동적이고 주체적인 것으로 보고, 그렇지 않은 것을 수동적이고 몰주체적인 것으로 보는 이분법을 전제로 한다. 그러나 그것은 주체성에 대한 경직된 이해에 불과하다. 이제까지의 본고의 논의를 통해 판명되었다시피, 성호의 정치학은 주체와 타자에 대한 냉정한 반성을 동반한 것이다. 이런 면모를 두고 '자기비하적'이고 '몰주체적'이라고 간단히 치부하는 것은 매우 부당하다.

하는 입장을 취한다.

> 당(唐)나라 사람의 시에 "장수 한 명의 공을 이루느라 만 사람의 뼈가
> 마른다"라고 했으니, 이는 뼈를 찌르는 말이다. 그리고 맹자는 "땅을 다
> 투고 성을 다투느라 죽인 사람이 성에 가득하면 이는 큰 죄이다"라고 했
> 다. 하지만 외침(外侵)은 막지 않을 수 없다. 강적(强敵)이 혹 뜻밖에 침
> 입해서 우리가 장차 막으려 하면, 나라 스스로 막는 것이 아니라 백성의
> 힘에 의지해야 한다. 만약 평상시에 백성을 후하게 길러 주어 그 마음을
> 단결시키지 않는다면, 전란이 닥쳤을 때 어떻게 그 도움을 받을 수 있겠
> 는가? 옛사람의 말에 "사람을 죽인 자는 사형에 처하는 것이 법이다"라고
> 했다. 그러나 맹장(猛將)은 사람을 죽여도 사형 당하지 않는다. 하지만
> 그가 강한 이웃 나라에게 망령되이 도전하여 구차히 공리(功利)를 엿보
> 다 전군이 함몰하는 데 이른다면 그 죄는 용서하기 어렵다. 천 사람 만
> 사람의 목숨으로 장수 한 명의 죽음을 보상한다면 어찌 너무 가벼울 뿐
> 이겠는가?[33]

성호는 전쟁의 참상을 대단히 심각하게 받아들이고 있다. 전쟁에는
막대한 희생이 따른다. 설령 승리한다 해도 그 희생은 그 무엇으로도 보
상할 수 없다. '생명의 보상불가능성'에 대한 고려는 자연스럽게 반전론
反戰論으로 이어진다.

---

[33] "唐人詩曰: '一將功成萬骨枯.' 此刺骨之談也. 孟子曰: '爭地爭城, 殺人盈城,
是爲大罪也.' 然外侮不可不禦. 强敵之來, 或値意慮之外, 我將有以禦之, 則
國非自禦, 賴民力也. 若不於平常之時, 養之厚而結其心, 臨亂, 將何以得力?
古之人有言: '殺人者死, 法也.' 猛將殺人不死, 其妄挑强隣, 苟竊功利, 至於
全軍陷敗, 厥罪難貸, 以千萬人之命償一將之死, 奚啻太輕?"(李瀷, 「乞和乞
降」『星湖僿說』卷之十三 人事門, 영인본 上, 451면). 인용시는 조송(曹松)
의 「己亥歲」의 마지막 구절이다.

　　내 생각은 이렇다. 전쟁의 일은 화친을 빌어서 중지시킬 수 있으면 화
친하고 항복을 빌어서 중지시킬 수 있으면 항복할 뿐, 나라가 줄어들고
약해지는 것은 돌아볼 필요가 없다. 어째서인가? 집안 대대로 전해 오는
귀중한 보화가 있는데 누가 와서 빼앗으려 한다고 치자. 다투면 사랑하
는 자식이 반드시 죽을 것이고, 순순히 주면 부자(父子)가 그런대로 편안
할 것이다. 그렇다면 사랑하는 자식의 생명을, 집에 전해 오는 보화와 바
꿔서야 되겠는가? 아니면 그 형세가 비교가 되지 않는 것을 헤아려서 순
순히 그 뜻대로 해주어야 하겠는가?[34]

　　전쟁은 무조건 피해야 한다는 것이다. 항복할지언정 전쟁은 안 된다
는 것이다. 여기에서 주목되는 것은 '국가'와 '백성'이 분리되어 사유되
고 있다는 것이다. '국가=백성'이라는 등식은 성립하지 않는다. 백성은
국가를 위해 자기 목숨을 희생해야 할 존재가 아니다. 국가를 위한다는
이유로 정당화될 수 있는 백성의 죽음은 없다. 오히려 국가가 존립하기
이전에 더 근원적으로 배려해야 할 공동체가 곧 '백성'이다. 국가의 이해
利害와 백성의 이해가 상충할 때, 성호는 백성 쪽을 옹호한 것이다.
　　그의 이런 생각은 그의 다른 글들에서 일관되게 확인된다. 예를 들어
그는 고려시대의 강화도항쟁을 두고, 결국 백성만 피폐하게 만들고 말
았다고 극력 비판하면서, 심지어는 항쟁을 권유한 최우崔瑀를 두고 '역
적'이라 지목하기까지 했다.[35] 또한 그는 "교린交隣의 방법은 화친을 으
뜸으로 삼는다. 백 번 싸워 백 번 이기는 것이, 싸우지 않고 스스로 복종
하는 것만 못하다"[36]라고 주장한 바 있다.

---

34) "余則曰: 兵革之事, 乞和可已則和, 乞降可已則降, 國之削弱, 有不可恤. 何
　　也? 家有世傳重寶, 人將來劫, 爭之則愛子必死, 與之則父子粗安, 其可曰以
　　愛子之命易家傳之寶乎? 將度其形勢之不可較而順受其意乎?"(李瀷, 같은 글,
　　같은 책, 같은 곳).
35) 李瀷, 「前覆不戒」『星湖僿說』卷之二十一 經史門, 영인본 下, 153~154면.
36) "蓋交鄰之道, 以和爲上. 百戰百勝, 不若不戰而自服."(李瀷, 「答洪聖源 戊寅」

이렇듯, 백성의 생명을 최우선시하는 반전론이 '냉정한 우호의 정치학'의 기저에 놓여 있다. 기실 애민의식은 유교적 소양을 쌓은 지식인들 사이에서 두루 공유되는 것이다. 그리고 그것이 그 나름의 한계를 내포하고 있는 것 또한 엄연한 사실이다. 그러나 성호의 경우, 애민의식은 첨예한 현실인식으로 발전한다. 성호가 주장한 일련의 사회개혁안도 물론 애민의식의 발로이다. 그러나 성호의 애민의식은 단순히 국내정치의 문제에 국한되지 않는다. 그것은 국제정치의 문제, 동아시아적 평화의 문제로까지 확장된다. 이것은 성호의 정치학에서 애민의식이 단순히 심정적인 것이 아니라 대단히 엄밀한 현실주의적 논리로 작동하고 있다는 것을 의미한다. 이런 견지에서 성호의 정치학은 전근대의 기본적인 가치관이 어디까지 나아갈 수 있는지를 보여주는 사례로 기억될 만하다.

방금 확인한 대로, 성호는 기본적으로 전쟁에 반대했다. 그러나 그런 그도 외침外侵에 대한 방어전만큼은 부득이한 것으로 인정했다. 그렇다면 더 나아가서 적침敵侵에 대한 보복은 어떤가?

> 임진란 때 두 능이 변을 당한 것은 반드시 갚아야 할 원수이고, 만력(萬曆) 연간에 구원병을 보내준 은혜는 만세토록 잊기 어려운 은덕이다. 하지만 원수는 이미 흔적이 없고 은혜는 갚을 길이 없다. 한스러운 것은 이자성(李自成)의 반란 때 명나라 조정의 신하들이 몹시 초조하게 기다렸는데도, 우리나라는 구원병을 보내 조금이나마 은혜를 갚는 정성을 보이지 못한 채, 다만 숨을 죽이고 옆에서 곁눈질하면서 그 망하는 것을 좌시하고 있을 뿐이었다는 것이다. 아무리 뛰어난 언변으로 청산유수처럼 변론하더라도 천하 후세에 할 말이 없을 것이다. 저 왜놈의 원수에 대해서는 그래도 할 수 있는 말이 있다. 원흉의 머리를 이미 베었고 남은 족속들은 허물을 고쳤으니, 오랜 세월이 흐르면 무장을 해제하고 백성을

『星湖先生全集』卷之十七, 한국문집총간 198, 355면).

편히 쉬게 하는 것을 도모할 수 있을 것이다.37)

성호는 복수에 대한 확고한 신념을 갖고 있다. 그러나 그 대상은 가해자 본인으로 한정된다. 영원한 원수는 없다. 이것이 성호의 입장이다. 어느 정도의 복수가 이루어졌다면 다시 평화의 가능성을 타진해 볼 수 있다는 전망이 이로써 가능해진다. 요컨대 성호는, 복수의 당위성은 당위성대로 인정하되, 원한에 차서 과거에 갇히는 것을 경계하고 미래적 관계 구축을 지향한 것이다. 그리하여 성호는 '영원한 복수'라는 관념 자체를 비판하기에 이른다.

> 주자(朱子)의 「무오당의서(戊午讜議序)」에 비록 만세 뒤에라도 반드시 원수를 갚아야 한다는 말이 있긴 하지만, 누가 주자에게 "본조(本朝)의 이적(夷狄)의 화(禍)로 말하면, 비록 백세 뒤라 하더라도 갚아야 하지 않겠습니까?"라고 묻자, 주자는 이렇게 대답했다. "이 일은 말하기 어렵다. 원수를 눈앞에 보고도 일찍이 보복하지 못했는데, 그 자손에게 보복하려 한다면, 일에 부당한 점이 있을 뿐 아니라, 저절로 기세(氣勢)가 사라져 그럴 생각조차 없어질 것이다." 또 주자는 이렇게 말했다. "모름지기 내 아버지와 내 할아버지를 직접 죽인 원수에게 보복해야 하니, 만약 그 자손에게 보복한다면 무슨 의미가 있겠는가?"
>
> 한무제(漢武帝)는 『춘추(春秋)』의 '구세복수설'(九世復讐說)을 인용했으나, 『춘추』 어디에 이런 말이 있는가? 이는 그 스스로가 정벌하고자 해서 우선 이것을 핑계 삼아 궤변을 한 것이다.38)

---

37) "壬辰之亂, 兩陵遭變, 必報之仇也; 萬曆援師之恩, 亦萬世難忘之德也. 然仇已無痕, 恩未有可酬之路. 所可恨者, 自成之亂, 明朝群臣若焦釜之待涸, 我國不能擧兵赴援, 少暴塡海之誠, 只偃息旁眈, 坐見其亡. 雖三尺之長喙, 萬斛之河辯, 將無辭於天下後世矣. 若倭之仇, 則猶有可言者. 戎首旣殄, 餘孼革面, 歲月滋久, 解兵息民亦可圖也."(李瀷, 「萬曆恩」『星湖僿說』卷之十二 人事門, 영인본 上, 428면).

'구세복수설九世復讐說'에 대한 비판이다. 구세복수설은 일본과 청나라에 대한 원한을 분출한 것으로, 17세기 조선의 전형적인 대외인식을 반영한다.[39] 구세복수설을 정당화하는 논거로 자주 인용된 글은, 인용문에서도 거론되고 있는『춘추』와 주희의「무오당의서」이다. 특히「무오당의서」는 백세百世에 걸친 영원한 보복의 당위성을 설파한 글로, 숭명배청론과 북벌론을 정당화하는 논거로 흔히 인용되었다. 그런데 성호는「무오당의서」와 모순되는『주자어류』의 해당 부분을 인용하는 한편,『춘추』를 재검토함으로써, 기존 입론의 취약성을 논파한다. 기실「무오당의서」와『주자어류』사이의 모순은 그 당시 학계의 주요 쟁점 중 하나였다. 거기에 대해 '구세복수설'을 승인하면서 양자간의 모순을 절충하려는 해석이 주류를 이루었던 것으로 생각된다. 한원진韓元震(1682~1751)의「주자언론동이고朱子言論同異攷」가 그 대표적인 예이다. 이런 경향에 비추어 보면,『주자어류』의 해당 구절을 거론하면서 구세복수설의 허구성을 비판하고자 한 성호의 입장은 이례적이라 하겠다.

이제까지 살펴본 성호의 비판은 문헌적 근거에 의한 것이었다. 또 다른 측면에서 성호는 구세복수설을 이렇게 비판한다.

내가 살펴보건대 제(齊)나라 양공(襄公)이 9대의 원수를 갚았다는 것은 후대 유생들의 그릇된 말이요, 성인의 뜻이 아니다. 내가 예전에『어

---

38) "朱子「戊午讞議」雖有萬世必報之說, 然或問朱子曰: '本朝夷狄之禍, 雖百世復之可也.' 曰: '這事難說. 見讐在面前, 不曾報得, 欲報於其子若孫, 非惟事有所不可也, 自沒氣勢, 無意思耳.' 又曰: '須復得親殺吾父祖之讐, 若復其子孫, 有甚意思?' 漢武引『春秋』九世復讐之說.『春秋』何處如此說? 他自欲攘伐, 姑託此以自詭耳."(李瀷, 같은 글, 같은 책, 같은 곳) 성호가 인용한 문답은 黎靖德 編,『朱子語類』卷第133「本朝」7 夷狄; 王星賢 點校, 北京: 中華書局, 1994, 3198~3199면에 보인다. 질문자는 진한(陳僴)이다.

39) 하우봉(1989),『조선후기실학자의 일본관 연구』, 일지사, 14~53면; 이원택(2001),「현종조(顯宗朝)의 복수의리 논쟁과 공사(公私) 관념」『한국정치학회보』제35집 4호, 겨울호, 47~64면 참조.

류(語類)』 속에서 이것을 비판한 말을 보았으니, 아마도 이것과 같지 않은 듯하다. 가령 순(舜)이 필부(匹夫)인데 아비 고수(瞽瞍)가 사람을 죽였다면, 그 사람의 아들이 차마 순을 죽여 원수를 갚을 것인가? 비록 그가 친자식임에 분명하더라도, 그의 죄가 아니라면 군자는 혹 보복하지 않는데, 더구나 백세 뒤에 갑자기 그 선조의 선악이 어떠했는지 알지 못하는 사람을 졸지에 죽인다면 이러한 이치는 없는 듯하니, 이것은 일률적으로 논해서는 안 된다. 그러나 호로(胡虜) 같은 자들이 앞서 이미 원수가 되었는데, 그 후손들이 한결같이 침략을 일삼을 뿐 변하여 고치려는 흔적이 없다면, 그 원수 됨이 예전과 같은 것이니, 충신과 효자가 이때 원수를 갚아 여한이 없게 할 수 있을 것이다. 후대 사람들이 자세하게 살피지 못하고 괜히 일체를 다 보복할 수 있다고 생각하여 절절하게 칼날을 겨누고 마음을 방자하게 한다면 어찌 옳은 일이겠는가?[40]

성호의 입장은 다음 두 가지로 정리될 수 있다. 첫째, 영원한 원수는 있을 수 없다. 자신의 선조가 어떤 일을 저질렀는지 알지도 못하는 후손에게까지 그 선조의 잘못을 책임지우는 것은 부당하다는 것이다. 둘째, 상대방이 잘못을 고치지 않고 계속해서 폭력을 자행할 경우에 한해서 대를 이은 복수의 불가피성이 인정된다.

성호의 이런 비판이 정확하게 누구의 무엇을 겨냥하는지는 분명치 않다. 성호는 다만 '후대 사람'이라 지목하고 있을 뿐이다. 논리 구조로

---

40) "愚按: 齊襄公復九世之讐者, 後儒之訛辭, 而非聖人之旨也. 嘗見『語類』中有非之之說, 恐與此不同. 假令舜爲匹夫, 而瞽瞍殺人, 則其人之子, 其忍殺舜而報之耶? 雖親子分明, 非其罪, 則君子或不之報, 況百世之後, 頓不知其先祖善惡之爲如何者而猝然去殺, 似無此理. 此不可以一槩論也. 然如胡虜者前旣作仇, 而其後世種落一向侵凌, 未有變改之迹, 則其爲仇也猶夫前日. 忠臣孝子, 於此可以報怨而無憾矣. 後人不能細察, 徒以爲一是皆可報, 切切然推刃恣胸, 則奚可哉?"(李瀷, 「百世報仇」『星湖僿說』卷之十八 經史門, 영인본 下, 32면).

만 보면, 성호의 주장은 일본과 청나라에 대한 적개심 모두에 적용될 수 있다. 다만 '구세복수설' 내지 '만세보구설萬世報仇說'이 그 당시 정국政局에서 어떻게 이용되었는지를 염두에 두면, 성호의 비판은 북벌론을 겨냥한 것으로 해석될 수 있는 여지가 없지 않다. 그리고 다른 한편으로 다음 글에서는, 성호의 비판이 일본과의 평화적 관계 구축을 위한 것이라는 점이 분명해진다.

> 대저 이웃 나라와 사귈 때에는 오직 친목을 중히 여기니, 감정을 풀고 정성을 기울여 종묘사직을 보존하고 백성들을 안식시키는 것을 때에 따라 할 뿐이다. 맹자는 "약소국으로서 강대국을 섬기는 것은 하늘을 두려워하는 것이다"라고 말했다. 부지런히 융적(戎狄)을 섬기는 것은 세력 때문에 부득이해서인데 왜 하늘을 두려워하는 것이라 했을까? 하늘은 다만 이치일 뿐이니, 하늘을 두려워한다는 것은 이치에 순응하는 것이다. 만약 강약을 헤아리지 않고 함부로 적과 충돌하여 백성이 도탄에 빠지고 국가가 멸망하는 지경에 이른다면, 이것이 어찌 이치이겠는가? 지금까지 사람들이 밥 먹고 사는 것은 왜(倭)와 화친한 힘이 관여한 것 아닌 게 없다.[41]

성호는 교린의 기본 원칙을 반목과 복수가 아닌 용서와 화해에서 찾고 있다. 그런데 성호가 강조하는 용서와 화해라는 것은 현실주의적 성격을 띤다. 조선이 약소국으로서 복수심만 키운다면, 전쟁 위험을 도저히 줄일 수 없다. 따라서 생존을 위해서라도 용서와 화해는 꼭 필요하다

---

41) "大抵交隣惟以親睦爲重, 釋憾輸誠, 庶其保乂宗社, 安息黎元, 亦時焉耳. 孟子曰: '以小事大, 畏天者也.' 勉事戎狄, 勢力之不得已也, 而謂之 '畏天' 何也? 天只是理也. 畏天, 順理也. 若不度强弱, 妄攖勍敵, 至于生靈塗炭, 國家滅亡, 豈理也哉? 馴至今, 人得以饒食者, 莫非和倭之力與有焉."(李瀷, 「萬曆恩」『星湖僿說』卷之十二 人事門, 영인본 上, 428면).

는 것이다. 결국 용서와 화해는 단순히 심정적인 것이 아니라, '정치적인 것'이 된다.

물론 성호가 복수라는 관념 자체를 부정한 것은 아니다. 앞에서 지적했다시피 성호는 가해자에 대한 복수를 전제로 하고 있다. 성호가 염두에 두고 있는 용서와 화해는 무조건적인 것이라기보다는, 응당의 보복 뒤에 도래하는 것인 셈이다. 이 경우 복수는 과거사에 대한 원한을 이데올로기화하는 것과는 다르다. 오히려 성호는 그런 길 자체를 차단하고자 한다. 그렇지만 복수는 꼭 필요하다. 기실 합당한 복수를 결여한 용서와 화해란, 또 하나의 '강요된 평화' 내지 '평화를 가장한 강요'일 가능성이 높다. 이렇게 보면, 성호가 전제로 하고 있는 복수는, 원한을 풀고 용서와 화해의 길을 트기 위해 당사자가 져야 할 최소한의 책임 같은 것으로 해석될 여지가 없지 않을 듯하다.

성호가 극력 비판한 '구세복수설'은 근본적으로 혈통주의에 기초를 두고 있다. 성호의 비판은 그 혈통주의적 발상의 불합리성을 극복하기 위한 시도라는 점에서 주목된다. 혈통주의가 무한 소급되는 것을 끊어버리고 그 적용 범위를 철저하게 가해자 본인으로 제한함으로써, 성호는 과거의 원한의 속박으로부터 벗어나 미래적인 평화의 가능성으로 눈을 돌리고자 했던 것이다. 물론 성호는 혈통주의 자체를 문제 삼지는 못했다. 따라서 성호의 비판이 '구세복수설'의 근본 토대까지 흔들지는 못했다는 지적이 가능하다. 그러나 이런 지적은 꼭 성호뿐 아니라 전근대 지식인들 전반에 두루 적용될 수 있다. 그렇다면 이런 큰 한계를 지적하기에 앞서, 그 큰 테두리 내에서 성호가 어떤 진전을 꾀했는지에 더 주목할 필요가 있지 않은가 한다.

5. 성호 정치학의 전망

이상으로 성호의 '냉정한 우호의 정치학'에 대해 살펴보았다. 그것은 일본과 중국이라는 타자와의 평화적 관계 구축을 지향한다. 그러면서도 그 논리는 철두철미하게 현실주의에 입각해 있다. 성호의 정치학에서 타자에 대한 우호는 어떠한 경우에도 자신의 '생존 가능성'과 더불어 시작한다. 성호는 '평화'와 '반전反戰' 같은 가치를 옹호하지만, 말 그대로 평화로운 전망을 성호에게 기대하기는 힘들다. 이런 가치를 '정치적'으로 사유한 것이 '냉정한 우호의 정치학'이다. 그렇다면 이 정치학은 어떤 전망을 보여주는가?

첫째, '냉정한 우호의 정치학'은 향화일본인과 같은 이방인을 조선 내부로 받아들이고자 하는 문제의식을 담고 있다. 물론 성호의 기본 입장은 동화책同化策에 머물러 있는 만큼, 엄연한 한계를 갖고 있기는 하다. 그러나 성호의 시대에, 향화일본인에 대해 이 정도로 개방적인 태도를 취했던 지식인은 좀처럼 찾기 힘들다. 따라서 성호가, 이방인을 이 땅에 받아들이기 위한 중요한 첫걸음을 내딛었다는 점에 좀 더 적극적인 의미를 부여하는 편이 온당할 것으로 생각된다.

둘째, '냉정한 우호의 정치학'은 타자와의 '자기반성적 관계'를 지향한다. '냉정한 우호의 정치학'에서 타자인식은 자기반성으로 이어진다. 자기 자신의 초라함을 직시하면서 성호는 왜곡된 자기의식의 허구성을 질타하고, 피해자의 눈으로 자국自國을 보면서 자국의 전쟁책임을 스스로 묻는다. 이것은 곧 성호가 타자의 눈으로 자신을 냉철하게 응시하고 있다는 것을 의미한다. 요컨대 성호의 정치학에서 자기의식과 타자인식은 상호 규정적 관계에 놓여 있다. 그만큼 그것은 안팎에 대한 성숙한 태도를 내포한다.

셋째, '냉정한 우호의 정치학'은 현실적이되 현실에 함몰되지 않고, 오히려 미래적 전망을 모색하고자 한다. 이 점은 성호 당대의 정치현실과 극명한 대비를 이룬다. 성호의 시대에는 이미 숭명배청론과 북벌론이 국시國是로 굳어졌다. 타자에 대한 원한의식이 이데올로기화된 것이다. 그러나 성호는 이와 다른 길을 개척했다. 냉철한 자기반성을 토대로 성호는, 과거에의 구속을 끊어버리고 인접국과의 미래지향적 관계를 열어가고자 한 것이다.

이제까지 다방면에 걸쳐 성호 연구가 이루어져 왔다. 그런데 그의 정치사상에 대한 연구는 주로 국내정치의 문제에 국한되었다. 그 반면 국제정치에 대한 성호의 엄밀하고 현실적인 사유의 면면을 부각시키기 위한 노력은 상대적으로 미흡했던 것이 사실이다. 그러나 본고의 여러 가지 논의를 통과한 현시점에서, 성호는 '동아시아적 차원의 정치사상가'로 재해석됨직하다. 최근에는 한중교류 내지 한일교류에 대한 연구가 지속적으로 증가하고 있는 추세이나. 그러나 이들 연구에는 '정치적 사유'에 대한 고려가 부족하다. 이 점에 비추어 보면, 성호의 '냉정한 우호의 정치학'은 이들 연구와는 다른 전망을 보여줄 수 있지 않은가 한다. 만일 성호 이후의 실학자들에 대한 계통적 연구가 보충된다면, 그리고 그 연구가 한중일 지식인들의 타자인식에 대한 비교 연구로 이어진다면, '동아시아 공동체' 문제와 관련하여 실학 연구가 중요한 기여를 할 수 있을 듯하다. 성호의 '냉정한 우호의 정치학'은 그 실마리를 제공해준다. 다만, 이 과제를 감당하기 위해서는 꾸준한 집체적 노력이 필요할 것이다.

아무쪼록 본고가, 한국의 실학을 동아시아적 차원에서 재음미하고 새로운 시각을 열어나가는 데 미약하게나마 기여할 수 있기를 바란다. 그리고 타자에 대한 시각과 태도가 결코 성숙하다고 할 수 없는 지금의 한국 사회에, 본고가 중요한 '역사적 기억'을 일깨울 수 있기를 희망한다.

星湖 李瀷의 퇴계와 영남에 대한 관심

ー權相一과의 편지를 중심으로ー

안병걸 | 안동대학교 동양철학과 교수

1. 머리말*

이익李瀷은 경세학과 국학 전반은 물론 경학, 예학, 성리학 등 전통
유학의 여러 분야에도 많은 저작을 남겼다. 그는 특히 퇴계 이황을 존경
하였다. 29세인 1709년에는 백운동서원을 거쳐 청량산을 돌아보았고 도
산서원을 찾아가 상덕사에 참배하고서, 그 때의 여정을 기록으로 남겼
다.[1] 만년에는 강세황을 시켜 그린 도산서원도를 가까이 두고 보면서
늘 퇴계의 학덕을 사모하였다.[2]

만년에 이르도록 이익은 당대 영남지방의 이름 있는 유학자들과 교
류를 지속하였다. 그 역시 근기의 남인학파를 대표하는 학자로서 영남
지방에서도 이름이 널리 알려졌던 것은 물론이고, 세상을 떠난 뒤에도
영남학파를 이끈 학자들인 이상정李象靖, 남한조南漢朝, 정종로鄭宗魯 등이
그의 학문에 대하여 많은 관심을 가졌다.

이 글은 퇴계의 학문 및 영남 학자들에 대한 이익의 관심과 당대 영
남학자들과의 교류 양상을 추적하고자 한다. 『성호전집』에는 이익(1681~

---

* 이 글은 제10회 동아시아실학 국제학술회의(2009. 10. 31)에서 「성호학과 영
  남」이라는 제목으로 발표한 것이다. 본디 이익이 살았던 당시의 영남 유학
  자들과의 학문적 교류 양상을 기술하려는 의도였는데, 이익과 권상일 간의
  교류에 한정하다 보니, 퇴계의 학문과 저술, 그리고 당시의 영남 선비들에
  대한 이익의 관심이 주된 내용이 되었다. 이에 따라 논문의 제목을 이처럼
  바꾸었다.
1) 『성호전집』 권53에 「유청량산기(遊淸凉山記)」와 「알도산서원기(謁陶山書
   院記)」가 있는데, 이것은 이익의 나이 29세인 1709년의 글이다. 또 34세의
   저작인 『사칠신편(四七新編)』은 퇴계의 사칠이기호발설에 대하여 자신의
   성리설을 부연한 것이다. 『이선생예설(李先生禮說)』과 『도동록(道東錄)』
   즉 『이자수어(李子粹語)』를 편찬한 것도 퇴계의 학문에 대한 이익의 관심
   이 매우 지대하였음을 알려 주는 증거이다.
2) 『성호전집』 권56에는 「도산도발(陶山圖跋)」이 있다.

1763)이 교유하였던 영남지방의 학자로서 이만부李萬敷(1664~1732)와 권상일權相一(1679~1759)과 주고받은 글이 많이 보인다. 특히 권상일은 이익과 같은 세대의 학자로서, 두 사람은 아주 오랜 기간을 두고 교유를 지속하였다. 이 글은 권상일과 이익이 주고받은 편지를 통하여 이들이 공유하였던 학문적 관심과 함께 이견을 보였던 학술적 주제들을 확인하고자 한다.3)

『성호전집』에는 이익의 나이 54세인 1734년 이후 1758년에 이르기까지 25년에 걸쳐 권상일에게 보낸 편지가 18통이 수록되었고, 권상일의 『청대집淸臺集』에는 이익에게 보낸 편지가 9통이 있는데, 이것은 1741년 이후 1754년 사이의 것이다. 두 사람은 서로 시문도 주고받았는데, 1759년에 권상일이 세상을 떠나자 이익은 만사를 지어 애도하였다.4) 두 사람은 학문적으로나 개인적으로나 가장 원숙한 시기에 시작한 교제를 평생토록 유지하였던 것이다.

권상일은 상주의 산양현山陽縣, 즉 지금 문경시 산북면에서 살았던 학자이다. 32세인 1710년에 과거에 급제하고 여러 벼슬을 거친 그는, 80세에는 자헌대부 지중추부사에 오르고 기로소에도 들었던 문신 관료였다. 그러나 그는 벼슬살이 보다는 향촌에서의 독서와 강학을 더욱 즐겼던 선비였다.5) 권상일의 조상은 본디 안동에서 살았었다. 퇴계의 문하에서

---

3) 퇴계학에 대한 이익의 관심을 다룬 연구는 다음과 같다.
　이남영(1978), 「李星湖의 退溪學的精神」 『퇴계학보』 17집.
　이우성(1980), 「韓國儒學史上 退溪學派의 形成과 展開」 『퇴계학보』 26집.
　이남영(1982), 「星湖 李瀷의 退溪觀과 그의 實學論」 『퇴계학보』 36집.

4) 1745년에 이익은 권상일에게 「淸臺辭」(『성호전집』 권4, 『한국문집총간』 198-126c)를 지어 보냈고, 그 이듬해에 권상일은 「星湖翁昨年遠寄淸臺詞一篇, 略綴豆章, 仰謝厚意」(『淸臺集』 권3, 『한국문집총간』 속 61-252a)라는 답시를 지어 보냈다. 권상일의 죽음을 애도하는 이익의 만사는 「挽權知事台仲」(『성호전집』 권6, 『총간』 198-159d) 및 「輓詞」(『청대집연보』 권2, 『속총간』 61-550a)이다. 이하에 인용하는 『한국문집총간』은 『총간』, 『한국문집총간』속은 『속총간』이라고 줄여서 표기한다.

수학하였던 권대기權大器와 권우權宇 부자가 그의 6대조, 5대조였다. 그의
가문은 권대기, 권우 양대에 걸쳐 이룩한 가학을 잘 보전해온 데다가, 권
상일은 상주의 선배학자 이만부와의 교유를 통하여 그 학문의 깊이를
더 하였다. 그는 54세에 도산서원 원장을 지내면서『퇴계언행록』의 간행
을 주도하였고,『퇴계집속집』의 편찬과『송계원명이학통록宋季元明理學通
錄』및『주자서절요』등 퇴계 저작의 중간에 참여하는 등 그 시대 영남
퇴계학파의 중심에 있었다. 세상을 떠난 뒤에는 그가 살았던 마을인 산
북면 서중리 소재 근암서원近嵒書院에 배향되었다.

2. 영남에 대한 관심

　두 사람의 문집에 실린 글 중에 가장 앞선 편지는 1734년에 이익이 권
상일에게 보낸 것이다.[6] 이 글에서 이익은 젊어서 도산서원의 사당에

---

5) 권상일에 대한 연구는 다음과 같다.

　금장태(1996),「청대 권상일의 생애와 사상」『퇴계학파의 사상』1, 집문당.

　안영상(2004),「퇴계학파 내 호발설의 이해에 대한 일고찰」『퇴계학보』
155집.

　김남기(2009),「권상일의 학문과 문학세계」『문경 산북 마을들』, 안동대학교
안동문화연구소.

　또,『청대일기』를 여러 시각에서 분석한 김소은, 김효경, 전경목, 노혜경의
연구가『사학연구』88호, 2007에 실려 있다.

6)『성호전집』권13,「答權台仲 甲寅」(『총간』198-283d). 그런데 실상 이익은
이보다 앞서 이미 권상일의 편지를 받았다. 이익이 권상일에게 보낸 첫 편
지인 이 글은 그의 아들 이맹휴 편에 권상일이 보내온 편지에 대한 답서이
다. 물론 권상일이 어떠한 계기로 이맹휴를 알게 되었는지는 알 수 있는 자
료가 없다. 그러나 이보다 앞선 시기에 이미 이만부를 통하여 이익과 그의
가문에 대하여 소상히 알고 있었다. 본디 서울 출신인 이만부는 이익의 형
들인 이잠, 이서와 절친한 사이였고, 상주로 이주한 뒤에도 이익 형제와 평
생토록 친분을 유지하였다.「청대연보」에 의하면, 권상일은 1734년 7월 사
헌부 장령의 벼슬을 받고 사직상소를 올렸으나, 허락받지 못하고 9월 17일
에 입시하여 사은하였다. 그 며칠 뒤인 21일에 다시 낙향하였으니까, 이익

배알한 뒤에, 근방을 오래도록 배회하였던 일을 회고하고서, 당시에 여러 지역을 다니면서 학덕 있는 명사들을 두루 뵙지 못하였던 것이 아직도 유감이라고 말하였다. 즉 오래전부터 영남지방의 건실한 사풍土風을 흠모하였고 그곳의 선비들을 만나보고 싶었다는 것이다.[7]

다음 글에서 이익은 『퇴계집』에 실린 퇴계와 기대승 사이의 사칠논쟁에 대한 의문을 제기하면서 권상일의 의견을 묻는다.[8] 교제의 처음부터 학술적인 토론을 시작한 것이다. 그런데 『청대집』에 실린 바 권상일이 이익에게 보낸 최초의 것은 이보다 훨씬 뒤인 1741년의 것이므로, 이익의 이 질문에 대한 권상일의 회답은 확인할 길이 없다. 이 주제를 둘러싼 두 사람의 토론은 1745년에 재론 되는데, 두 사람 간의 입장의 차이가 분명한 부분이므로 뒤에 묶어서 논의한다.

이익이 다시 편지를 보낸 것은 권상일이 울산부사를 그만두고 귀향하였다는 소식을 들은 뒤인 1739년 가을이다. 이 글에는 영남지방에 대한 관심과 함께 우려가 다음과 같이 실려 있다.

의 편지는 그 즈음의 답서로 보면 될 것이다.

7) 『성호전집』 권13, 「答權台仲 甲寅」 (『총간』 198-283d): 澒昔曾逾嶺, 歷安禮之間, 祇謁陶山三溪祠, 徘徊久之不能去也. 當時亦年少知昧, 不能徧走士鄕, 覿德而困載矣. 到今心耳所飽, 如吾執事, 仰欽之久而尙未有款承餘誨, 則寧不負歎齋咨, 雖欲強疾亟造, 少抒情願, 亦緣鬪騎, 有未易逢者.

8) 『성호전집』 권13, 「答權台仲 甲寅」 (『총간』 198-284a): 退集數條非敢妄議於大論. 索居蓄疑, 質問無所, 幸賴執事之叩發其蒙愚, 只恭俟之確之敎耳. 其答高峯書有曰情之有四端七情之分, 猶性之有本然氣質之異也. 本然與氣質之性, 非有二物. 只於氣質之性, 指出其不雜乎氣質者, 謂之本然之性也. 若以此爲比則與四端是七情中善一邊之說奚別. 又曰雖不可謂七情之外復有四端云云. 以愚臆之, 七情之外, 豈不有四端耶. 至高峯後說出, 先生有通透灑落之奬, 而觀其大旨, 與前說未嘗改換, 謂七情之發而中節者, 豈可謂是氣之發而異於四端. 遂以孟子之喜舜之怒, 爲中節之達道, 而非氣之發也, 此又何也. 先生答李平叔第三書, 極有難契, 並乞參考. 當時旣無書卷, 可以歷擧, 今更錄此仰叩焉.

　　간혹 영남지방의 소식을 들을 때마다 가끔은 놀라서 가슴이 두근거립
니다. 그 사이에 어찌 이렇게까지 절박하고 어지러운 일이 있었는지 알
지 못하였습니다. 군자의 처세는 스스로 언과(言過)의 경계를 가져야 마
땅히 여유 있게 해를 마칠 수 있는데, 그렇지 않으면 앞날의 일이 혹 이
에 그치지 않을까 걱정입니다. 이는 우둔한 저 혼자 걱정하고 지나치게
생각하는 것입니다만. 집사께서는 어찌 생각하시는지요?9)

　　윗글에 구체적인 설명이 없으므로, 어떤 사건 때문에 이런 걱정을 했
던 것인지는 단정할 수 없으나, 당시 영남지방은 매우 뒤숭숭하였다.
1694년 갑술환국에 남인 조정이 붕괴되자, 영남 남인들이 출사할 기회가
아주 적었다. 특히 영조가 즉위한 뒤 4년 만에 일어난 1728년 이인좌의
난으로 인하여 조정으로부터 반역의 고장[逆鄉]이라는 지목까지 당한 이
후, 영남은 집권세력에 의하여 극심한 견제를 받았던 터였다. 그 직후인
1730년대의 노론들은 영남지방에 대한 통치책으로서 남인 일색의 영남
선비들을 분열시키는 정치 공작을 꾀하였다. 그 결과 안동과 상주 지역
의 몇몇 명망가들이 노론으로 전향하는 일도 있었다. 이들을 신면자新面
者, 즉 얼굴을 바꾼 자라고 불렀는데, 이익이 이 글을 쓰기 바로 전 해인
1738년에는, 노론 집권세력이 신면자들을 앞세워서 김상헌金尙憲을 배향
하는 서원을 그 선대 연고지인 안동에 세우려고 시도하였다. 안동의 남
인들은 물리적 힘으로 이를 저지하면서 매우 큰 물의가 일어나, 조정에
서도 심각하게 논의한 적도 있었다.10) 윗글은 그즈음에 노론으로 전향
한 영남 선비들의 분열상에 대한 이익의 염려로 보인다.

---

9) 『성호전집』 권13, 「答權台仲 己未」(『총간』 198-284c): 時或聞嶺外聲息, 往往
　　魂悸。不知其間有何節拍推蕩之至此。君子處世, 自有言遜之戒, 正宜優哉遊
　　哉, 聊以卒歲。不然未來之事, 或恐不止此。此愚鈍私憂過計, 不知執事以爲
　　如何。
10) 이에 대한 연구는 정만조(1982), 「英祖 14年의 安東 金尙憲書院 建立是非」
　　『한국학연구』 1, 동덕여대 참조.

영남에 대한 이익의 이 같은 관심과 우려, 기대는 권상일과의 교유가
지속되는 동안 내내 표출된다.

3. 『퇴계집』의 궐오, 문인록 편찬

1741년에 쓴 이익의 글은 세 가지를 논하였다. 우선 퇴계의 유작 가운
데, 『퇴계집』에 수록되지 않은 것이 있다는 것이다. 그것을 옮기면,

> 감사 윤복이 안동부사로 있을 때 퇴계 노선생의 『주자서절요』가 완성
> 되자 이를 간행하였는데, 그 초본이 지금도 윤씨 댁에 남아 있다고 합니
> 다, 또 당시에 퇴계선생이 윤부사에게 준 시가 있는데, 퇴계집에는 실리
> 지 않았으나 선생의 저작인 것은 틀림이 없는데, 어찌 생각하시는지요?[11]

이다. 윤감사는 전라도 해남 출신의 윤복尹復이다. 그는 안동부사로 재임
중이던 1565년 즈음에 퇴계 문하에 출입하였다. 윗글은 두 가지를 알려
준다. 퇴계의 생전에 『주자서절요』가 안동에서도 간행되었다는 것과 퇴
계의 유작 중에 『퇴계집』에 실리지 않은 것이 있다는 것이다. 『주자서절
요』는 퇴계의 생전에 이미 세 차례나 간행되었던 책으로 알려져 있다. 최
초의 것은 퇴계 문인 황준량黃俊良이 성주목사로 재임하던 중인 1561년에

---

11) 『성호전집』 권13, 「與權台仲 辛酉」(『총간』 198-284d): 頃有人言尹監司復莅官
安東時, 老先生節要朱書初成, 因以刊行, 其草本尙在尹家。先生又以詩寄贈
云 <u>朱門博約兩功程, 千聖淵源到此明。珍重手書留至敎, 精微心法發羣英。嗟
余竭力空頭白, 感子收功已汗靑。更遣諸郎詢瞽見, 病中深覺負仁情。</u>此一律
不載於本集, 其果然否。家無續集之類, 不能遍考。其爲先生作則無疑, 未知
心下以爲如何。밑줄 부분의 시는 1746년 퇴계의 후손 이수연이 간행한 『퇴계
집』의 속집에 「寄謝尹安東復」(『퇴계집속집』 권2, 『총간』031-117d)이라는 제
목으로 수록되었고, 윤복의 『杏堂先生遺稿』에는 「杏堂公守安東時退溪先生
以詩見贈」라는 제목으로 실려 있다.

간행하였던 성주본이고, 그 다음은 유중영柳仲郢이 1564년에 간행한 정주본이며, 그리고 간행자나 연도를 알 수 없는 평양본이 있었다고 한다.[12] 그런데 이익이 윗글에서 말한 대로라면 안동본도 있었다는 것이다.

이익은 또 『퇴계집』에 궐오자闕誤字가 매우 많다는 것을 지적하고 영남의 선비들 간에 그에 대한 수정 논의가 있는지를 물었다.[13] 이 편지는 또 퇴계의 문인록에 대한 언급도 있다.[14] 이익은 그에 앞서 『퇴도문생록』 한 부를 소장하였다고 한다. 물론 이 책은 이 전후의 글로 보아 당대 영남학자의 큰 선비 중 한 사람으로서 이현일李玄逸의 문인 권두경權斗經(1657~1725)이 편찬하였던 『계문제자록溪門諸子錄』이 아닌 것은 분명하다. 윗글에서 이익은 퇴계가 주자朱子와 그 문인들의 언행을 중심으로 엮은 『송계원명이학통록』을 편찬한 것처럼 일정한 체계를 갖춘 퇴계의 문인록이 시급히 편찬되어야 한다는 의견을 제시하였다.[15]

이익이 이 편지를 보낼 즈음, 안동의 유림들은 퇴계의 저작을 재편집하는데 열중하였다. 그 시작은 권두경이었다. 권두경은 퇴계와 그 문인들의 사적이 사라져가는 것을 염려하여 『도산언행통록』과 『계문제자록』을 편찬하였다. 이 중 『언행통록』은 그의 사후인 1732년 경상감사 조현명趙顯命의 도움을 받아 안동에서 간행되었다. 그리고 퇴계의 후손으로서 당시 예안 고을에서 큰 영향력이 있었던 이수연李守淵(1693~1749)은 『퇴계선생언행통록』의 체례를 바꾸고 일부 내용을 가감하여 『퇴계언행록』을 편찬한 뒤에 도산서원에서 간행하였다.[16]

---

12) 유탁일(1998), 「朱子書節要의 編纂 刊行과 그 後響」, 『국역 퇴계전서』 23, 퇴계학연구원 참조.

13) 『성호전집』 권13, 「與權台仲 辛酉」(『총간』 198-284d): 嘗讀本集, 闕誤太多。恐當有刊正之役, 嶺外諸長老, 亦曾有此議否。

14) 같은 글: 鄙家有謄傳退陶門生錄, 草草殊甚, 不成頭緖, 每謂此不可如此而止。雖有一二搜採, 竊居僻寂, 無以辦此一事。當時及門, 八九是嶺人。執事何不留心完聚, 以幸後人耶。

15) 같은 글: 先生之於朱門理學通錄, 意蓋如此。若不及是圖之, 日堙歲磨, 將無以復容心力矣, 如如何何。

이익에게 보낸 권상일의 답서는 이 해, 즉 1741년에 처음 보인다.[17] 이 글에서 권상일은, 윤감사의 후손이 소장하고 있는 퇴계의 시는 알지 못하니, 그 원문을 적어 보내 달라고 요청하였다. 또한『주자서절요』에 대하여는,

> 　그 당시 이미 성주본과 정주본이 있었으므로 안동에서 별도로 간행할 필요가 없었을 것입니다. 퇴계선생 시를 읽어 보면 간행하려다가 이루지 못한 것이 아닌가 합니다. 안동본은 전혀 본 적이 없으니 의아한 일입니다. 그 댁에 실물이 있는지를 확인한 뒤에 알려 주시면 좋겠습니다.

라는 글을 적어 보냈다. 그리고 권상일은『퇴계집』에 수록되지 않은 퇴계의 유작이 많다는 이익의 지적에 동의하면서, 이수연이 그 즈음에 수집한 것이 8, 9권이나 된다고 전하였다.[18] 그리고 그들보다 앞선 시기에 권두인權斗寅 등이『퇴계집』의 궐오자를 한 책 분량이나 기록하고서『주서고이朱書考異』의 예를 따라서 간행하려고 하였으나, 의견이 엇갈려서 아직 간행을 하지 못한 것이 유감이라는 말도 전하였다.

　이어서 권두경이 엮은 문인록, 즉『계문제자록』이 있음을 알리고, 이익의 의견처럼 "『이학통록』의 범례와 체재를 따라서 퇴계와 그 문인들의 언행을 기록하여 별도의 한 책을 만들 수 있으면 매우 다행이겠습니다. 그러나 이 일은 매우 큰일이므로 고명[高明: 이익을 지칭]이 착수하면,

---

16) 권두경의 「퇴계선생언행통록」과 이수연의 「퇴계선생언행록」 편찬 및 간행에 대한 연구는 김언종(1994), 「退溪先生言行錄 解題」『국역 퇴계전서』 27, 퇴계학연구원 참조. 퇴계 문인록에 대한 연구는 김종석(1998), 「陶山及門諸賢錄과 退溪學統弟子의 範圍」『한국의 철학』 26, 경북대 퇴계연구소; 김종석(2000), 「陶山及門諸賢錄의 集成과 刊行」 경북대 퇴계연구소 참조.

17)『청대집』 권6, 「答李子新 瀷 辛酉」(『속총간』 61-325c).

18) 위의 글: 李侍直守淵, 極意收拾, 成合八九卷。其意非浴作續集復刊, 只是留藏陶院, 以待後日看士論之如何也。

영남 출신 문도들의 사적 중에 빠진 것은 제가 수집하여 제공하겠습니
다."라고도 말하였다.

이 편지를 받은 이익은 같은 해에 바로 답서를 보낸다.[19] 그는 권상
일에게 권두경이 엮은 문인록을 구해달라고 요청하였다. 이어서 그는
문인록 편찬에 대한 자신의 의견을 적극적으로 피력하였다. 즉 정지운鄭
之雲, 노수신盧守愼처럼 한 때 만났던 이들은 물론이고, 성혼成渾, 이이李珥
같은 이들을 퇴계 문인에 포함하는 것은 더욱 불가하다는 것이었다.[20]
그리고 문도 제현 중에 영남 출신이 아닌 우성전禹性傳, 김취려金就礪, 이
함형李咸亨, 남언기南彦紀, 조진趙振, 김덕룡金德龍 등도 사적이 자세치는
않으므로, 권두경이 빠뜨리고 수록하지 않았으면 장차 사라지고 말 것
이니, 그들의 자료를 계속 조사하여 뒷날의 병필자秉筆者가 정리할 날을
기다리겠다고 말하였다.[21] 그 자신이 직접 퇴계 문인 관련 자료를 적극
적으로 수집하겠다는 의사표시인 것이다.

이익의 이 편지는 또, 김장생金長生의 『의례문해疑禮問解』에 실린, 퇴계
가 정구鄭逑에게 보낸 편지는 진짜가 아닌 것이 분명한데, 혹시 『퇴계집』
에 실리지 않은 글을 모은다는 이수연이 이것을 본 일이 있는지를 물었
다.[22] 이 문제는 뒤의 편지들에서도 거듭 언급되는데, 일찍이 김장생의
예설을 자세히 분석하여 「김사계의례문해변의金沙溪疑禮問解辨義」를 남긴
이익은 김장생이 인용한 퇴계의 서간문이 『퇴계집』에 없는 것을 보고
그 실체에 대한 의문을 품었던 것이다.[23]

---

19) 『성호전집』 권13, 「答權台仲 辛酉」(『총간』 198-285c).
20) 위의 글: 如秋巒, 穌齋之類, 不過一時仰慕之人, 豈合在弟子之列。其佗牛
栗諸人, 尤不可以門生目之。
21) 위의 글: 其嶺中諸賢外, 如禹性傳, 金就礪, 李咸亨, 南彦紀, 趙振, 金德龍
等二三君子, 略紀實蹟。雖甚草草, 失此不擧, 將寖湮而無迹矣。此皆非嶺人,
亦恐蒼雪公無以及此。從此而稍稍增益, 以俟佗日執毫者採取, 即一事也。
22) 위의 글: 又如近世金沙溪疑禮問解中載與鄭寒岡一書, 論嫡孫承重而孫婦姑
在之服, 謂當姑婦並服。此一條分明不眞, 以年月考之可驗, 不知李侍直已看
到此耶。

이 글은 또,

근래 영남에서 온 사람의 말에 의하면 수십 년 이래로 그곳 풍습도 차
츰 변하였다고 하는데, 과연 그러한지를 알지 못하겠습니다. 이는 나라
가 어떻게 인도하고 길러주는지에 달린 문제일 터이지만, 어찌 그사이에
존족(尊足: 권상일을 지칭함)처럼 우뚝한 분이 없겠습니까?[24]

라고 하여, 영남 선비들의 기풍 변화에 대한 우려를 적고 있다. 그런데
이 글의 뒤에서 이익은, '이것은 나라의 책임이요, 그렇다고 하더라도 귀
하 같이 우뚝한 분이 있으니 안심한다.'는 취지의 글을 적었는데, 이 글
에서 말한 나라의 책임은 앞서 말한 당시 조정의 영남 남인 분열책을 말
한 것이었음이 분명할 터이다.

이에 대한 권상일의 회답은 해가 바뀐 1742년의 글이다.[25] 그는 권두
경의 문인록은 자신도 아직 보지 못하였지만, 역시 소략하다는 세평이
있다는 사실을 전하고서, 이익에게 퇴계 문도들의 사적을 적극 수집하
라고 당부하였다. 실상 권두경의 『계문제자록』은 그 당시는 물론 후대
에도 이런저런 이유로 하여 간행을 보지 못하고 필사본으로만 전해졌던
것이다.[26]

---

23) 『의례문해』에 김장생이 인용한 퇴계의 글은 『沙溪全書』 권37-26b의 ◑ '退
溪先生答鄭道可曰 …' 이하 참조할 것. 이익의 「金沙溪疑禮問解辨義」는 『
성호전집』 권39~권40에 수록되었고, 또 「承重者之妻姑在服祖說」(『성호전집
』 권42, 『총간』 199-255b)에서도 김장생이 인용한 퇴계 글에 대한 강한 의문
을 제기하였다.
24) 주 19)와 같은 글: 近有人從嶺外來言, 數十年來, 人風亦稍變, 不知果否。此
由國家導養之如何, 而亦豈無傑然尊足者特立於其間耶。
25) 『청대집』 권6, 「答李子新 壬戌」(『속총간』 61-326b).
26) 『퇴계집』의 闕誤字에 대한 답신에서, 권상일은 이수연의 말을 빌려 도산
선비들의 의견이 일치하지 않아 김성일과 유성룡의 교정본만을 간행하고
권두인의 것은 아직 간행하지 않았다고 전하였다. 또 이익이 앞서 문제를

같은 해 이익의 답서는 문인록에 들어갈 자료를 다음처럼 구체적으로 제시하였다.

> 퇴계 문인 김운보 선생 형제의 유사를 수집하여 기록해 보았습니다.
> 지금 적어 보냅니다만, 교정하는 이가 어찌 보실지 모르겠습니다. 문도
> 여러분의 기록도 전부 모으려고 합니다만, 구한 것은 적고 빠뜨린 것이
> 많습니다. 아직 두서가 없으니 끝내 엮어낼 수 있을지 걱정됩니다.[27]

김운보金雲甫, 즉 김덕룡金德龍과 그의 아우 김덕곤金德鵾 형제의 사적을 수집하여 권상일에게 보낸다는 내용이다.[28] 당시 이익이 퇴계 문인 관련 자료를 계속 수집하고 있었던 것을 알 수 있다. 이 글은 더 나아가서 앞서 의문을 제기하였던『의례문해』에 인용된 퇴계서에 대하여 문제점을 거듭 거론하였는데,[29] 그에 의하면 전후 사정으로 보아 이 글은 퇴

제기하였던, 김장생이『의례문해』에서 인용한 정구에게 보낸 퇴계의 편지가『퇴계집』에는 보이지 않은 것이 매우 의아하다는 생각도 함께 담았다. 권상일과 이수연은 이익이 이 문제를 제기한 뒤에야『의례문해』인용·퇴계서의 문제점을 알게 된 것이다.

27)『성호전집』권13,「答權台仲 壬戌」(『총간』198-286c): 退門金雲甫先生兄弟遺事, 妄有裒集成篇. 今傳錄呈上, 未知校考者何居. 其佗諸門生錄, 雖欲完聚, 得少遺多, 姑未有頭緒, 終恐不能梳洗得出也.

28) 김덕룡은 서울에 살면서 퇴계의 문하에서 배웠는데, 과거에 급제한 뒤에 여러 벼슬을 거쳐 대사헌을 지냈다.『퇴계집』권5에「寄題金雲甫德龍駱谷靜齋」라는 시가 있다. 김덕곤은 김덕룡의 아우로서 서울에서 퇴계에게 배웠다.「武夷櫂歌」에 대하여 퇴계와 토론한 것이 있으며,『퇴계집』권13에「答金成甫德鵾別紙」가 있다. 두 사람의 기사는『도산급문제현록』권1과 권2에 각각 수록되어 있다.

29) 주 27)과 같은 글: 沙溪所載老先生答寒岡一書分明贋傳, 何待訪其子孫而知耶. 先生辛酉答金而精, 至癸亥寒岡始謂後答鄭一書, 與答金者同意, 此戊辰以後書也. 後鄭又申其說曰著代別嫌, 不容不然, 先生只答曰似然. 以書中語考之, 鄭遭喪於戊辰仲冬而有論期後事, 此必已以後書也. 至庚午先生易簀, 前後十年間, 議論如一串貫, 未知沙溪何從得此於本集之外耶. 今世皆據

계의 것이 아니라는 매우 단정적인 주장을 한 것이 이채롭다.

권상일도 같은 해에 답서를 보냈다.[30] 그에 의하면 봄 사이에 권상일은 도산서원에서 향례를 마친 다음 이십여 일을 이수연과 함께 지냈었는데, 두 사람은 앞서 이익이 의문을 제기하였던 『의례문해』에 인용된 퇴계의 「답정도가」에 대한 고증이 정확했음에 거듭 감탄하였다는 것이다. 권상일은 또 도산서원에서 퇴계의 저작인 『이학통록』의 교정 및 중간을 추진한다는 소식을 전하면서 이익도 이에 관심을 가져 달라는 부탁을 하였다. 그의 말을 요약하면 다음과 같다.

『이학통록』은 퇴계의 역책易簀 6년 뒤에 문도 제현들이 힘을 모아 안동에서 입자入榟하였는데, 간본에 착오가 많아서 배포하지 못하였고, 당시의 각판은 물론이고, 퇴계 종가 소장 초고도 임진왜란 중에 분실되었다는 것, 지난 번 도산서원에서 향사를 마친 뒤 도내에 통문을 돌려 가을에 간행하기로 결의하였고, 그 사이에 경상감사의 조력을 얻어 판목과 양곡도 준비가 되었으며, 초여름에 도내의 장로들이 모여 교정을 볼 예정이라는 것이었다. 이어서 권상일은 길이 멀어 초청하지는 못하지만, 고명[이익을 지칭함]도 교정할 곳을 알려 주기를 바란다는 부탁도 함께 하였다.

4. 퇴계 그리고 영남 사풍에 대하여

권상일에게 보낸 1743년의 편지에는 퇴계에 대한 이익의 존경이 다음과 같이 적혀 있다.

是爲斷案則誤矣。且承重者之妻姑在則不服三年, 古今之通行, 通典可考, 何可以變動。

30) 『청대집』 권6, 「答李子新 癸亥」(『속총간』 61-326d): 이 글에서 권상일은 이익의 아들 이맹휴의 장원 급제를 거듭 축하하면서, 이는 이익의 가문 만이 아니라, 오당(吾黨) 즉 남인 전체의 영예라고까지 말하였다.

후학들이 노선생을 우러러보기는 자손들이 그 조상을 뵙는 것과 같아야 합니다. 모든 작위에서 조상님의 마음을 자기 마음으로 삼으면 유감이 없습니다. 이제 함장을 모시던 자리에서 직접 처신하듯이 하여 가까이 경청하면 그 거취의 분수에 착수할 자리가 있을 듯합니다.[31]

이익의 이 편지는 본디 권상일이 앞서 보내온 편지에 말한 『이학통록』의 수정 간행을 위한 일에 참여하는 영남 선비들의 마음의 자세를 말한 것이었다. 중요한 것은 퇴계선생을 숭모하는 마음 자세에 대하여 언급한 것이다. 이어서 그는 퇴계와 문도 제현들의 간찰첩簡札帖에 자신이 쓴 발문의 내용을 다음과 같이 전하면서 이 글에 대한 권상일의 동의를 구하였다.

근래 어떤 사람이 퇴계노선생 이하 문도 제현들의 간찰을 모아서 첩을 만들고는 말 한마디를 덧붙여 달라고 하기에 제가 그 끝에 표제를 달면서 다음처럼 말했습니다. "동방의 학문은 마땅히 퇴도선생을 태조로 삼아야 한다. 문도 여러분들은 일족의 어른 같은 분들인데 차서대로 배열하여 마치 사당의 순서처럼 하였다."라고 적었습니다. 전문을 다 기억하지는 못합니다만, 그 줄거리는 이와 같았습니다.[32]

이 역시 퇴계에 대한 무한의 존경심을 담은 글이다.[33] 이 글은 또 『남

---

31) 『성호전집』 권13, 「與權台仲 癸亥」(『총간』 198-287a).: 後學之仰先生, 宜如雲仍之視祖。凡有作爲, 以祖心爲心, 方是無憾。今設以身處於函丈之間, 親切傲聽, 則其去就之分, 疑若有著手之地矣。

32) 같은 글: 近有人集老先生以下諸賢簡札, 粧爲帖, 求一轉語。瀷題其端云 東士之學當以退陶爲太祖。至於諸子, 如族姓之尊屬, 以次排列, 宛有昭穆意思。不記全文, 其槩如此, 此意未知如何。

33) 『성호전집』 권55에 「陶山道脈帖跋」이라는 글이 실려 있는데, 대체적인 내용은 윗글과 비슷하지만, 문장이 전혀 다르다.

명사우록南冥師友錄』이 상세함을 예로 들면서 퇴계 문인록의 완비에 힘을 쏟으라는 주문도 하였다.[34] 『남명사우록』은 이보다 백여 년이 앞선 1636년에 박인朴絪에 의하여 편찬되었는데, 이에 비하여 퇴계의 문도록이 아직 정리되지 않은 것에 대한 아쉬움을 표한 것이다.[35]

1744년 이익의 글도 주된 내용은 상, 장례의 예설이다. 그런데 필자가 이 글에서 확인한 것이 있다.

전해 듣자니, 영남의 풍속이 갈수록 나빠진다고 하니 이는 작은 근심거리가 아닙니다. 높은 갓을 쓰고 넓은 띠를 두른 노나라의 선비들이 전국의 싸움터에서도 홀로 보존하여 천고에 이르도록 변하지 않았던 이유는 성인 공자의 교화가 남아 있었기 때문입니다. 근래 영남의 일도 곤혹스러움을 느낍니다만, 그러나 존족 같은 분이 경서를 품고 향촌에 계시면서 자신을 내세우지도 요구하지도 않고, 분수에 맞게 지내면서 남들의

---

34) 주 31)과 같은 글: 前書所白修整門生錄者, 蓋亦以是。如南冥之門已有師友錄頗詳備, 而此獨闕焉, 豈非欠歎耶。

35) 이익이 권상일에게 보낸 편지 중에서 이 글이 가장 길다. 여기에서는 퇴계가 金就礪, 禹性傳, 金誠一, 鄭述, 鄭惟一 등에게 보낸 편지에서 말한 상, 장례에 대한 질의를 하였다. 「答權台仲 癸亥」(『성호전집』 권13, 『총간』 198-288d)도 앞의 글을 이어서 퇴계가 金富倫에게 준 편지와 李德弘의 『溪山記善錄』에 실린 퇴계 예설을 인용하고 권상일의 견해를 알려 주기를 요청한 것이다. 이익은 그 다음 해의 편지 「答權台仲 甲子」(『총간』 198-289d)에도 별지를 달아 예설 관련 질의를 계속하였다.
권상일의 「答李子新 甲子」(『청대집』 권6-18, 『속총간』 61-327c)는 이익이 질의한 心喪, 生母의 상례, 題主, 改葬時의 상복, 生母의 상례 등에 대한 자세한 답변을 하였다. 이 답서 또한 이익에게 보낸 편지 가운데 가장 긴 글이다. 구체적인 예의 적용 문제를 다루었기 때문이다. 상, 장례에 대한 이익과 권상일의 관점을 살필 수 있는 글이다.
이 글은 또 진시황 때 徐福이 찾아 왔다는 삼산, 즉 금강산, 지리산, 한라산 등 삼신산의 실체와 신라시조 탄생설화, 그리고 선조임금 당시 공의대비 상례 문제들을 다루었다. 그런데 이것은 이익의 질문에 대한 답일 터인데, 앞선 이익의 편지에는 이에 대한 언급이 전혀 없는 점이 의문이다.

힘을 의지하지 않으시니, 그 도가 없어질지언정 밖의 일 때문에 자기 안
에서 지킨 것을 먼저 바꾸는 이는 그 자신을 봄이 이미 경박한 것입니다.
영남의 풍습은 스스로를 기꺼워하여 좋든 그르든 간에 높은 것에 힘쓰는
경향이 있습니다. 이 때문에 자기 잘못이 아닌 일에 빠져드는 일도 자주
있었습니다. 퇴계노선생이 평생토록 마음을 쓰면서 재단하였던 것도 이
것이 아니었던가 합니다. 이것은 오당(吾黨)의 여러 군자들이 함께 힘써
야만 할 일입니다.36)

　이를 정리하면, 영남 선비들의 기풍에 대한 이익의 끊임없는 관심과
염려, 퇴계에 대한 존경심, 그리고 권상일에 대한 기대를 적은 뒤에 영남
의 풍습이 고쳐야 할 점들을 간절하게 적은 것이다.
　권상일은 이익에게 보낸 다섯 번째 편지37)에서, 영남의 퇴속頹俗에
대한 이익의 끊임없는 염려에 매우 큰 고마움을 전하였다. 그리고 영남
각 고을의 풍파가 불안정함은 이곳 사람들이 혈기는 왕성한 반면에 의
리는 적기 때문인데, 이는 시운과도 관련이 있는 것이므로 한 두 사람이
바로잡을 수 있는 것이 아니라는 의견도 담았다.38)
　이익의 1747년 글은 그에 앞서 도산서원에서 중간한 『이학통록』을 사
방의 학인들에도 보내면 좋겠다는 것39)과 퇴계의 「도산십이곡」을 자신

36) 『성호전집』 권13, 「答權台仲 甲子」(『총간』 198-289d): 又傳聞嶺外人風不免
　　每下, 非細憂也. 魯之峨冠長紳, 獨保於戎馬之間, 千古不變, 聖人之餘化
　　也. 近時嶺外事亦覺懊惱. 然自有尊足者存, 抱經伏野, 不忮不求, 蹈己之分,
　　忘人之勢, 寧無其道. 苟以外至之故, 先易內守, 其自視也已輕矣. 又況嶺風
　　斐然自喜, 臧否務高則有之, 以此往往陷於非辜. 老先生平生費心以裁之者,
　　疑若不同. 此則吾黨諸君子所宜共勉者也.
37) 『청대집』 권6, 「答李子新」(『속총간』 61-329).
38) 이 편지의 뒷부분에 한 줄 내려쓴 글이 있다. '吾丈答李弟書, 謹得覽悉.'이
　　라는 말로 시작되는 이 글은 사칠론에 대한 설명인데, 권상일의 이기호발설
　　이 분명히 드러나는 글이다.
39) 『성호전집』 권14, 「答權台仲 丁卯」(『총간』 198-298d): 理學通錄聞已剞劂, 更

이 언문으로 풀이한 것이 있는데, 손질하여 주기를 요청하는 내용이다.[40]

그 2년 뒤인 1749년의 글은[41] 두 가지 문제를 제기하였다. 하나는 앞서 1733년에 이수연 등이 두산서원에서 간행한 『퇴계언행록』에 내한 섯이다. 이 책은 사방의 학자들과 함께 보아야 하는데, 경기지역에는 보내지 않은 것은 잘못이라고 하였다.[42] 이익은 또 그 사이에 권두경이 편찬한 퇴계 문도록을 보았던지, 이 책이 규모를 갖추지 않았음을 지적하고 더욱 많은 자료를 채집하여 보완해야 할 것이라고도 말하였다.[43]

그 다음 해인 1749년의 글에서 이익은 "퇴도 부자는 동방 유학을 대성한 분이라"고 말하면서 그 문인제자들이라도 가장家狀이나 비지碑誌 같은 사적인 문자만을 근거로 해서 함부로 문인록에 수록하면 안 된다는 의견을 말하였다. 이어서 성덕달재자成德達才者, 답문자答問者, 사숙자私淑者로 세목을 나누어 기술하는 방안도 제시하였다.[44] 객관적인 자료에 의

無遺憾耶。此宜與朋友共之, 使四方學子得見謄卷亦一事, 未知如何。

40) 같은 글: 偶閱陳箱, 得翻譯陶山十二曲者, 此漢三十年前妄筆方言諺字, 恐防於爪上尊閣, 不免換轉爲之, 漢自知罪也。然文字旣成, 欲傳與家塾, 語勢甚覺齟齬, 或失本旨。惟乞三四細譯, 改字易句, 還以見敎焉, 逝將曳履歌詠, 金石八律, 嘐嘐然終吾生爾。

41) 『성호전집』 권14, 「與權台仲 己巳」(『총간』 198-299c). 이 글에는 퇴계가 이 함형에게 당부했다는 閨門의 일에 대한 아래와 같은 언급이 있다: 曾見老先生與李平叔書, 有言及閨門者。妄自思量, 師弟間義同父子, 勉諭之深, 疑若無所不到。至若筆之於書, 傳播衆眼則未知如何。李公無後, 今於其兄弟之外孫許, 盡得其先生手墨。蓋此紙卽辭退時緘款密付者也。其封皮有道次密啓看五字, 意者煩不暇面命耳提, 倫常事重, 又不可以不及, 故俾有獨看而秘藏。不幸公亡事泄, 是豈先生之念及哉。何故集中不錄此一句, 其委曲之意。尙令人興感, 嶺外諸賢或有聞而知者耶。

42) 위의 글: 向刊語錄, 宜與四方學者共之。了不及于京洛, 亦甚差事。漢謂添入於語錄, 猶勝全沒也, 幸爲之傳與本家知焉。

43) 위의 글: 向見權修撰所彙門生錄, 與淵源錄理學錄規模不侔。後人宜更有採以輯之者, 但恨文獻不足, 以證成如山海師友記, 覺稍完備, 執事亦必左右之矣。

하여 퇴계의 문인록이 편찬하여야 한다는 주장인 것이다. 이익은 또 문인록에 수록할 문도로서 풍기 출신인 황응규黃應奎의 사적을 소개하였다.[45]

5. 영남 선비들에 대한 기대

만년의 이익에게는 자신을 찾아오는 영남 선비들이 많았다. 이익은 그들을 만날 때마다 영남지방의 유망한 선비들에 대한 소식을 묻곤 하였다. 1753년의 글을 보면,

> 근래에 영남의 붕우들을 만날 때마다 사풍의 성쇠를 물었더니, 안동에는 김사문 진행, 이사문 사안, 김사문 태렴, 류사문 종춘, 권교관 정웅이 있고, 상주에는 이사문 춘식, 영해에는 이사문 상원, 영천에는 김진사행원, 대구에는 최처사 흥원이 있으며, 또 송소의 후예로는 권사문 덕수, 갈암의 후예로는 이사문 상원이 있다고 말합니다. 모두 영남 선비 중에 칭송을 받는 분들로서 선철의 유업을 이은 분들인데, 만날 길이 없으니 유감입니다.[46]

---

44) 『성호전집』 권14, 「答權台仲 己巳」(『총간』 198-300a): 退陶夫子爲東邦儒學大成之祖, 門人弟子尙闕該錄, 豈不欲彙集成書耶. 顧其著稱言與行, 無以考据, 若各得家狀碑誌之類, 妄意下手於其間, 是烏可得哉. 亦念時雨之化, 後世無聞. 有成德達材者, 答問者, 有私淑者, 宜以此爲目, 又未知如何.

45) 같은 글: 近見黃參判應奎遺稿, 詩句之中有及留滯陶山, 師事受業者頗多, 亦宜居諸子之列. 黃嶺人, 執事或已聞知耶.

46) 『성호전집』 권14, 「與權台仲 癸酉」(『총간』 198-300b): 近遇嶺外朋友, 輒問士風之衰盛. 皆云安東有金斯文晉行, 李斯文思安, 金斯文兌濂, 柳斯文宗春, 權校官正雄. 尙州有李斯文春植, 寧海有李斯文象遠, 榮川有金進士行源, 大丘有崔處士興遠. 又松巢之後有權斯文德秀, 葛菴之後有李斯文尙遠. 此皆嶺士之譽髦, 紹躅先哲之遺塵, 願見而不得也.

라고 하여 안동과 상주, 영해, 영천榮川(지금의 영주), 대구 등 여러 지역의 선비들인 김진행金晉行, 최흥원崔興遠 등 아홉 명과 송소[松巢: 松巖 權好文의 오기임]의 후손 권덕수權德秀, 이현일의 후손 이상원[李尙遠: 李象遠의 오기임] 등 명현의 후예들을 거명하고, 이들을 만나보고 싶다는 생각까지 적었다. 이에 비하여 당시 서울 경기지방의 사풍에 대하여는 "경기의 풍습은 매양 나빠진다.[京下人風, 日覺每下.]"라고 하여 아주 부정적이었다. 그리하여,

> 오직 믿는 것은 낙수 물결뿐입니다. 공자가 노나라가 한번 변하면 도에 이른다고 말씀하신 것은 공리를 바라거나 허위에 물들지 않았기 때문이었습니다. 하늘이 사문을 다 버리지 않을진대, 이를 버리고 어디서 구하겠습니까. 어두움이 극에 달하면 다시 밝아지리니 반드시 뒷날에 기대할만한 일이 있을 것입니다.[47]

라고도 말하였다. 영남의 선비들에 대한 이익의 기대는 이토록 컸던 것이었다.

권상일이 이익에게 보낸 일곱 번째 글은 1754년에 보낸 것이다.[48] 권상일은 이글에서 "도내에 총명하고 부지런한 선비들이 많지 않은 것은 아니지만, 거의 모두가 기송사장記誦詞章 공부에 빠져 있습니다. 영남이 이러니 온 나라의 선비들도 모두 그러함을 알 수 있습니다. 저의 생각에 지금 과거의 폐단은 홍수가 대지를 집어삼키는 것보다 더욱 심합니다." 라고 하여 사풍이 퇴폐하는 원인으로서 선비들이 과거시험에만 몰두하

---

47) 같은 글: 所賴不過洛水波瀾。孔子曰魯一變至於道, 爲其不染於功利夸詐也。天未欲喪盡斯文, 舍此何求。晦極而明, 必有待於方來也。此非悠悠言說, 惟我道兄以爲如何。

48) 『청대집』 권6, 「答李子新 甲戌」(『속총간』 61-331). 이 글에 "말씀하신 영남의 뜻있는 선비는 대체로 그러합니다."라는 말이 있는 것으로 보아 앞에 소개한 이익의 글에 대한 답서임을 알 수 있다.

기 때문이라고 하였다.

이 글에 대한 답서에서 이익은 안동 선비 김진행金晉行(1708~1766)의 소식을 물으면서 그에 대한 기대를 거듭 드러냈다.[49] 김진행은 이현일의 문인 김성탁金聖鐸의 아들이고, 이재李栽의 문인인데, 뒷날 김낙행金樂行이라고 개명하였다. 그는 이현일을 변호하다가 10년간의 귀양살이 끝에 유배지에서 생을 마친 부친 김성탁의 곁을 잠시도 떠나지 않았던 소문난 효자였다. 이익은 김진행의 이러한 독행을 눈여겨 본 것이다.[50] 김진행은 또한 뒷날 이상정과 더불어 안동의 퇴계학을 이끌었던 학자였다.[51] 이 글은 또 "전에 듣자니, 이대부 상정씨가 강학에 전심하고 있는데, 반드시 나날이 진보하여 사우들의 여망에 부응할 것이고 합니다. 과연 그러한지요.[向聞李大夫象靖氏, 專心講學, 此必日有趨進, 大副士友之望, 其果然否.]"라고 하였는데, 이현일과 이재를 이어 18세기 영남 퇴계학파를 이끌었던 큰 학자 이상정李象靖(1711~1781)에 대한 언급이 처음으로 보인다. 이상정은 이미 과거에 급제하여 뒷날 예조참의에 올랐으나, 그 역시 벼슬살이 보다는 독서 강학을 더욱 힘쓴 학자이고 선비였다.

이익이 권상일에게 보낸 1758년의 편지는, "저가 생평에 영남의 풍속을 기대하는 것은 오륜을 갖춘 고장이기 때문입니다. 근래에 이런 풍속이 점점 쇠퇴하고 있다는 소식을 조금씩 듣습니다. 혹시 이런 일이 있었는지요. 어찌하여 그러한 것인지요?"로 시작되는 글인데,[52] 이를 이어서,

---

49) 『성호전집』 권14, 「答權台仲 甲戌」(『총간』198-300d): 金斯文晉行氏昔曾聞名。嶺風自有規模, 何患門路之不正。誠篤如此, 方來成章可期。世外光景, 非所宜言。十顚九頓, 尊足者自在, 況此終待一伸, 惟當致力於性分之內, 勉其所宜勉焉而已矣。

50) 1757년의 「答權台仲 丁丑」(『성호전집』 권14, 총간198-301b)에서도 이익은, "前云金修撰省子金晉行氏志學有望, 其能勤勉進步, 不失往哲行程耶。"라고 하여, 김성탁의 아들 김진행의 독행과 학문 성취에 대한 기대를 거듭 보였다.

51) 『청대집』의 「答李子新」 9통 중에 맨 마지막에 실린 이 글은 연대 표기가 없으나 "送來疏藁, 非不忍再閱。"이라 한 것을 보면 이익의 아들 이맹휴가 세상을 떠난 1751년 이후의 글로 보인다.

　　춘추시대 사람들은 제나라가 노나라보다 낫다고 하였습니다만, 성인 공자는 노나라가 한 번 변하면 도에 이른다고 단정하였습니다. 그러니 혼란한 때에 노나라가 끝내 공을 추구하는 패국이 되지 않았던 것입니다. 세상의 운이 순환하면 장차 세상을 올리는 군자가 출현하여 퇴폐한 물결을 깨끗이 씻어낼 것입니다. 그 책임을 맡은 자는 노성한 유덕자가 아니겠습니까? 일념불해(一念不懈) 한 구절이 마음을 깨어있게 합니다. 늙고 정신없는 노인네의 망령된 말이 이러한 것은 죽을 때가 된 새의 울음소리가 슬픈 것과 비슷합니다. 이런 생각을 천리 밖 마음깊이 사귄 벗에게 전하여 알리는 것도 괜찮겠지요.[53]

라는 웅변을 담았다. 영남의 풍속이 퇴폐해가는 것이 사실이라 할지라도, 예전에 공자의 여화가 남은 노나라의 풍속이 그러하였던 것처럼, 선현 퇴계의 유훈을 간직한 영남지방에는 권상일 같은 유덕군자가 있어 퇴폐한 물결을 깨끗하게 씻어낼 수 있다고 말한 것이다. 천리 밖 심교의 벗 권상일에 대한 믿음이 담긴 글이라 할 수 있다. 이어서 이 글은

　　앞서 말씀하신 김사문 진행씨는 더욱 진보하고 있겠지요? 평소의 일면식도 없습니다만, 앞의 편지를 봉람한 뒤로 생각에 잊을 수 없습니다. 그밖에 뜻이 높아 매진하고 있는 이가 있는지도 알려 주시기 바랍니다.[54]

---

52) 『성호전집』 권14, 「答權台仲 戊寅」(『총간』 198-302a).
53) 같은 글: 春秋之際, 人皆謂齊勝魯, 聖人斷之日 魯一變至道。其斡回之機, 終不在尙功之霸國。世運循環, 或將有鳴世君子者, 激淸于頹波哉。任其責者, 不在耆造遺德耶。茲因一念不懈一句, 怳使人心惺惺, 抖擻殘魂。妄論至此, 實類乎鳥死之哀鳴, 此意或傳與千里心交者知也否。
54) 같은 글: 前示金斯文晉行氏益見進益耶。雖無一面之雅, 自奉前簡, 念之不能忘也。外此或有志向邁往者存耶。須因書及之。

라고 하여 김진행의 학문적 발전에 대한 지속적인 기대를 말하면서, 그 밖에도 열심히 노력하는 뜻있는 선비들이 있으면 계속 알려 달라고 하였다. 이 글이 이익과 권상일 간의 마지막 편지이다.[55]

6. 사칠설을 둘러싼 이견

이익이 권상일에게 보낸 글에서 사단칠정을 논한 것은 1734년과 1745년의 단 두 번이다.[56] 1734년의 글은 퇴계가 고봉에게 보낸 제이서에 대한 것이다.[57] 이익의 인용에 의하면 퇴계는,

> 정에 사단과 칠정의 구분이 있음은 성에 본연과 기질의 차이가 있음과 같습니다. 본연지성은 기질지성과 더불어 서로 다른 두 물건이 있는 것은 아닙니다. 단지 기질지성에서 그 기질에 섞이지 않은 것을 가리켜 내어 본연지성이라고 말합니다. 만약 이것을 가지고 비긴다면 사단이 칠정 중의 선일변(善一邊)이라는 설명과 무엇이 다릅니까? 또 말씀하기를, 칠정의 밖에 다시 사단이 없다 운운하였습니다.[58]

라고 말하였는데, 이에 대하여 이익은, "칠정 이외에 어찌 사단이 있습니까[七情之外, 豈不有四端耶.]"라는 의문을 표한 것이다. 나아가 이 글에서 이

---

55) 권상일은 그 다음 해인 1759년 7월에 81세의 나이로 세상을 떠났다. 79세의 이익은 오랜 친구의 죽음을 애도한 만사를 지었다. 그 글의 결구 "祗今書札 動飜飜"은 두 사람 사이의 빈번하였던 서찰 왕래를 말한 것이다.

56) 『성호전집』 권13, 「答權台仲 甲寅」(『총간』198-264a)과 같은 책 권14, 「答權台仲 乙丑」(『총간』198-297a).

57) 이에 대한 권상일의 답서가 없으므로 이익의 견해만을 간추려 소개한다.

58) 『성호전집』 권13, 「答權台仲 甲寅」(『총간』198-264a): 情之有四端七情之分, 猶性之有本然氣質之異也。本然與氣質之性, 非有二物。只於氣質性指出 其不雜乎氣質者, 謂之本然之性也。若以此爲比, 則與四端是七情中善一邊 之說奚別。又曰 雖不可謂七情之外復有四端云云。

익은 기대승의 후설이 나오자 퇴계가 분명하면서 시원하다고 칭찬하였
으나, 실상 기대승의 대지를 살펴보면 앞의 설명을 바꾸지 않고서, "칠정
이 발하여 절도에 맞는다고 이른 것이 어찌 기가 발하였으니 사단과 다
르다고 말할 수 있습니까? 결국 맹자의 기쁨, 순임금의 분노는 절도에
맞는 달도가 되니, 기의 발동이 아닙니다[謂七情之發而中節者, 豈可謂是氣之發
而異於四端. 遂以孟子之喜舜之怒, 爲中節之達道而非氣之發也.]"라고 하였으므로,
이익은 "이는 또 무슨 말입니까[此又何也]"라고 의문을 표한 것이다.

이를 정리 하면, 퇴계는 본디 사단과 칠정을 엄격히 구분하는 입장이
었는데, 고봉에게 보낸 글에서는 사단과 칠정의 구분이 모호해졌다는
주장인 것이다. 즉 사단과 칠정을 엄격하게 구분해야 한다는 것이 이 글
에서 짐작할 수 있는 이익이 주장한 사칠론의 기본 입장이다.

또 다른 글은 1745년의 것이다.[59] 이에 앞서 권상일은 다음과 같은 의
견을 적어 보낸 일이 있다.[60]

사칠론은 노선생 이후 제현들의 쟁변이 많았으니 새삼스럽게 다른 말
을 할 필요는 없습니다만, 저의 생각에 이기는 불상리(不相離)이면서 불
상잡(不相雜)입니다. 때문에 불상잡처(不相離處)에서는 혼륜으로 설명하
고 불상리처(不相雜處)에서는 분석하여 말합니다. 주자서와 퇴계집에는
이런 설명이 많습니다. 퇴계선생이 이평숙에게 답한 글은 혼륜설의 하나
이니, 이 때문에 사칠의 분석에 의심을 가져서는 안 됩니다. 대개 성은
기 안에 있습니다만, 분석할 수는 없더라도 섞어서 일물로 해서는 안 됩
니다. 그러므로 퇴계는 본연과 기질을 끌어다가 사단과 칠정이 같지 않
음을 말하였고, 율곡은 본연과 기질을 하나로 하였기 때문에 이를 취하
여서 사칠이 나뉘지 않는 증거로 삼았던 것입니다만, 그러므로 그 설명
이 각기 스스로 다른 근거를 갖고 있는 것입니다.

59) 『성호전집』 권14, 「答權台仲 乙丑」(『총간』 198-297a).
60) 『청대집』 권6-22, 「答李子新」(『속총간』 61-329d).

이에 대한 답서에서 이익은 그 저작인 『사칠신편』과 『도동록』, 『이선생예설』을 소개하였다. 그는 우선 삼십여 년 전의 저작인 『사칠신편』의 편목을 두루 소개하였는데,[61] 그 아래에는 자신의 사칠설에 대한 매우 긴 설명이 있다.[62] 그는 또 『도동록』과 『이선생예설』은 젊었을 때 엮은 것인데, 종이가 없어 등사해 보내지 못함이 아쉽다는 말도 전하였다.[63]

권상일은 1746년에 보낸 답서에서,[64] 『도동록』과 『이선생예설』은 많은 공력과 학문적 역량이 넉넉히 담겨 있을 터인데, 길이 멀어 빌려보지 못함이 유감이라고 하였다. 이어서 그는 이익의 사칠설에 대한 장문의 이견을 적었는데, 퇴계의 호발설을 고수하는 그가 기발설조차 인정하지 않은 이익의 독특한 이발설에 동의하지 않음은 자명한 일이다.

그런데 성호의 성리설을 중점적으로 살핀 근자의 연구에 의하면,[65] 이익은 이보다 앞선 34세 즈음에 『사칠신편』을 지어 자신의 새로운 견해

---

61) 주 59)와 같은 글: 四端字義也, 七情字義也, 四端有不中節也, 聖賢之七情也, 四七有相似處也, 七情橫貫四端也, 四七有異義也, 七情便是人心也, 七情聽命於四端也, 七情亦無有不善也, 七情亦有因道心發也, 古人論情不同也, 乘舟喩也, 演乘馬說也, 圖說也, 附錄也, 後說也. 各採先賢遺意爲題目, 參商互證, 煞費精神.

62) 위의 글: 今旣聞敎, 請更略言之. 舜有人心道心之訓, 此心學之祖宗. 朱夫子釋之以或生或原, 則開示無蘊而盛水不漏也. 至老先生論四七, 必引此爲左契. 此便是這話初非有兩撲也. 라고 하여 자신의 학설이 퇴계의 학설을 근거로 하였음을 밝혔다.

63) 위의 글: 疇昔之日, 瀷就遺集中採可師可法者, 分門類彙, 爲道東錄一冊. 又採言禮者, 各取其要旨爲題目, 自冠昏至鄕邦之禮, 次第編入, 爲李先生禮說上下冊. 後來諸儒之發揮者, 無不集錄. 讀是書者取之, 恐不爲無助. 但恨乏紙札, 猶未及淨寫耳.

64) 『청대집』 권6, 「答李子新 丙寅」(『속총간』 61-330) 이 글은, "四七盛說, 曾未見得, 而李友象靖爲言, 年前借人謄傳一本看, 大義固好云矣. 今又蒙示二十七篇, 凡例名目, 似無可疑."라는 호의적인 표현으로 시작하였으나, 이익의 사칠설에 대하여 매우 긴 주장을 담은 비판을 하였다.

65) 이하의 설명은 안영상(2004), 「퇴계학파 내 호발설의 이해에 대한 일고찰」 『퇴계학보』 155집, 퇴계학연구원의 연구를 주로 참고하였다.

를 발표하였다가, 제자들과 많은 토론을 거치고, 61세인 1741년에 특히 신후담의 질정을 받아 쓴 것이 「중발重跋」이라고 한다. 그에 의하면 이 과정에서 두 가지의 변화가 있는데, 『신편』은 성인聖人의 칠정을 기발氣發이라고 하였으나, 「중발」은 리발理發이라고 수정하였고, 『신편』은 사단을 형기形氣의 매개가 없는 리발, 칠정을 형기가 매개된 리발이라고 하였던 것을, 「중발」은 사단을 형기의 매개가 없는 '리발이기수지理發而氣隨之', 칠정을 형기가 매개된 '이발이기수지'라고 하였다는 것이다.

그러니까 이익이 권상일에게 이 글을 보냈을 때에는 「중발」로 수정이 된 이후인 것이다. 이를 전제로 하여 이익의 사칠설을 요약해 보면 다음과 같다. 그는 주자의 말을 들어서 사단과 도심은 의리에서 바로 나온 것이지만, 인심은 춥고 배고프고 아픈 것, 기쁘고 슬픈 것, 살고 싶고 죽기를 싫어하는 것들인데, 이것들은 형기와 관련이 있다고 설명한다. 그리고 칠정은 이 형기로부터 나온다는 것이다. 인심과 칠정은 모두 형기와 관련이 있다는 것이고, 따라서 인심이 위태로운 이유는 이 칠정 때문이라고 한다.

그는 만물이 천지의 대기大氣 중에 둘러싸여 있지만, 산은 산기山氣를, 물은 수기水氣를 가졌으며, 목화금석木火金石이 모두 그런 것은 형체를 갖고 있기 때문이고, 따라서 기에는 대소의 구분이 있다고 설명한다. 경험적 사실을 들어 형기의 다채로움을 설명한 것이다. 그는 퇴계가 말한 리발의 리는 성명性命 이외에 다른 것이 아니고, 기발의 기는 형기의 밖에 다른 것이 아니라고 말한다. 리발은 성명, 즉 도심道心의 발동이고, 기발은 형기, 즉 인심人心의 발동이라고 이해할 수 있는 것이다.

동시에 그는 리가 기의 주재임을 강조하였다. 그는 주자의 말인 "리에 동정이 있으므로 기에 동정이 있다. 만약에 리에 동정이 없으면 기가 무엇으로부터 동정이 있겠는가?[理有動靜, 故氣有動靜。若理無動靜, 氣何自而有動靜.]"와 "리와 기는 본디 선후를 말할 만한 것이 없다. 다만 미루어갈 때 마치 리가 앞에 있고 기가 뒤에 있는 것이다.[理與氣本無先後之可言, 但推去時

卻如理在先氣在後.]"를 근거로 하여, "리는 기의 장수이고 기는 리의 졸개이다, 모든 움직임은 모두 장수인 리가 앞선다. 그러므로 졸개인 기가 앞서고 장수가 그 뒤를 따르는 경우는 없다."라고 설명한다. 결국 기가 먼저하고 리가 그를 탄다는 '기발이리승지'는 성립되지 않는다고 주장한다. 따라서 '호발'은 있을 수가 없는데, 율곡이 퇴계를 잘못 이해하고 호발이라고 몰아댄 것이라고 주장하였던 것이다.

사단은 도심, 즉 성명의 리가 곧바로 발하는 것이므로, '리발이기수지'는 아무 문제가 되지 않는다. 문제는 칠정이다. 그러나 칠정은 형기와 관계되므로 역시 졸개이다. 그러므로 칠정도 결국은 기가 발한 것이 아니라 리가 발한 것이라는 주장을 한다. 다만 사단처럼 직발直發하지 않고, 형기로부터 말미암는다는 점이 다르다는 것이다. 결국 사단과 마찬가지로 칠정도 '이발이기수지'인데, 사단과는 달리 형기의 매개가 더욱 강한 차이가 있을 뿐이라는 것이 이익의 주장이었다.

이런 관점에서 그는 율곡의 기발설을 다음과 같이 비판한다. "기가 발동하는 마음 안에서 어떤 경우에는 리가 먼저 있고 나서 기가 뒤따르거나, 기가 먼저 있고 나서 리가 탄다고 하였는데, 이런 경우가 어찌 있겠습니까. 율곡은 퇴계선생의 설명을 잘못 이해하여 호발설이라고 비판하였습니다. 호발설은 결코 옳지 않습니다." 이익에 의하면 호발설은 성립될 수 없는 것이었다. 다른 글에서 말한 것을 잠시 빌려 설명하면 마음의 감응은 단지 '리발기수理發氣隨의 한 길[一路]' 뿐이라는 것이 이익의 기본 입장이었다.66)

이익의 이런 주장에 대하여 권상일의 비판은 매우 단호하였다. 물론 율곡의 기발설에 대하여 비판하기는 권상일의 경우도 동일하였다. 그러나 그는 이발 위주의 호발설 만을 순전히 견지하였던, 퇴계를 이은 학자였다. 그는 "『사칠신편』의 범례와 명목에 대하여는 의심할 것이 없는 듯하나, 형기의 대소나 칠정리발설七情理發說에 대하여는 반복하여 생각해

---

66) 『성호전집』 권17, 「答李汝兼」 (『총간』198-358a).

보아도 끝내 이해할 수 없습니다"라고 말하였다. 그는 이익이 비판하였던 '기발리승'에 대하여 "이것은 기가 발한 때에 리가 이미 탄 것이니, 리에 동정이 있으므로 기에 동정이 있다는 설명과는 맞지 않습니다."라고 하였다. 이어서 그는, "이렇게 보아서 마음에 체험하려는 것은 좋습니다만, 신의를 창출하고 따로 화두를 세워 선현이 이미 정한 논의와 다른 것이나 더 많은 것을 구할 필요는 없습니다. 고명의 견해는 독특하지만, 생각이 너무 지나치고 관찰이 너무 세밀하여서 이런 주장에 이른 것입니다."라고 말하였다. 그 뒤에 '불상리, 불상잡'의 양 측면으로 나누었던 위의 설명을 거듭하면서 자신의 주장을 반복하였다.[67]

7. 맺음말

이상에서 1734년 이후 1758년에 이르기까지 이익이 권상일에게, 그리고 1741년 이후 1754년까지 권상일이 이익에게 보낸 편지에 담긴 내용을 중심으로 두 사람의 교유 양상과 그 주제를 살펴보았다.

두 사람은 각기 근기지방과 영남지방에서 살았다. 한 사람은 평생을 처사로 살았으며, 다른 한 사람은 본디 관료 신분이었다. 그러나 권상일도 울산부사로 재직 중이던 1735년 윤사월에서 1748년 12월까지를 제외하고는 교유 기간의 대부분을 그의 고향 문경에서 학구 생활에 몰두하였다. 그 때문인지, 두 사람 특히 권상일의 글에는 시사에 대한 발언이 거의 보이지 않는다. 이익의 글에는 의견 개진이나 질문이 많았고, 권상일의 글은 그에 대한 답변이 주를 이룬다. 따라서 두 사람의 글에 보이는 공통된 주제는 퇴계의 학문과 관련 저작, 그리고 당대 영남의 선비들과 그 풍기에 대한 것이었다. 이를 정리하면 다음과 같다.

첫째, 이익이 문제를 제기하였던 것은 『퇴계집』의 궐오 문제이다. 이익은 퇴계가 당시의 안동부사 윤복에게 준 시가 빠진 것을 예로 들면서

---

67) 『청대집』 권6, 「答李子新 丙寅」(『속총간』 61-330d).

이 문제를 제기하였다. 이 글은 마침 그 시기에 퇴계의 유저를 수집하던 이수연에 의하여『퇴계집속집』에「기사윤안동복寄謝尹安東復」이라는 제목의 글로 수록되었는데, 권상일의 답서를 보면 이는 이익에게서 받은 자료를 수록한 것임에 틀림이 없다. 아울러『퇴계집』본문의 오류를 지적한 것이 있는데, 권상일에 의하면 이 역시 영남 선비들 사이에 문제가 되어 권두인 등이 교정한 것이 한 책 분량이 있었다고 하지만, 그러나 당시의 속집 간행에 이것이 반영되었는지는 확인할 수 있는 자료가 없다.

둘째, 이익은『주자서절요』와『이학통록』등 퇴계의 저작과 문인록이나 언행록 같은 퇴계 관련 자료들에 대하여 지속적인 관심을 보였다. 이 중에 그가 가장 큰 관심을 가졌던 것은 문인록이다. 그는 영남지방 이외에 살았던 계문 제자들의 사적을 모았다. 이 중에 김덕룡, 김덕곤과 황응규의 사적을 정리하여 권상일에게 주었는데, 이들의 기사는 뒷날『도산급문제현록』에 수록되었다. 이밖에도 그는 주로 기호 출신 퇴계 문인들에 대한 사적을 적극적으로 수집하였던 것으로 보인다. 이것이『도산급문제현집』에 어느 정도 반영되었는지는 확인할 수 있는 자료가 없다. 이익은 또 권두경의『계문제자록』을 포함한 기존 문인록의 소략함을 지적하고, 특히 퇴계가『이학통록』에서 주자와 문인들 간의 언행을 중심으로 엮었던 것처럼 퇴계의 문인록도 그렇게 만들어져야 한다고 주장하였다. 또한 비지문자 같은 사적인 자료를 갖고서 함부로 수록하지 말 것을 주장하는 등 엄정한 편집 원칙의 수립을 촉구하였다.

이수연과 이수항李守恒, 이야순李野淳 등 퇴계 후손들의 손을 거쳐 1916년에야 간행된『도산급문제현록』은『이학통록』에 비하여 아주 소략한 편이지만, 대체로 이런 체재를 따라서 만들어졌다. 이것은 이익의 제안에 따른 것이라고 나는 믿는다. 이익 당시에 이미 있었던 권두경의『계문제자록』과는 구성내용은 물론 편찬 체계에서도 확연한 차이를 보이기 때문이다. 그런데 이익은 정지운이나 노수신처럼 한 때의 종유로 그친 인물이나 성혼, 이이 같은 이취자들은 문인에 포함해서는 안 된다고 주장하였다. 그러나 현행본 『급문록』에는 이들 모두가 수록되어 있다.

셋째, 이익은 평생을 두고 퇴계의 인품과 학문을 존경하였다. 그것은 자연스럽게 퇴계의 유훈을 지켜온 영남지방의 선비들에 대한 관심과 존중으로 이어졌다. 그는 당시의 영남지방 풍습도 날로 추락하고 있음을 우려하면서도 이 지방 각처에서 큰 선비들과 명현의 자손들이 독서와 실천에 열중하고 있음을 주목하고 그들에게 큰 기대를 걸었다. 서울 인근 기호지방의 풍습은 나날이 퇴폐해 가는 때에 믿을 것은 영남뿐이라고 말하기까지 하였다. 이런 이유로 이익은 당시 퇴계의 저작을 수정하여 간행하던 당시 영남 선비들에게 선현의 유작 완비를 촉구하였고, 나아가 사방의 학자들과도 공유할 수 있도록 하라고 제안하였다.

이와 같은 이익의 의견과 주장에 대하여 권상일은 거의 대부분을 수용하였다. 다만 사칠이기론은 율곡설에 대한 비판을 제외하고는 권상일과 이익 간에 조금도 합치하지 않았다. 퇴계학파의 기본 입장이 리발理發을 중심으로 한 호발설이라고 한다면, 이익의 사칠론은 이발설을 더욱 적극적으로 확장한 것이라고 평가할 만한 것이다. 그러나 권상일은 퇴계의 호발설에서 한 걸음도 벗어나지 않았다. 따라서 두 사람의 편지는 장장 25년이나 주고받았지만, 사칠론에 대한 양자의 토론은 1745년에 단 한 차례만 보일 뿐이었다. 이익의 입장에서 말하자면, 그의 이론인 이발설은 어디까지나 퇴계를 중심에 둔 것이다. 그는 앞에서 살핀 바와 같이 평생 이퇴계를 존경하고 퇴계의 저작을 학습하였다. 그러나 그는 퇴계의 학설을 묵수하는 데에만 그치지 않았다. 이것이 그가 영남학자들을 존중하면서도 그들과 달랐던 점이다.

주지하다시피 이익은 경세치용을 주 내용으로 하는 일군의 큰 학파를 형성한 조선 후기 실학파의 중심적인 학자였다. 그의 학문과 저작은 매우 다채롭고 넉넉하여 오늘날에 이르도록 많은 분야의 연구가 수행되었다. 이익이 그의 만년 25년간 당대 영남학파의 거벽이었던 권상일과 주고받은 이상의 편지를 검토하면, 이익은 퇴계 이황의 학문과 저작, 그리고 그가 끼친 영향에 대하여 매우 큰 관심을 가졌던 것이 확인된다. 아니 당시의 조선에서 그 누구보다도 퇴계의 학문과 저술에 정통하였던 학자가 바로 성호 이익이었던 것이다.

연암문학의 발견과 실학의 지적 상상력

송혁기 | 고려대학교 한문학과 조교수

1. 19세기의 연암, 20세기의 연암

우리나라의 고전문학사를 대표하는 최고의 작가를 들어보라는 질문을 던진다면, 전문 연구자나 일반 교양인을 막론하고 연암燕巖 박지원朴趾源(1737~1805)을 몇 손가락 안에 꼽을 것이다. 연구논저가 500편을 넘겼고 학술전문서로부터 아동용 서적에 이르기까지 수십 종의 다양한 저서와 번역이 이루어진 것 역시 이를 반증한다. 그런데 현재 우리가 상식처럼 알고 있는 대문호로서의 연암, 뛰어난 고전으로서의 그의 작품들이 지니는 이러한 지위는, 그의 사후 100여 년이 지난 특정한 시기에 조성되어 빠른 속도로 일반화된 측면이 있다. 연암문학이 이전과는 다른 가치로서 새롭게 '발견'된 셈이다. 본고는 그 과정의 우여곡절을 살피고, 연암문학의 발견을 가능하게 한 시대정신을 실학實學의 개념과 연관하여 고구하는 것을 목적으로 한다.

연암문학은 그 자체로서 매우 복합적이다. 연암은 선진양한고문先秦兩漢古文, 당송고문唐宋古文, 소품문小品文, 패관소설稗官小說 등 어느 하나에 분속시킬 수 없을 정도로 다양한 문체를 필요에 따라 자유자재로 구사했다. 문체뿐 아니라 내용의 측면에서 역시, 당대 지식인 일반의 통념을 넘어서는 정보의 양과 발상의 새로움을 지니고 있었다. 따라서 어떤 관점을 취하는가에 따라 연암문학에 대한 평가의 스펙트럼은 매우 다양할 수 있다. 이른바 연암그룹 내의 연암 작품에 대한 관심은 주지하다시피 대단히 뜨거웠다. 거의 창작과 동시에 이루어진 그들 사이의 열람과 비평, 필사, 성책成冊, 그리고 다시 이에 촉발된 창작 행위 등에 의해 여실히 확인할 수 있다.[1] 반면 그 혁신적 문체 및 내용에 대한 당대의 반

---

1) 김명호(2005), 「『燕巖集』 번역에 대하여」, 『대동한문학』 23, 대동한문학회; 김영진(2005), 「박지원의 필사본 小集들과 작품 창작년 고증」 『대동한문학』

감 역시 작지 않았음은, 국왕이 주도한 '문체반정'으로 상징되는 전면적 비판과 금기를 통해 널리 알려진 사실이다. 서유구(1764~1845), 홍길주 (1786~1841), 신석우(1805~1865), 박규수(1807~1876) 등 연암 사후에도 그의 문학에 대한 열렬한 지지자들이 이어지긴 했으나, 19세기 후반에 이르기까지 여전히 유림의 비방을 꺼려서 문집 간행이 성사되지 못했다. 대개의 유력한 조선 문인들의 개인문집이 본인이나 자제들에 의해 한 두 세대 내에 간행된 데 반하여, 연암의 문집 전체가 간행된 것은 그의 사후 130년이 지난 1930년대에 와서다. 극찬과 혹호酷好뿐 아니라 폄하와 금계를 동시에 받았던 그의 문학에 대한 합의되지 못한 평가가, 공간公刊을 19세기 내내 지연시킨 셈이다.

그런데 개항과 개화, 그리고 국권의 흥망이 절실한 화두로 떠오른 19세기 말엽에 이르러 연암문학에 대한 평가는 새로운 국면을 맞는다. 당시의 혼란한 정국만큼이나 다양한 관점들이 혼재하긴 했지만, 어쨌든 이로부터 20세기 전반기前半期에 걸쳐 연암문학에 대한 재조명과 가치부여가 빠르게 진행된 것이다. 주체 및 시기를 기준으로 그 과정을 몇 단계로 구분하여 살펴본다.2)

23, 대동한문학회 참조.
2) 본 발표와 문제의식이 일부 겹치는 최근의 선행연구로 김남이(2008), 「'연암 (燕巖)'이라는 고전의 형성과 그 기원(1) - 19세기~20세기 초 연암 박지원이 소환되는 방식을 중심으로」『어문연구』 58, 어문연구학회가 있고, 그 외에 본고와 관련되는 주요 선행연구로 다음을 들 수 있다. 천관우(1970), 「韓國 實學思想史」『한국문화사대계 6』, 고려대 민족문화연구소; 민병수(1978), 「박지원 문학의 연구사적 검토」『한국학보』 13, 일지사; 이광린(1987), 「개화기 지식인의 실학관」『동방학지』 54 · 55 · 56합집호, 동방학회; 임형택 · 오수경 (1988), 「燕巖關係資料 Ⅳ部」『한국한문학연구』 11, 한국한문학연구회; 두창구(1990), 「연암 연구사에 대한 고찰(Ⅰ)」『어문연구』 65 · 66, 한국어문교육연구회; 임형택(2000a), 「국학의 성립과정과 실학에 대한 인식」『실사구시의 한국학』, 창작과비평사; 임형택(2000b), 「20세기 초 신 · 구학의 교체와 실학 - 근대계몽기에 대한 학술사적 인식」,『근대계몽기의 학술 · 문예사상』, 민족문학사연구소 편역, 소명출판; 조 광(2004), 「개항기 및 식민지시대 실학연

2. 문집 간행과 연암문학의 현양

　연암문학 재조명의 첫 성과는, 비교적 전통시대의 한문학적 관점에 충실한 이들에 의한 총집叢集 및 선집選集 편찬이다. 현전하는 총집류로 박지원의 작품이 포함된 것은 송백옥(1837~1887)이 1872년경에 편찬한『동문집성東文集成』속집續集과 김택영(1850~1927)이 1906년경에 편찬한『여한구가문초麗韓九家文鈔』의 두 종이다. 그리고 그사이 1900년과 1901년에 김택영은 연암의 작품 가운데 일부를 선별하여『연암집燕巖集』과『연암속집燕巖續集』을 간행하였다. 이들은 연암문학의 전체를 포함한 것은 아니었으나 그 작품선별의 기준에서 연암문학에 대한 인식을 읽을 수 있고, 무엇보다도 이들이 고려조와 조선조를 대표할 만한 산문작가의 하나로 연암을 선택한 이유에 주목할 필요가 있다.

　　연암 박선생은 재기와 정취가 충만하였으며, 읽지 않은 책이 없고 연구하지 않은 이치가 없어서 古文도 아니고 今文도 아닌 문장을 독창적으로 지었다. 글을 지으려는 뜻이 한창 무르익을 때면 뜻을 그려내기로는 진실에 가깝게 하여 그 鄙俚함을 관계치 않았고 글자를 구사하기로는

───────────

구의 특성」『한국실학연구』7, 한국실학학회; 차원현(2004), 「1930년대 중·후반기 전통론에 나타난 민족 이념에 관한 연구」『민족문학사연구』24, 민족문학사학회; 김병구(2006), 「고전부흥의 기획과 '조선적인 것'의 형성」『민족문학사연구』31, 민족문학사학회; 이봉규(2006), 「21세기 실학연구의 문법」『한국실학사상연구』1, 혜안; 한영우(2007), 「실학 연구의 어제와 오늘」『다시, 실학이란 무엇인가?』, 푸른역사; 정출헌(2008), 「국학파의 '조선학' 논리구성과 그 변모양상」『열상고전연구』27, 열상고전연구회; 김진균(2008), 「崔益翰의 전통주의 비판과 전통 이해의 방식」『열상고전연구』27, 열상고전연구회; 정영순(2008), 「북한에서의 실학 연구-1950년대 김하명의『연암 박지원』을 중심으로」『사학연구』90, 한국사학회; 정호훈(2009), 「한국 근·현대 실학 연구의 추이와 그 성격」『강진다산실학연구원 제2회 국제학술대회 발표자료집』.

자유분방하게 하여 爾雅함을 중시하지 않았다. 남들은 잘 취하지도 않으려 하고 형상화하기도 어려운 항간에 떠도는 이야기라 하더라도, 선생만은 虛를 단장하여 實로 만들고 썩은 것을 변화시켜 새로운 것으로 만들어낼 수 있다. 마치 소동파의 우스갯소리와 성내는 말이 모두 문장을 이루는 것과 같다. 그러니 진부한 말이나 답습하는 망령되고 용렬한 부류와는 전혀 달랐다.[3]

무릇 이 제가諸家(이제현·장유·이식·김창협 등)는 각각 조금 다르기는 하지만 그 문체가 평이하고 氣가 평범하다는 점에서는 마찬가지입니다. 오직 연암만이 그 氣가 특히 성대하여 제가의 장점을 두루 가지고 있는데다가 雄豪하고 鉅厚하며 변화무쌍하고 오묘함까지 겸했습니다. 천태만상을 갖추지 않은 것이 없어 조물주가 사물마다 형상을 부여함과 같습니다.[4]

송백옥은 연암문학의 장점을 바로 고문도 아니고 금문도 아닌 독창적인 문체를 구사했다는 점에서 찾았다. 실제 『동문집성』에 실린 글들은 정통 고문을 위주로 하였으나, 위의 논리대로라면 소위 패관소품체라고 한 혁신적인 문체까지도 긍정적으로 평가한 셈이다. 김택영 역시 특정 문체나 전범에 구속되지 않고 자유롭게 구사된 성대한 기세를 높이 평가하여 우리나라 최고의 문장가로 평가하였다.[5]

---

3) 宋伯玉, 「燕巖朴先生文集鈔引」, 『東文集成』.
4) 金澤榮, 「與河晦峯論燕巖文書」, 『重編燕巖集』.
5) 金澤榮, 「燕巖集序」, 『重編燕巖集』, "박연암 선생은 청나라 중엽에 태어났으면서도 선진시대의 문장을 지으려 하면 곧 선진시대의 문장이 되고, 사마천의 문장을 지으려 하면 곧 사마천의 문장이 되고, 한유와 소식의 문장을 지으려 하면 곧 한유와 소식의 문장이 되니 참으로 놀라운 일이다. 굳세고 웅장하며 넓고 크며 자유자재로 노닐고 여유롭게 천 년 위에 우뚝 서서 내려다보니, 우리나라의 역대 문장가들 가운데 이런 이가 없었다."

　그런데 이러한 관점은 동시기 전통학문을 대표하는 유림 일반의 견해와는 상당히 다른 것이었다. 조긍섭(1873~1933)이 김택영의 『연암집』 간행에 반대하여 주고받은 서신논쟁에서 이 점을 단적으로 확인할 수 있다. 다음은 1917년 김택영이 추진한 『연암집』 중편重篇 사업이 거의 마무리된 시점에 조긍섭이 김택영에게 보낸 서신이다.

　　말씀해주신 대로 『연암집』의 간행사업이 이미 여기에 이르렀다고 하시니 완료할 수밖에 없겠습니다. 당초 제 생각은, 다만 이 분의 글에 平正은 적고 譎詭가 많아서 결국 문장가의 이단에 속하는 것이므로, 널리 취해 많이 전하게 함으로써 학자들의 길을 그르치게 할 것 없다는 뜻이었습니다.

　　말씀하신 바 蘇氏(軾)에 비유하신 것은 그럴 법합니다. 그러나 소씨의 글에서는 禪悟와 諧謔이 10에 2~3정도이지만, 연암은 10에 6~7이나 됩니다. 또 사찰의 문자를 지으면서 佛家의 말을 사용한 것에 대해서도 方望溪(苞)는 雅洁하지 못하다고 탓했는데, 연암은 보통 글의 제목에까지 그러한 말을 사용하는 것을 능사로 삼았습니다. 비록 답답함을 품고 있다 보니 특이한 것으로 자신을 표현하려 생각한 것이라고는 해도, 세상을 우습게보고 공손하지 못한 점이 역시 심합니다.

　　그의 「허생전」은 寓言인듯 하니 꼭 실제 사실이 있는 것은 아니겠지만, 그 첫머리에 "何不盜賊"이란 네 글자가 나오는 것[6]은 큰 잘못입니다. 일생 동안 공부하고서도 부인으로 하여금 그와 같은 심한 악담을 하게 했는데, 어찌 산삭해버리지 않으십니까? 일개 부인도 제대로 교육시키지 못하면서 천하를 경륜하겠다고 자부하는 것은 어리석은 것이 아니면 망

---

6) 朴趾源, 「許生傳」 『重編 燕巖集』, "一日, 妻甚饑泣曰: '子平生不赴擧, 讀書何爲?' 許生笑曰: '吾讀書未熟.' 妻曰: '不有工乎?' 生曰: '工未所學, 奈何?' 妻曰: '不有商乎?' 生曰: '商無本錢, 奈何?' 其妻恚且罵曰: '晝夜讀書, 只學奈何? 不工不商, 何不盜賊?'"

령된 것입니다. 이러한 것들은 모두 글을 짓는 규범에 지극히 거스르는 것이 아닌가 생각됩니다.[7]

조긍섭은 영남 유림 가운데에는 드물게 서울 지식인들괴 적극적으로 교유하고 서양학문까지 섭렵하려 노력할 만큼 비교적 개명된 인물이었다. 그럼에도 불구하고 그는 여전히 연암문학을 긍정적으로 평가할 수 없었는데, 그 이유는 교화에 어긋나는 불순한 내용, 작가의 완세불공玩世不恭한 태도, 공교한 표현에 대한 지나친 추구, 패관소설류 문체 및 불교적 용어의 지나친 사용 등이다. 예컨대「허생전」에서 부인이 자기 지아비에게 도적질이라도 하지 그러느냐고 윽박지르는 상황은, 조긍섭의 가치관으로는 용인할 수 없는 것이었다. 조긍섭의 이러한 견해는, 당시에도 여전히 지식인사회의 중요한 축을 이루었던 전통 주자학자들의 입장을 반영한다.

내용과 문체의 일탈성을 이유로 고문으로서의 가치를 부정하는 김조순(1765~1832)의 비난에서 그 전형적인 예를 볼 수 있거니와,[8] 김택영 역시 내용적 순정성을 기준으로 연암문학의 일부를 재단할 정도로 연암문학의 소위 '패관소품체'에 대해서는 부정적이었다. 그러나 김택영에게 있어서, 시의적절하면서 참신한 이치를 치밀한 단락 구성과 절묘한 표현에 담는 것이야말로 고문의 본령이었다. 그런 면에서 연암문학은 중국의 역대 고문과 비교해도 손색이 없는 조선 최고의 고문으로서 현양될 필요가 있는 것이다. 그것이 후손에 의해서가 아니라 뜻을 함께 하는 이들에 의한 공공公共의 현양이었다는 점도 중요하다.[9]

이처럼 이 시기 총집, 선집의 간행으로 표상되는 '연암문학의 현양顯

---

7) 曺兢燮,「答金滄江(第10書)」『深齋集』.
8) 이가원(1976),「『睡餘瀾筆』 중에 介紹된 燕巖」『한국한문학연구』1, 한국한문학회에 인용된 洪吉周의『睡餘瀾筆』기록 참조.
9) 김택영이 1900년 첫 번째로 간행한『연암집』권6 말미에, 간행 경비를 담당한 23인의 字號와 간단한 이력을 실은「燕巖集印役合金記」가 실려 있다.

揚'은, 순조롭게 진행된 것이라기보다 여전히 시대의 한 축으로 엄존하던 전통학문과의 논쟁을 유발하며 일어난 '사건'이었다. 다만 이후 서구사상의 세례를 받은 신지식인들에 의해 발견된 연암문학이 '새로 얻은 외래의 눈으로 조선 역사에서 유비적 가능태 혹은 대항마 찾아내기'의 산물이라는 속성을 지니는 데 반해, 이들은 전통적 지식인 내부에서의 전향적 발견이라는 점에서 구분된다. 어찌 보면 이는 눈앞에서 벌어지는 개항과 개화의 와중에도 18세기 연암이 이미 깨뜨리고자 했던 기성 관점을 완고하게 지켜가던 조선의 전통적 지식인들 사이에 심각한 균열이 일어나고 있는 한 풍경을 보여주는 것이기도 하다. 송백옥이나 김택영의 연암문학에 대한 관점이 지니는 한계까지 포함해서 말이다.

3. 개화와 계몽의 텍스트로 연암읽기

이들을 비롯하여 1932년 박영철에 의해 『연암집』 전집全集이 간행되기에 이르기까지 문집 간행의 역사는 연암문학의 보급과 재인식에 적지 않은 기여를 하였다. 그러나 1900년대 초의 연암문학에 대한 인식을 '발견'이라고 명명할 수 있다면 그것은 역시 연암문학을 개화사상의 선성先聲이요 계몽의 도구로 보는 관점에 의해서이다.

주지하다시피 연암의 손자 박규수는 김옥균(1851~1894), 박영효(1861~1939) 등 뒷날 갑신정변의 주역이 된 개화파 지식인들의 형성에 결정적인 역할을 하였는데,[10] 이 때 연암문학이 중요한 텍스트로 읽혔다.

金玉均이 일찍이 右議政 朴珪壽를 訪問한즉, 朴氏가 그 벽장 속에서 地球儀 一座를 내어 金氏에게 보이니, 該儀는 곧 朴氏의 祖父 燕巖先生이 中國에 遊覽할 때에 사서 携帶하여 온 바더라. 朴氏가 地球儀를 한

---

10) 신용하(2000), 『초기 개화사상과 갑신정변연구』, 지식산업사; 김명호(2001), 『박지원 문학 연구』, 성균관대학교 대동문화연구원.

번 돌리더니 金氏를 돌아보며 웃어 가로되 "오늘에 中國이 어디 있느냐. 저리 돌리면 美國이 中國이 되며, 이리 돌리면 朝鮮이 中國이 되어 어느 나라든지 中으로 돌리면 中國이 되나니, 오늘에 어디 定한 中國이 있느 냐"하니, 金氏, 이때에 開化를 주장하여 新書籍도 좀 보았으나, 내양 數 百年來 流傳된 思想 곧 大地 中央에 있는 나라는 中國이요, 東西 南北 에 있는 나라들은 四夷니, 四夷는 中國을 높이는 것이 옳다 하는 思想에 束縛되어 國家 獨立을 부를 일은 꿈도 꾸지 못하였다가 朴氏의 말에 크 게 깨닫고 무릎을 치고 있어났더라. 이 끝에 甲申政變이 爆發되었더라. … 淚史 가로되, 近世 聾耳의 霹靂은 '코페르닉스'의 地動說이라 할 만하 도다. 天尊地卑의 妄說이 깨어지매 專制君主가 根據를 잃으며, 四方定 位가 무너지매 世界民族이 癖見을 버리도다. 學說의 힘을 적다 하는 이 그 누구이뇨.[11]

그러면 當時의 革命家에게 이러한 新思想이 感染되게 된 經路는 여 떠한가. 이에 對한 筆者의 質問에 春皐는 이러케 對答하엿다-"그 新思 想은 내 일가 朴珪壽 집 舍廊에서 나왓소. 金玉均·洪英植·徐光範 그리 고 내 伯兄(筆者曰 伯兄이라 함은 泳敎를 가리침이다)하고 齋洞 朴珪壽 집 舍廊에 모엿지오." 朴珪壽는 燕巖 朴趾源의 孫子로서 李裕元이 領議 政이엇을 때에 右議政으로 잇다가 李裕元과 不合하야 挂冠하고 齋洞 집 에 잇서서 金玉均等 英俊한 청년들을 모아 놓고 祖父 燕巖文集을 講義 도 하고 中華 使臣들이 듣고 오는 新思想을 鼓吹도 하엿다. "『燕巖集』의 貴族을 攻擊하는 글에서 平等思想을 얻엇지오."하고 春皐는 當時 新思 想이란 것이 平等論, 民權論이란 것을 말한 后에……[12]

---

11) 신채호, 「地動說의 效力」(발표년 미상), 『개정판 단재 신채호 전집』, 형설출 판사.
12) 이광수(1931), 「朴泳孝氏를 만난 이야기-甲申政變回顧談」 『東光』 19.

1860년경 개화파 지식인들이 읽은 연암은 일찍이 중국중심주의를 벗어나 상대적 세계관에 눈뜬 선각자이고 '귀족을 공격하는 글'을 통해 평등사상을 고취시킨 인물이기도 했다. 신채호(1880~1936)의 표현을 빌자면 연암에서 비롯된 인식의 전환은 가히 '코페르닉스'적인 것이었고, 갑신정변의 주역 박영효 본인 역시 『연암집』을 신사상의 근원으로 지목하였다.

연암이 이 시기 이른바 개항과 근대의 코드로 읽히기 시작했다는 사실은, 김윤식(1835~1922)의 「면양행견일기沔陽行遣日記」(1887년), 「연암집서燕巖集序」(1902년) 등의 글에서도 잘 드러난다. 그는 당시의 시무와 근대서구학문의 대개가 『연암집』에 이미 갖추어져 있다고 하며 조목조목 그 근거를 들었다.13) 따라서 이들이 연암문학을 고평한 이유는 앞서 김택영 등과는 매우 다르다.

> 사상계의 위인으로 국민의 마음을 개척한 朴趾源 선생의 문집이 板刻되지 못하며(현재 간행된 『燕巖集』 3권은 그 전집이 아니며, 또 그 선택한 것이 그 문자의 교묘한 것만 취하여 한 솥에서 한 조각 저민 고기가 되는 것만도 못한 것), …『燃藜室記述』『朝野輯要』 등이 아직도 역시 抄本을 면치 못하고 있다.14)

신채호가 우리나라의 옛 서적을 보존하고 간행해야함을 역설한 1908년의 글이다. 그 대상으로 『연암집』을 첫 번째로 꼽으면서, 이미 간행된 김택영의 『연암집』 선집에 대해 문자의 교묘한 것만 취했을 뿐이라는 혹평을 하였다. 신채호에게 있어서 이른바 중국에 내놓을 만한 '고문'의 묘미라는 것은 이미 중요하지 않았다. 연암을 읽어야 하는 이유는 사상계의 위인으로서 국민의 마음을 개척한 인물이기 때문이다. 국민 계몽

---

13) 김윤식, 「沔陽行遣日記」『續陰晴史』; 「燕巖集序」『雲養集』.
14) 신채호, 「舊書刊行論」『大韓每日申報』 1908년 12월 18일~20일(『단재 신채호 전집』, 독립기념관 한국독립운동사연구소).

의 도구로서 연암이 읽혀야 한다는 것이다.

최남선(1890~1957)은 1910년 조선광문회朝鮮光文會를 창립하여 이러한 계몽으로서의 서적 간행을 적극적으로 실천하였다. 조선의 옛 학술 문화가 다 매몰되어 버리기 전에 중요한 고서를 간행하여 천하 만세에 그 우수함을 알려야 한다는 것이다.[15] 이 때 계획한 180여 종의 서적목록에 뒷날 실학자로 꼽히게 된 인물들의 저작이 대부분 망라되어 있다. 그 휘찬류彙纂類에 『지봉유설芝峰類說』 『성호사설星湖僿說』과 함께 연암의 『열하일기熱河日記』가 들어갔고, 바로 이듬해 『연암외집 열하일기燕巖外集 熱河日記』의 간행으로 이어진다. 이때의 정황을 회고한 후일의 자료에서 당시 출판의 규모와 반향을 짐작할 수 있다.

> 이 당시에 문화지도의 유일기관으로 '朝鮮光文會'라는 것이 잇섯는데 그 會로 말하면 朴燕巖의 『熱河日記』 등 모든 古文書籍을 간행하고 잇섯는데 이것이 회원제로써 全鮮에 약 1천 명 회원을 가지고 잇엇슴으로 말하자면 『熱河日記』 갓튼 그 모든 서적은 다달이 나오는 족족 1천 부 정도는 무난히 팔닌터이라고 한다.[16]

출판과 함께 이 시기 연암문학을 일반 독자에게 알린 데에는 잡지와 신문의 역할이 컸다. 현재 보고된 것으로는 1899년 『시사총보時事叢報』에

---

15) 최남선, 「朝鮮光文會 創立趣旨文」(조용만(1964), 『六堂 崔南善』, 三中堂 11면 재인용), "今에 古文이 日로 散亡하고 族粹가 日로 衰頹하여, 五千年 往聖先哲의 赫赫한 功烈은 그 光이 晦하고, 皇皇한 著述은 그 響이 消하여 億萬代 後孫末裔의 久遠한 靈能은 그 源이 渴하고 深切한 學思는 그 機가 絶하려 하며, 또 한편으로는 天下萬世에 朝鮮土의 眞面目과 朝鮮人의 眞才智가 영원히 隱藏하고 埋沒하려 하니 … 玆에 그 方法과 書目을 開列하여 大聲自鳴하오니 吾儕의 苦衷을 諒하시는 만천하의 志士仁人은 惠然 響應하시면 朝鮮 古文明과 世界 學界를 위하여 幸甚 幸甚이겠사외다."

16) 「三千里機密室」, 『三千里』 7-10, 1935년 11월 1일.

현토되어 실린 「양반전兩班傳」이 가장 앞선 것으로 보이고,[17] 1906년에서 1907년에 걸쳐 『대한자강회월보大韓自强會月報』에 「노숙구련성露宿九連城」 「호질虎叱」, 「허생전許生傳」 등이,[18] 이어서 1914년 『청춘靑春』에 「마장전馬駔傳」, 「예덕선생전穢德先生傳」, 「민옹전閔翁傳」, 「광문자전廣文者傳」, 「양반전」, 「김신선전金神仙傳」 등이 역시 현토되어 실렸다.[19] 아직 한문원문이 그대로 노출되어 있어서 일정한 제한은 있었으나, 이들이 근대 매체를 통해 소개되었다는 것은 전통 방식의 문집 간행이나 서적 출판과는 또 다른 의미를 지닌다. 연암문학이 단편의 독서물로서 지식인 일반에게 소개되고 향유되었다는 점에서 그러하다.[20]

연암문학에 대한 관심의 초점이 달라지는 것을 보다 잘 살피기 위해, 전통 한문 소양에서 출발하여 신지식을 적극적으로 받아들인 인물인 변영만(1889~1954)에 주목할 필요가 있다. 당대 최고의 한문대가로 꼽히던 변영만은 우리나라의 역대문인으로 연암 한 사람만을 인정할 정도로 연암문학을 고평하였고,[21] 연암문학을 조선의 자랑으로 언급하였다.[22]

---

17) 「兩班傳」『時事叢報』, 1899년 4월 29일·5월 1일; 두창구(1990), 「연암 연구사에 대한 고찰(Ⅰ)」 『어문연구』 65·66, 한국어문교육연구회 46면 참조.

18) 「露宿九連城」『大韓自强會月報』, 1906년 12월호; 「虎叱」『大韓自强會月報』, 1907년 2월호-4월호; 이종준·이만무 역, 「許生傳」『大韓自强會月報』, 1907년 9월호·10월호.

19) 「馬駔傳」·「穢德先生傳」·「閔翁傳」『靑春』, 新文館, 제1호, 1914. 10; 「廣文者傳」·「兩班傳」·「金神仙傳」『靑春』, 新文館, 제2호, 1914. 11.

20) 이러한 근대매체의 「연암집」 소개는 1930년대 말 번역문 게재로 이어진다. 이에 대해서는 본고 4장 참조.

21) 변영만(1923년), 「覆曺深齋書」『山康齋文鈔』. 문장이 아름다운 사람의 예로 굴원, 송옥, 이사, 사마천, 사마상여, 양웅, 조비를 들고 우리나라 사람으로는 박지원 한 사람만을 들었음(이하 변영만의 글은 『변영만 전집』, 대동문화연구원).

22) 변영만, 「學窓餘屑」『靑年』 107, 1931, "朴燕岩의 문장, 金秋史의 필법, 金滄江의 詩想, 申無涯의 史識 ─ 이 사자는 모두 천지를 低昴하고 고금을 睥睨하는 관이 있다. 조선의 자랑거리이고. 三十大本寺의 신제 현판, 금강산의 題刻, 한학자의 不削髮, 신문인의 언어유희(거기대가 한자 오용까지를 兼치

흔히들 '사상의 해방'을 고함지르지마는 사상에 繫縛되었던 어떤 厄
會가 과연 우리 동양문화 기록상에 있었던가? … 朴趾源氏의 계급타파적
풍자로부터 근일 申采浩君의 箕子 망명객론(武王이 기자를 조선에 봉하
였단 설에 反하여)에 至하기까지 해방으로 말하면 그 이상 해방이 또 있
단 말인가? 새삼스럽게 무슨 해방?[23]

아무 신비한 것도 없고 난해인 것도 아님에 불구하고 고래로 누구를
물론하고 주역이라고 하면 모두 '누룩머리'를 앓는 모양이다. 심지어 우
리 박연암까지 어떻게 이 책에 대하여 반감을 가졌던지 간에 「易學大盜
傳」이란 괴문서를 작제하여 당시의 모 학자를 諷罵한 일이 있고 그 걸작
「虎叱」文 가운데에도 호랑이의 입을 빌어 음양오행 등 '易'의 근본적 토
대에 향하여 毒辣한 氣焰을 토하였다. 그러나 주역이란 문자는 결국 박
연암의 유희적 문장으로 인하여 붕괴되기에는 좀 더 튼튼히 건설된 물건
인 것 같다.[24]

변영만은 당시 사회주의자들이 외치던 사상의 해방에 대해, 오히려
그들이 칼 마르크스에게만 속박되는 것이 문제이지 전근대 동아시아 문
화는 사상을 속박한 적이 없다고 주장하였다. 다시 해방을 이룰 필요도
없이 사상이 이미 자유로웠다는 예로서 맹자와 순자의 인성론, 정·주와
육·왕의 학술 등을 들고, 중국 황종희黃宗羲의 민권주창民權主唱과 함께
연암의 '계급타파적 풍자'를 들었다. 좀 과장되어 있긴 하지만, 변영만이
보는 연암의 사상은 전통사상의 근간인 주역의 세계관마저 붕괴시키고
자 하는 것이었다. 풍자와 유희의 문장을 통해 기존의 질서 및 정신의

어서)―이 사자는 모두 宿食을 再嘔케 하고 死牛를 哄笑케 하는 관이 있다.
조선의 치욕이다."
23) 변영만(1923), 「僞善의 世代냐 僞惡의 世代냐」『東明』22.
24) 변영만(1936), 「'어비터 딕터' 偶草八種」『朝光』 2-8.

근본적 토대까지 신랄하게 비판하고 파괴하는 것이 연암문학의 특색이라고 생각하였다. 그와 친교를 맺기도 했던 선배 조긍섭 같은 이로서는[25] 도저히 받아들일 수 없었을 연암문학에 대한 이러한 평가가 당대의 한문대가의 입에서 나온 셈이다.

변영만은 근대 주요 인물의 부몰 현상을 '삼절식三折式의 파노라마'라 명명하여 제시하면서 비스마르크-루스벨트-무솔리니, 포-보들레르-뵈르네 등을 예로 들고 우리나라 사람으로는 유형원-이익-정약용을 하나로, 박지원-유신환-유길준을 하나로 들었다.[26] 동서양의 인물들을 계보화하여 언급한 것도 흥미롭지만, 그가 든 우리나라의 인물들이 실학자와 개화파로 이루어졌다는 점을 주목할 만하다. 그는 한학[樸學]과 송학[理學] 양쪽을 비판적으로 보며 곡유曲儒가 아닌 통유通儒가 되어야 함 역설하고, 통유의 예로서 유형원, 이익, 안정복, 정약용, 박지원을 들고 고염무顧炎武와 병칭하기도 하였다.[27] 1929년 문광서림文光書林에서 『사설僿說』을 간행하면서 쓴 서문에서다. 후일 '실학'이라는 용어로 명명된 계보를 그대로 언급하고 있다. 그리고 이처럼 조선의 몇몇 인물들을 적시하여 조명하는 것은 점차 '저널리즘'을 넘어 '학문적 성과'로 나아가 1930년대 조선학운동을 형성하였다.

4. 조선학운동과 민족적 자아 찾기로서의 고전 연구

개화기 이래 지속된 근대적 계몽주의 흐름의 일부는 식민통치 하에

---

25) 변영만(1936. 7), 「나의 回想되는 先輩 몇 분」 『新東亞』 57. "曺深齋는 필자와 하도 契分이 좋게 지낸 까닭으로 나는 避嫌上 津津 칭술하지 아니하고 다만 영남이 산출한 최대 문장가란 一句와 그의 수다한 저작 중 「困言」 一卷이 더욱 걸작이란 일 판정을 내려둘 뿐이다. 아마 이 말에 대하여는 지하의 혼백도 불평이 없을 듯하다."
26) 변영만, 「色眼鏡」 『東亞日報』 1931년 3월 24일.
27) 변영만(1929), 「星湖僿說序」 『山康齋文鈔』.

서 '민족'을 보다 강조하는 입장으로 나아간다. 1927년 신간회新幹會 발족을 전후하여 최남선을 필두로 이병기, 염상섭, 양주동 등에 의해 시조, 민요 중심의 국민문학 논의가 이루어진 것을 그 모태로 볼 수 있다. 사실 이른바 '조선학'의 제기는 사실 최남선 본인에 의해 그보다 앞서 1922년에 이루어진 바 있다.

> 정신부터 독립할 것이다. 사상으로 독립할 것이다. 학술에 독립할 것이다. 특별히 자기를 호지하는 정신, 자기를 발휘하는 사상, 자기를 구명하는 학술의 상으로 절대한 자주, 완전한 독립을 실현할 것이다. 조선인의 손으로 '조선학'을 세울 것이다.[28]

주지하다시피 최남선은 '조선학'이 식민통치의 기획 하에 일본인에 의해 먼저 시작되었다는 문제의식 위에서 일제의 관변 사학에 맞서서 단군을 비롯한 개국영웅들을 복원하고자 노력하였다. 그가『동아일보』『동명東明』『별건곤別乾坤』등에 신화·설화 연구를 활발하게 게재하던 때 쓴 글이다. 최남선이 주창한 '조선인에 의한 조선학의 수립'은 이광수(1892~1950)의 민족주의문학론으로 발전되면서 이른바 조선심朝鮮心, 조선주의朝鮮主義 등의 논의로 이어진다. 이 시기 소수 작가의 창작을 위주로 한 민족주의문학은 프로문학의 비판에 직면하여 1931년 신간회 해체와 함께 다소 힘을 잃은 감이 있으나, 1935년 다산서거茶山逝去 100주기를 전후한 시기에 문학창작을 넘어서 일종의 학술문화운동인 '조선학운동'으로 다시 일어난다.

『여유당전서與猶堂全書』의 간행,『진단학보震檀學報』의 발간 등과『동아일보』『조선일보』『조선중앙일보』『신조선』등 언론매체의 동시다발적인 조선학 특집이 이어짐으로써,[29] 조선 문화와 고전에의 관심은 가히

---

28) 최남선,「朝鮮歷史通俗講話」,『東明』6, 1922년 10월(이하 최남선 글은『육당 최남선 전집』, 역락).

시대적 대세로 떠올랐다. 애초 새로운 문학창작의 활로를 모색하며 제기된 조선학운동은, 정인보(1893~1950),[30) 안재홍(1891~1965),[31) 박영희(1901~?)[32) 등에 의해 민족고전의 학문적 연구에 대한 요구와 실천으로 이어졌다. 안재홍에게 있어서 '조선학'이 "우리 자신의 문화와 사상에서 조선인적이면서 세계적이요 세계적이면서 조선 및 조선인적인 제삼 신생적인 – 현대에서 세련된 새로운 자아를 창건하고 아울러 그들의 자신에게 구전俱全 타당한 신생적인 사회를 그의 적당한 장래에 창건하자는 숭고하고 엄숙한 현실의 필요에서 출발, 파악, 지속 또 고조되는 것"이라는 데에서 알 수 있듯이, 이 시기 조선학은 식민치하 30년대에 제기된 '자아自我 찾기'의 일환이었다.[33) 그리고 이러한 관점은 "양차 전란 이후에 자아라는 정신이 선명하여 지면서 조선의 본질을 알고 실제를 밟으려는 경향이

---

29) 『朝鮮日報』 1935년 1월 22일, "本報 新年號 紙上에 '古典文學檢討'의 '古典文學의 紹介' 페이지가 있거니와 一部의 論者들의 意見은 새로운 文學이 誕生할 수 없는 不利한 環境 아래 오히려 우리들의 古典으로 돌아가 우리들의 文學遺産을 繼承함으로써 우리들 文學의 特異性이라도 發揮해 보는 것이 時運에 避할 수 없는 良策이라고 말하며 一部의 論者들은 우리의 新文學建設을 爲하야 그 前日의 攝取될 營養으로서 必要하다고 말한다."

30) 정인보, 「朝鮮古書刊行의 意義」 『東亞日報』 1934년 9월 15일; 「五千年間 朝鮮의 얼」 『東亞日報』 1935년 1월 1일~8월 28일; 「丁다산 선생 逝世 100年을 紀念하면서」 『東亞日報』 1935년 7월 16일(이하 정인보의 글은 『담원 정인보 전집』, 연세대학교 출판부). 정인보의 '實學 구축'과 '민족주의 국학 수립'에 대해서는 심경호(2008) 참조.

31) 안재홍(樗生), 「朝鮮學의 問題」 『新朝鮮』 1934년 12월(이하 안재홍의 글은 『민세 안재홍 선집』, 지식산업사).

32) 박영희, 「朝鮮文化의 再認識」 『開闢』 復刊2號, 1934년 12월.

33) 「朝鮮을 알자」 『東亞日報』 1933년 1월 14일, "우리가 우리를 徹底히 안 일이 있었던가? 알아보려고 한 일이 있었던가? 有史後로도 半萬年의 生命을 繼續하였거늘 걸어온 자취를 제가 되어서 저를 觀察하고, 저를 反省하고 저를 宣揚한 일이 있었던가? 長短優劣을 一括하여 不問에 붙여 오늘에 이르니 커다랗게 남은 存在는 自我의 完全한 喪失이요, 自我의 徹底한 空虛뿐이다."

있어서 학풍이 일변"하였다는 인식에 이른다.[34] 이와 함께, 이전에 어느 정도 계보화되어 거론되어 오던 조선후기의 일부 학문 경향이 이른바 '실학'이라는 이름으로 각별하게 인식되기 시작한 것이다.[35] 현상윤 (1893~?)은 '실학파의 궐기'라는 제히에 이를 "시대적 필연에 응하야 생기生 起한" 학술운동으로 적시하기에 이른다.[36]

일찍이 전통적 유교에 대해 "하구청사夏裘晴蓑와 같이, 현대의 생활과는 거의 무간섭無干涉한 역사적 유물시遺物視할 만큼 되고 말았다"는[37] 시대인식을 피력한 바 있는 안재홍은, 유형원에서 박지원을 거쳐 정약용으로 이어지는 학문을 "실학 추구와 부국이기富國利己의 도를 다하려던 의도"에 의한 것이라고 평가하면서 이를 두고 "현대 논객들이 조선학이라고 하는 제학"이라고 하였다.[38] 그에 의하면 정약용은 모간보다도 먼저, 루소와 동시대에 이미 사회평등론, 민주사회론 등 '현대사상'의 핵심을 다 갖춘 사상을 제출하였다.[39] 요컨대 시대의 퇴물이 되어버린 유교로부터 그에 반하는 사상의 흐름을 변별적으로 읽어내고 거기 이미 내재하고 있는 서구적 근대의 요소를 도출해냄으로써, '조선적'인 것이면서 세계적인 자아를 발견하고 내세우고자 하는 것이다.

---

34) 이창환(1934), 『朝鮮歷史』, 北星社.
35) '實學'이라는 말 자체는 불교에 대해서 (新)儒學을 가리키는 말로 전통적으로도 많이 사용되었고, 개화기에는 '實業에 관계되는 학문'(공업, 상업, 기술 등)이라는 의미로 사용되기도 했다. 그러나 조선후기의 특정한 학문경향을 가리키는 학술용어로서 실학이라는 말을 사용한 것은 1931년 최남선의 『朝鮮通史』가 최초라고 알려져 있다. 천관우(1970), 「韓國實學思想史」 『한국문화사대계 6』, 고려대 민족문화연구소 참조.
36) 현상윤, 「李朝儒學史上의 丁茶山과 그 位置」『東亞日報』 1935년 7월 16일 (이하 현상윤의 글은 『기당 현상윤 전집』, 나남출판).
37) 안재홍, 「儒林 諸氏에게 檄함」『朝鮮日報』 1926년 3월 24일.
38) 안재홍, 「朝鮮民의 운명을 반영하는 丁茶山 선생과 그 생애의 회고」『新東亞』 1934년 10월.
39) 안재홍, 「現代思想의 先驅者로서 다산 선생의 地位」『新朝鮮』 1935년 8월; 「茶山의 經綸」, 『朝鮮日報』 1935년 8월.

이러한 조선학운동이 지니는 의미는, '조선적'이라면 곧 퇴영적인 것을 의미하던 데에서 탈피하여 조선 문화의 유산을 체계화하여 당대 우리 문화와 사회를 위해 적극 되살려야 한다는 주장에 있다. 이는 특히 식민지시대 주체적 자아의 수립 욕구와 연결되었고, 그런 의미에서 '조선적'인 것은 다시 '자아'의 정신이 강한 조선후기 일부 작가, 다시 말해 실학적 학풍의 그것으로 집중되었다. 그리고 그러한 시야에 들어오는 특정한 텍스트들이 조선의 '고전'으로 자리매김하게 된다. 정약용의 저술들이 그러했고, 이 시기 연암문학의 발견 역시 그러한 민족적 요구와 밀접하게 닿아있다.

조선학운동은 1936년 이후 '고전의 연구'로 본격화되었고, 이은상, 김태준, 이희승, 고유섭, 이태준, 조윤제, 손진태, 이병도 등의 활약이 이어진다. 그러나 급격하게 경직되어가던 1930년대 후반의 정국에 의해 '학술운동'으로서의 조선학운동은 더 활발하게 전개되지 못하였다. 다만 조선 고전에 대한 관심은 1930년대 말 40년대 초 대중매체를 통한 번역 소개로 이어진다. 이때 소개된 연암문학은 대체로 소설적 성향이 짙은 전傳 작품들이었다. 「허생전」을 당대 독자의 구미에 맞게 분절체分節體 이야기로 번안하여 게재한 예에서 볼 수 있듯이,[40] 신문이나 잡지에 게재되기에 적절한 흥미로운 내용과 짧은 형식을 띠고 있다는 점이 일차적으로 고려되었을 것이다. 나아가 허구적 서사를 통해 조선사회의 부조리함을 풍자한 문학이라는 점 역시 중요하게 인식되었던 것으로 보인다. 이광수나 채만식 같은 작가에 의해 「허생전」이 개작된 것은 그 변형의 한 예라 할 수 있다.[41]

---

40) 望洋亭人, 「異人奇聞: 許生傳」『朝光』1941년 9월호, 朝光社. "연암선생 박지원이 그의 전을 지여 일화를 소개함으로써" 세상에 전하게 되었다고 전제한 뒤 8절로 나누어 이야기체로 전개하였으나, 전체적으로 보아 연암 「허생전」의 번안 내지 개작으로 볼 수 있다.

41) 이광수, 「허생전」『東亞日報』1923년 12월 1일~1924년 3월 21일; 채만식 (1946), 『허생전』, 朝鮮金融組合聯合會協同文庫.

이와 관련하여 주목되는 것이 1939년 『문장文章』의 창간이다. 연암문학이 처음으로 번역되어 게재된 것도 바로 이 지면을 통해서였거니와,[42] 1940년 신춘좌담회에서 '고전의 해석과 비평', '한문고전시비' 등이 주된 논제로 등장할 정도로[43] 고전문학 특히 한문고전의 소개와 연구는 『문장』이 꽤 주력한 영역에 해당한다. 창간호부터 이병기의 역주로 「한중록恨中錄」을 12회 연재했고, 이윤재는 「조선한문고전역초朝鮮漢文古典譯抄」 시리즈로 연암의 「도강록」을 10회에 걸쳐 역주하였으며, 양주동은 「근고문선近古文選」의 시리즈로 동서양의 고전을 두루 번역 소개하면서 연암의 「호질」을 번역 게재하였다.

　　恨中錄이 얼마나 훌륭한 古典이요 얼마나 훌륭한 文章이란 것은 識
　　者 間에 점점 評이 높아가며 있다. 이런 좋은 古典文學이 一般의 耳目을
　　避해 묻혀 있었다는 것은 恨中錄의 또한 恨事였으려니와 아직도 이런
　　死藏名品이 얼마나 많은지 알 수 없을 것이다. 永久히 消滅되려는 作品
　　을 發見해 다시 價値를 救하는 것도 原作者만 못하지 않은 功勞와 名譽
　　를 가질 것이다. 앞으로 이런 方面에도 꾸준히 適任者들을 動員시키려
　　한다.[44]

『문장』 창간호와 2호가 예상치 못할 만큼 절찬리에 판매된 뒤 쓰인 3호 편집후기의 일부이다. 묻혀있는 한문고전을 일반인에게 알리는 방법으로 전문가에 의한 번역 게재를 기획하고 있음을 알 수 있다. 그리고 이에 대한 독자의 반응은 매우 좋았던 것으로 보인다.[45] 「한중록」이

---

42) 양주동 역, 「虎叱」, 『文章』 1939년 12월호, 文章社; 이윤재 역, 「渡江錄」, 『文章』 1939년 11월호~1940년 7월호, 文章社
43) 「-新春座談會-文學의 諸問題」(김기림, 이병기, 이원조, 임화, 양주동, 이태준 등 참여), 『文章』 2-1, 1940년 1월.
44) 「餘墨」, 『文章』 1-3, 1939년 4월.
45) 「餘墨」, 『文章』 2-1, 1940년 1월. "桓山의 「渡江錄」은 號를 따라 好評이고"

나 「도강록」 번역에서 볼 수 있듯이 이들 번역은 해설과 주석을 겸비한 학술적 번역이었다. 조선학의 주역들은 조선 문화의 연구를 통해 사장되어가던 고전을 복권시켰고, 무엇보다 당시 일반 독자들의 '고전을 그리워하는 마음'은 이미 '조선고전'의 탄생을 열망하는 '공기'를 형성하고 있었다.[46] 『문장』식의 상고적尙古的 고전부흥이 높은 호응을 얻을 수 있었던 이러한 공기야말로 식민치하 1930년대의 시대정신이었던 셈이다.

5. 사회모순의 현실주의적 형상화로 읽는 연암문학

조선학운동은 그러나 제기와 동시에 안팎의 강한 비판에 직면했다. 모더니스트 계열의 최재서는 역사성을 견지하지 않는 한 고전 연구는 '감상적인 회고 정조'나 '낭만적인 네오 바바리즘barbarism'을 벗어날 수 없다고 경계하였다.[47] 나아가 신남철, 임화, 김남천 등 좌파 계열 문인들은 조선학운동을 '민족파쇼의 부활', '낭만적 사대주의', '반동적 복고주의' 등으로 단정하며 비판하였다.[48] 결국 '조선적인 것' 그것도 '과거의

---

46) 「-新春座談會-文學의 諸問題」, 앞의 글, "또 한 가지 今年 現象으로 文庫라든가 '文章' 같은 데를 통해서 古典이 많이 나왔습니다. 또 解釋 問題로 상당히 論難도 있었습니다.(이태준) … 요새 一般으로 現代人 가운데 古典을 그리워하는 마음이 있는데 우리들에게는 一般古典 중 가장 가까운 世界가 朝鮮古典입니다. 그러니까 이런 空氣가 떠돌 때 朝鮮古典에 어떤 價値 있는 것이 있나, 우선 그것을 알려줘야 할 것입니다.(임화)"
47) 박치우, 「古文化 吟味의 現代的 意義」,『朝鮮日報』1937년 1월 1일; 최재서,「古典 研究의 歷史性」,『朝鮮日報』1938년 6월 10일;「傳統復活의 意義」,『朝鮮日報』1938년 8월 7일; 김기림,「朝鮮文學에의 反省」,『人文評論』, 1940년 10월. 이에 대해서는 차원현(2004),「1930년대 중·후반기 전통론에 나타난 민족 이념에 관한 연구」,『민족문학사연구』 24, 민족문학사학회, 107~110면 참조.
48) 신남철,「복고주의에 대한 數言」,『東亞日報』1935년 5월 1일, "現代의 浪漫的 復古思想은 個人的이고 主觀的이며 나아가서는 파시스트的이기도 한

조선'을 절대화할 때 '근대'나 '계급'의 문제가 괄호 안에 들어가 버리고 마는 데 대한 경계라고 할 수 있다.

그러나 '조선학'이라는 용어에는 동의하지 않더라도, 조선의 전통에 대한 학문적 관심, 이른바 '전통론'이 1930년대 중후반의 중요한 담론으로 떠오른 것은 사실이다. 좌파 계열에서 실학은 다른 방식으로 발견된다. 유물사관에 입각한 보편적 세계사의 발전법칙을 한국사에 적용하는 과정에 "근세조선사상에 있어서 유형원, 이익, 이수광, 정약용, 서유구, 박지원 등 말하자면 '현실학파'라고나 칭해야 할 우수한 학자가 배출되어 우리의 경제학적 영역에 대한 선물로서 끼친 업적"이 비상하게 부각된 것이다.[49] 백남운(1895~1974)이 대표적인데, 그는 1935년 다산서거 100주년기념강연회에도 참석하였으나, '조선학'이라는 말에는 거부감을 표해서 민족주의 계열의 학자들과는 선을 분명히 그었다. 최남선으로 대표되는, '한국사의 우월성을 강조하는 조선특수사관'에 대한 세계보편주의적 역사관에서의 비판이다.[50]

> 우리들은 정다산과 '다산의 애인'을, 이충무공과 '충무공의 忠僕'을, 단군과 '단군의 요술사'를, 그리고 '조선'과 '조선의 연인'을 혼돈하여 생각할 하등의 권리도 없을 뿐더러 이를 일련의 '민족의 연인'들이 과거의 조선 위인들을 자기선전 내지는 국수사상 선전의 수단으로 사용하려는 역사적 비행을 옹호하여야 할 일편의 의무도 가지려는 자는 아니다. 오히려 이 양자를 엄밀히 구별하여 '조선의 연인'들의 假裝을 잡아 찢고 그

것이다. … 獨逸의 復古主義者에 關하여서뿐만 아니라 日本의 그들에 關하여서도 이와 같은 말은 할 수가 있고 또 朝鮮의 그들도 批判할 수가 있다고 생각한다."

49) 백남운(1933), 『朝鮮社會經濟史』; (1937)『朝鮮封建社會經濟史 上 高麗の部』, 改造社.

50) 이 문제에 대한 본격적 비판으로 다음을 참조. 이청원, 「'조선얼'의 현대적 고찰」, 『비판』 36, 1937년 2월.

들의 사당으로부터 진정한 조선의 역사적 재물을 찾아올 과학적 의무를
새로운 모든 세대의 공통된 임무로서 부과하고자 하는 의욕에 불탈 따름
이다. … 실로 '조선'은 이들(하층민: 인용자)에게 무엇을 주었고 '민족'은
이들에게 무슨 혜택을 베풀었기에 숭고한 민족 관념을 요구하려는가! …
오! 중학생들의 여드름과 같은 이 땅 '志士'의 민족 관념이여! 오! 기생의
戀文 같은 이 나라 '名士'의 조선심이여![51]

　김남천(1911~?)이 이광수전집 간행을 논평하면서 민족주의자들을 "이
순신의 백골을 땅 속에서 들추어서 그것을 혀끝으로 핥는 사람, 단군을
백두산 밀림 속에서 찾아다가 사당간에 모시는 사람, 정다산을 하수구
속에서 찬양하는 사람"으로 폄하한 데 대해[52] 안재홍이 「천대되는 조선」
이라는 반박문을 썼고, 위에 인용한 글은 이에 대한 김남천의 정면 비판
이다. 조선학운동의 허에 대한 좌파 계열 문사들의 비판 논지가 선명하
게 담긴, 신랄하면서 논리적인 글이다. 주목할 점은, 비판의 대상이 '조
선의 연인'이지 '조선'이 아니라는 것이다. 오히려 속류 민족주의 시각으
로부터 "진정한 조선의 역사적 재물을 찾아올 과학적 의무"를 천명하고
있다. 좌파 계열이 전통론 논의에 본격적으로 나서고 있는 것이다.
　최익한(1897~?)이 내놓은 '전통탐구가 지니는 현대적 의의'에 대한 논고
가 대표적이다. 그에 의하면 전통은 우상화되어 거기에 얽매여서는 안
될 뿐 아니라 현재의 필요에 따라 이상화되어서도 안 된다.[53] 요컨대 전
통이란 과학적 연구를 통해 이해하고 극복해야 할 대상이지, 감상적으
로 숭배하거나 현재적 가치로 포장해서는 안 된다는 것이다.

---

51) 김남천, 「조선은 과연 누가 천대하는가? – 안재홍 씨에게 답함」, 『朝鮮中央
　　日報』 1935년 10월 18일~27일(이하 김남천의 글은 『김남천 전집』, 박이정).
52) 김남천, 「이광수 전집 간행의 사회적 의의」, 『朝鮮中央日報』 1935년 9월 7일.
53) 최익한, 「전통탐구의 현대적 의의」, 『東亞日報』 1939년 1월 1일~7일. 이에 대
　　해서는 김진균(2008), 「崔益翰의 전통주의 비판과 전통 이해의 방식」, 『열상
　　고전연구』 27, 열상고전연구회 참조.

1930년에 이미 『조선소설사』를 집필하고[54] 전문적으로 고전문학 연구를 수행하고 있던 김태준(1905~1949)의 경우, 그 자신이 조선학운동의 한 주역으로 활동하기도 했으나 그 취지에 완전히 동의하는 것은 아니었다.[55] 그의 행보는 조선 고전문학에 대한 민족주의 계열의 계몽적 인식과 좌파 계열의 사회학적 접근 사이의 길항을 잘 보여준다.

> 돌아보건대 벌써 3년 전 朝鮮의 것을 한번 보리라는 마음으로 六堂崔南善 선생과 故 學友 金在喆 형의 懇篤한 지도와 계발을 받아서 본고를 草하였었다. 그 후 본고의 연구태도와 矛盾錯誤된 점이 하도 많아서 버리자니 鷄肋이라 前功이 可惜하다. 그래 염치없이 上梓는 하였으나 여러 君子의 교정을 기다린다.[56]

김태준의 문학사관에 대해서는 실증주의인가 사회주의인가를 두고 논란이 있어 왔다.[57] 그가 사회주의 활동을 본격적으로 한 것은 1931년 경성제대 졸업 후였지만 재학 중 조선소설사를 연재하던 때에도 이미 어느 정도 사회주의적 시각을 형성해간 것으로 보인다. 그러나 '조선의 것을 한번 보리라는 마음'으로 집필한 『조선소설사』가 그 이후 3년의 기간 동안 변화한 연구태도와 많은 '모순착오矛盾錯誤'를 낳았다는 언급에서, 그의 문학사관 변모의 폭과 속도를 알 수 있다. 이는 청년 김태준 개인의 변화일 뿐 아니라 빠르게 진행되던 식민지 지식인들의 변모와 분화의 한 단면이기도 하다. '최남선의 지도와 계발에 힘입어' 시작된 조선 고전에의 관심은, 1939년 『증보조선소설사』에 이르면 사회주의 문학관에 의한

---

54) 김태준의 『朝鮮小說史』는 1933년에 출간되었으나, 그보다 앞서 1930년 10월 31일부터 1931년 2월 14일까지 68회에 걸쳐 『東亞日報』에 연재되었다.

55) 김태준, 「'조선' 연구열은 어데서」, 『朝鮮日報』 1935년 1월 26일~27일.

56) 김태준(1933), 「自序」, 『朝鮮小說史』.

57) 이와 관련한 연구사는 전성운(2004), 「김태준 - 문학의 과학화와 사회주의 문학 사관」, 『우리어문연구』 23, 우리어문학회 참조.

계급적 관점의 가치평가초보적이고 부분적이긴 하지만로 나아간다. 그리고 그러한 관점에서 「홍길동전」, 「춘향전」과 함께 연암의 소설들이 사회계급에 대한 전망이 담긴 중요한 작품으로 집중 조명된 것이다.

> 연암은 그처럼 국가사회에 공헌코자 하였으나 국가사회는 너무도 그를 오랫동안 냉대하였다. 그의 문집은 儒者의 탄핵을 받아서 연암의 孫 珪壽가 벼슬이 領相에 이르면서도 오히려 그것을 출판하지 못하였다. ⋯ 그러나 荊山白玉이 저절로 진가가 나타남과 같이 燕巖文의 진가는 매몰되지 아니하였다. 연암을 詆毁하는 때는 사라지고 연암시대는 닥쳐왔다. 연암이 사랑하던 민중은 이제야 가지가지 찬사를 봉정하였다. ⋯ 나는 경세가로서의 연암을 그의 일면인 문장가·소설가로서 보고자하며 그리하여 그 전집 속에 있는 단편물을 摘究코자 한다. ⋯ 이처럼 『放璚閣外傳』은 사회의 모든 불의를 大敵으로 하여 사회규율의 희생자─걸인, 仙人, 학자, 志士 등을 위하여 萬丈의 기염을 토하였다. 그 날카로운 안광에 비쳐오는 사회의 모든 不義的 존재─허위·타락·당론·계급 등을 藝神 혼자서 갖은 魔手로써 완전히 그려내었다.[58]

김태준은 박지원에게 '대문호'의 칭호를 부여하고 상당한 분량을 할애하여 별도의 장으로 그의 소설 작품을 다루었다. '연암시대'라는 표현이야말로 연암문학의 발견을 극명하게 보여주며, 그것을 가능하게 한 것은 허위·타락·당론·계급 등의 문제에 걸친 사회비판의 문학적 형상화다.

연암문학에 대한 이 시기 좌파 계열의 논평 가운데 가장 전면적이고 밀도 높은 것으로 홍기문(1903~1992)의 견해를 들 수 있다.[59] 그는 한문학

---

58) 김태준 저, 박희병 교주(1990), 「대문호 박지원과 그의 작품」 『증보조선소설사』 제6편 제4장, 한길사, 164~176면.
59) 홍기문, 「朴燕巖의 예술과 사상─그의 生誕二百週年紀念」, 『朝鮮日報』 1937년 7월 27일~8월 1일(『洪起文 朝鮮文化論選集』, 現代實學社).

전공이 아님에도 그의 생탄 200주년을 기념하는 글을 쓰는 이유를, '연암에 대하여는 특별한 경모하는 정이 깊으므로'라 했을 정도로 연암문학을 각별하게 여겼다. 그는 연암문학의 현양에 있어서 김택영이 세운 공을 인정하면서도 그가 선정한 식의 구가九家에서 연암은 빼야 한다고 일갈한다. 그 이유는 연암문학이 나머지 작가들과는 달리 천편일률적인 고문의 통폐通弊에서 벗어났기 때문이다.

홍기문은 연암문학이 지니는 특색을 조선의 관호官號와 지방명을 중국식이나 고호古號로 바꾸지 않고 그대로 쓴 점, 조선 전래의 풍속 관습 및 고언古諺 이어俚語를 많이 사용한 점, 전래 야담사화野談史話를 많이 수록한 점 등, 이른바 '조선의 향토색'에서 찾았다. 나아가 이러한 외적 요소만이 아니라, 고도의 풍자문학인 초기 전 작품들을 특필하면서 핍진성, 그리고 진정한 현실주의가 이를 수 있는 현실 너머에 대한 예지를 갖추었다고 하였다. 사상사적으로도 반상班常, 적서嫡庶의 차별, 사색당파四色黨派 등에 반대한 점, 세상에 아첨하는 유자儒者 비판, 한전론限田論, 지동설 등의 면을 극찬하였고, 다만 대명의리大明義理에서 자유롭지 못한 점을 한계로 지적하였다. 특히 김택영은 물론 연암 후손들까지도 신기를 주저했던 연암의 초기 전 작품들의 가치에 각별히 주목한 점은, 앞서 김태준의 견해와 함께 그들이 연암문학 가운데 읽고 싶어 한 것이 무엇이었는지를 여실히 보여준다.

연암문학에서 조선의 사회적 모순에 대한 고발과 계급 타파의 근대정신을 읽어내는 이러한 관점은, 일찍이 김윤식, 변영만 등에게서 익히 언급된 것이기는 하지만 조선후기의 사회적 배경에 대한 연구와 함께 논쟁 가운데 '과학성'을 갖추어나갔다는 점에서 구별된다. 이러한 흐름이 해방 직후 1950년대까지 북한 학계에 이어져서 김하명, 신남철, 한설야 등의 다양하고 심화된 연구로 이어졌다.[60]

---

[60] 김하명(1955), 『연암 박지원』, 평양: 국립출판사; 최익한(1955), 「박연암의 실학사상」, 『실학파와 정다산』, 평양: 국립출판사; 한설야(1957), 「연암 박지원

6. 結: 지적 상상력으로서의 실학

이상 연암문학이 발견되는 과정을 몇 개의 층위 내지 계열로 살펴보았다. 이들은 연결되거나 중첩되는 시기에 놓이면서 상호 관계를 형성하고 차이를 드러낸다. 예컨대 김택영의 연암문학 현양과 선집 간행이 신채호나 홍기문으로부터는 고문의 틀에 얽매인 관점으로 비판 받지만, 실은 100여 년간 지속되어온 유림의 여전한 반대 가운데 내놓은 전통적 지식사회 내에서의 진전이기도 했다. 신채호나 김윤식, 변영만 등이 연암문학을 서구식 근대의 대응물로 읽고자 한 것은, 최익한의 비판에 의하면 전통을 이상화하여 '환각'에 이른 것이다. 반면 민족주의 계열의 조선학운동 당사자들은 자신들을 파쇼적 민족주의라고 비판한 좌파 문인들에 대해서 민족을 천대하는 이들이라고 공격하였다.

그러나 이들 각각의 배경과 초점이 달랐음에도, 바로 이들에 의해 연암문학이 이 시기에 발견되었다. 그런 점에서, 이 시기 연암문학이 일부의 향유 대상으로부터 공론의 장으로 떠오른 것은 특정한 개인이나 그룹의 의도를 넘어서는 시대적 현상이었다. 시대정신이 연암문학을 발견한 셈이다. 그 공통의 지향이 있다면, 그것은 연암문학에서 망국의 원인인 전근대성을 깨뜨리는 힘을 소급해서 보고 싶은 욕망일 것이다. 나아가서 이는 식민 치하에서 머릿속에서만 가능했던 '자주적인 근대민족국가'에 대한 꿈의 투영이기도 하다. 과학적 태도를 견지하고자 민족주의 진영에 독설을 던졌던 사회주의 진영 인사들 역시 이 점에 관한 한 완전히 자유롭다고 하기 어렵다.

의 생애와 활동」,『연암연구론문집』, 평양: 국립출판사; 신남철(1957), 「연암 박지원의 철학 사상」,『연암연구론문집』, 평양: 국립출판사; 김하명(1957), 「연암 박지원의 유산과 오늘의 우리 문학」,『연암연구론문집』, 평양: 국립출판사. 이후 북한에서 나온 문학사에서의 연암문학 서술에 대해서는, 김 영(1992), 「연암소설에 대한 남북한 문학사의 서술시각」,『열상고전연구』 5, 열상고전연구회 참조.

　　그리고 '문화 및 사상 전반에 걸쳐 조선적이면서 동시에 세계적인 새로운 민족적 주체의 형성'이 하나의 시대정신이었던 때, 다산학과 연암 문학으로 대표되는 '실학'은 하나의 거대한 지적 상상력으로 기능하였다.[61] 상상력은 당장 눈앞에 실재하지 않는 어떤 것을 마음속에 그리는 일이다. 상상력은 개인의 정서나 문학예술의 영역에서만 의미를 지니는 것이 아니라, 사람 사이의 관계, 인식과 실천, 나아가 지적인 학문행위에 있어서도 중요한 역할을 한다.[62] 균일한 의미로 쓰인 것은 아니지만 인문학적 상상력이니 사회학적 상상력, 정치학적 상상력 등의 술어가 사용되는 것도, 눈앞에 보이는 것들과 그것들이 만들어내는 문맥에만 갇히지 않고 그 사실들을 조합하고 서로 단절된 것 사이를 메워서 새로운 질서를 부여하는 창조행위가 학문의 영역에 필요함을 역설하는 셈이다. 그런 의미에서 실학이 역사적 '사실'이 아니라 1930년대 이후에 '날조'된 '개념'에 불과하다는 비판은,[63] 일면은 옳다. 문제는 사실인가 개념인가에 있다기보다 그 '날조' 내지 '고안', 혹은 '구성'에 동원된 지적 상상력이 역사적 현실과 당대의 경험, 그리고 미완의 꿈에 대한 열망 사이에서

---

61) 실학을 두고 '지적 상상력'이라고 표현한 것은 한국실학학회 2004년 동계학술대회의 종합토론 시간에 이동환 선생이 좌중에서 하신 말씀에 착안한 것으로, 필자로서는 '실학'의 개념과 효용에 대한 고민에 있어 하나의 화두로 삼고 있다. 그러나 아직 이와 관련된 생각이 온전한 구도에 이르지 못했다. 이를 20세기 초 실학의 성립 문제와 연관시킨 것은 애초 선생의 언급과는 직접 관계없는 필자의 시도이다.

62) 예컨대 생명에 대한 윤리적 존중에 이르는 데에 형이상학적인 정의나 과학적 설명만으로는 완전하지 못하다. 다른 생명체의 이익을 자신의 이익과 마찬가지로 존중받을 만하다고 여기게 하는 태도변환적 경험과 상상력이 없이는 채워지지 않는 자리가 있는 것이다. 장춘익(1999), 「과학과 실천 사이의 지적 상상력」『생태문제와 인문학적 상상력』, 나남출판. 그 외에 상상력의 학문적 의미에 관해 정익순(2008), 「유토피아와 가능 세계에 대한 인문학적 상상력」『철학탐구』 23, 중앙대학교 중앙철학연구소; 홍병선(2008), 「상상력의 철학적 근거」『철학탐구』 24, 중앙대학교 중앙철학연구소 등 참조.

63) 김용옥(1990), 『讀氣學說』, 통나무, 18~44면.

얼마나 타당하면서 창조적으로 구사되었는가에 있다.

그렇다면 지금 우리가 연암을, 또 실학을 보는 시점은 어떠한가? 1950년대 이후 연암문학 연구는, 본격적 궤도에 오른 '실학 연구'라는 틀 안에서 1960~70년대에 근대성과 내재적 발전론을 주제로 심화되었다. 1980년대에 이르면 연구 저변이 확대되면서 실학이 연구의 전제이자 방향, 때로는 이미 내려진 결론으로까지 작용하는 역기능이 없지 않았고, 1980년대 말에서 1990년대 초에 걸쳐 그간의 실학 연구에 대한 전면적이고 진지한 반성들이 제기되기도 했다. 그러나 21세기에 접어든 오늘의 실학은 이러한 반성에 대한 가부간의 답을 철저히 모색하지도 않은 채 슬그머니 폐기되어 도외시되거나 여전히 도그마의 망령으로 작용하기도 하는 것으로 보인다. 그 와중에 연암문학은 수사법 혹은 문헌의 차원에서만 연구되거나 전망 없는 답보로 이어지는 면이 있다.[64]

실학 연구의 활로는 몇 가지 방향으로 생각해 볼 수 있을 것이다. 내재적 발전론의 틀을 넘어서 중국이나 서구의 신문명 등의 외적인 요인을 적극적으로 연구할 필요가 있고 나아가 동아시아적 시각에서 주체와 객체 문제에 대한 본격적 논의를 진전시켜나가야 할 것이다. 이는 외적 영향의 유무 문제를 넘어서 오히려 실학이 지닌 탈중심의 세계관과 닿아 있다. 중국 중심의 천하관이 극복되는 지점에 실학이 존재한다는 점은 그런 면에서 의미심장하다. 실학이 유학의 후예이면서 유학과 분리되는 현상도 여기서 발생한다. 모든 사유의 주체가 중국이라는 가주어를 통해 이루어지던 데에서 스스로 주체가 되어 세계를 바라볼 여지가 생겼다는 점은 획기적인 변화이다. 연암문학이야말로 이러한 인식 전환의 문학적 보고이다. 또 주자학과의 관계 역시 경직된 대립으로만 보는 시각을 넘어서 다양한 양태를 인정하고 구명할 필요가 있다. 그간 상당

---

64) 산문수사법의 연구나 문헌학적인 연구는 그 자체로 매우 의미 있는 작업이다. 여기서 그 가치를 폄하하려는 것이 아니라, 연암문학의 중요한 연구 영역이 여기에 그치지 않음을 강조하는 것이다.

히 진행된 조선후기 주자학에 대한 개별 연구들이, 초창기의 단선적인 이분법적 이해를 극복할 만큼 축적되어 가고 있다. 이를 바탕으로 할 때 실학은 조선후기 연구의 사각지대를 만드는 것이 아니라 오히려 풍성한 연구를 가능하게 하는 쓸 모 있는 포스트로 기능할 수 있다. 더욱이 적어도 망국亡國의 기억으로부터는 자유로운 오늘, 실학의 성과와 한계에 대한 허심탄회한 연구들이 생활사로부터 거대담론에 이르기까지 다양한 관점과 방법으로 시도될 수 있을 것이다.

이런 전망과 함께 다시, 실학이 탄생하고 연암문학이 발견된 지점으로 되짚어가는 여정을 통해, 그 시기 연암문학이 왜 특별하게 주목되었고 그렇게 많은 연행록 중 『열하일기』만이 대서특필되어온 이유가 무엇인가를 물을 필요가 있다. 연암문학은 분명히 다르다. 연암의 문집이 19세기 후반까지도 비방을 의식하여 간행되지 못했다는 사실 자체가 그의 사상과 문학이 지니는 이질성과 새로움을 역설하는 셈이기도 하다. 그 다름이 어디에서 연유하는가를 밝히는 것이 중요할 텐데, 필자가 가장 중요하게 생각하는 것은 역시 '시야視野'의 다름이다. 이미 정해져 있는 의리義理로 세상을 규정하고 세팅하는가, 현실을 그 자체로 바라보고 진단하고 전망하는가. '어떠해야 마땅한 세상, 원래 어떠한 세상'으로 보는가, '실제 어떠한 세상, 함께 어떠하게 만들어갈 세상'으로 보는가. 새로운 사회를 기획하고자 하는 꿈, 그야말로 현실 너머를 보는 상상력이 있는가의 문제다.

그런 면에서 문학을 통한 예리한 사회비평으로서의 연암문학은 다시금 조명되어야 할 면모라고 생각한다. 이제까지의 연암 연구, 실학 연구의 거개가 바로 이 지점을 다루어온 셈이지만, 실은 당연한 전제로 놓고 그것을 확인해가는 작업이 대부분이었다. 양심적 지식인, 진보적 사회의식 등으로 뭉뚱그려 말해온 실학의 사회사상을 하나하나 다시 분석하고 음미할 필요가 있다.[65] 유학 내지 주자학이야말로 경세제민經世濟民의 학

---

65) 그 한 예로서 李瀷의 사회사상에 대한 김대중(2009), 「'작은 존재'에 대한 星湖

문이지만, 특정 시기에 그 본래의 기능을 쇄신하고자 하는 움직임이 강하게 대두되었다면 이는 충분히 역사적 의미를 지닌다. 다만 그 인식론적 차이세계 인식, 공동체 인식, 자아 인식이 얼마나 큰지가 중요하고, 그런 의미에서 꼼꼼히 다시 따져봐야 하는 것이다. 문학에 있어서도 '실학자의 문학=실학파 문학'으로 보고 그 '범위'를 따지는 데서 머물 것이 아니라, 그 구심력에 무엇이 존재하는가를 다시 본격적으로 논의해야 할 때이다.

　실학의 지적 상상력은 연암의 것이기도 하고, 연암문학의 발견자의 것이기도 하다. 그러면 탈근대를 운위한 지 오래인 오늘 우리에게 여전히 그러한가? 근대와 전근대의 역사적 차이를 생각할 때 '근대'라는 말의 의미 값은 그것을 해체하거나 무화할 수 없을 만큼 크고 넓은 것이 사실이다. 다만 중요한 것은 근대성이 이미 진행된 특정한 역사의 전유물이 아니라는 점이다.[66] 우리 역사의 근대성은 서구에서 완성되어 수입된 것으로서의 근대성, 그것을 기준으로 평가하고 재단해야 하는 그런 근대성이 아니라 우리 역사 자체에서 진행되어야 하고 진행되고 있는 것이다. 그런 면에서 우리 사회의 어떤 영역은 여전히 근대화가 필요할 뿐 아니라 그 영역에서 정말 '근대적'인 것이 무엇인지 물어야 하기도 하다는 것이 필자의 견해이다. 국수주의적인 '우리만의 근대'를 말하고자 함은 물론 아니다. 서구 근대가 주도하여 이루어놓은 평등과 자유, 인간이성과 과학의 가치 등은 일종의 '보편적 진보'로서 매우 소중하다. 그러나 그 근대가 다다른 국가자본주의와 초국적 기업들에 의해 전지구적 불평등과 인권의 유린, 극단의 실리만을 추구하는 배타적 민족주의, 가공할

李瀷의 '감성적 인식」, 『대동문화연구』 65, 성균관대학교 대동문화연구원 참조.
66) 임형택(2003), 「21세기에 다시 읽는 실학」, 『대동문화연구』 42, 성균관대학교 대동문화연구원, "실학의 경장과 개혁이 만약 현실화되었다면 어떤 모양으로 되었을까? 필시 우리가 경험한 '역사적 근대'와 동일하지 않은, 사뭇 다른 형태로 실현되었을 것이다. … 중세의 전반적 획기적인 경장과 개혁을 의도하고 기획하였으니 그 다음에다 응당 '근대'를 설정할 수 있지 않을까."

속도로 진행되는 환경 파괴, 이성이 아닌 힘만이 지배하는 야만적인 전쟁의 지속 등이 발생한 역설적 결과를 앞에 두고, 실학자들이 모색하고 기획했던 나름의 근대를 다시 펼쳐 보는 것은 의미 있는 일이다. '가지 않은 길', 아니 '가려다 다 못 간 길'에 대한, 지적 상상력으로 떠나는 딥 사인 셈이다.

　실학이 역사적 실체가 아니라는 사실을 들어 폐기처분해야 한다는 주장이 있다. 역사적 실체라는 말이 '본인들이 의식적으로 조직한 특정한 그룹'을 의미하는 것이라면 그럴 수 있고, 이제까지의 실학 연구에 대한 인식론적 반성이 필요하다는 점 역시 십분 인정할 수 있다. 그런데 정작 중요한 물음은, 실학이 창조적 학문행위에 있어서 여전히 지적 상상력을 줄 수 있는가이다. 거스를 수 없을 듯 엄청난 속도로 치달리는 물신적 세계주의의 흐름에 너나없이 몸을 내맡기고 있는 가운데, 오늘 우리의 학문은 '실지 실정에 입각한 실제적 사고'로서 무엇을 할 수 있는가의 물음 앞에 다시 서는 일이다.[67]

---

67) 이우성(1973), 「實學研究 序說」 『實學研究入門』, 역사학회 편, 일조각, "실학이 주자학 그것의 발전이든 반대이든, 그것보다도 실학이 思想的으로 朱子學的 世界主義에 埋沒되어 있었던 것인가, 그렇지 않으면 自我의 自覺에 의해서 우리나라의 실지 實情에 입각한 實際的 思考로 成立되어 있었던가가 더 중요한 것이다. 오늘날 주자학적 세계주의와 성질을 달리하는 世界主義 속에 民族의 개성이 埋沒된 점은 없는가? … 우리는 實學研究를 통해서 오늘날 우리나라의 실지 실정에 입각한 실제적 사고가 한없이 아쉬움을 느낀다."

茶山 丁若鏞의 天道觀과
18~19세기 한국실학의 형이상학

姜日天 | 中國人民大學校 哲學院

1. 序

　　다산茶山 정약용丁若鏞은 정조正祖에게 『중용中庸』을 강의하였고, 강진康津에 유배되었던 18년이라는 기간에 사서오경四書五經 전반에 걸쳐 주석을 달았다. 경학經學에 있어서 다산 선생의 공로는 의심의 여지가 없는 사실이다. 다산 선생이 활동하였던 시기는 18세기 후엽에서 19세기 초엽의 조선왕조 후기였다. 그가 처했던 시대로 인해 그의 경전 주석이 한당漢唐과 다르면서도 한당의 경학과 송명宋明의 의리義理를 아우르는 신경학新經學이 되는 것은 어쩌면 필연적인 것이었다. 그의 주석은 경전의 해석에만 머무르지 않고 경전의 심층적인 의리까지 밝혔다. 그런데 경전의 의미를 밝히는 과정 속에서 그의 천도관天道觀은 줄곧 근본적 성격을 지닌 문제로 작용하고 있다. 본 논문은 다산 선생의 천도관에 대한 분석을 시도해 봄으로써 전문가들의 가르침을 얻고자 한다.

2. 시대와 사명

　　다산 선생이 살았던 18세기 후반에서 19세기 전반의 조선왕조는 복잡하게 급변하던 시기로서 경제, 정치, 사상문화가 격렬하게 동요하기 일보 직전에 처해있었다. 정다산의 천도관은 그의 방대한 실학사상 체계와 마찬가지로 자신이 처했던 시대정신에 대한 응답이었다.

　　우선, 서방의 학술과 천주교가 조선왕조로 유입되기 시작하였다. 당시 북경의 천주교도 위원회에서 소주인蘇州人이었던 주문모周文謨를 보내어 오늘날의 단동丹東의 변경을 통해서 조선으로 몰래 들어가게 하였다. 한양에 도착한 뒤 포교활동을 하였고 몇몇 조선 인사들은 천주교의 가르침을 받고 성경 강의를 들었으며 그 후 몇몇은 입교하여 세례까지 받았다. 다산 선생도 그들 부류에 속해 있었다. 한국 학계와 천주교 사이에 다산 선생의 입교 여부에 대한 논쟁을 하기도 했다. 천주교 측에서는 자료를 제시하며 다산 선생의 입교 후 세례명이 요한이었다고 확신하였다. 다산 선생의 형인 정약종丁若鍾과 정약전丁若銓도 입교하였고, 매형인 이가환李家煥과 친구인 이승훈李承薰도 역시 천주교인이었다. 다산 선생은 그들을 따라 같이 성경을 듣고 교리의 가르침을 받았으니 그의 마음이 그곳을 향했었음을 짐작할 수 있다.

다산 선생이 천주교에 관심을 기울였던 그 시절, 천주교는 조선에서는 불법적인 종교였을 뿐만 아니라 극형끼지도 받아야 했다. 다산 선생의 형과 매형 등은 모두 사형을 당하거나 유배되었다. 다산 선생은 조선 조정의 관리이자 정조에게 『중용』을 강의하는 규장각의 검서관檢書官이라는 신분으로서 암암리에 천주교 교리를 배우고 세례를 받았으니 그의 내면 심리 세계 속에 엄청난 갈등이 있었음을 짐작해 볼 수 있다. 바로 이 '신유박해辛酉迫害'로 인해 다산 선생은 지금의 전라도 강진에 유배되었고 18년이 지난 후에야 비로소 사면 받아 고향으로 돌아오게 되었다.

둘째, 그 당시 조선왕조는 영조시대에서 정조시대로 넘어가는 시기였다. 정조의 부친은 영조의 태자였지만 당쟁에 휘말려 비원에 유폐되어 무참하게 굶어죽어 버렸다. 정조는 부친의 불행을 매우 유감스럽게 생각하였고 등극 후에 부왕의 능을 이장하고 추존하였다.

조선왕조 후기의 당쟁은 심각한 사회적 병폐였었다. 관리들은 분열되었으며 같은 편이 아니면 무조건 배척하는 당동벌이黨同伐異의 지경에 이르렀다. 그 결과로 항상 사화사건이 끊이지 않았고 조정은 피로 물들었다. 당쟁의 결과 보수적 성향을 띠었던 훈구 세력은 개혁파를 항상 억압했다. 다산 선생이 유배된 것 역시 신구 당파 싸움의 결과였다. 정조는 어렸을 때부터 조정 곳곳에서 벌어졌던 당쟁의 잔혹함을 목도하였고 태자였던 부왕이 비원에서 굶어 죽는 참상을 직접 겪었기 때문에 그는 당시 사회 병폐를 고치려는 강한 개혁의지를 지니고 있었다. 그는 다산 선생을 지지하고 보호했었지만 1800년 갑자기 죽고 말았다. 이에 보수파는 천주교안天主教案을 이유로 해서 자신의 무리가 아닌 이들을 무차별로 주륙하기 시작하였다. 바로 이 신유박해 사건으로 인해 다산 선생은 흑산도黑山島로 쫓겨난 뒤 다시 강진으로 옮겨졌다. 그는 이런 역경 속에서 자신의 온 힘을 경전 주석 작업에 기울였다. 천도天道에 대한 분석이 포함된 경전 주석 작업은 그의 정화된 심리적 상태 속에서 심도 깊게 분석하고 연구한 결과물이다.

셋째, 고대 과학 기술은 이 시기에 큰 발전을 이루었다. 조선 왕조의 과학 기술은 큰 성취를 이루었는데, 특히 실학사상이 발생하고 발전하였던 17세기 이후에 더 새로운 발전이 있었다.

다산 선생도 과학·기술방면에 적지 않은 기여를 하였다. 그는 의학, 천문, 지리학, 기계학, 농학 방면에도 많은 저술을 남겼다. 정조의 명을 받들어 수원 화성 건설을 감독할 때 다산 선생은 도르래 원리를 이용하여 거중기를 설계·제작하여서 공정율工程率을 크게 높였고 공사 기간을 단축시켰다. 그리고 노동력과 물자 및 자재를 절약하였고, 이러한 성공적인 공사를 통하여 정조의 칭찬과 포상을 받았다. 수원 화성은 오늘날 세계문화유산으로 지정되어 있다.

다산 선생의 수많은 과학 기술 저서는 개혁성향이 담긴 그의 실학사상에 일치하였고 또한 그의 자연관, 즉 천도관에 직접적인 기원을 두고 있다.

다산 선생의 천도관을 전체적으로 볼 때, 그것은 그가 처했던 시대와 관계되어 있으며 그 시대 이론의 정화였고, 그의 천도관 역시 당시 시대정신에 대한 반영이었다고 볼 수 있다.

3. 氣, 然, 公, 帝의 네 가지 天道

다산 선생의 천도관은 대체로 다음 네 가지 단계로 파악할 수 있다.

첫째, 천기天氣의 도道이다. 다산 선생은 그의 『주역사전周易四箋』 속에서 천天을 주로 자연의 천으로 여겼다. 그는 다음과 같이 말하였다.

"四正之中, 火天爲類, 水地爲類. 故孔子於火天之卦曰 : '本乎天者, 親上 ; 體乎地者, 親下.'則各從其類也."[1]

즉, 천기는 위에서, 지수地水는 아래에서, 각자 그 부류로 돌아가서 천지天地를 구성한다는 것이다. 천은 그저 기氣로서 화류火類이다. 여기서 천은 지地에 상대적인 것으로 그저 기화氣火인 직접 접촉할 수 있는 하늘을 의미한다. 정다산이 여기서 말하는 천은 자연 과학적 의미를 많이 담고 있다. 그는 또 다음과 같이 말하였다.

"天地水火, 『易』之四正."[2]

둘째, 천연天然의 도이다. 정다산은 『중용』의 첫 번째 장 '天命之謂性'을 주해할 때 다음과 같이 지적했다.

"陰陽之名起於日光之照. 掩日所隱, 曰陰 ; 日所映, 曰陽……天原有二種, 其一以自地以上謂之天. 其一以蒼蒼大圓謂之天, 其質雖皆清明, 亦具陰陽二氣."[3]

말하자면, 소위 천명天命이란 천이 음陰과 양陽이 있어 움직이기 때문에 반드시 이와 같이 규칙성과 필연성을 지니는 것을 가리킨다. 천은 자연적인 것이고 동시에 필연적인 것이다. 반드시 이와 같다는 것은 사람

---

1) 『周易四箋』 卷2, 『與猶堂全書』, 9면.
2) 위와 같음.
3) 『中庸講義』 卷1, 『與猶堂全書』 4, 239면.

의 의지로써 변화시킬 수 없다는 것이다. '천명天命'에 대한 이런 해석은 정다산 선생 천도관 특징 중 하나이다.

셋째, 천공天公의 도이다. 천은 자연의 것이고 또한 필연성이 내재되어 있다. 사람은 자연에 속해 있어서 자연에 따라 행동해야하는데, 각기 마땅히 그 할 바를 한다면 하늘이 복록을 내리는 보답이 있게 된다. 그렇기 때문에 하늘은 도리가 있고 공정하며 공평하다 할 수 있다. 이러한 다산 선생의 천도관은 그의 저작『상서고훈尙書古訓』과『춘추고징春秋考徵』속에 분명히 드러나 있다. 그 속에서 그는 다음과 같이 말하였다.

> "配天者, 天下之公道也, 德可以配, 則子雖不孝, 不可辭也. 德有不足, 則子雖大孝, 不可圖也. 今以尊父配天爲孝道之極致, 其非理一也."[4]

어떻게 하늘에 맞출 것인가는 오로지 천하天下의 올바른 도리로써만 가능하다. 아버지가 되는 자가 자신의 몸을 닦아서 천하의 공정함에 부합하게 되면 그 아들이 불효하여도 그 부덕父德은 하늘에 맞아 천하의 공정함과 존귀함도 거절할 수 없다. 반대로 부덕의 수양이 부족하면 그 아들이 아무리 효자이고 아버지에게 효를 다하여도 부덕의 존귀함은 꾀할 수 없다. 이 내용은 한 측면으로는 하늘은 공정하고 공평하여 누구나 스스로 하늘의 덕을 수양하면 천복을 받을 수 있지만 하늘의 덕을 수양하지 않으면 하늘의 덕은 주어지지 않는다는 것을 말하는 것이고, 또 다른 측면으로는 사람은 능동적인 존재로 그가 자신의 운명에 따르면 스스로 복을 받고, 모든 일이 진실로 자신에게 달려 있다는 것을 말하는 것이다.[5] 다산 선생은 여기서 하늘이 부여하고 하늘이 좌우한다는 사상을 약화시키고 인간의 자립과 개체적 특성을 강화시켰다. 이런 생각은 모두 선진先秦 원시유학의 본래의 주지主旨와도 부합된다. 송대 유학의

4)『春秋考徵』卷1,『與猶堂全書』8, 479면.
5)『孟子·滕文公上』: "永言配命, 自求多福" "是誠在我"

천리天理에서 조선조의 성리학性理學에 이르기까지 그들은 모두 하늘이 부여한다는 점을 지나치게 과장하였고, 동시에 황제의 권력, 부권父權의 '하늘에 상응하는' 지위를 극에 달할 정도로 과장하였다. 이에 대하여 다산 선생은 '이치에 맞는 않는 것'이리고 인식했나.

넷째, 천제天帝의 도이다. 천도가 덕을 베풀고 그 덕으로써 배천配天한 다면 천의 역할은 없는 것인가? 그렇지 않다. 다산 선생의 천도관 체계 속 천인합일天人合一은 다시 또 천인상분天人相分이 된다. 정다산의 사유 속에서 천은 또 다른 의미에서 피안의 초월적 세계이다. '호천상제昊天上帝', '상제上帝'라는 명칭은 다산의 경학서들 속에 두루 등장한다. 그는 다음과 같이 말했다.

> "昊天上帝, 唯一無二。鄭玄襲亡秦五帝之邪說, 信緯書感生之妖言, 乃以起蟄之郊, 歸之於蒼帝, 別創冬至之祭以祀上帝, 而自立祝號。曰天皇大帝, 不亦悖乎? 萬物一本, 鄭玄二之, 六之, 儒雲乎哉!"[6]

천상제天上帝의 초월세계 사상에 관하여 정다산은 『예경』 부분에서 자세히 설명하였다. 호천상제昊天上帝라는 말은 이미 『서경』, 『예경』 등의 경전에 보이는데, 소위 '帝立子生商'을 말한다. 서양의 천주교가 한자문화권에 전해졌을 때는 상제의 개념이 거의 존재하지 않았다. 다산 선생은 이 오래된 단어를 살아 숨 쉬게 하고 아울러 여러 경학과 연결시켰는데, 그 목적은 바로 동방의 호천상제의 초월세계를 창조하고자 함이었다. 그가 말한 '昊天上帝, 唯一無二'는 상제 세계의 단일성을 뜻하고 현실적 상대성이 없는 초월적 세계다.

그는 정현鄭玄의 경전 주석이 오제五帝 이래의 도참圖讖과 위서緯書의 그릇된 주장에 대해 복잡하게 설명하여 본연의 뜻을 잃어버렸음을 비평하였고 한초漢初의 천인감응설天人感應說에 대해서 '요언妖言'이라며 배척

---

6) 『春秋考微』 卷1, 『與猶堂全書』 8, 『經詩』, 459면.

하였다. 봄철의 경칩 제사를 창제蒼帝에게 돌리는 것과 겨울철의 동지제
사를 새로이 만들어 상제에게 제사지내고, 스스로 썩 괜찮은 구상이라
여겨 축하의 의미로 '천황대제天皇大帝'라고 부른 것을 비평하였다. 다산
선생은 심지어 정현을 순수한 유학자가 아니라고 질책하였다. 다산은
전국진한戰國秦漢 시기 도참과 위서의 논리로써 교묘하게 천의天意를 예
견한 것과 하늘의 복을 훔치는 조악한 유교의 종교적 방향에 대해서 뿐
만 아니라 한나라 초기에 천인감응사상을 천문, 지리, 물리 등의 조기 과
학 기술 사상에 섞어 넣은 유교의 종교화에 대해서도 불만을 드러냈다.

다산 선생은 한편으로는 '以德配天, 自求享福'의 자위인自爲人을 강
조하였고 또 한편으로는 '유일무이唯一無二'의 호천상제의 세계가 있기를
꿈꾸었다. '以德配天'은 인간세계人間世界이고, '昊天上帝'는 피안세계彼岸世
界이다. 다산 선생의 주지는 인간세계와 초인의 세계를 만들어서 두 세
계의 소통의 경로는 인간의 예禮의 세계이고 제반 제사들은 무궁한 신성
성神聖性을 띠고 있다. 제사 등의 제반 제례는 인간과 신을 소통하게 한
다. 유학에 대한 다산 선생의 이해가 심오했던 까닭에 그는 한대 유학을
감히 치켜세우지 않았다.

4. 茶山의 天道觀과
18~19세기 조선후기 실학의 특색

일반적으로 철학, 사상, 문화는 최종적으로 '하늘과 인간의 경계'라는
문제에 맞닥뜨리게 된다. 천도학의 깊이는 그 시대, 그 문화적 깊이의 지
표가 된다. 다산 선생의 천도관은 자신만의 독특한 '광대하고도 매우 정
치한致廣大, 盡精微' 천인관계에 대한 이해를 전개하였고, 자신이 살았던
18세기 후반에서 19세기 전반의 조선실학의 깊이를 자리 잡게 하였다.

첫째, 개방적 생각이다. 다산 선생의 실학사상은 조선조의 실학을 집
대성하였고 이후의 계몽사상과 개화라는 사회적 흐름에 깊은 영향을 끼

쳤다. 그 사상적 기본자세는 개방적인 것이었다. 그의 시대보다 약간 앞섰던 '북학파北學派'에 대해 완곡한 비평을 하였는데, 그 주요 내용은 '북학파'의 비판적 성격이 부족하고 피상적인 청문물 수용에 관한 것이었다. 또 다른 측면에서 그는 서양의 학문과 서양의 종교를 구분하고 서양의 과학 기술을 적극적으로 배워서 후생에 보탬이 되게 해야 한다고 주장하였다.

개방성은 조선조 후기 실학의 기본적 성격이었다. 이우성李佑成 선생은 「실학연구서설實學研究序說」 속에서 한국 실학을 경세치용經世致用, 이용후생利用厚生, 실사구시實事求是라는 세 가지 단계로 구분하였다. '경세치용'은 16세기 이래로 성리학이 실무를 추구하지 않았던 학풍을 겨냥해서 생겨나온 것으로 대표적 인물인 이익李瀷은 도학道學에서 실용적 새 시각을 힘써 구하고 유학의 새로운 시각을 넓혔다. '이용후생'의 '북학파' 실학에 이르러서는 오랑캐와 중국(夷夏)의 구분이라는 전통을 타파하고 청나라의 기물이용 사상을 주장하였다. '실사구시'는 유학사상에 대한 심도 깊은 사유체계이다. 다산 선생의 실학사상은 '이용후생'과 '실사구시'의 실학 사이에 위치하고 위로는 '경세치용' 사상을 이어받았다. 그의 천도관은 '구시求是'로서 심도 깊은 실사實事를 개척하여 후생에 보탬이 되도록 했다.

둘째, 기물의 이용을 중시했다. 다산 선생의 '천기지도天氣之道'는 천문, 물리적 의미에서 하늘의 정의를 내렸다. 그의 '천연지도天然之道'는 모든 사물을 실존하는 것으로 이해하였는데, 이는 한국 실학의 발전방향을 드러나게 하였다. '경세치용'의 이익에서부터 '이용후생'의 '북학파'에 이르기까지 그들은 모두 '경세'와 '후생'에 있어서 과학기술의 중요한 작용을 중히 여겼다. 이익 등의 인물들은 모두 천문, 지리, 의학 방면에 저술을 남겼다. 홍대용洪大容은 천문과 수학에 조예가 깊었고, 박지원朴趾源, 박제가朴齊家는 농학, 방지학方志學 등의 방면에 모두 저술을 남겼다. 그리고 다산 선생은 다양한 과학기술을 실천하였다. 기중 설비를 발명하여 화성을 축조한 것 외에도 지방관으로 재직 시에 얼음 창고를 만들어 식량을 냉장 보관하도록 하였으며 청나라 사신을 극진히 대접하여 청나라와의 교역과 정치적 왕래를 촉진시켰다. 다산 선생의 천도자연관天道自然觀 역시 당시 시대의 문명이 풍부한 과학 기술을 지니고 있었음을 나타내는 것으로 이후 조선반도의 과학기술과 이성적 사유에 영향을 끼쳤다. 20세기 70년대 이래로 한국 경제의 신속한 발전과 전자, 자동차 등의 주축산업이 전 세계 속에서 선두자리를 차지하게 된 것도 실학의 기물이용사상 전통과 무관하지 않다.

셋째, 유학을 심화시키고 유학의 새로운 국면을 개척하였다. 전통적인 유학 속의 천론天論은 대체로 자연의 천, 운명의 천, 신성의 천이라는 함의를 가지고 있었다. 풍우란馬友蘭, 김춘봉金春峰, 향세릉向世陵 등의 학자들 모두 이에 대해 연구 분석한 바 있다.[7] 다산 선생은 여기서 운명의 천을 분해하여 '천공지도天公之道'를 창출해내었다. 즉 사람은 단순하게 운명에 지배당하지 않으며 스스로 천덕天德이 되고 스스로 천의 복록福祿을 실현함으로써 자아를 실현할 수 있는 존재라는 것이다. 또 한편으로는 중국 유학 속 운명적 천의 신묘한 천명을 분해시켜 다시 신지神祗의 천과 결합하여 '호천상제'의 초월세계를 창조해내었고 유가학설의 종교적 성향이 명확해졌다. 다산 선생은 '상제지천上帝之天'이라는 사상 구조로써 '내재초월內在超越'과 '신학초월神學超越'의 진로를 열어주었고 유학은 신성성을 획득하게 되었다.

북학파 박지원의 실학은 심지어 모종의 이단을 배척하는 개념을 지니고 있었다. 그가 추구한 이상 국가는 바로 변산卞山 농민반란군의 세상이었다. 그가 꿈꾸는 도화원은 도연명陶淵明의 무릉도원과도 상통한다. 그가 수양한 이념 속에는 장자莊子의 무념無念 신선의 경지를 많이 수용하였다. 이것들은 모두 실학사상의 경계를 더욱 더 확대시켰고 퇴계선생 이래의 성리학을 더욱 풍요롭게 발전시켰다.

---

7) 向世陵 편저, 『中國哲學智慧』, 中國人民大學出版社, 7면.

'경세치용' 실학의 이익은 이기론理氣論 사상을 밝히면서 퇴계와 율곡의 사상을 더욱 발전시켰고 '대기소기大氣小氣'의 사상을 제기하였다. 소기小氣는 구체적인 기물의 기를, 대기大氣는 곧 추상적인 실재이자 논리적인 가설을 뜻한다. 그 사상은 철학적 추상 수준이 매우 높지만 '기'의 존재를 잃지 않았는데, 이는 '리理', '도道', '원자原子' 등도 아니다. 이것들은 모두 조선 후기 실학이 도달했던 철학적 사유와 도학적 사유의 수준이 매우 높았음을 보여주고 있다.

넷째, 서양의 학술을 비판적으로 수용하였다. 다산 선생은 정조 신변의 검서관이라는 요직에 있을 때 북경 천주당에서 파견한 천주교 인사의 쇼교를 받았다. 이 행위는 당시 사회에서는 목숨의 위협을 무릅쓴 것이었고 결국에는 발각되어 18년 동안 유배생활을 하게 되었다. 이러한 순교정신은 르네상스시대에 의기롭게 화형에 처해졌던 사람들에게도 절대 뒤지지 않는다. 다산 선생은 「광중묘지명壙中墓誌銘」에서 다음과 같이 기술하였다.

"辛亥以來, 邦禁嚴, 隨絶意."[8]

다산 선생은 비록 천주교가 '우리 유교와 다르지 않다'라는 것을 교화시키려 한다고 인식했으나 그는 천주교에 대해서 제도비판을 주장하였고, 결국에는 천주교와 '절의絶意'하고 떠나버렸다. 그렇지만 서양의 학술에 대해서는 많은 관심을 기울이고 있었다. 1799년 4월에 편찬한 『자명서自明書』에서 다음과 같이 말한 바 있다.

"其志於實學, 乃爲西人之學問."

특히 천문학, 지리, 농업, 수리, 측량, 의술에 대해 그러하였다. 자신

---

8) 「自撰墓誌銘壙中本」『增補與猶堂全書』第4集, 329면.

의 마음을 서학에 기울였던 것은 그의 선택이었다. 18~19세기 조선조 실학의 서학 학습은 이미 그 메커니즘 속에 진입하였다.

'이용후생'을 주장했던 북학파 학자들은 북경과 자주 왕래하며 서학과 자주 접촉했다. 홍대용은 일찍이 선무문宣武門 천주당에서 현지 조사할 때 천주교 선교사와 여러 차례 왕래하면서 서양의 자명종 기술 설계 등에 대해 탐문하였다. 홍대용은 또한 북경의 건국문 밖의 관상대를 시찰하고 천문 측량의 원리에 관련된 서학을 이해하였다. 북학파의 박지원과 홍대용은 모두 지구학설과 자전론을 제기하였다. 예부터 전해온 하늘은 둥글고 땅은 네모나다는 설의 오류를 비판하였는데, 그들의 사상에는 현대 과학 기술적 사유를 띠고 있다. 심지어 박지원은 물방울의 구형 장력 원리를 이용하여 지구가 원형을 이루는 원리를 풀이하였다. 게다가 만물은 원칙적으로 원형 구조를 띠고 있다고 인식하였다. 이 학설과 오늘날 기본 입자 구조이론에 대체로 부합하며 실학파의 과학 기술적 지혜를 뚜렷하게 드러냈다. 지구 구형설에 대해서는 홍대용의 스승인 김원행金元行 등이 이전에 제시한 적이 있다. 이 내용은 당시의 화두가 되었고 서학의 영향력은 점점 퍼져 조선 백성들의 사유방식에도 변화를 일으켰다.

5. 맺음말

다산 선생은 평생 동안 사서오경에 대한 주해작업을 두루 하였고 '일표이서一表二書'를 써서 당시의 정치, 법률, 경제, 교육, 문화를 논하였고, 대량의 과학 기술 저작을 통해서 천문, 지리, 건축, 의학 등의 영역에 대해 언급하였다. 그리고 그의 천도관은 그의 사상을 하나로 꿰뚫는 총 강령이다.

1. 다산 선생의 천도관은 천기관天氣觀으로써 관통되며, 천연관天然觀, 천공관天公觀, 천제관天帝觀을 이끌어내었다. 이것은 전통적인 유가의 무

도사상無道思想과는 그 구조와 착안점에서 모두 차이점이 있다. 하나의 자연, 사람, 신성 신앙을 갖춘 새로운 유학 체계를 세웠다.

2. 천공관은 하늘이 모든 것을 부여하지 않았다는 것을 강조하였고, 인간의 자위自爲, 자구성自求性을 강조하여 인간의 지위를 제고시켰다. 이것은 선진 원시 유가의 인본 사상과 서로 일치하며 역학易學의 하늘, 땅, 사람의 삼재三才를 회복시켜 사람이 하늘과 땅에 대한 사상을 지니고 그 속에서 살도록 하였다.

3. 천제관은 조선조 실학의 외재적 초월 체계를 확립하고 유학적 신앙 체계의 불확실한 부분을 보충하였다. 다산 선생은 천주교의 정신적 안식처 구조를 긍정하였고 유학과 서로 유사하다고 여겼다. 그렇지만 「자찬묘지명自撰墓誌銘」, 「자명서自明書」 등의 글 속에서 천주교 신본神本 세계 속 그릇된 언어는 민중에게 해악이 있음을 일회에 그치지 않는 비판을 가하였다. 이는 그가 신의 신앙 체계에 동의하지 않았음은 알 수 있다. 다산 선생의 '호천상제'는 일종의 허구적인 신앙으로서 인간의 내면적 수양의 외재적 규범과 계율이다. 그 신앙체계는 매우 깊은 심오한 의미를 담고 있다.

4. 조선조 유학이 성리학에서 실학으로 도약한 것은 조선반도에서 유학이 완성된 형태로 파생되었다고 봐야 마땅하다. 다산 선생의 실학사상은 이러한 파생이 완성되었음을 보여주는 증표이다. 그의 천도관은 이 파생을 완성시킨 총강령이다. 한국은 언어와 문화적 심리에 있어서 중국과는 큰 차이가 있다. 한국어는 교착어이자 구조어 체계에 속하지만 중국어는 고립어이다. 언어문화심리 차원에서 말하자면 한국어가 동일률과 엄밀한 논리적 표현을 강조하는 반면에 중국어는 육서六書에서 팔괘八卦 철학에 이르기까지, 간략하게 말하고[點到爲止], 글은 말을 다 표현할 수 없고[書不盡言], 말은 그 뜻을 다 밝힐 수 없음[言不盡意]을 강조한다. 이에 관하여 북학파의 박제가는 전문적으로 분석한 바 있다. 유학이 한국에서 발전하여 새로운 국면을 창출하여 동아시아 가치에 가까워지

게 된 것은 문화인류학적인 의의를 많이 지니고 있다. 한국 실학을 깊이 연구한다면 지금의 세계화라는 시대의 가치의 동일화 추세 속에서도 문화적 다양성을 유지해야 하는 문제에 관해서 색다른 반향을 불러올 만한 구상을 내놓을 수 있지 않을까?

김영죽金玲竹(성균관대 강사) 옮김

茶山丁若鏞的天道觀与18~19世紀韓國實學形而上學

姜 日 天*

摘要

茶山丁若鏞是朝鮮朝后期實學的集大成者。다산 선생의天道觀是其整个實學思想的鋼領。其天道觀包括天气之道、天然之道、天公之道、天帝之道等內容。茶山的天道觀發展、創新先秦以來儒家關于自然之天、命運之天、神道之天的思想体系。다산 선생의天气之道講天是气构成的, 講天的自然存在, 天然之道講万物自然, 天公之道講天无賜予之意, 人因作爲之德, 而得福祿, 上帝之道則講彼岸超越世界。茶山天道是哪个時代實學思想的表征。東亞儒學派生性在茶山的實學中得到集中体現, 具有現代文化人類學意義。

關鍵詞 :丁茶山、天道觀、韓國實學、東亞文化

一、序

茶山丁若鏞爲正祖講≪中庸≫, 在18載流放江津期間, 遍注四書五經。茶山先生在經學上的建樹毋庸置疑。茶山先生生活在朝鮮王朝后期的18世紀后半叶至19世紀上半叶。其所生活的時代注定了他的注經不同于漢唐, 而是和會漢唐經學与宋明義理的新經學。其注經不止于解經, 而在闡發深層的義理。而在

---

* 人民大學哲學院

其經義的双闡之中他的天道觀是个帶根本性的問題。本文試就茶山先生的天道觀作些分析闡述，以就敎于方家。

二、　時代与使命

茶山先生所生活的18世紀后半叶到19世紀前半叶，朝鮮王朝風云際會，處在經濟、政治、思想文化劇烈動蕩的前夜。丁茶山的天道觀与其龐大的實學思想体系一樣，是對所處時代精神的回應。

首先，西方學術与天主敎開始傳入朝鮮王朝。当時，北京的天主堂委派蘇州人周文謨，從今天丹東的柵門偸渡入朝。來到首爾布敎，一些朝鮮朝人士受敎听講經，其后一些人入敎接受洗礼，茶山先生位列其中。關于茶山先生入敎与否在韓國學界和敎界有爭論。天主敎方面提供的材料認定茶山先生入了敎，敎名爲約翰。茶山先生的兄長丁若鐘、丁若銓入了敎，姐夫李家煥、學友李承薰亦是敎門中人。茶山先生隨他們一起听經受敎，已可見其心向往之。

茶山先生那个時候，天主敎在朝鮮王朝是非法的，而且是要受极刑的。茶山先生的兄長、姐夫等均被處以死刑，亦或流放。茶山先生作爲朝廷命官，并且是爲正祖講《中庸》的奎章閣檢書官，背地里去听經受洗，可見其内心世界的巨大冲突。也正是在這个"辛酉邪獄"中，茶山先生被流放到今全羅道的江津18載，遇赦而還。

其次，其時朝鮮王朝處在從英祖到正祖的王朝時期。正祖的父親作爲英祖德太子，却因党爭的關系，被幽禁于秘苑，活活餓死。正祖爲自己父親的遭遇心有不甘，登基后重封父王之陵。

朝鮮王朝后期党爭是重要的社會病，官宦分派，党同伐异。其結果總是邪獄陡起，血染軒轅。党爭的結果，一般總是保守的勳旧勢力扼殺改革派。茶山先生的被流配，也是新旧党政的結果。正祖王自幼經歷了朝廷到地方上的党爭的殘酷，親歷了作爲太子的父王，餓死秘苑的慘景，他具有改革時弊的傾向，曾經支持和保護過茶山先生，1800年正祖突然薨駕，保守派遂以天主敎案爲由，殺戮

异己。

正是在這个辛酉邪獄將茶山先生赶到黑山, 后遷江津。他在這种逆境中傾其心力注經。包括天道闡述在內的注經活動是他淨化心態下, 深刻闡述的產物。

天道闡述在內的注經活動是他淨化心態下, 深刻闡述的產物。

其三, 古代科技在此期有了繁榮之勢。朝鮮王朝的科技很有一些成就, 尤其是實學思想創生、發展的17世紀以后, 有新的發展。

茶山先生本人在科學技術方面就頗有建樹。在医學、天文、地理學、机械學、農學方面留下許多著述。在奉正祖命督辦水原華城建設時, 茶山先生用滑輪組原理設計制造了起重机, 大大促進了工程進度, 縮短工期, 節省勞動力和物資材料, 保証了工程質量, 受到正祖的嘉獎。水原華城如今已被列爲世界文化遺產。

茶山先生大量的科技著述与他的具有改革傾向的實學思想相一致, 也直接來源于他的自然觀卽天道觀。

縱觀茶山先生的天道觀, 是与他所處的時代相關聯的, 是哪个時代的理論精華。反過來說, 他的天道觀也是對哪个時代精神的反映。

三、气、然、公、帝四天道

茶山先生的天道觀大体可分四个層次來把握。

其一, 天气之道。茶山先生在他的≪周易四箋≫中, 多以天爲天然之天。他說："四正之中, 火天爲類, 水地爲類。故孔子于火天之卦曰：'本乎天者, 親上；体乎地者, 親下。'則各從其類也。"[1] 就是說, 天气在上, 地水在下, 各歸其類, 而成天地。天只是气, 是火類。這里的天是相對于地的, 天只是气火, 大凡同于直感的天空。丁茶山的天, 在這里帶有了較多的自然科學的意義。他還指出："天地水火, ≪易≫之四正。"[2]

---

1) ≪周易四箋≫ 卷二, ≪予犹堂全書≫ 9, 第142頁。
2) 同上。

其二, 天然之道。丁茶山在注《中庸》首章"天命之謂性"時提出："陰陽之名起于日光之照。掩日所隱, 曰陰：日所映, 曰陽……天原有二种, 其一以自地以上謂之天。其一以蒼蒼大圓謂之天, 其質雖皆淸明, 亦具陰陽二气。"[3] 就是說所謂天命是天因有陰陽而動, 而且有一定如此的規律性、必然性。天是自然的, 同時又是必然的, 是一定如此的, 不以人的意志爲轉移。這种是對"天命"的解釋, 是茶山先生天道觀的特点之一。

其三, 天公之道。天是自然的, 又有內在必然性。人屬于自然, 隨順自然去行動, 各当其所爲, 那么天就有了賜福祿之報。所以說天是公道、公正、公平的。茶山先生的這种天道觀在他的著作《尚書古訓》与《春秋考微》中均有闡述。他說"配天者, 天下之公道也, 德可以配, 則子雖不孝, 不可辭也。德有不足, 則子雖大孝, 不可圖也。今以尊父配天爲孝道之极致, 其非理一也。"[4] 何以配天, 唯以"天下之公道"。作父親的自身修爲合天下公道, 其子有不孝, 父德配天, 天下公尊不可辭謝。反之, 如果父德修之未足, 那么其子雖爲大孝, 盡孝其父, 而父尊不能圖得。在這里, 一方面, 天是公道公平的, 任何人都會自修天德, 当得福祿, 不修天德, 天道不酬。另一方面, 人是主動者, 是"永言配命, 自求多福。""是誠在我。"[5] 茶山先生在這里淡化了天的賜予性、主動性, 强化了人的自立、只爲性。這些都是先秦原始儒學的本旨。及至宋儒的天理以至于朝鮮朝的性理之學, 皆將天的賜予性夸大至极, 同時夸大皇權、父權的"配天"地位, 達到"极致"的程度。茶山先生認爲這是"非理"的。

其四, 天帝之道。天道酬德, 以德配天, 是否天就无所作爲了呢？否也, 在茶山先生的天道觀体系里, 天人合一又是天人相分的。在丁茶山那里, 天在另一个意義上是彼岸的超越世界。"昊天上帝", "上帝"的称謂遍布于茶山經學諸書之中。他說："昊天上帝, 唯一无二。鄭玄襲亡秦五帝之邪說, 信緯書感生之妖言, 乃以起蟄之郊, 歸之于蒼帝, 別創冬至之祭以祀上帝, 而自立祝号。曰天

---

3) 《中庸講義》卷一, 《予犹堂全書》4, 第239頁。
4) 《初秋考微》卷一, 《与犹堂全書》8, 第479頁。
5) 《孟子·滕文公上》

皇大帝, 不亦悖乎？万物一本, 鄭玄二之, 六之, 儒云乎哉！"6) 關于天上帝超越世界的思想, 丁茶山在礼經部分闡論尤丰。昊天上帝一語已早見于書、礼諸經, 所謂"帝立子生商"。西方天主教傳入漢字文化圈時, 上帝之原義几乎无存。茶山先生激活了這个古老的語辭, 幷貫通于諸經之學, 意在創生一个東方昊天上帝的超越世界。他說："昊天上帝, 唯一无二", 講上帝世界的單一性, 沒有現實的相對性, 是超越的世界。

他批評鄭玄注經雜陳亡素五帝以來的讖緯之邪說, 以至于漢初的天人感應說, 斥其說爲"妖言", 批評其將春季的啓蟄郊祭歸于蒼帝, 又另創冬季的冬至祭, 以祀上帝, 幷且別出心裁, 自立祝号爲"天皇大帝"。茶山先生甚至指斥鄭玄爲非醇儒也。茶山不滿于戰國秦漢之際的讖緯之論以机巧預知天意, 偸天之福的粗俗儒學之宗教指向, 也不滿于漢初以天人感應雜以天文、地理、物理等早期科技思想儒學宗敎化。

茶山先生在一端上强調"以德配天, 自求享福"的自爲人, 在另一端上則希望有一个"唯一无二"的昊天上帝世界。"以德配天"是人我世界, "昊天上帝"是彼岸世界。茶山先生旨在建构一个屬人的世界与超人的世界, 而兩个世界的溝通渠道是人的礼世界, 諸祭祀帶上了无盡的神圣性。祀祭等諸礼溝通了人与神。茶山先生對儒學的体貼不可謂不深邃, 故此他无敢恭維于漢儒。

四、茶山天道觀与18、19世紀朝鮮朝后期實學的特色

一般地說, 哲學、思想、文化, 最終都要進到"天人之際"的問題。天道之學的進深標志那个時代, 那种文化的深度。茶山先生的天道觀展開了自己獨特的"致广大, 盡精微"的天人關系理解, 定位了他所生活的18世紀后半叶至19世紀前半叶朝鮮朝實學的深刻性。

其一, 開放的胸怀。茶山先生的實學思想集大成了朝鮮朝的實學, 也深深地影響了其后的啓蒙思想和開化之社會潮流。其思想的基本姿態是開放的。他

---

6) 《春秋考微》 卷一, 《予优堂全書》 8, 《經詩》 第459頁。

對与他同時代而稍早的"北學派"有過微辭, 主要講"此學派"少批判性, 籠統的接受有清文明。而在另一面, 他主張區分西學与西敎, 積极學習西方科學技術, 以利厚生。

開放性是朝鮮朝后期實學的基本性格。李佑成先生在≪實學研究序說≫中, 將韓國實學分爲經世改用、利用厚生、實事求是三个階段。"經世改用"是針對16世紀以來性理學不求實務的學風而來的, 其代表人物李瀷從道學務求實用的新視角, 拓展儒學新視界。到了"利用厚生"的"北學派"實學, 則要求打破傳統的夷夏之辨, 學習有清的器物利用思想。"實事求是", 是對儒學思想的深度思考。茶山先生的實學是思想介乎"利用厚生"与"實事求是"實學之間, 而上承"經世改用"思想。而其天道觀是以"求是"開拓深度的實事, 以利厚生的。

其二, 重器物利用。茶山先生的"天气之道"從天文、物理意義上界定天, 其"天然之道"則將一切物理解爲實有的存在, 表征了韓國實學的一种發展方向。從"經世致用"的李瀷到"利用厚生"的"北學派", 都很重視科學技術對"經世"与"厚生"的重要作用。李瀷等人對天文、地理、医學皆有著述。洪大容于天文、數學頗有造諸, 朴趾厚、朴齊家在農學、方志學等方面均有著述。而茶山先生則有諸多科技實踐, 他除發明起重設備以筑和城外, 還在地方任職時, 修建冰窖, 蓄藏冷食, 以款待清國使臣, 促進与有清的貿易及政事往來。茶山先生的天道自然觀, 也是那个時代的文明富于技術內涵的寫照, 也影響了朝鮮半島之后的科技理性思維。上世紀70年代以來韓國經濟迅速發展, 電子、汽車等主軸產業進入全球領先行列, 与實學的器物利思想傳統應不无關系。

其三, 深化儒學, 拓展出新生面。傳統儒學的天論, 一般有自然之天、命運之天、神性之天的義涵。有關于此, 馮友蘭、金春峰、向世陵諸學者皆有所闡述。[7] 而在茶山先生這里, 命運之天被分解開, 創造出一个"天公之道", 就是說, 人不是簡單地被命運支配着, 而是自爲天德, 自我實現天之福祿, 以實現自我。另一方面中國儒學的命運之天的神意天命, 則被分解合并入神祉之天, 創生出"昊天上帝"之超越世界。儒家學說的宗敎性義涵趨于明确化。茶山先生以

---

7) 參閱向世陵著編：≪中國哲學智慧≫, 中國人民大學出版社, 第7頁。

"上帝之天"的思想建构, 打通了"內在超越"与"神學超越"的進路, 儒學獲得了神聖性。

北學派朴趾源實學甚至帶有某种"攻乎异端"的意涵, 他理想國是卞山造反農民的天下; 他的理想桃花園, 通往陶淵明的世外之境; 他的修爲理念, 多吸收了庄子的坐忘、成仙之境。這些都較好擴充了實學思想的閾界, 丰富和發展了退溪先生以來的性理學。

"經世致用"實學的李瀷在理气論思想的闡述中, 發展了退、栗思想, 他提出"大气小气"本体思想。其小气是具体的器物之气, 而其大气, 則是一种抽象的實在, 也是一种邏輯的預設。其哲學的抽象水平很高, 但又不失其"气"之有, 不是"理"、"道"、"原子"等等。這些都標志着朝鮮朝后期實學達到的哲學思維, 道學思維達到很高高水平。

其四, 批判吸收西方學術。茶山先生身居正祖王身邊重臣檢書官要職, 去听北京天主堂派來的天主教士的布道, 這在当時是冒死爲之的。最終因事情敗露, 流放18載。這里的殉道精神應不亞于文藝复興時期慷慨赴火刑者。茶山先生在他的《場中墓志銘》中寫道: "辛亥以來, 邦禁嚴, 隨絕意。"[8] 茶山先生雖認爲天主教有意教化"与吾儒无异", 但他對天主教持批判制度, 最終"絕意"离開。但對西方學術, 茶山先生"頗傾心焉"。他在1799年4月所撰《自明書》中說: "其志于實學, 乃爲西人之學問。"特別是天文學、地理、農政、水利、測量、医療諸術。茶山傾其心于西學是有選擇的。18、19世紀朝鮮朝實學學西學已入其机理。

"利用厚生"的北學派學者, 到有請北京也多与西學接触。洪大客曾到宣武門天主堂作過考查, 与天主堂教士几多過從、探問西方的自鳴鐘的技術設計等。洪大客還曾考察過北京建國門外的觀象台, 了解西學關于天文測度的原理。北學派的朴趾源与洪大客都指出地球學說和地轉之論。批判了古來的天圓地方之說的謬誤, 帶有了現代科學技術思維。朴趾源甚至以水珠的球形張力原理, 解釋地球之所以呈圓的道理。并認爲万物從原則上蔣都呈圓形結構。此

---

8) 《自撰墓志銘壙中本》, 《增補与优堂全書》, 第4集, 329頁。

說与今天的基本粒子的結构理論總体吻合，顯示了實學派的科學技術智慧。關于地球形說，洪大客之師金元行等在此前提出過。這是当時的熱門話題，西學影響潛移默化，改變着朝鮮半島生民的思維方式。

五、結論

茶山先生終生遍注四書五經，著"一表二書"以論当時的政治、法律、經濟、敎育、文化，著有大量的科技著作，所涉天文、地理、建筑、医學諸領域。而其天道觀是一以貫之的總綱領。

1. 茶山先生終生遍注四書五經，著"一表二書"以論当時的政治、法律、經濟、敎育、文化，著有大量的科技著作，所涉天文、地理、建筑、医學諸領域。而其天道觀是一以貫之的總綱領。

2. 天公觀强調天的非賜予性，突出了人的自爲、自求性，人的地位得到提升。此与先秦原始儒家的人本學思想相一致，也恢夏了易學天、地、人三才，人居其中以對天地的思想。

3、天帝觀，确定了朝鮮朝實學的外在超越系統，補足了 此儒學信仰系統不确然的問題。茶山先生肯定了天主敎的精神家園建构，認爲与儒學有類似，但他在《自撰墓志銘》、《自明書》等表述中，不止一次的批判天主敎的神本世界巫言邪語，對民衆有欺。應是他不同意神的信仰系統。而茶山先生的"昊天上帝"是一种虛擬的信仰定位，是人的內修之外在規戒力。其信仰系統具有很深邃的義涵。

4. 朝鮮朝儒學從性理之學到實學的跨越應是儒學在朝鮮半島派生的完成形態。茶山先生的實學思想是這种派生完成的表征。其天道觀是這一派生完成的總綱。韓國從語言到文化心理，都与中國大相徑庭。韓國語是膠着語，屬結构語系統，而中文是孤立語。從語言文化心理上說，韓國語要求同一律，要求嚴密的邏輯表達。而中文則從六書到八卦哲學，都要求点到爲止，書不盡言，言不盡意。有關于此，北學派的朴齊家有過專門闡述。儒學能在韓國發展，創

生出新生面, 達到東亞价值趨同, 頗具文化人類學意義。深入研究韓國實學, 在当今全球化時代, 關于价值趨同而文化保持多樣性問題, 能否給出不同反響的构想呢？

參考文獻

1、丁若铺：《予犹堂全书》, 怀拥出版社, 2001.4版.

2、丁若铺：《增补予犹堂全书》, 景仁出版社, 1987.5版.

3、李佑成：《实事学舍散》, 创作与批评社, 1995.5版.

4、李佑成：《韩国的历史像》, 创作与批评社, 1987.4版.

5、李篾衡：《茶山经学研究》, 太学社, 1996.9版

6、葛荣晋：《韩国实学思想史》, 首都师范大学出版社, 2002.1版.

7、柳承国：《韩国思想与现代》, 东方学术研究院, 1988.2版.

8、姜日天：《朝鲜朝后期北学派实学思想研究》, 民族出版社, 1999.11版.

히로세 탄소와 丁茶山
-'以心制心' '以禮制心' '以天制心'-

코지마 야스노리(小島康敬) ｜ 日本 國際基督敎大學

1. 들어가는 말

오가와 하루히사小川晴久 선생은, 동아시아 세계에는 '실용實用'과 '응용應用'을 중심으로 하는 근대의 실학과 달리 '실심實心'을 중요시하는 '또 하나의 실학' 전통이 있으며, 이를 '실심실학實心實學'으로 재발견할 것을 제안하고 있다. 본 논문은 이 '실심실학'이라는 분석 시각을 근거로 삼고 있다. 하지만 '실용실학實用實學'의 전개를 추구하는 것이 본 논문의 목적은 아니다. 그런데 '마음'이 '실實'을 이루는 존재 양태, '마음'의 수련·방법을 둘러싼 문제에 대해서는 중국의 송宋·명明 유학에서 활발히 논의된 바 있다. 이를 '심법心法론'이라 한다. 그런데 이 '심법'을 둘러싼 언설에는, 눈이 눈 자신을 보는 것이 불가능한 것과 같이 '마음으로 마음을 통어統御 하'는 것이 과연 가능한 것인가라는 아포리아[難問]가 그 최종심급에 자리하고 있다. 본 논문에서는 이 난제에 대한 대응과 극복 양상을, 18세기 조선의 유자 다산 정약용과 에도시기 일본의 유자 히로세 탄소를 중심으로 고찰하고자 한다. 이제는 사상사학思想史學에 대한 연구도 한 나라의 사상사를 초월한 동아시아 사상사라는 시점에서 자국의 사상사를 재구성하는 단계에 와 있다. 필자는 에도시기 일본의 지적 세계의 전개에 대해, '마음'을 중시하는 인식[心法論]과 '형식[形]'을 중시하는 인식[禮樂論]과의 응답이라는 다이나믹한 운동 과정으로 파악하는 것을 소박하게나마 시도해 왔다.[1] 하지만 지금까지의 고찰 대상은 일본이라는 한 나라에 국한된 것이어서 보다 시야를 확대할 필요성이 요구된다. 이러한 점에 입각하여 본 논문에서는 히로세 탄소와 다산 정약용 사이에 발견되는 국가를 초월한 사상 전개의 공통성에 주목해 이에 대해 살펴보고자 한다.

---

1) 拙著(1994), 『(增補版)徂徠學と反徂徠』, ぺりかん社.

2. '心法'에서 '禮樂'으로
-소라이학의 등장과 18세기 일본의 사상 동향

18세기 에도시대 일본의 학문 세계에 오규 소라이荻生徂徠(1666~1728)가 등장한 것은 충격적이었다. 당시 사람들이 "소라이학에 와서 세계는 일변했다"2)라고 말할 만큼 에도시대 유학계의 양상이 크게 전환되었다. 이를 계기로 '수기修己'에서 '치인治人'으로, 내적 '마음'의 세계에서 외적 '물物'의 세계로, 학자들의 관심문제가 이동한다.

소라이의 뛰어난 제자高弟인 다자이 슌다이太宰春台(1680~1747)는 중국과 일본의 유학사상의 흐름을 추적하면서 스승인 소라이 학설의 혁신성을 다음과 같이 지적한다. 유교에서는 본래 '심성心性'을 논하는 일이 없었는데 맹자가 비로소 그에 대해 논의를 시작했다. 맹자를 계승한 정씨程氏와 주자朱子는 '심법'론 마음의 본체를 구명하고 마음의 수양을 도모하는 일을 주창해 이를 학문의 중심으로 삼았다. 그들에게 이는 '성인의 도'에 대한 공부일지 몰라도 실은 불교佛敎에 빠져 이를 경모하는 것에 다름 아니다. 육상산陸象山, 왕양명王陽明 등의 학설도 이들의 학설과 다르긴 하지만, '심법을 학문의 중심으로 삼'는다는 점에서는 결국 동공이곡同工異曲이다. 따라서 '정주가 심법의 설을 지은 이래 지금에 이르기까지 육백여 년, 유자 모두 석씨釋氏의 무리'로 전락해 있다고 말하지 않을 수 없다. 최근 우리나라일본에서 이토 진사이伊藤仁齋가 송유宋儒를 비판하고 '고학古學'을 주창했다. 그러나 진사이는 맹자를 숭경하여 공자와 나란히 칭하고 있다. 이는 '심성의 언설談'이 맹자에 연원하며, 또한 이것이 공자 본래의 가르침이 아님을 그가 모르고 있다는 증거이다. 진사이도 또한 '송유의 무리薰에서 벗어날 수 없'는 자일 뿐이다. 이러한 '심법'의 언설을 부정하고 그에 대신해 '예악'설을 세운 이가 다름 아닌 '우

---

2) 湯淺常山,「文會雜記」卷之三 上,『日本隨筆大成』一四, 吉川弘文館, 二八三頁.

리 오규선생[荻生氏]의 학문'이다.

　　우리 오규선생이 그 가르침을 세움에 이르러 힘써 송유의 심법설을
물리치시고, 시서예악으로 그 가르침을 삼으셨다.[3]

　이러한 슌다이의 견해는 소라이의 등장이 가져온 '심법'설에서 '예악'
설로의 전환이라는, 에도 사상사상의 커다란 질적 전환을 정확하게 읽
어내고 있다.

3. 문화적 禮儀作法으로서의 '禮樂'

　에도시대 유학사상사에 있어 소라이가 갖는 획기적 의의는, 슌다이
가 말한 것처럼 당시 주류였던 송학의 '심성'·'심법'론을 무의미한 논쟁
으로 일축하고 이를 대신하여 '예악'론문화적 규범의 체득을 전면에 내
세웠다는 점에 있다. 소라이는 "자신의 마음을 자신의 마음으로 다스리
는 것은 불가능하다"고 한다.[4] 『서경書經』에는 '예禮로써 마음을 통어한
다'는 말은 있지만 '마음으로써 마음을 통어한다'는 것은 결코 쓰여 있지

---

3)「內外教弁」,『春台紫芝園稿』後稿 九卷 四丁,『近世儒家文集集成』6, ペリ
かん社, 一九五頁.
4) 코지마 츠요시(小島毅) 선생에 의하면, 주희는 마음으로써 마음을 파지(把
持)하는 것의 연속성을 인식했기에 '경(敬)을 주(主)로 하여 마음을 보지(保
持, 存)'하는 방법을 강조했으며, 이 '경'은 외적 행위로서의 '예'와 불가분의
관계이다. 따라서 주희는 '성인이 세운 규칙(規矩)을 지킴으로써 마음을 다
스리는 존양(存養)의 방법을 주장했'고 한다. 때문에 주희가 만약 소라이
의 주자 비판을 읽을 수 있었다면 '그것이야말로 내(주희)가 말하고 싶었던
것이며, 자신이 그러한 비판을 받는다는 것은 대단히 유감'이라는 감상을
지녔을 것이라고 한다. 小島毅,「二つの心－朱熹批判, 朱熹への批判」(『日本
中國學會報』56集). 흥미 깊은 견해이다. 확실히 그러한 면이 있지만, 당연
히 소라이는 주희 본래의 사상과 그 아류로 떨어진 일반적 경향으로서의
주자학을 구별하고 있지 않다.

않다. 이것의 의의는 한없이 큰 것이다. 외부 환경에 '물들고 변화하'는 것이 인간 마음의 본성임을 '성인[聖人先王]'이 꿰뚫어 보고, 시나브로 마음을 질서 짓게 해주는 문화적 장치를 만들어 그외적 질서를 통해 사람의 마음을 유도·통제하려 했던 것이다. '예'와 '악'이 그 문화적 장치의 주 요소이며, 그 외 여러 가지 문화적 제도의 총칭이 곧 '도道'인 것이다. '도'는 우주의 시작과 함께 자연스레 존재해온 것이 아닌 고대의 선왕들에 의해 책정된 것이다. 때문에 '선왕의 도'라 하는 것이다. 따라서 '선왕의 도'에 순종하기만 한다면 '마음'은 그것에 감화되어 저절로 다스려진다는 것이 소라이의 견해이다.[5]

　소라이는 마음 그 자체에 의한 자기 통제를 주관적이고 공소한 것으로 파악해 이를 내버리고, 외재적 문화 규범에 의한 인간 형성을 지향했던 것이다. 이것은 '몸[身]'의 자세가 '마음'의 자세를 함양·양성한다고 생각했기 때문이다. 소라이는 몸과 마음을 순수하게 추상화하여 양자를 육체로서의 신체와 그로부터 분리된 정신으로서의 마음이라는 이항대립 관계로 파악한 것은 아니었다. '몸'은 그 속에 문화가 침투된 구체적 의미적 존재였다. 즉, 인간은 순수하게 추상화된 정신으로서의 주체가 아닌, 문화·풍속에 젖은 문화적 신체의 주체로 인식된 것이다. 그렇기 때문에 소라이학은 문화의 존재 양상·방식문화의 틀이 거기에 사는 인간의 정신상을 규정한다 하여 예악 제도와 풍속에 특별한 관심을 기울인 것이다. '선왕의 예악'이라는 문화적 규범을 지적으로 인식하는 것이 아닌 그것을 본뜨고 그것을 배우고 익혀서 그것을 '몸에 지녀'가는 것, 이것이 소라이학의 요체였다.

　다자이 슌다이는 이 같은 소라이의 인식을 다음과 같이 과격한 표현

---

5) 이러한 소라이의 주장을 마음의 자율성을 포기한 몰주체적인 불길한 언설 (예컨대 전제국가주의 또는 군사국가체제에 친화적인 사고)로 볼 것인지, 근대가 암암리에 의지하고 있는 자율, 주체성 등의 가치 의식에 대해 재고를 촉구하는 것으로 볼 것인지에 대해서는 각각 그 견해가 다를 것이다.

으로 말하고 있다.

　　성인의 가르침은 밖에서 들어오는 방법으로, 몸을 행함에 선왕의 예
를 지키고, 일에 처함에 선왕의 의(義)를 이용하고, 외면에 군자의 용의
(容儀)를 갖춘 자를 군자라 한다. 그 사람의 속마음[內心]이 어떤 지는 묻
지 않는다.[6]

　속마음[內心] 따위는 아무래도 좋다는 식으로 받아들이기 쉽다. 물론
슌다이의 참뜻은 그렇지 않다. 성인이 책정한 '예악'을 따라 행하면 시나
브로 마음도 제어되고 방향지어진다. 다자이는 그러한 힘이 '예악'에 있
음을 주장하고 싶었던 것이다. 그것은 '마음'을 다스리는 '방법[術]'으로서
의 '예악'의 효용을 예리하게 통찰한 발언이었던 것이다.
　그렇다 하더라도 어째서 그는 그처럼 격하게 '심법'을 부정한 것일까.
다음의 인용이 그에 대한 답이 될 것이다.

　　통어해도 통어되지 않는 것을 억지로 통어하면 나중에는 마음에 벽
(癖)이 생겨 병이 된다. 이것을 심질(心疾)이라 한다. 그렇다면 이 세상에
심법을 닦기 위해 밤낮 궁리하다 결국 미쳐서 폐인이 되는 자가 때때로
있는 것은 마음을 괴롭게 하는 데서 오는 앙화이다.[7]

　이는 정체를 알 수 없는 마음을 또한 정체를 알 수 없는 마음으로 통
어하는 것에 지친 슌다이 자신의 괴로운 체험이 진술된 것인 지도 모른
다. 그렇다면 '심질'을 앓고 '미쳐서 폐인'이 되어 가는 자신을 구원해 준
스승 소라이의 예악론을 그는 크게 알려[喧傳] 했던 것이 아닐까. 슌다
이는 소라이보다 '심법'론을 더욱 심하게 배격한다.

6) 「聖學問答」卷之上, 岩波日本思想史大系, 『徂徠學派』, 九五頁.
7) 「弁道書」『日本倫理彙編』卷之六, 二一九頁.

이상에서 거듭 논한 내용을 다시 한 번 확인해 둔다. '심법'론에서 '예
악'론으로의 사고 패러다임의 전환, 이것이 18세기 전반의 일본 유학 사
상계를 석권한 소라이학의 기본 테제였다.

4. 心法論에 대한 정다산의 자세

그렇다면 소라이·슌다이와 같이 예악을 중시하는 인식은, 시야를 일
본에 한정하지 않고 동아시아 유학 세계 전체로 넓힐 경우 달리 그 유례
가 없는 것일까. 소라이학 사상과의 유사성이란 관점에서라면, 필자가
아는 한 중국 송나라 영가학파永嘉學派 섭적葉適(1150~1223)[8]과 조선의 다산
정약용(1762~1836) 등을 들 수 있다. 여기에서는 후자인 정다산과 소라이·
슌다이 사상과의 상호 비교 연구를 시도하고자 한다. 소라이·슌다이와
다산 사이에는 연관성이 있다. 다산은 그의 저서『논어고금주論語古今注』
에서 이토 진사이의『논어고의論語古義』, 소라이의『논어징論語徵』, 슌다
이의『논어고훈외전論語古訓外傳』의 주석을 적지 않게 인용·참조하고 있
다. 다산은 슌다이의『논어고훈외전』을 통해 진사이와 소라이의 학설을
인용하고 있다.[9] 인용은 그 내용을 찬성하는 것도 있고 부정하는 것도
있지만, 이를 근거로 곧바로 일본 고학파古學派와 다산 사상과의 상호 영
향 관계를 논증하는 것은 성급한 판단이다. 그러나 다산이 일본 고학파
의 학문·사상을 의식하고 있었던 것은 확실하다.

다산은 '이심제심以心制心'의 불가능성의 문제를 소라이나 슌다이만큼
명확히 주제화하고 있지는 않다. 왜냐하면 다산은 마음의 자율적 통제
능력에 대해 소라이나 슌다이만큼 비관적인 인식을 갖고 있지 않았기

---

8) 섭적과 소라이 사상과의 비교는 다음의 연구를 참조할 수 있다. 楊儒賓,「
   葉適と荻生徂徠」, 楊儒賓·張寶三 編(2002),『日本漢學研究初探』, 勉誠社.
9) 하우봉 선생은 진사이, 소라이, 슌다이의 인용 횟수가 각각 3회, 50회, 148회
   라고 한다. 河宇鳳(2001),『朝鮮實學者の見た日本』, ぺりかん社.

때문이다. 하지만 그렇긴 해도 다산도 역시 '이심제심'에 동반되는 문제 점에 대해서는 인식하고 있었다. 그의 다음과 같은 발언을 보자.

불가(佛家)에서 마음을 다스리는 법은 마음을 다스리는 것이 사업(事業)이 되고, 우리 유가(儒家)에서 마음 다스리는 법은 사업이 마음을 다 스리는 것이 된다. 성의(誠意)·정심(正心)이 비록 배우는 자의 지극한 공부이기는 하지만 매양 일[事]로 인해 뜻을 정성되게 하고 일로 인해 마 음을 바르게 하는 것[正心]이지, 벽을 마주 향해 마음을 들여다보며 스스 로 그 허령(虛靈)된 본체(本體)를 단속하여 고요[湛然]히 텅 비고 맑게 하 며 티끌 하나 섞이지 않게 하는 것, 이것을 일러 성의·정심이라고 하는 일은 없다. 부모에게 효도하고자 하는 사람은 한 번 방안이 따뜻한가를 살피더라도 반드시 정성을 다하고, 한 번 시원한가를 살피더라도 반드시 정성을 다하고, 한 가지 맛있는 음식을 갖추어 드리더라도 반드시 정성 을 다하고, 한 가지 의복을 세탁해 드리더라도 반드시 정성을 다하고, 술 과 고기로 손님을 접대하더라도 반드시 정성을 다하고, 기간(幾諫)을 하 여도 허물이 없도록 반드시 정성을 다해야 하니, 이를 일러 성의라 하는 것이다. 윗사람을 공경하고자 하는 사람은 한 번 부름에 나아가더라도 반드시 정성을 다하고, 한 가지 물음에 답하더라도 반드시 정성을 다하 고, 한 번 노역에 복무하더라도 반드시 정성을 다하고, 하나의 안식과 지 팡이를 받들더라도 반드시 정성을 다하고, 술과 음식을 차려 드리더라도 반드시 정성을 다하고, 학업을 닦더라도 반드시 정성을 다하는 것이니 이를 일러 성의라 하는 것이다. 이로써 임금을 섬기고, 이로써 벗과 사귀 며, 이로써 백성들을 다스리는 것이니, 그가 그 뜻을 정성스럽게 하는 이 유는 일을 행하는데 있는 것이다. 단지 뜻만 갖고 있는 것은 성(誠)이라 말할 수 없고 다만 마음만 가지고 있는 것은 정(正)이라 말할 수 없는 것 이다.[10)]

여기에서 다산은 '성의정심誠意正心'이란, 좌선처럼 벽을 마주보고 앉아 자신의 마음을 돌이켜 살펴보며[內省] 마음에 한 점의 티끌도 없이 한다는 것과 같은 상태가 아닌, 일상의 하나하나의 행위를 소홀히 하지 않는 가운데 그 실천 속에서 마음을 정성스럽게 하고 바루어가는 것이라고 말하고 있다. '성의'·'정심'은 무엇인가 어떤 일의 내용이나 모습·행위와의 관련 속에서만 확인할 수 있는 것이다. 즉 '의意'를 그 자체로서 정성스럽게 하고 '마음'을 그 자체로서 바루어나간다는 방법을 그는 인정하지 않는다. 다산은 "오늘날 사람들은 마음을 다스리는 것을 성의라고 여겨 직접 허령불매虛靈不昧한 체體, 정체를 파악하고"자 정좌묵상靜坐黙想에 힘쓰려고 하는데, 그것은 "좌선이 아니고 무엇인가"라고 말한다. 따라서 '거경居敬'의 방법에 대해서도 "물物에 접한 후에 경敬의 이름이 여기에서 비롯"된다 하여 어디까지나 대상과의 관계 속에서 파악한다. 계속해서 다산은 말한다. "의意를 정성스럽게 하는 것도 마음을 바루는 것도 그것은 타자와의 관계 '인륜人倫'을 전제로 한 생각이다. 이 관계성을 도외시한 채 자신이 자신과 마주보는 것과 같은 수양 방법으로 노력한다고 해도 요령부득이 될 뿐, 결국 '좌선의 병'에 빠지는 것이 고작이다"라고. '좌선의 병', 다산은 이를 '심질心疾'이라 부르고 있다.11) 말하자면 정신병을 초래하는 것이라 경고하고 있는 것이다. 앞서 살펴본 대로, 다자이 슌다이도 '마음으로 마음을 통어한다'는 송학류宋學類의 치심治心

---

10) "佛氏治心之法, 以治心爲事業, 而吾家治心之法, 以事業爲治心, 誠意正心, 雖學者之極工, 每因事而誠之, 因事而正之, 未有向壁觀心, 自檢其虛靈之體, 使湛然而空明, 一塵不染, 曰此誠意正心者, 欲孝於其父子, 察一溫必誠, 察一淸必誠, 具一甘旨必誠, 濯一衣裳必誠, 酒肉以養賓必誠, 幾諫使無過必誠, 斯之謂誠意也, 欲弟於其長者, 趨一召必誠, 對一問必誠, 服一勞必誠, 奉一几杖必誠, 有酒食餕之必誠, 受學業修之必誠, 斯之謂誠意也, 以之事君, 以之交友, 以之牧民, 其所以誠其意, 皆在行事, 徒意不可以言誠, 徒心不可以言正"『大學公議』卷一, 九丁表, 『增補與猶堂全書』2, 景仁文化社, 五頁.

11) 『大學公議』卷一, 一三丁裏, 『增補與猶堂全書』2, 景仁文化社, 七頁.

방법이 '심질'을 초래하는 것임을 지적한 바 있으며, 이토 진사이가 청년기에 겪은 정신적 혼미도 바로 이것이 그 요인이었다고 생각된다.

이 점에 있어서 다산의 사상은 진사이, 소라이, 슌다이 등의 송학 비판의 주장과 흡사하다. 다산은 주자의 '성즉리性卽理'설을 취하지 않는다. '성性'은 천리天理가 인간의 마음에 깃든 '허령虛靈한 마음의 본체本體'와 같은 것이 아니다. 이 같은 이해에서 그 '성'을 내관파지內觀把持하려 하는 선적禪的 사유에 빠지게 되는 것이다. 다산은 '성자인심지기호性者人心之嗜好'라고 정의한다. 즉 다산에게 '성'은 사람의 마음이 무엇인가 좋아하는 것으로 향하는 경향성과 같은 정도의 뜻이며, 인간의 마음에 원래부터 선천적으로 내재하는 가치의 근원과 같은 중요한 의미를 지닌 것이 아니다. 따라서 다산의 견지에서 보면 '인의예지仁義禮智'라는 것도 마음에 선천적으로 내재된 덕德 '심지현리心之玄理'가 아닌, 도덕적 실천 결과에 붙여진 명칭에 지나지 않는다.[12] 다산은 『논어고금주』에서 주자의 '인仁'에 대한 해석을 다음과 같이 물리치고 있다.

집주(集注)에 이르기를, 인은 본심(本心)의 전덕(全德)이라 했다. 생각하건대 인이란 사람이고 두 사람으로 인을 이루는 것이니, 부자로서 그 분수를 다하면 곧 인이 되고, 군신으로서 그 분수를 다하면 곧 인이 되고, 부부로서 그 분수를 다하면 곧 인이 된다. 인이라는 이름은 반드시 두 사람 사이에서 생기는 것이니, 단지 다만 혼자만이라면 인이라는 이름은 설 곳이 없다.[13]

---

12) "仁義禮智之名本起於吾人行事, 並非在心之玄理"「中庸講義」卷一, 二丁裏,『增補與猶堂全書』2, 景仁文化社, 六一頁.

13) "集注曰, 仁者本心之全德, 案, 仁者人也, 二人爲仁, 父子而盡其分, 則仁也, 君臣而盡其分, 則仁也. 夫婦而盡其分, 則仁也, 仁之名必生二人之間, 只一己則仁之名無所立"『論語古今注』卷六, 三丁表,『增補與猶堂全書』2, 景仁文化社, 二六六頁.

'인'이란 자기 혼자만의 마음속에 있는 덕이 아닌 타자와의 능동적 관계 속에서 실현된 행위·행동에 대한 이름이라는 것이다.

여기에서 다산의 주자학 비판은 소라이나 슌다이의 그것과 통하는 점이 있다. 송학의 심성론·수양론을 자폐저·관념적이며 불교의 잔재로 보는 점14)에 있어, 양자는 공통된 인식 기반 위에 서 있다.

그렇다면 송학의 심성론에 비판적이었던 다산은, 소라이·슌다이처럼 마음에 가치의 원천을 전혀 인정치 않고 '선왕의 예악'과 같은 외재적 규범에 의한 마음의 통제 '이례제심以禮制心'이라는 방향으로 논의를 발전시켜 나갔던 것일까. 이는 미묘한 문제이다. 이 점에 대해서는 다음 장에서 살펴보고 싶다.

5. 다산의 '禮'와 '心'

주지하다시피 다산은 그의 저술 「오학론일五學論一」에서 '리理'·'기氣'·'성性'·'정情'·'체體'·'용用'·'이발已發'·'미발未發' 등의 개념을 희롱하며 헛된 형이상학적 사변에 빠져 있던 당시의 '성리학자'들을 엄혹하게 비판하고 있다. 성리학의 관념성과 그 내성적 수양 방법을 부정하고 다산이 바란 것은 경세치용의 학문으로서의 유교상이었다. 이는 그의 『대학大學』해석에도 잘 나타나 있다. 그는 '대학'을 장래에 정치를 담당할 주자胄子, 천자의 적자·서자와 삼공제후의 적자를 가르친 중국 고대의 교육시설로 이해했다.15) 대학은 서민 대중이 관여할 곳이 아니었다.

---

14) 다산은 "眞體本然說本出於首楞嚴經, 先聖論心本無此語"(「大學公議」 三〇 丁裏, 三〇頁)라 하여 송학의 본연기질설(本然氣質說)이 원래 불교 경전『수 릉엄경(首楞嚴經)』에서 나온 것으로 유교 본래의 언설이 아니라고 본다. 이 점도 정·주의 언설이 불교의 재탕일 수밖에 없다는 슌다이의 주장과 공통 된다.

15) 中純夫(2005), 「丁若鏞の『大學』解釋について－李朝實學者の經書解釋」『京都府立大學學術報告－人文·社會』第54號.

'치국평천하治國平天下'가 교육의 주요한 내용이었기 때문이다. 소라이는 '대학'을 천자 제후가 세운 학교 및 위정자 육성을 위한 교육시설로 이해했다.[16] 이 점에서도 다산과 소라이의 대학 해석은 유사하다. 양자에 있어 유교는 도덕론이 아닌 천하 국가의 통치에 관계된 특출한 학문이었다.

그렇다면 다산은 국가 통치에 대해 어떤 인식을 갖고 있었을까.

> 선왕은 예로써 나라를 이루고 예로써 백성을 이끌었다. 예가 쇠해지자 법이라는 명칭이 생겼다. 법은 나라를 이루는 것도 아니고 백성을 이끌 수도 없다. 천리에 비추어서 합당하고 인정에 시행해도 화합한 것을 예라 한다. 위엄으로 두렵게 하고 협박으로 시름하게 하여 이 백성을 벌벌 떨게 하며 감히 범하지 못하도록 하는 것을 법이라 이른다. 선왕은 예로써 법을 삼았고 후왕은 법으로써 법을 삼았으니, 이것이 이들의 같지 않음이다.[17]

강제력으로 사람을 위협하는 '법'이 아닌 '천리'·'인정'에 맞는 '예'에 의한 통치야말로 '선왕'이 취한 방법이라는 것이다. 다시 말해 다산은 '덕치德治'·'법치法治'도 아닌 '예치禮治'를 가장 이상적인 통치 이념으로 생각한 것이다.[18] 때문에 그가 『경세유표經世遺表』에서 체제 개혁 구상의 이론적 근거를 『주례周禮』에서 구한 것[19]은 지극히 당연한 것이었다.

---

16) 澤井啓一,「東アジアのなかの徂徠『大學』解釋」,『季刊日本思想史』第70號.

17) "先王以禮爲國, 以禮道民, 至禮之衰, 而法之名起焉, 法非所以爲國, 非所以道民也, 揆諸天理而合, 錯諸人情而協者, 謂之禮, 威之以所恐, 迫之以悲, 使斯民兢兢, 然莫之敢干者, 謂之法, 先王以禮而爲法, 後王以法爲法, 斯其所不同也"『經世遺表』卷一, 一丁表,『增補與猶堂全書』5, 景仁文化社, 一頁.

18) 朴忠錫,「李朝後期における政治理念の展開(二)」『國家學會雜誌』第88卷, 11·12號.

19) 權純哲(1994),「茶山の王朝體制改革構想と經學」『山口大學哲學研究』13卷.

앞서 언급한 대로, 소라이·슌다이도 '예악' 제도에 의한 통치를 이상
으로 여겼다. 그렇다면 '예악' 정치가 어째서 훌륭한 것일까. 말로 하나
하나 도리를 설명하여 백성을 가르치는 것은 너무도 우원迂遠하고 비현
실적이다. 그렇다 하여 백성들로 하여금 법과 형벌로 우격다짐으로 따
르게 하는 것은 일시적 효과는 있을지 모른다. 하지만 그러한 위압적 방
법은 결국엔 반발을 초래해 오래 지속되지 못한다. 예악에는 시나브로
사람들의 내면을 방향·질서 짓게 해주는 감화력이 있다. 이 점에서 예
악이 덕치와 법치보다 뛰어난 것이다. 소라이는 다음과 같이 말한다.

> 선왕은 말(언어)로써 사람을 가르침에 부족함을 알기에 예악을 만들
> 어 이를 가르친다. 정형(政刑)으로 백성을 안심시키기에 부족함을 알기
> 에 예악을 만들어 이를 교화한다.[20]

이렇게 보면 〈'심법'에서 '예악'으로〉라는 사고 패러다임의 전환은 소
라이·슌다이와 마찬가지로 다산도 공유한 문제임을 알 수 있다. 이 점
에서 양자의 사상은 공명되는 지점이 있다고 할 수 있다. 하지만, 어디
까지나 공명일 뿐, 완전한 동조는 물론 아니었다. 다산은 소라이·슌다
이의 매우 극단적인 심법부정론心法否定論에 큰 의문을 제기하면서 급소
를 찌르는 비판을 가한다.

다산은 『논어고금주』에서 '마음'에 일체의 내재적 가치를 인정하지
않는 슌다이의 인식을 비판하며 다음과 같이 말한다.

> 예의가 있다 하더라도 만일 도심(道心)이 없으면 어찌 예의를 실천할
> 수 있겠는가.[21]

---

20) 「弁名」, 岩波日本思想史大系, 『荻生徂徠』, 七〇頁.
21) "案, 范氏之所謂志, 朱子之所謂理, 皆道心之謂也, 禮義雖存, 我苟不以道心
     從之, 則何以行禮義哉"『論語古今注』卷八, 『增補與猶堂全書』2, 景仁文化

다산은 여기에서 '예'를 따라 '마음'을 통어하려고 할 때 그 통어하려는 주체, 그것은 결국 '마음'이 아닌가라는 본질적인 문제를 제기하고 있다. 예를 따르려 하는 주체의 '마음'을 전제하지 않으면 예는 행해지지 않는다. 간단히 말해, 동물(禽獸)과 인간을 비교하면 된다. 아무리 뛰어난 '예' 제도가 있더라도 동물은 '예'를 받아들일 수 없지만, 인간은 받아들일 수 있다. 동물과 달리 인간이 '예'를 받아들일 수 있는 것은 인간에게는 동물과는 그 질을 달리 하는 인간으로서의 '마음'이 존재하기 때문이다. 그 '마음'을 '도심道心'이라 하는 것이다. "예의가 있다 하더라도 만일 도심이 없으면 어찌 예의를 실천할 수 있겠는가"라는 다산의 말은 이런 식으로 이해할 수 있을 것이다.[22] 다산은 인간을 동물과 달리 스스로 선악을 판단하고 행위하는 능력이 주어져 있는 존재로 보고 있는 것이다.

> 인간은 선악에 대해서 모두 스스로 만들 수 있기에 능히 주장할 수 있고, 동물은 선악에 대해서 스스로 만들 수 없기에 부득불 그렇게 할 수 없다.[23]

다산은 인간에게만 부여된 이 권능을 '자주적 권능'·'마음의 권능'[24]

社, 三三〇頁.

22) 에도시대 일본 사상사의 문맥에서도, 이 같은 다산의 주장처럼 소라이·슌다이의 예지상주의적(禮至上主義的)인 견해에 대한 비판이 적지 않게 전개된 바 있다. 이와 관련해서는 拙論,「反徂徠學の人々とその主張」(『(增補版)徂徠學と反徂徠』, ぺりかん社, 1994)를 참조.

23) "人之於善惡, 皆自作, 以其能主張也, 禽獸之於善惡, 不能自作, 以其爲不得不然也"『孟子要義』卷二, 一九丁表,『增補與猶堂全書』2, 景仁文化社, 一三五頁.

24) '자주적 권능'은 오가와(小川晴久) 선생이 말한 것과 같이 확실히 르네상스기의 신학자 피코 디라 밀란돌라의 저 유명한 연설 원고(「인간의 존엄에 대하여」)를 상기시킨다. 피코는 "신은 인간에게 자유로운 선택 능력을 주어 자신의 삶을 자유롭게 선택하게 했다. 인간은 자유의지에 의해 동물로 타락할 수도, 신과의 합일 단계에까지 높아질 수도 있다. 인간이 스스로의 자유

이라는 용어로 보다 명확하게 개념화한다.

> 하늘이 사람에게 자주적 권능을 주었기에 선을 행하고자 하면 선이
> 되고, 악을 행하고자 하면 악이 된다. 노닐고 옮겨가는 것이 정해지지 않
> 아 그 권능이 자신에게 있기에 동물이 일정한 마음을 갖고 있는 것과는
> 같지 않다. 그러므로 선을 행하면 진실로 자기에게 유익하게 되고 악을
> 행하면 진실로 자기에게 허물이 된다. 이는 마음의 권능이지 이른바 성
> (性)이 아니다.[25]

인간에게는 동물과 달리 자신의 의사에 의해 선악을 선택하는 '마음
의 권능'이 부여되어 있다. 이는 인간은 자기 행위에 있어 일체의 도덕
적 책임을 스스로가 짊어지고 있다는 사실이기도 하다. 다산은 이처럼
선을 따를 지, 악을 따를 지는 스스로의 '마음의 권능'에 맡겨져 있다고
보고 있는 것이다.

소라이·슌다이에게는 이 같은 마음의 자율성을 인정하는 발상은 없
다. 소라이·슌다이는 '마음'에 대해 선과 만나 섞이면 선으로 악과 만나
섞이면 악으로, '옮아감'이 그 본성임을 설명한다. 따라서 외부 환경을
질서 있게 정리하여 즉 '선왕의 예악' 제도의 부흥, 좋은 방향으로 마음

의지로 자기 자신을 형성해 가는 곳에 인간 존엄의 근거가 있다"고 했다.
오가와 선생은, 다산은 중국의 고전(특히『맹자』)에서 '자주'의 개념을 추론
해 냈지만, 이는 원래부터 그에게『천주실의(天主實義)』를 비롯한 천주교
서적의 영향이 선행했고 그러한 기독교적 시각에서 중국 고전에 있는 동종
(同種) 시점의 재발견·재평가로 나아갔던 것을 지적하고 있다. 경청해야
할 견해이다. 小川晴久,「丁茶山の經學解釋とキリスト敎」(東大中國學會,『
中國-社會と文化』卷14, 1989年).

25) "天之於人, 子之以自主之權, 使其欲善則爲善, 欲惡則爲惡, 游移不定, 其權
在己, 不似禽獸之有定心, 故爲善則實爲己功, 爲惡則實爲己罪, 此心之權也,
非所謂性也"『孟子要義』卷一, 三四丁裏-三五丁表,『增補與猶堂全書』2,
景仁文化社, 一一一頁.

을 유도해야 한다는 것이 이들의 생각이다. '마음'에 대한 소라이·슌다이의 인식은 지나치게 타율적이다.[26]

한편, 다산은 '마음'의 자율성·자발성을 중시했다. 다산은 이러한 자율성·자발성을 지닌 마음을, '사람의 마음은 위태롭고, 도심은 미미하다'는『상서尚書』대우모大禹模편을 전거로 '도심'으로 파악한 것이다.[27]

---

26) 에도 사상사의 문맥에서도, 이러한 마음의 자율성을 인정치 않는 소라이·슌다이에 대한 비판, 즉 예를 수용해 실천하는 주체로서의 '마음'의 선행성을 주장하는 다산과 같은 언설이 여럿 있다. 그 중에서도 발상 방식에서 다산과의 부합성이 강한 사례로는 유학자이며 병학가이기도 한 마츠미야 칸잔(松宮觀山, 1686-1780)의 설을 들 수 있다. 칸잔은 "묵좌징심(黙座澄心), 내면만 추구하는 것은 공리(空理)로서 일에 유익이 없다" 하여 불교와 주자학 아류를 비판하고, 또 한편으로는 "외면만 추구하는 자(소라이학을 지칭)는 일에 집착하여 신심(神心)의 오묘함을 모른다"(「土鑑用法直旨抄」, 『松宮觀山全集』三卷, 第一書房, 七九頁) 라고 소라이학을 비판한다. 그는 '신심의 묘(妙)' 라는 독자적 개념을 사용해 '마음'과 '형식(形)'(體)의 통합을 꾀하였다. 하지만 그가 소라이학을 비판하면서 '신심'을 끄집어 낸 것은, 다산이 '도심'으로 소라이·슌다이의 예지상주의적 언설의 모순을 찌른 것과 비슷하다 하겠다.

27) 이광호 선생은, 다산이 주희의 성리학을 전면적으로 부정하면서도 34세 이후 이퇴계를 사숙(私淑)하여 퇴계의 심학적(心學的) 이학(理學)에 대한 이해를 심화시켜 성리학과 어느 정도 화해가 가능했으며, '인심(人心)-도심(道心)'설을 중심으로 한 도덕론을 형성했다고 지적한다. 이때 다산이 이미 기독교 교의(敎義)를 접하고 퇴계를 이해한 것이 성리학과의 화해에도 작용했다는 것이다. 이는 유교적 교양을 토대로 기독교를 수용했다는 것이 아닌 기독교 수용이 오히려 유교적 하늘의 재해석·재발견을 재촉했다는 견해이다. 자극적이며 설득력이 있다. 李光虎,「退溪李滉の心學的理學が茶山丁若鏞の道德形成に及ぼした影響」『論文集 實心實學思想と國民文化形成』(2006년 10월 14일, 일본 니쇼가쿠샤대학(二松學舍大學)에서 개최된 심포지엄의 일본어판 보고) 이 논문의 한국어판은 같은 제목으로 한국실학학회 학술지『한국실학연구』제12호(2006.12)에 수록되어 있다. 경세사상가, 실학자로 알려진 다산이 '마음'을 주제화하여 논한『심경밀험(心經密驗)』(이퇴계에 큰 영향을 준 진덕수 찬『심경(心經)』의 해설서)과 같은 저작에 천착한 점에 조선 유학의 심학(心學)·이학(理學)적 전통의 깊이를 느낀다.

그러면 최초의 질문으로 돌아가보자. 다산은 '이심제심'에 수반되는 논리적 아포리아, 즉 통어하는 마음과 통어되는 마음과의 분열의 문제에 어떻게 도전한 것일까. 이는 다산이 '하늘[天]'을 '리理'가 아닌 '상제上帝'라는 인격신적人格神的인 개념으로 파악했다는 사실에 문제 해결의 실마리가 있다고 판단된다.

다산은 '하늘'을 외경畏敬의 대상으로 파악하면서, '하늘'을 '리'로 이해하는 송학의 논리를 거절한다. 이유가 무엇일까. '하늘'을 '리'로 해석하면, 하늘은 인간의 인식하에 놓여 외포畏怖의 대상이 아니게 되기 때문이다. '하늘'은 '상제'이다. 즉 머리 위에서 인간의 일거수일투족을 감시하고 있다. 인간은 그 '하늘'의 시선을 늘 의식해 '하늘을 공경[敬天]'하고 '하늘을 섬겨[事天]'야 한다[28]는 것이 다산의 인식이다.

> 옛 사람들은 진실한 마음[實心]으로 하늘을 섬기고 진실한 마음으로 신을 섬기면서 하나의 동정과 하나의 생각의 끄트머리가 진실한가 거짓인가 선한가 악한가를 경계하여 말하기를, 날마다 잊지 않고 생각한다고 하였다. 그러므로 보이지 않고 들리지 않더라도 조심하고 두려워해야 한다[戒愼恐懼] 했고, 홀로 있을 때 진실하고 돈독하게 하여 진실로 천덕(天德)에 이를 수 있다고 하였다.[29]

---

28) 山内弘一, 「丁若鏞の事天の學と修己治人の學について」『朝鮮學報』 121, 1986. 다산이 '하늘'을 '상제'라는 인격신적으로 이해한 것에 대해서는 예수회 선교사 마테오리치가 지은 『천주실의』의 영향을 간과할 수 없다. 그러나 후술하는 것처럼, 히로세 탄소는 기독교의 영향을 전혀 받지 않고 유교적 문맥 속에서 인격신적 하늘관(天觀)을 지니게 되었다. 이 점에서 보면, 인격신적 하늘이라는 인식이 곧바로 기독교 신관념의 영향이라는 데에는 신중을 기하고 싶다. 그러나 다산의 경우는 그의 이력으로도 기독교의 영향은 결정적이다. 일본에서는 원시 유교에서 볼 수 있는 주재자로서의 '하늘' 개념을 토대로 기독교의 '신' 개념을 이해하고 '경천애인(敬天愛人)'을 주장한 인물로 나카무라 마사나오(中村正直, 호는 케이우(敬宇), 1832~1891)가 잘 알려져 있다.

다산 사상의 정수가 훌륭하게 나타나 있다. 여기에서 주목해두고 싶은 것은, 다산이 '하늘'과 '진실한 마음[實心]'을 결부시켜 사색의 깊이를 더하고 있다는 점이다. 때로는 선으로 때로는 악으로, 마음이 움트고 동요하는 그 순간순간에 머리 위에서 자신을 내려다보는 '하늘', 바로 그 하늘의 시선을 엄중히 '마음'에 받아들여 '조심하고 두려워[戒愼恐懼]'하며 마음을 바루어가라는 뜻일 것이다. 이를테면, 이는 '하늘로써 마음을 통어하'는 입장이라고 말할 수 있지 않을까. 다산 자신은 그러한 표현을 쓰고 있지는 않다. 그러나 그가 말하고자 하는 바를 최종 검토·정리하면 그렇게 될 것이다. 다산의 사상은, 초월적인 절대타자 '하늘'에 대한 외포의 마음[念]을 매개로 겸허히 자신의 마음을 바루어간다는 중개 회로를 둠으로써, '마음으로 마음을 통어함'에 수반되는 주관성이 극복되는 구도로 되어 있었던 것이 아닐까.

6. 히로세 탄소의 '敬天'사상 - '天'과 '心'

이상 살펴본 다산과 유사한 사고 회로를 가진 유자로서, 일본 큐슈 히타(日田) 지역에서 '칸기엔(咸宜園)'이라는 사숙私塾을 경영해 많은 제자를 모은 히로세 탄소(1782~1856)라는 인물을 주목할 필요가 있다.[30]

---

29) "古人實心事天, 實心事神, 一動一靜一念之萌, 或誠或僞或善或惡, 戒之曰 日監在玆, 故其戒愼恐懼, 愼獨之切眞切篤, 實以達天德"『中庸講義』卷一, 二一丁表,『增補與猶堂全書』2, 景仁文化社, 七一頁.

30) 에도 후기의 유자, 교육가, 한시에도 능했다. 텐료(天領, 막부 직할지)의 분고노쿠니(豊後國) 히타군(日田郡) 히타(日田)의 마메타쵸(豆田町)에서 쇼코(諸侯, 여러 다이묘)의 고요타츠쵸닌(御用達町人, 필요한 물품을 다이묘에 조달하는 사람)(옥호(屋號)는 하카타야(博多屋))인 아버지 히로세 사부로에몬(廣瀬三郎右衛門)과 어머니 누이(ぬい)의 장남으로서 태어났다. 어릴 적 이름은 토라노스케(寅之助), 장성한 이후에는 큐마(求馬)라 했다. 이름은 칸(簡), 이후에 켄(建), 자는 처음에는 렌쿄(廉郷), 후에는 시키(子基)로 바꿨다. 탄소(淡窓)은 호이다. 이 밖에 세이케이(靑溪), 레이요(苓陽), 엔

탄소 사상의 중심에 자리하고 있는 것은 '하늘'에 대한 외경의 마음
[念]이다. 그의 저서 『약언約言』에는 '경천敬天'의 의의가 집약적으로 설명
되어 있다. 탄소는 하늘을 '리'로 파악하는 주자학적 이해를 물리친다.
그는 인격신적인 주재자로 하늘을 파악하는 소라이학적 하늘에 대한 이
해를 계승하면서 이를 한층 심화시켰다.[31]

소라이는 '천즉리天卽理'라는 주자의 설을 격렬히 비난했다. 소라이에
의하면, '하늘'은 '만물萬物'이 '명命을 받는 곳으로 백신百神의 으뜸되는
것'이며 이를 능가하는 것은 없다. '하늘'은 사람이 파악할 수 없는[不可知]
존재이다. '하늘'을 '리'로 인식하는 송유宋儒의 설은 일견 '하늘'을 공경
하는 것처럼 보인다. 하지만 실은 '사사로운 지혜로써 하늘을 가늠하는
것'이며, '심히 불경'한 것이다. 하늘은 앎의 대상이 아닌 오로지 외경의
대상이어야 하는 것이다. 때문에 '선왕의 도는 경천을 그 본으로 삼'[32]았
던 것이다. 소라이는 이 이상 '하늘'을 말하려 하지 않았다. 소라이가 거
듭 강조한 것은, 그 '하늘'로부터 '명'을 받아 '성인선왕'이 만든 '도' '예
악'이었다. 이 '예악' 제도로 내적 마음을 방향짓고 인도해 가야함을 주

시로슈진(遠思樓主人) 등도 사용했다. 16세에 카메이쥬크(龜井塾)에 입문,
난메이(南冥)·쇼요(昭陽)부자(소라이학파)에 사사(師事)했는데 병을 얻어
채 2년이 못돼 귀향. 이후 독학으로 정진해 문화(文化) 2년(1805년)에 숙
(塾)을 개설. 숙은 세이쇼샤(成章舍), 케이린엔(桂林園)을 거쳐 14년(1817년)
칸기엔(咸宜園)으로 이전·발전했다. 전국 각지에서 약 3천 명의 입문자가
모여들었다. '칸기(咸宜)'란 『시경(詩經)』에서 취한 것으로, '모두 알맞음'이
란 의미이다. 숙에서는 입학할 때 신분·학력·나이 등은 일체 묻지 않았
다. 입학 후 학습 성과에 따라 우열을 결정하는 '삼탈(三奪)의 법(法)'이란
교육 방법이 엄격하게 적용되었다. 그 때문에 월례시험에 의한 성적평가
('월단평(月旦評)')에 기초한 1-9급의 진급 제도가 설치되어 등급의 차등에
의해 생활의 직무가 할당되는 등 조직적이고 계획적인 숙 경영이 이루어
졌다.

31) 拙論(1994), 「廣瀬淡窓の敬天思想-徂徠を手がかりに」 『(增補版)徂徠學と反
徂徠』, ぺりかん社.
32) 「弁名」, 岩波日本思想史大系, 『荻生徂徠』, 九六頁.

장했던 것이다[以禮制心].

　그런데 문제는 이 앞에 있다. 소라이에게 '성인의 도'는 가치의 절대적 근거로써 확신되었다. 하지만, 소라이 이후 사상계에서는 이 '선왕의 도'가 가진 권위가 동요·실추하게 된다. '선왕의 예약'은 이미 붕괴했으니 이를 가지고 가치의 기준으로 삼는 것은 비현실적이라는 소라이 비판이나, 중국의 예약을 규범으로 떠받들 필요는 조금도 없고 예부터 일본에는 일본에 맞는 규범이것이 이른바 국학자國學者가 주장하는 '옛 규칙'이 있으니 거기로 돌아가면 된다는 주장도 제기되었다.

　이러한 사상적 상황에서, 탄소는 선왕이 제정한 예약규범의 보다 근원에 있는 것으로서 '하늘'을 이해했으며, 이 초월적인 '하늘'에 절대 순종함으로써 마음을 통어해야 함을 주장했다. '하늘'은 인간의 길흉화복을 주관하고 일체의 모든 것을 존재하게 하는 절대적 존재자이다. 인간은 이러한 '하늘'의 시선을 끊임없이 마음에 담아 이처럼 만물을 존재케하는 '하늘'에 대해 외경과 순종의 마음[敬]을 갖고 살아야 한다. 탄소는 이 같이 '하늘'과 '마음'을 결부시키는 회로를 모색한 것이다.

　탄소는 "천天이란 글자는 일一자와 대大자로 된 일一의 대大함을 뜻하는 말"이며, "하늘은 만물의 명을 부여하는 자"라고 말한다. 즉 유일무이한 초월적 존재자, 그것이 '하늘'이다. 또한 말하기를, "'하늘'을 '리'로 보아 그 '천리天理'가 인간의 '마음'에도 내재한다 하여 '리'가 깃든 '심성 연구를 학문'의 중심으로 삼는 것은 '경천의 의義를 소홀히 여기는 자'"라 했다.[33] 주자학적 하늘에 대한 이해는 '하늘'에 대한 외경의 마음[敬]을 상실케 하는 것으로 부정되고 있다. 탄소는 이 '경천' 사상에서 '하늘을 섬긴다[事天]'는 의식을 철저히 할 것을 주장한다. 탄소는 '하늘을 섬긴다'는 것에 대해 다음과 같은 예를 들어 설명한다. 자비를 베푼다는 행위 하나만 보아도, '자비심'에서 행하는 경우와 '하늘을 섬긴다'는 의식에서 행하는 경우 가운데 후자가 전자보다 훌륭하다는 것이다. 확실히 자비

---

33) 「約言或問」『淡窓全集(增補)』中卷, 思文閣, 二頁.

의 실천이란, 때로는 자비라는 말의 배후에 숨겨진 메시아 콤플렉스를 만족시키고자 하는 욕망이 그 진짜 정체인 경우가 많다. '하늘을 섬긴다'는 것은 만물을 존재하게 하는 '하늘'에 순종하여 '자아[我]'를 버리고 사는 것이다. "몰래 가늠하는[窺測] 나[私]를 버리고 외경을 정성스럽게 행하면 즉 하늘의 하늘되는 소이[所以], 우리 어찌 이를 모를 수 있겠는가"[34] 철두철미 '나'를 지워갈 때, 일견 내 것인 듯한 삶이 실은 '하늘'로부터 하사받은 것이라는 의식의 지평이 전개된다. 탄소는 이를 다음과 같이 말한다.

> 하늘을 공경하는 자는 오히려 자신의 삶을 가지지 못한다. 눈의 봄, 귀의 들음, 사지(四肢)의 운용(運用), 심식(心識)의 지각(知覺)은 모두 천기(天機)가 움직이는 곳, 나에게 무엇이 있겠는가…삶은 하늘의 소유이고 우리는 이것을 빌릴 뿐이다.[35]

여기에서는 위대한 존재자 '하늘'에 의해 〈삶[生]을 사는 나·능동자〉에서 〈삶[生]을 부여받은 나·수동자〉로의 커다란 의식 전환이 이루어졌다고 할 수 있겠다. '삶[生]'은 나에게 속한 것이 아닌 '하늘'에 속한 것이다. 때문에 '하늘을 공경하'는 자는 '조물주의 종[徙]'인 것이다. 일체의 주재자인 '하늘'에 대한 절대 의존의 감정, 그것은 탄소가 생사를 헤맬 정도의 체험에서 얻은 확신이었다. 이러한 차원으로 나타나는 '하늘' 개념은 무한한 기독교의 '신[神]'에 가깝다. 물론 탄소는 기독교와는 전혀 무관했다.

탄소는 '경천[敬天]'의 경과 '지경[持敬]'의 경과의 차이를 역설한다. '지경'은 정신의 집중이며, '다른 일에 마음이 흩어지지 않'는 일이다. 한편, '경천'은 '존숭경의[尊崇敬意]'를 의미한다. "하늘은 높이 있다고 하나 아래

---

34) (完本)「約言」, 『淡窓全集(增補)』 中卷, 思文閣, 七頁.
35) (完本)「約言」, 『淡窓全集(增補)』 中卷, 思文閣, 五頁.

를 본다. 고로 일거수일투족에 불경스런 일이 있으면 상천上天의 굽어 살핌을 피할 수 없다. 조용하고 어두운 무인지경에 있을 지라도 하늘의 눈동자는 살피지 않음이 없다. 외경의 마음은 잠시라도 잊어서는 안 된다. 이를 경천이라 한다" 그리고 다음과 같은 알기 쉬운 비유를 더해 설명한다. 금주禁酒를 하고자 할 때에, "자기 자신의 마음으로 술을 끊는 것은 주자학자와 같이 자기 자신의 마음으로 자기 자신의 몸을 삼가는 것과 같"다. 이래서는 끊을 수 없고 금주는 어렵다. 이에 비해 "신벌神罰을 외경하여 술을 끊는 것은 하늘을 공경하는 자가 하늘의 위엄天威을 두려워하여 자신의 몸을 바르게 하는 것과 같"다. 이렇게 하면 금주도 어렵지 않다. "이것이 바로 내가 경천을 근본으로 삼는 이유"이다.[36] 탄소는 '하늘'의 시선을 끊임없이 의식하고 행위하는 동안 심법론에 잠재된 주관성의 문제를 극복하려 한 것이다. 이는 심법의 문제를 도덕적 차원에서 종교적 차원으로 승화시키고자 한 것이었다. 탄소는 다음과 같이 말한다.

> 인심(人心)의 밝음은 선을 선으로 악을 악으로 능히 여길 줄 안다. 누가 선을 행하고 악을 멀리함을 생각지 않겠는가. 단지 그 악한 것도 내 마음이다. 내 마음으로 내 마음을 다그치는 것은 왼손과 오른손이 싸우는 꼴이다. 고로 군자는 심지(心志)를 오로지하고 삼가 상천을 섬기며 악을 극복하고 선을 추구한다. 이리하면 상천이 감응하여 이에 대한 보답으로 선은 저절로 자라고 악은 저절로 소멸된다. 이를 하늘의 진심을 불러낸다고 한다. 하늘의 진심을 불러내면 나의 마음이 곧 그대로 하늘이 된다. 어찌 악이 있으랴…만약 본심의 밝음에 의지하고 하늘의 도움[天佑]을 받지 않는다면, 여전히 빛만을 의지하고 태양빛의 도움을 받지 않음과 같다. 그렇게 되면 큰 못에 빠지지 않는 자가 거의 없다.[37]

---

36) 「約言或問」, 『淡窓全集(增補)』 中卷, 思文閣, 一五頁.
37) 「約言」(完本), 『淡窓全集(增補)』 中卷, 思文閣, 五頁.

여기에서는 '하늘'이라는 초월적 절대 타자와의 연관을 늘 마음에 담아 그에 비추어 자신의 마음을 통어해 간다는 방향성이 잘 나타나 있다. 탄소는 초월신적인 '하늘'의 시선을 끊임없이 의식하면서 자기 수양을 쌓아 사회적 실천에 힘썼다. 자기 수양이라 해도 주자학과 같은 내성적인 방법을 취하진 않았다. 탄소는 일상의 구체적인 행위를 조사·계량하는 형태로 일만一萬의 적선에 힘썼다. 즉, 그는 명나라 원료범袁了凡이 지은 『음척록陰隲錄』의 공과격功過格을 본받아 매일의 선행을 흰 동그라미, 악행을 검은 동그라미로 표기했다. 매달 흑백의 수를 집계하여 흰 동그라미 수가 일만에 달할 때까지 선행을 쌓아 하늘의 도움·보답天助을 기원했던 것이다. 그 기록이 『만선부萬善簿』이다. 또한 사회적 실천에 있어서는, 사람은 누구나 '하늘'로부터 명받은 '직職'이 있다 하여, 그 '천직天職'에 대해 힘써 행할 것을 강조했다. 그 자신은 자신의 '천직'이 교육에 있다고 생각해 교육 사업을 통해 '하늘'에 대한 책무에 충실하고자 했다. 여기에서 새삼스럽게 교육 사업이라는 거창한 말을 쓴 것은, 그의 사숙인 칸기엔에서는 빈틈없는 교육 과정은 물론 도강都講, 학생회장을 비롯해 부감副監, 부학생회장, 사장舍長, 기숙사 사생회장, 주부主簿, 회계 담당, 전약典藥, 의료 담당, 위의감威儀監, 규율 담당, 경영감독經營監督, 기숙사 운영 담당, 신래감新來監, 신입생 담당, 외래감外來監, 통학생 담당, 장서감藏書監, 도서관 담당, 주소감酒掃監, 청소담당, 서기書記, 시사侍史, 잡무 담당에 이르기까지 직무 분담 '직분職分'이 그 학력과 재질에 따라 모든 숙생에게 할당되어 치밀하고 조직적인 사숙 경영이 이루어졌기 때문이다. 이러한 그의 사숙 경영은 그의 '천명天命'·'천직' 의식에서 유래한 것이었다.

7. 결론을 대신하여

이상 살펴본 것처럼, 탄소와 다산은 모두 '이심제심以心制心'에 얽힌

주관성을 극복하고자 했다. 그리고 양자가 함께 그 끝의 사상적 지평에서 발견한 것은 절대적 주재자로서의 '하늘[天]' 개념이었다. 양자의 하늘에 대한 이해에는, '천리天理'라는 형태로 인간의 마음에 내재화된 하늘이라는 측면보다는, 인간의 일거수일투족을 머리 위에서 끊임없이 지켜보고 감시하는 '상제'라는 측면이 강조되었다. '하늘'을 자신 안에 내재화하는 것, 이는 소위 양날의 칼과 같다. '하늘'을 내포한 마음, 그것은 자신 및 타자의 존귀성을 지탱하는 강력한 논리적 근거가 되기도 하지만, 한편으로는 인간의 오만함을 한없이 조장하는 논리도 될 수 있다. 탄소도 다산도 그 후자의 위험성을 잘 알았기 때문에, 인간이 미칠 수 없는 절대 타자로서의 '하늘'을 외재화하고 그 초월적 계기를 역설한 것이었다. 즉 양자 모두 초월적 신격으로서의 '하늘'을 부단히 마음에 담아 종교적 외포의 감정으로 그 절대 타자로서의 '하늘'과 마주하면서 자기를 규율하고, '하늘'로부터 하사받은 '명'을 엄숙히 완수해감으로써 인도人道를 실천하려고 했던 것이다.

하지만 또한 반대로 초월자적인 '하늘'에 대해 절대 의존의 감정으로 섬기고자 하는 것은 자칫 자기 주체성이나 자율성을 버린, 이른바 노예의 도덕에 안주하는 삶으로 전락할 위험성을 배제할 수 없다. 초월자에의 절대 귀의, 이도 또한 양날의 칼과 같다. 이 문제는 더욱 철학적으로 깊이 있는 고찰을 필요로 한다. 하지만 이는 앞으로의 과제로 남겨두고 싶다. 다만 탄소는 위대한 '하늘' 하에서 어디까지나 '자아' · '나'를 지워가고자 했지만, 다산은 '상제'를 강하게 의식하면서도 '하늘'이 인간에게 부여한 '자주적 권능'에 주목했다. 다산은 이를 '도심'으로 파악해 인간 주체의 자율성을 강조했다. 여기에서는 이 양자의 차이점에 대한 보다 심화된 고찰이 문제를 해결하는 열쇠가 되리라는 점을 지적해두고 싶다.

유교는 중국, 조선, 일본의 역사적 · 사회적 현실 속에서 각각 독자적 형태로 정착 · 전개되었다. 따라서 이 같은 역사적 · 사회적 배경을 무시한다면 그 실태가 완전히 해명될 수 없음은 물론이다. 하지만 동시에 유

교에는 각각의 지역적 특성을 초월한 보편 사상적 측면이 있다. 본고에
서는 국가를 초월한 동아시아라는 무대에서 어떠한 문제가 사상적 과제
로서 거론되고 논의·정리되어 왔는가 하는 시점을 통해 히로세 탄소와
다산 정약용과의 사이에 공통되는 사색의 전개에 대하여 검토해 보았다.

함태영(日本 國際基督敎大學 博士課程) 옮김

廣瀬淡窓と丁茶山
－「以心制心」「以礼制心」「以天制心」－

小島康敬*

儒敎は中國、朝鮮、日本の歴史的社會的現實のもとでそれぞれ獨自の形で定着展開していった。それ故に、そうした歴史的社會的背景を無視してはその實態は十分に解明できないことは言うまでもない。しかし、と同時に、儒敎は地域と歴史性を越えて、東アジアの知識人たちに共通の思考枠組みを提供した。その主要な一つが「心」とその修養法に關する言説である。これを「心法」論と呼ぶ。しかしこの「心法」論は、目が目それ自身を見ることが不可能なように、心で心を制することが果たして可能か、というアポリア難題を生む。この難題に對していかに應じ、克服しようとしたのか、それを18世紀韓國の儒者丁茶山と江戶期日本の儒者廣瀬淡窓を中心に考察した。茶山と淡窓が心法論を克服せんとしてその先に見いだしたのは、人格神的な超越者としての「天」の概念であった。今や、一國思想史を越えて東アジア思想史という共通の舞台で自國の思想史を捉え直す段階に來ている。

主題語：　茶山　丁若鏞、廣瀬淡窓、天、荻生徂徠、心法

はじめに

小川晴久氏は、東アジア世界には「實用」「応用」を旨とする近代の實學と

---

* 國際基督教大學

違って、「實心」を重んずる「もう一つの實學」の伝統があるとし、これを「實心實學」として再發見すべきことを提案している。本稿はこの「實心實學」という分析視角に依據するものであり、「實用實學」の展開を追うものではない。ところで「心」の「實」なる在りよう、「心」の修錬・工夫の問題をめぐって、宋・明儒學において活發に議論された。これを「心法」論と呼ぶ。この「心法」をめぐる言説には、目が目それ自身を見ることが不可能なように、「心を以て心を制する」ことが果たして可能か、というアポリア難問が最終的にまとわりついてくる。この難題に對していかに応じ、克服しようとしたのか、それを18世紀韓國の儒者丁茶山と江戸期日本の儒者廣瀨淡窓を中心に考察したい。今や思想史學においても、一國思想史を越えた東アジア思想史という視点から、自國の思想史を捉え直す段階に來ている。私は江戸期日本の知的世界の展開を「心」を重んじる考え方心法論と形礼樂論を重んじる考え方との応答のダイナミックな運動過程として捉えることをささやかながら試みてきた。1) しかし、そこでの考察対象は日本一國に限定されており、更に視野を廣げてゆくことが求められる。このことを踏まえ、本稿では、廣瀨淡窓と丁茶山との間に見られる、國を越えた思想営爲の共通性に着目して、考察を加えたい。

1. 「心法」から「礼樂」へ

- 徂徠學の登場と18世紀日本の思想動向 -

-18世紀の江戸日本、荻生徂徠1666-1728の學問世界への登場は衝撃的であった。当時の人をして「徂徠學にて世間一変す」2)と言わせしめるほどに、江戸の儒學界の様相は大きく轉回した。「修己」から「治人」へ、内なる「心」の世界から外なる「物」の世界へと、學者達の問題關心が移動する。

---

1) 拙著, 『(增補版)徂徠學と反徂徠』 ぺりかん社 1994年7月。
2) 湯淺常山, 『文會雜記』 卷之三上, 『日本隨筆大成』 一四 吉川弘文館 二八三頁。

　祖徠の高弟太宰春台1680-1747は中國と日本との儒學思想の流れを追いながら、この師祖徠の學說の革新性を次の旨・指摘している。儒教ではもともと「心性」を論ずることはなかった。ところが孟子が「心性」について議論しだし、孟子を受けて程氏や朱子は「心法」論心の本体を究明し、心の修養をはかることを唱え、これを學問の中心に据えた。これは本人達にとってみれば、「聖人の道」を學んでいるつもりかも知れないが、その實、仏說に泥んでこれを慕っているものに他ならない。陸象山、王陽明などの學說も、程・朱の學說とは異なるところもありはするが、しかし結局「心法を以て學と爲す」点では同工異曲である。従って、「程朱心法の說作つてより、今に至るまで六百餘年、儒者みな釋氏の徒」に成り下がっていると言わざるを得ない。近年、わが國で伊藤仁齋が宋儒を批判して「古學」を唱えはした。しかし仁齋は孟子を崇敬して孔子と並べ称しており、これは「心性の談」が孟子に淵源するものであって孔子本來の教えでないことが、彼に判っていない証據である。仁齋もまた「宋儒の党を出でざる」者でしかない。こうした「心法」の言說を否定し、それにかわる「礼樂」說を打ち立てたのが、他ならぬ「我が荻生氏の學」である。

　　我が荻生氏の學、作るに及んで、力めて宋儒心法の說を排して、而して詩書礼樂を以て教へとす。3)

　　この春台の見解は祖徠の登場によってもたらされた、「心法」說から「礼樂」說への江戸思想史上の大きな質的轉換を正確に讀みとっている。

---

3) 「內外教弁」『春台紫芝園稿』後稿九巻四丁、『近世儒家文集集成』6　ぺりかん社　一九五頁。

2. 文化的躾として「礼樂」

　徂徠の江戸儒學思想史上の畫期的な意義は、春台の言うように、それまで主流であった宋學の「心性」「心法」論を不毛な議論と切り捨て、それに代わるに「礼樂」論文化的範型の体得を前面に押し出した点にある。徂徠は言う。自分の心を自分の心で治めることは不可能である。[4]『書経』には「礼を以て心を制す」とはあるが、「心を以て心を制す」とは斷じて書かれていない。そのことの意義は限りなく大きい。人間の心は外部環境に「化する」のが本性だということを「聖人先王」は見抜き、知らず識らずの內に心を秩序づけてゆく文化的仕掛けを作って、外の秩序から心を誘導・統制しようとしたのである。「礼」と「樂」はその文化的仕掛けの主なるものであるが、その他諸々の文化的制度の總称が「道」なのである。「道」は宇宙の始まりとともに自然にあるのではなく、古代の先王達によって策定されたのである。それ故に「先王の道」と言うのである。從って、「先王の道」に隨順して行きさえすれば、「心」はそれに感化されて自ずと治まってくる、と。[5]

　徂徠は心それ自身による自己統制を主觀的で空疎なものとしてこれを放

---

4) 小島毅氏によれば、朱熹は心で以て心を把持することの取り止めのなさを認識するが故に、「敬を主として心を存す」という工夫を強調したのであり、この「敬」は外的行爲としての「礼」と不可分であり、從って朱熹は「聖人が立てた規則(規矩)を守ることによって心を定める存養の方法を說いた」と言う。それ故に朱熹がもし徂徠の朱子批判を讀むことができたのなら、「それこそ自分の言いたかったことであり、自分がそう批判されるのはきわめて心外だ」との感想をもったであろうと言う。小島毅「二つの心－朱熹の批判、朱熹への批判－」(『日本中國學會報』56集)。興味深い見解であり、確かにそういう面はあろうが、當然に徂徠は朱熹その人の本來の思想とその亞流に墮した一般的傾向としての朱子學とを區別しない。

5) この徂徠の主張を心の自律性を放棄した沒主体的な忌まわしき言說(例えば專制國家主義や軍事國家体制に親和的な思考)と見るか、近代が暗々裡に寄りかかっている自律、主体性といった價値意識に再考を促すものと見るか、見解は分かれよう。

棄し、外在的な文化規範による人間形成を目指したのである。それは「身」の構えが「心」の構えを培っていくと考えたからである。徂徠は身心を純粋に抽象化して、その關係を肉體としての身體と、それから分離された精神としての心、といった二項對立關係で捉えることはなかった。「身」はそのうちに文化を浸透させた具體的意味的存在であった。つまり、人間は純粋に抽象化された精神としての主體としてではなく、文化・風俗に浸された文化的身體の主體として考えられたのである。そうであればこそ、徂徠學においては、文化のあり方文化の型がそこに住まう人間の精神のあり方を規定すると考えられ、礼樂制度や風俗に特別な關心が拂われたのである。「先王の礼樂」という文化的範型を、知的に認識するのではなく、それを模し、それに習熟し、それを「身に得て」いくこと、これが徂徠學における眼目であった。

太宰春台はこの徂徠の考え方を過激な言い回しで次のように述べている。

> 聖人ノ敎ヘハ、外ヨリ入ル術ナリ、身ヲ行フニ先王ノ礼ヲ守リ、事ニ處スルニ先王ノ義ヲ用ヒ、外面ニ君子ノ容儀ヲ具タル者ヲ君子トス。其人ノ內心ハ如何ニト問ハズ。[6]

「內心」などどうでも良いといった向きに受け取られかねない言い回しであるが、もちろん春台の眞意はそこにあるのではなく、聖人が策定した「礼樂」に從って行けば知らず識らずのうちに心も制御され方向付けられてくる、そういう力が「礼樂」にあることを主張したかったのである。それは「心」を治める「術」としての「礼樂」の效用を鋭く洞察した發言だったのである。

それにしてもなぜ彼はかくも激しく「心法」を否定したのか。次の引用がそれに答えてくれよう。

> 制して制せられぬ物を强て制すれば、後には心に癖つきて病になり候。是

---

6)『聖學問答』卷之上、岩波日本思想史大系 『徂徠學派』 九五頁。

　を心疾と申候。されば世の中に心法を研んとて日夜工夫して、終に狂亂して廢
　人になる者折々有るは、心を攻る故の禍にて候。7)

　　ここには、得体の知れぬ心をこれまた得体の知れぬ心で制することに疲
れた春台自身の苦い体験が語られているのかも知れない。とすれば、「心疾」
を病み「狂亂して廢人」にもなりかけた自分を救ってくれた、その師徂徠の礼
樂論を喧伝しないでおられようか。春台は徂徠に增して、「心法」論を激しく
排撃する。
　　以上、縷々述べて來たことを今一度確認しておこう。「心法」論から「礼樂」
論への思考パラダイムの轉換、これが18世紀前半の日本の儒學思想界を席卷
した徂徠學の基本テーゼであった。

3. 心法論への丁茶山の姿勢

　　では、徂徠・春台のような礼樂重視の考え方は、視野を日本に限らず東
アジア儒學世界全体に廣げた場合、他に類を見ないものなのであろうか。徂
徠學の思想との類似性という觀点からすると、管見の限りでは宋の永嘉學派
の葉適1150-12238)と李朝朝鮮の丁茶山1762-1836とが思い浮かぶが、ここでは
後者の丁茶山と徂徠・春台との間での思想の比較を以下試みたい。
　　徂徠・春台と茶山との間には繋がりがある。茶山はその著『論語古今注』
で仁齋の『論語古義』、徂徠の『論語徵』、春台の『論語古訓外伝』での注釋を
少なからず引用参照している茶山は春台の『論語古訓外伝』を通して仁齋と徂
徠の學說を引いている。9) 引用は是々非々であり、これをもって直ちに日

---

7)『弁道書』、『日本倫理彙編』 卷之六　二一九頁。

8) 葉適と徂徠との思想を比較した論考については、楊儒賓「葉適と荻生徂徠」(楊
　儒賓・張寶三編『日本漢學研究初探』 勉誠社　2002年)がある。

9) 河宇鳳氏によれば、仁齋、徂徠、春台からの引用回數はそれぞれ3回、50回、
　148回になる。河宇鳳　『朝鮮實學者の見た日本』(ぺりかん社　2001年)。

本古學派から茶山への思想の授受影響關係を論証するのは早計であろう。し
かし、茶山が日本古學派の學問・思想を意識していたことは確かである。

　茶山は「以心制心」の不可能性の問題を徂徠や春台ほどに明確に主題化し
ていない。なぜなら、茶山は心の自律的統制能力に關して、徂徠や春台ほど
にペシミスティックな考え方をもっていなかったからである。しかしそれに
しても、茶山も「以心制心」にともなう問題性については認識していた。彼の
次のような發言を見てみよう。

　仏氏治心の法は心を治めるを以て事業と爲す。而して吾が家の治心の法
は事業を治めるを以て治心と爲す。誠意・正心は學者の極工と雖も、每に事
に因りて之を誠にし、事に因りて之を正す。未だ壁に向い觀心し、自ら其の
虛靈の体を檢し、湛然として空明、一塵不染たら使むるにあらず。曰に誠意
正心なる者は、其の父に孝たらんと欲する者の一溫を察するに必ず誠にし、
一淸を察するに必ず誠にし、一甘旨を具するに必ず誠にし、一衣裳を濯する
に必ず誠にし、酒肉以て賓を養するに必ず誠にし、幾たびも諫めて過ち無か
ら使むるに必ず誠にす。斯れを之れ誠意と謂う。其の長に弟たらんと欲する
者は、一召に趨むくに必ず誠にし、一問に對えるに必ず誠にし、一勞役に服
するに必ず誠にし、一几杖を奉ずるに必ず誠にし、酒食有りて之を饌するに
必ず誠にし、學業を受け之を修めるに必ず誠にす。斯れ之を誠意と謂う。之
れを以て君に事え、之れを以て友に交わり、之れを以て民を牧す。其れ其の
意を誠にする所以は皆行事に在り。徒だ意なるのみならば以て誠を言う可か
らず。徒だ心なるのみならば以て正を言う可からず。原漢文　以下同じ[10]

10) 「佛氏治心之法、以治心爲事業、而吾家治心之法、以事業爲治心、誠意正心、雖
　　　學者之極工、每因事而誠之、因事而正之、未有向壁觀心、自檢其虛靈之體、使
　　　湛然而空明、一塵不染、曰此誠意正心者、欲孝於其父子、察一溫必誠、察一淸
　　　必誠、具一甘旨必誠、濯一衣裳必誠、酒肉以養賓必誠、幾諫使無過必誠、斯之
　　　謂誠意也、欲弟於其長者、趨一召必誠、對一問必誠、服一勞必誠、奉一几杖必
　　　誠、有酒食餞之必誠、受學業修之必誠、斯之謂誠意也、以之事君、以之交友、

ここで茶山は「誠意正心」は、坐禪のように面壁して自己の心を內省し、心に一点の汚れをもなくすというような事態をさすのではなく、日常の一つ一つの所作行爲を疎かにせず、その實踐の中で心を誠にし、心を正してゆくことだと述べている。「誠意」「正心」は何らかの事柄行爲との關わりの中でしか確証し得ないのである。つまり「意」をそれ自体として誠にし、「心」をそれ自体として正してゆくという方法を彼は認めない。茶山は言う。「今の人、心を治めるを以て誠意とし、直ちに虛靈不昧の体を把えんと欲し」て、靜坐默想に勵もうとするが、それは「坐禪に非ずして何ぞ」、と。從って、「居敬」の工夫についても「物に接して後に敬の名ここに生ず」るものであるとし、どこまでも對象との關わりの中で捉える。更に茶山は言う。意を誠にするにしても、心を正すにしても、それは他者との關わり「人倫」を前提とした上での工夫であり、この關係性を抜きにして自己が自己に向き合うような修養の仕方で勵んでも、それでは捉え所がなく、その果ては「坐禪の病」に陥るのが關の山だ、と。「坐禪の病」、茶山はそれを「心疾」と呼んでいる。11) すなわち精神の病をきたすことになると警告しているのである。先に言及したように、太宰春台も「心を以て心を制する」宋學流の治心の方が「心疾」を招くことを指摘していたし、伊藤仁齋が青年期に陥った精神的混迷もそれが要因だったと思われる。

　この点において、茶山の思想は仁齋、徂徠、春台らの宋學批判の主張と近似してくる。茶山は朱子の「性卽理」說を採らない。「性」は天理が人間の心に宿った「虛靈なる心の本体」というようなものではない。そう理解するところから、その「性」を內觀把持せんとする禪的思惟に陥るのである。茶山は「性者人心之嗜好」と定義する。つまり茶山にとって「性」とは、人の心が何か好きなものへと向かう傾向性といった程度の意であり、人間の心にもともと

以之牧民、其所以誠其意、皆在行事、徒意不可以言誠、徒心不可以言正」「大學公議」卷一、九丁表『增補與猶堂全書』2 景仁文化社 五頁。
11)「大學公議」卷一、一三丁裏『增補與猶堂全書』2 景仁文化社 七頁。

先天的に内在する価値の根源といった重い意を持たない。従って茶山からすれば、「仁義礼智」というのも心に先天的に備わった徳「心之玄理」ではなく、道徳的實踐の結果に付けられた名前に過ぎない。[12]　茶山は『論語古今注』で朱子の「仁」について解釋を次のように退けている。

　　集注に曰く、仁は本心の全德なり、と。案ずるに、仁は人なり。二人して仁と爲す。父子にして其の分を盡くせば則ち仁なり。君臣にして其の分を盡くせば則ち仁なり。夫婦にして其の分を盡くせば則ち仁なり。仁の名は必ず二人の間に生ず。只一己なれば則ち仁の名は立つ所無し[13]

　「仁」とは自分一人の心の內にある德ではなく、他者とのアクティブな關わりにおいて實現された行爲行動に對する名だ、というのである。

　ここでの茶山の朱子學批判は徂徠や春台のそれと通ずるものがある。宋學の心性論・修養論を自閉的で觀念的であり、それは仏教の殘滓である[14]とする点で兩者は共通の認識に立つ。

　さて、それでは宋學の心性論に批判的であった茶山は、徂徠・春台のように、心に価値の源泉を何ら認めず、「先王の礼樂」といった外在的規範による心の統制「以礼制心」という方向に考えを進めていったのであろうか。この問題は微妙である。この点を次に考察してみたい。

---

12)「仁義礼智之名本起於吾人行事、並非在心之玄理」『中庸講義』　卷一　二丁裏、『增補與猶堂全書』2 景仁文化社　六一頁。
13)「集注曰、仁者本心之全德、案、仁者人也、二人爲仁、父子而盡其分、則仁也、君臣而盡其分、則仁也。夫婦而盡其分、則仁也、仁之名必生二人之間、只一己則仁之名無所立」『論語古今注』卷六、三丁表、『增補與猶堂全書』2 景仁文化社　二六六頁。
14) 茶山は「眞体本然說本出於首楞嚴經、先聖論心本無此語」(『大學公議』三〇丁裏　三〇頁)と、宋學の本然氣質の說はもともと仏典「首楞嚴經」から出たものであり、儒家本來の言說ではないとする。この点も、程・朱の言說は仏教の燒き直しでしかないとする春台の主張と共通する。

4. 茶山における「礼」と「心」

周知のように、茶山はその著述「五學論一」で、「理」「氣」「性」「情」「体」「用」「已發」「未發」等々といった概念を玩んで徒に形而上的思弁に耽っている今時の「性理の學を爲す者」を嚴しく批判している。性理學の觀念性とその内省的修養方法を否定して、茶山が求めたのは経世致用の學としての儒教の在り方であった。そのことは彼の『大學』解釋にもよく表れている。彼は『大學』を將來政治の任を担う胄子天子の嫡子・庶子と三公諸侯の嫡子を教えた中國古代の教育施設であったとする。15) 大學は庶民大衆が關与する場ではなかった。なぜならそこでの教育の主たる内容は「治國平天下」だったからである。徂徠は『大學』を天子諸侯が建てた學校と解し、爲政者育成の爲の教育施設と捉えた16)が、この点でも茶山と徂徠の大學解釋は近似する。両者にとって儒教は道德論ではなく、すぐれて天下國家を統治に關わる學であった。

では、茶山は國家の統治についてどのような考えを抱いていたのであろう。

先王は礼を以て國を爲し、礼を以て民を道く。礼の衰えるに至りて法の名、起こる。法は以て國と爲す所以に非ず。民を道く所以に非ざる也。諸れを天理に揆りて合し、諸れを人情に錯いて協ふもの、之を礼と謂ふ。之れを威すに恐るる所を以てし、之れに迫まるに悲しむ所を以てし、斯の民をして兢兢せしめ、然して敢えて干かす者の莫からしむるもの、之を法と謂ふ。先王は礼を以て法と爲し、後王は法を以て法と爲す。斯れ其の同じくせざる所なり17)

---

15) 中純夫「丁若鏞の『大學』解釋について--李朝實學者の經書解釋--」『京都府立大學學術報告--人文・社會』第54號 2005年。
16) 澤井啓一「東アジアのなかの徂徠『大學』解釋」『季刊日本思想史』第70号。
17) 「先王以礼爲國、以礼道民、至礼之衰、而法之名起焉、法非所以爲國、非所以道民也、揆諸天理而合、錯諸人情而協者、謂之礼、威之以所恐、迫之以悲、使斯民兢兢、然莫之敢干者、謂之法、先王以礼而爲法、後王以法爲法、斯其所不同也」『経世遺表』卷一 一丁表、『增補與猶堂全書』5 景仁文化社 一頁。

　強制力をもって人を脅しつける「法」ではなく、「天理」「人情」に適った「礼」
による統治こそが「先王」のとった方法であるというのである。つまり茶山は「德
治」でもなく「法治」でもなく、「礼治」を最も理想的な統治理念としたのであ
る。18)　それ故、彼が『経世遺表』で体制改革構想の理論的根據を『周礼』に求
めた19)のはごく当然のことであった。

　すでに、言及したように、徂徠・春台も「礼樂」制度による統治を理想と
した。「礼樂」政治がなぜ優れているか。言葉で一つ一つ道理を說いて民を教
え込むのは余りに迂遠であり、非現實的である。だからといって法と刑罰を
もって力ずくで從わせるのは一時的には良いかも知れないが、そのような威
壓的なやり方はいずれ反發をまねき長續きしない。礼樂には知らず識らずの
內に人々の內面を方向づけ秩序付けてゆく感化力があり、この点において德
治や法治に優る。徂徠は言う。

　　先王は言語の以て人を教ふるに足らざるを知るや、故に礼樂を作りて以て
　　これを教ふ。政刑の以て民を安んずるに足らざるを知るや、故に礼樂を作りて
　　以てこれを化す20)

　さてこのように見てくると、〈「心法」から「礼樂」へ〉という思考パラダイ
ムの轉換は徂徠・春台と同じく茶山にも共有された問題であり、この点にお
いて兩者の思想には共鳴するものがあったと言えよう。しかし、当然のこと
それは共鳴であり、完全な同調ではなかった。茶山は徂徠・春台の余りに極
端な心法否定論には大きな疑問を投げかけ、急所を突いた批判をしている。

　茶山は『論語古今注』で「心」に一切の內在的価値を認めない春台の考え方
を批判して言う。

18)　朴忠錫「李朝後期における政治理念の展開(二)」『國家學會雜誌』第88卷 11・12号。
19)　權純哲「茶山の王朝体制改革構想と経學」『山口大學哲學研究』13卷 1994。
20)　『弁名』、岩波日本思想史大系『荻生徂徠』七〇頁。

礼義は存すと雖も、我れ苟も道心を以て之れに從はざれば、則ち何を以て
礼義を行はんや[21]

　茶山はここで、「礼」に從って、「心」を制しようとする際の、その制しよ
うとする主體、それはつまるところ「心」ではないのか、という本質的な問題
を提起している。礼に從おうとする主體の「心」を前提にしなければ、礼は行
われない。早い話が禽獸と人とを比べれば良い。どんなに優れた「礼」制度が
あろうとも、禽獸は「礼」を受け入れることはないが、人は「礼」を受け入れる
であろう。禽獸と違って人が「礼」を受け入れることが出來るのは、人には禽
獸とは質の違う、人としての「心」があるからである。その「心」を「道心」と呼
ぶのである。「礼義は存すと雖も、我れ苟も道心を以て之れに從はざれば、
何を以て礼義を行はんや」という茶山の言説はこのように理解できよう。[22]
茶山は、人は禽獸と違って、自らにおいて善惡を判斷し行爲する能力が賦与
されているとする。

　　　人の善惡に於けるや、自ら作す。其の能く自ら主張するを以て也。禽獸の
　　善惡に於けるや、自ら作すこと能わず。其の然らざるを得ざるを以て也[23]

　人にのみ賦与されたこの權能を茶山は「自主の權」「心の權」[24]という用語

---

21) 「案、范氏之所謂志、朱子之所謂理、皆道心之謂也、礼義雖存、我苟不以道心
　　從之、則何以行礼義哉」『論語古今注』卷八、『增補與猶堂全書』2 景仁文化社
　　三三〇頁。

22) 江戸日本の思想史の文脈においても、ここでの茶山の主張と同じように、徂
　　徠・春台の礼至上主義的な考え方に對する批判が少なからず展開された。そ
　　れについては拙論「反徂徠學の人々とその主張」(增補版『徂徠學と反徂徠』　ぺ
　　りかん社　1994)を參照。

23) 「人之於善惡、皆自作、以其能主張也、禽獸之於善惡、不能自作、以其爲不得
　　不然也」『孟子要義』卷二　一九丁表『增補與猶堂全書』2 景仁文化社 一三五頁。

24) この「自主の權」は小川晴久氏が言うように、確かにルネサンス期の神學者ピ

をもって更に明確に概念化してゆく。

　　天の人に於けるや、予ふるに自主の權を以てす。其の善を欲すれば則ち善
　を爲し、惡を欲すれば則ち惡を爲さしむ。游移不定、其の權は己に在り。禽獸
　の定心有るに似ず。故に善を爲すも則ち實に己の功爲り。惡を爲すも實に己の
　罪爲り。此れ心の權也。所謂性に非ざる也[25]

　人には禽獸と違って善惡を自らの意思において選擇する「心の權」が賦與
されている。ということは、人は自己の行爲における一切の道德的責任を自
らが負っているということでもある。茶山はこのように善につくか惡につく
かは自らの「心の權」に委ねられているとした。
　徂徠・春台にはこのような心の自律性を認める發想はない。徂徠・春台は「
心」は善に交われば善に、惡に交われば惡へと、心は「移る」ことをもって本
性とするので、それ故に外部環境を整序してつまり「先王の礼樂」制度の再
興、よき方向へと心を誘導してゆくのだと考える。徂徠・春台の「心」の捉え
方は余りに他律的であった。[26]

　　　コ・デラ・ミランドラのかの有名な演說原稿(「人間の尊嚴について」)を想起さ
　　　せる。ピコは「神は人間に自由な選擇の能力を與え、自己の生き方を自由に
　　　選ばせるようにした。人間は自由意志によって動物に墮落することも、神と
　　　の合一にまで高まることもできる。人間がみずからの自由意志で自分自身を
　　　形成してゆく所に、人間の尊嚴の根據がある」と說いた。小川氏は、茶山は
　　　中國の古典(特に『孟子』)から「自主」の概念を紡いできているが、しかしそれ
　　　はもともと彼に『天主實義』を始めとする天主教書からの影響が先にあって、
　　　そのキリスト教的視點から中國古典にある同種の視點の再發見・再評價に向
　　　かったものと指摘する。傾聽すべき見解である。小川晴久 「丁茶山の経學解
　　　釋とキリスト教」(東大中國學會『中國-社會と文化』卷14 1989年)。
　25)「天之於人、予之以自主之權、使其欲善則爲善、欲惡則爲惡、游移不定、其權
　　　在己、不似禽獸之有定心、故爲善則實爲己功、爲惡則實爲己罪、此心之權
　　　也、非所謂性也」『孟子要義』卷一 三四丁裏-三五丁表、『增補與猶堂全書』2 景
　　　仁文化社 一一一頁。

　他方、茶山は「心」の自律性・自發性を重んじた。そうした自律性・自發性を持った心を『尙書』大禹謨篇の「人心惟れ危く、道心惟れ微なり」を典據に「道心」と捉えたのである。27)　では、最初の問いに立ち返って、茶山は「以心制心」に伴う論理的アポリア、すなわち制する心と制せられる心との分裂の問題にはどのように挑んだのであろうか。茶山においては天を「理」としてではなく、「上帝」という人格神的な捉え方をしたことによってこの問題は解決されることとなったと考えられる。

　茶山は「天」を畏敬の對象とし、「天」を「理」と捉える宋學の說を退ける。

---

26)　江戸思想史の文脈においても、こうした心の自律性を認めない徂徠・春台への批判として、礼を受容し實踐する主体としての「心」の先行性を主張する茶山のような言説はいくつかある。その中でも發想様式において茶山との符合性を強く感じさせるのは、儒學者であり兵學家でもあった松宮觀山(1686－1780)の說である。觀山は「默座澄心、內にばかり求むるは空理にして事に益なし」と仏教や朱子學亞流を批判し、返す刀で「外にばかり求むる者(徂徠學をさす)は事に著して神心の妙を知らず」(『士鑑用法直旨抄』、『松宮觀山全集』三卷　第一書房　七九頁。)と徂徠學を批判する。彼は「神心の妙」という獨自の概念を使って、「心」と「形」(礼)の統合を目論んでいるが、觀山が徂徠學を批判する上で「神心」を持ち出してきたのは、茶山が「道心」をもって徂徠・春台に見られる礼至上主義的言説の矛盾を突いたのと同じ位相にあろう。

27)　李光虎氏は、茶山が朱熹の性理學を全面的に否定しながらも、34歳以降李退溪に私淑して退溪の心學的な理氣への理解を深めたことで、性理學とある程度の和解ができ、「人心－道心」說を中心とした道德論を形成したと指摘する。その際に先にキリスト教の教義に接した上で退溪を理解したことが、性理學との和解にも作用したとする。これは儒教的教養を土台にキリスト教を受容したという視点ではなく、キリスト教の受容が逆に儒教的天の再解釋再發見を促したとする視点からの見解であり、刺激的で説得力がある。李光虎「退溪李滉の心學的理學が茶山丁若鏞の道德形成に及ぼした影響」『論文集　實心實學思想と國民文化形成』(2006年10月14日、二松學舍大學で開催されたシンポジウムでの日本語版報告書)。この論考の韓國語版は同名のタイトルで韓國實學學會誌『韓國實學研究』　第12号(2006年12月)に収錄されている。経世思想家、實學者として知られる茶山が「心」を主題化して論じた『心経密驗』(李退溪に大きな影響を与えた眞德秀撰『心経』への解説書)のような著作に取り組んでいる点に、朝鮮儒學に見られる心學・理學の伝統的厚みを感じる。

それはなぜか。「天」を「理」と解すれば、天は人間の認識下におかれ、畏怖の
對象でなくなってしまうからである。「天」は「上帝」であり、頭上から人間の
一擧手一投足を監視している。故に人はその「天」からの眼差しを常に意識
し、「天を敬い」「天に事える」ことが必要である、28)　と茶山は言う。

　　　古人は實心をもって天に事え、實心をもって神に事え、一動一靜一の念の
　　萌し、或いは誠、或いは僞、或いは善、或いは惡、之を戒めて曰く、日に監て
　　ここに在り、と。故に其戒愼恐懼、愼獨の切眞切篤、實に以て天德に達す。29)

　ここには茶山の思想のエッセンスが見事に語られている。ここで注目し
ておきたいのは、茶山が「天」と「實心」とを結びつけて思索を深めている点で
ある。或いは善へ、或いは惡へと心が萌し搖れ動くその瞬間その瞬間に、頭
上から自分を見下ろしている「天」、その天からの視線を強く「心」にあて、「戒
愼恐懼」して心を正して行けというのであろう。いわば、これは「天を以て心
を制する」立場と言えようか。茶山自身はそのような言い方はしていない。
しかし、彼の言わんとするところを煮詰めれば、そういうことになろう。茶
山の思想においては、超越的な絶對他者「天」への畏怖の念を介して謙虚に自

---

28)　山内弘一「丁若鏞の事天の學と修己治人の學について」『朝鮮學報』 121輯　1986
　　年10月。茶山が「天」を「上帝」とする人格神的に理解したことについては、イ
　　エズス會宣教師マテオリッチの『天主實義』からの影響を見逃すことは出來な
　　い。しかし、後に論ずるように、廣瀬淡窓はキリスト教の影響を全く受け
　　ず、儒教的な文脈の中で人格神的な天觀を持つに至ったのであり、この点か
　　らすると人格神的な天の捉え方があればそれを直ちにキリスト教の神觀念か
　　らの影響とすることには愼重でありたい。しかし、茶山の場合は経歴からし
　　てもキリスト教からの影響は決定的である。日本では原始儒教に見られる主
　　宰者としての「天」概念をベースにキリスト教の「神」概念を理解し、「敬天愛人」
　　を説いた人物として中村正直(号は敬宇、1832－1891)がよく知られている。
29)　「古人実心事天、実心事神、一動一静一念之萌、或誠或偽或善或悪、戒之
　　日日監在茲、故其戒慎恐懼、慎独之切真切篤、実以達天徳」『中庸講義』巻
　　一　二一丁表『増補與猶堂全書』2 景仁文化社 七一頁。

分の心を正してゆくといった媒介回路をとることによって、「心を以て心を制する」ことにまつわりつく主觀性が克服される構図となっていたと考えられる。

5. 廣瀬淡窓の「敬天」思想―「天」と「心」―

以上述べてきたような茶山と同じような思考回路をとった儒者として、九州の日田で『咸宜園』という塾を経營し、多くの門弟を集めた廣瀬淡窓1782~1856はもっと注目されてよい。30)

淡窓の思想の中核にあるのは「天」への畏敬の念である。その著『約言』では「敬天」の意義が集約的に説かれている。淡窓は天を「理」として捉える朱子學的な天の理解を退け、人格神的な主宰者として天を捉える徂徠學的な天の理解を継承しつつ、更にそれを深めた。31)

徂徠は「天は卽ち理なり」とする朱子の說を激しく批難した。徂徠によれば、「天」は「万物」が「命を受くる所にして、百神の宗なる者」であり、これに

---

30) 江戸後期の儒者、教育者で漢詩にも長じた。天領の豊後國日田郡日田の豆田町に九州諸候の御用達町人(屋号は博多屋)であった父廣瀬三郎右衛門と母ぬいの長男として生まれる。幼名は寅之助、長じては求馬。名は簡、後に建。字は初め廉郷、後に子基と改める。淡窓はその号である。他に青溪、苓陽、遠思樓主人等も用いた。16歳の時に龜井塾に入門し、南冥・昭陽父子(徂徠學系)に師事するも、病を得て二年足らずで歸郷。以後獨學で精進し、文化2年(1805年)開塾。塾は成章舍、桂林園を経て、14年(1817年)に咸宜園へと移轉發展し、全國各地から三千人程の入門者が集った。「咸宜」とは詩経に由來し、「みな宜しきにあう」の意。塾では入門時における身分・學歷・年齢が一切問われず、入塾後の學習の成果に応じて優劣を決める「三奪の法」の教育方法が嚴格にとられた。その爲に月例試驗による成績評価(「月旦評」)に基づいた一級から九級までの進級制度が設けられ、在級の等差によって塾生活での職務が分掌されるなど、組織的で計畫的な塾経營がなされていた。

31) 拙論「廣瀬淡窓の敬天思想-徂徠を手がかりに-」増補版『徂徠學と反徂徠』ぺりかん社 1994年。

凌ぐものはない。「天」は人にとって不可知の存在である。宋儒が「天」を「理」とする説は、一見「天」を尊んでいるように見えるが、實は「私智を以て天を測る者」であり、「不敬の甚だしき」ものである。天は知の對象とすべき性格のものではなく、ひたすらに畏敬の對象とすべきものである。それ故「先王の道は、天を敬するを本」[32]としたのである。徂徠はこれ以上に「天」を語ろうとしない。徂徠が饒舌に語ったのは、その「天」から「命」を受けて「聖人先王」が作った「道」「礼樂」であった。この「礼樂」制度をもって内なる心を方向付け導いて行くべき事を説いた「以礼制心」。

　ところで、問題はこの先である。徂徠にとっては「聖人の道」は価値の絶對的根據として確信されていたが、徂徠以後の思想界においてはこの「先王の道」の權威が動搖失墜してくる。「先王の礼樂」はすでに崩壊しており、それをもって価値の基準値することは非現實的であるとの徂徠批判や、何も中國の礼樂を規範に仰ぐ必要はなく、古來日本には日本に見合った規範がこれがいわゆる國學者が説く「古の道」があり、それに回歸すれば良いとの言説も出てくる。

　このような思想的狀況にあって、淡窓は先王が制定した礼樂規範の更に根源にあるものとして「天」を捉え、この超越的な「天」への絶對隨順によって心を制すべきことを説いた。「天」は人間の吉凶禍福をつかさどり、一切の者をしてかくあらしめている絶對的存在者である。人はその「天」からの眼差しを不斷に心にとめ、かくあらしめている「天」に對して畏敬と隨順の念をもって生きるべきであるとして、「天」と「心」との結びつきの回路を模索したのである。

　淡窓は言う。「天ノ字ハ一大ト書キテ、一ノ大ナル物ト云義」であり、「天ハ万物ノ命ヲ制スル者」である、と。すなわち唯一無二の超越的存在者、それが「天」である。そして更に言う。「天」を「理」と捉え、その「天理」が人の「心」にも内在するが故に、「理」の宿った「心性ヲ研究スルコトヲ學問」とする

32)『弁名』岩波日本思想史大系『荻生徂徠』九六頁。

のは、「敬天ノ義ヲオロソカニスル者」である、と。[33]　朱子學的な天の理解
は「天」への畏敬の念を喪失させるものとして否定されている。淡窓はその「敬
天」思想において「天に事える」意識の徹底を説く。「天に事える」ということ
は、例えば、慈悲を施すという行爲一つをとっても、「慈悲心」よりそれをな
す場合と「天に事える」意識からなす場合とでは、後者が前者に優ると淡窓は
言う。確かに慈悲の實踐は時として慈悲という言葉の背後に隱れたメサイア
コンプレックスを滿足させようとする欲望がその正體であることが多い。「天
に事える」ということは、万物をかくあらしめている「天」に隨順して「我」を
去って生きることである。「窺測の私を去り、敬畏の誠を行へば、則ち天の
天たる所以、我またこれを知るに庶幾からんか」。[34]　徹頭徹尾「私」を消去し
ていったとき、自分のこととしてある生の營みは實は「天」から賜ったものだ
という意識の地平が開かれてくる。淡窓はこのことを次のようにいう。

　　　天を敬するものは、敢へてその生を有せざるなり。目の視、耳の聽、四肢
　　の運用、心識の知覺は、皆天機の動く所、我に於て何か有らん。・・・・生な
　　るものは天の有にして我これを仮る[35]

　　ここでは、〈生きる私〉から大いなる存在者「天」によって〈生かされて
いる私〉へと、大きな意識轉換がなされていると言えよう。「生」は私に屬す
るのではなく、「天」に屬する。故に「天を敬する」者は「造物者の徒」なのであ
る。一切の主宰者である「天」への絕對依存の感情、それは淡窓の生死をさま
ようほどの體驗からの確信に由來する。このような次元で語られている「天」
の概念は限りなくキリスト敎の「神」に近づく。無論、キリスト敎は淡窓の關
知する所ではなかったが。

---

33)『約言或問』增補『淡窓全集』中卷(思文閣)二頁。
34) (完本)『約言』、增補『淡窓全集』中卷(思文閣)七頁。
35) (完本)『約言』、增補『淡窓全集』中卷(思文閣)五頁。

淡窓は「敬天」の敬と「持敬」の敬とは違うことを力説する。「持敬」は精神の集中であり、「他事ニ心ノ散亂セザル」ことである。他方、「敬天」は「尊崇敬意」の意である。「天ハ高キニ在リト云ヘドモ、下キニミル。故ニ一タビ手ヲ動カシ一タビ足ヲ擧グルニモ、不敬ノ事アレバ、上天ノ照覽ヲ憚カラヌナリ。幽室闇夜無人ノ境ト云ヘドモ、天ノ見玉ハザル所ナシ。敬畏ノ心片時モ忘ルベカラズト。是敬天也」。そして次のような嚙み碎いた比喩をもって說明を加える。禁酒をしようとする際に、「己が心を以て己が酒をやむるは、猶持敬する者の、己が心を以て己が身を持するが如し」で、これでは取り止めなく、禁酒は難しい。それに對して、「神罰を畏れて己が酒をやむるは、猶天を敬する者の、天威を以て己が身を正すが如し」であり、これなら禁酒も難しくはない。「是我敬天を本とする所以なり」[36]である。淡窓は「天」からの眼差しを絶えず意識して行爲することのうちに、心法論に潜む主觀性の問題を克服しようとするのである。それは心法の問題を道德的次元から宗教的次元へと昇華せんとすることであった。淡窓は言う。

　　人心の明、能く善を善とし、惡を惡とするを知る。誰か善をなし惡を去るを思はざらんや。ただその惡なるものも、また我が心なり。我が心を以て我が心を攻むるは、なほ左手、右手と鬪ふが　ごときのみ。ここを以て君子は、心を專らにし志を一にし、敬んで上天に事へて、以て惡に克ち、善を存するを求む。上天感應して、以てこれを祐くるありて、善は自ら殖り、惡は自ら亡ぶ。これを天その衷を誘ふと謂ふ。天すでに衷を誘へば、我が心卽ち天なり。あに惡あらんや。・・・もし本心の明を恃みて、天祐を仮らざれば、なほ明の能く恃みて、太陽の光を仮らざるがごときなり、それ大澤に陷入らざるもの、殆んど稀なり[37]

36)『約言或問』增補『淡窓全集』中卷(思文閣)一五頁。
37) (完本)『約言』、增補『淡窓全集』中卷(思文閣)五頁。

　ここには「天」という超越的絶對他者との結びつきを常に心にとめ、それに照らして自分の心を制してゆく方向性が良く示されている。淡窓は超越神的な「天」からの眼差しを絶えず意識して、自己修養を積み社會的實踐に勵んだ。自己修養といっても、朱子學のような內省的方法は彼のとるところではなかった。淡窓は日々の具体的行爲を吟味計量するという形で一万の積善に勵んだ。すなわち彼は明の袁了凡の『陰隲錄』攻過格にならって、日々の善行を白丸、惡行を黑丸で表記し、月々に白黑の數を相殺集計して、その白丸の數が一万に達するまで、善行を積んで天助を祈ったのである。その記錄が『万善簿』である。また社會的實踐においては、人は誰しも「天」から命ぜられた「職」がある「人格天職アリ」として、その「天職」への勵行を强調した。彼自身は自分の「天職」は教育にあると考え、教育事業をもって「天」への務めを十全に果たさんとした。ここでことさら教育事業という大げさな言葉を使うのは、彼の私塾咸宜園では、行き届いた教育カリキュラムはもちろんのこと、都講を始め、副監、舍長、主簿、典藥、威儀監、経營監督、新來監、外來監、藏書監、酒掃監、書記、侍史に至るまでの職務分担「職分」が學力才器によってすべての塾生に割り振られて、緻密で組織的な塾経營がなされているからである。こうした彼の塾経營は彼の「天命」「天職」意識に由來するものであった。

結びにかえて

　以上、見てきたように淡窓も茶山も、「以心制心」にまとわりつく主觀性を克服せんとした。そして兩者がともにその先の思想的地平に見いだしたものは、絶對的主宰者としての「天」概念であった。兩者の天の理解においては、「天理」という形で人間の心に内在化された天という側面よりは、人間の一擧手一投足を頭上にあって絶えず見張りまた見守っている「上帝」という側面が强調された。「天」の自己への內在化、それはいわば兩刃の劍である。「

「天」を宿した心、それは一方で自己及び他者の尊貴性を支える力強い論理的根據ともなるが、他方では人間のヒュブリス傲慢さを限りなく増長させる論理ともなり得る。淡窓も茶山もその後者の面の危うさを知悉するが故に、人間の及び得ぬ絶對他者として「天」を外在化し、その超越的な契機を力說したのである。すなわち兩者ともに超越的神格としての「天」を不斷に心に留め、宗教的畏怖の感情をもってその絶對他者としての「天」と向かい合って己を律し、「天」から下され與えられた「命」を嚴肅に果たしてゆくことをもって、人道の實踐としたのである。

　しかし逆にまた、超越者的な「天」に對して絶對依存の感情をもって仕えんとすることは、ともすれば、自己の主体性や自律性を放棄した、いわゆる奴隷の道德に安住する生き方に墮する危險性がないではない。超越者への絶對歸依、これもまた兩刃の劍である。この問題は更に哲學的に深く考察されるべきであるが、それは今後の課題としたい。ただ、その際に、淡窓は大いなる「天」のもとにどこまでも「我」「私」を消去してゆこうとしたが、茶山は「上帝」を強く意識しながらも、「天」が人間に付與した「自主の權」に着目し、それを「道心」として捉え、人間主体の自律性を強調しており、この兩者の相違点の更なる考究が問題を解く鍵となることを指摘しておきたい。

　儒教は中國、朝鮮、日本の歷史的社會的現實のもとでそれぞれ獨自の形で定着展開していった。それ故にそうした歷史的社會的背景を無視してはその實態は十分に解明できないことは言うまでもない。しかし、儒教には同時にそれぞれの地域的特性を越えた普遍思想の面がある。本稿では國を越えた東アジアという舞台でどのような問題が思想的課題として取り上げられ煮詰められたかという視点から、淡窓と丁茶山との間の通底する思索の營みについて檢討を加えた次第である。

參考文獻

1.　資料

『增補與猶堂全書』(景仁文化社),『岩波日本思想史大系 徂徠学派』,『淡窓全集(增補)』(思文閣),『近世儒家文集集成』(ぺりかん社),『日本倫理彙編』,『松宮観山全集』(第一書房)

2.　論著

小島康敬(1994)、『(增補版)徂徠学と反徂徠』、ぺりかん社。

小島毅、「二つの心－朱熹の批判、朱熹への批判－」、『日本中国学会報』56集。

楊儒賓・張寶三編(2002)、『日本漢学研究初探』、勉誠社。

河宇鳳(2001)、『朝鮮実学者の見た日本』、ぺりかん社。

中純夫(2005)、「丁若鏞の『大學』解釈について-李朝實學者の經書解釋」、『京都府立大學學術報告--人文・社會』第54號。

澤井啓一、「東アジアのなかの徂徠『大学』解釈」、『季刊日本思想史』第70号。

朴忠錫、「李朝後期における政治理念の展開(二)」、『国家学会雑誌』第88巻11・12号。

権純哲(1994)、「茶山の王朝体制改革構想と経学」、『山口大学哲学研究』13巻。

小川晴久(1989)、「丁茶山の経学解釈とキリスト教」、東大中国学会、『中国-社会と文化』巻14。

李光虎、「退渓李滉の心学的理学が茶山丁若鏞の道徳形成に及ぼした影響」、『論文集　実心実学思想と国民文化形成』(2006年 10月 14日、二松学舎大学で開催されたシンポジウムでの日本語版報告書)。

山内弘一(1986)、「丁若鏞の事天の学と修己治人の学について」、『朝鮮学報』 121。

「擬上經界策」에 나타난
徐有榘의 지역인식

김문식 | 단국대학교 사학과 교수

1. 머리말*

풍석楓石 서유구徐有榘(1764~1845)는 1806년에 중부仲父인 서형수徐瀅修가 정계에서 축출되는 것과 함께 향리로 물러났다. 이후 정계로 복귀하는 1823년까지 서유구는 향리에 은거하면서 조선 최대의 농서이자 유서類書라 할 수 있는 『임원경제지林園經濟志』의 편찬에 몰두했다. 그러던 중 서유구는 1820년경에 농정農政 개혁안이 담긴 「의상경계책擬上經界策」을 작성했다.[1] 이 때 그는 조선 정부에서 삼남三南-충청, 전라, 경상 지역의 양전量田을 실시한다는 소식을 들었고, 이번 기회에 자신이 구상하던 양전 방안을 포함한 전반적인 개혁안을 밝히려 했기 때문이다.[2]

서유구는 정조正祖 치하에서 사환기仕宦期를 보내는 동안 국왕의 책문策問에 호응하여 많은 대책문對策文을 작성했다. 「십삼경책十三經策」(1790), 「농

* 이 연구는 2009년도 단국대학교 대학원 연구보조장학금의 지원으로 이루어진 것임.

1) 서유구는 「擬上經界策」에서 1809년과 1814년에 조정에서 賑恤穀을 낸 상황("臣料, 己巳甲戌兩年, 朝家蠲放賑濟之數, 少不下五十萬石."), 1814년에 자신이 沙質 토양의 땅을 區田으로 만들어 春麥 1斗를 경작한 경험("臣曾於甲戌之春, 用數畒沙礫地, 作爲區田, 種春麥一斗.")과 전국에 旱災가 미친 상황("甲戌八路之旱, 汚萊千里, 此由棄之而不用之害也."), 작년 여름에 호서 지역에 수해가 난 상황("去夏, 湖西之水, 陵谷變遷, 此由聚之而不播之害也.")을 언급했다. 한편 경상감사 金履載가 量田事目을 조정에 보고한 것은 1820년 3월 27일이므로, 「擬上經界策」은 그 전후에 작성된 것으로 추정된다 (『純祖實錄』 권23, 純祖 20년 3월 癸未(27일)). 「擬上經界策」의 작성 시기에 대해서는 金容燮(1984), 「18,9世紀의 農業實情과 새로운 農業經營論」 『增補版 韓國近代農業史硏究』, 一潮閣, 146면의 주 363)을 참조.

2) 『金華知非集』 卷11, 策, 「擬上經界策上」.
"近者伏聞, 臣僚上言, 量田有命. 今而不言, 言亦無及. 輒敢條其說, 爲經界策一道. …… 伏聞, 今此南路量田, 專委道臣, 飭勵守宰, 隨便爲之."

대농對」(1790), 「시책詩策」(1792?) 같은 글들이 여기에 해당하는데,3) 서유구는
대책문을 통해 각 주제에 대한 자신의 생각을 국왕에게 직접 알릴 기회
가 있었다. 그러나 『의상경계책』은 농정 개혁에 대한 서유구의 구상이
가장 종합적으로 나티니는 대책문임에도 불구하고, '의擬'라는 표현에서
보듯 국왕에게 알려지지 못하고 구상으로만 남았다.

이 글은 서유구의 『의상경계책』에 나타나는 지역인식을 분석하기 위
해 작성되었다.4) 지금까지 『의상경계책』을 농정 개혁이나 치재治財의 관
점에서 분석한 연구는 있었지만,5) '지역'이라는 요소를 주목한 논문은
나오지 않았다. 필자는 서유구가 이 글을 작성하면서 대상 지역을 중국
中國과 아국我國 - 朝鮮으로 구분하고, 조선을 다시 경사京師 - 漢陽, 팔도八
道, 서북西北 - 四郡六鎭, 도서島嶼 지역으로 구분하여 그 역할을 달리하는
것에 관심을 두었다. 본문에서는 서유구의 농정 개혁안이 각 지역에 어
떻게 적용되며 그 특징은 무엇인지를 검토하려고 한다.

2. 中國 : 농정의 모범 지역

서유구는 중국의 제도를 농정 개혁의 모범으로 파악했다. 서유구는

---

3) 正祖 연간에 서유구가 작성한 對策文에 대해서는 김문식(2009), 「楓石 徐有
   榘의 학문적 배경」, 진단학회 한국고전연구 심포지엄 발표문, 9~11면.

4) 『擬上經界策』은 田制를 更張, 量田의 講磨, 農政의 訓勵이라는 3개 항목으
   로 구성되어 있다. 또한 田制의 更張은 2개 細目(改結負爲頃畝法, 正尺步以
   遵古制), 量田의 講磨는 3개 細目(用方田以括隱漏, 頒數法以豫肄習, 設專司
   以考勤慢), 農政의 訓勵는 6개 細目(測極高以授人時, 敎樹藝以盡地力, 購嘉
   種以備災傷, 興水利以虞旱澇, 禁反田以覆名實, 廣屯田以富儲蓄)으로 구성
   된다.

5) 金容燮(1984), 「18, 9世紀의 農業實情과 새로운 農業經營論」, 『增補版 韓國近
   代農業史研究』上, 一潮閣; 유봉학(1995), 「徐有榘의 學問과 農業政策論」 『燕
   巖一派 北學思想 研究』, 一志社; 조창록(2006), 「풍석 서유구의 『擬上經界策』
   에 대한 일 고찰 - 그의 文藝論과 治財觀의 한 면모」 『韓國實學研究』 11.

중국의 제도를 '중화中華', '중국中國', '성주지법成周之法'으로 표현하면서
모범이 되는 제도로 보았고, 삼국시대나 고려시대의 제도는 중국의 제
도에 미치지 못하는 것으로 생각했다. 서유구가 중국의 제도를 모범적
으로 생각한 것은 무엇보다도 그의 농정 개혁안이 유교 경전의 세계에
바탕을 두었기 때문이다.[6] 다음의 인용문을 보면 서유구가 중국의 제도
를 개혁의 모범으로 파악한 것이 잘 나타난다.

  2-1. 우리 조선은 일마다 중화(中華)를 모방했으나 유독 전제(田制)에
  있어서는 고려 말의 누습을 인습했다. 지금 소위 결부파속(結負把束)이
  라 하는 것은 고금 역대에 들어보지 못한 것이고, 천하의 어느 곳에서도
  없는 것이다. (중략) 이것은 국초에 고려의 옛 제도를 따라서 늘리고 줄
  인 것이다.[7]

  2-2. 한당(漢唐) 이래로 재화를 다스렸던 기술이 우리나라에는 하나도
  없다. 그 의관과 문물의 성대함은 반드시 중국(中國)을 모두 모방한 다음
  에야 그만두는데, 그 재화는 어디에서 나오는 것인가?[8]

  2-3. 우리나라의 제도에 어찌 진지(陳地, 묵힌 땅)에 세(稅)를 부과한
  적이 있으며, 성주(成周)의 법[成周之法]에 어찌 이미 개간한 토지를 1부
  (夫)에게 두 배로 준 적이 있겠는가?[9]

---

6) 「農對」(1790) 『金華知非集』 권10.
   "臣嘗本之而經典之文, 參之以諸家之說, 而斟酌乎已然之迹, 彌綸乎可行之
   術, 而補漏救弊, 用贊我聖上敦本敎之治者, 有三說焉."
7) 「擬上經界策上」위의 책, 卷11, 策.
   "我東, 事事模擬中華, 而獨於田制, 因襲麗季之陋. 今所謂結負把束者, 古今
   歷代之所未聞, 實宇八埏之所未有. …… 此國初, 因高麗舊制而增損者也."
8) 「擬上經界策下」위의 책, 卷12, 策.
   "凡漢唐以來, 治財之術, 我無一焉. 而其衣冠文物之盛, 則必欲盡倣中國而
   後已, 此其財, 安從出乎?"

2-4. 가령 삼국(三國)에서 시작하여 남해왕(南解王)과 유리왕(瑠璃王)의 시대는 문왕(文王) 무왕(武王) 성왕(成王) 강왕(康王)의 치세와 어떠하며, 연개소문(淵蓋蘇文)과 김유신(金庾信)의 경제는 주공(周公) 원공(元公) 성공(聖公) 소공(김公) 강공(康公)의 세삭(制作)과 어떠한가? 왕 노릇할 자가 나오면 먼저 하(夏)의 제도를 써서 이(夷)를 변화시켜야 하는데 [用夏變夷], 하물며 고려 말 쇠퇴한 시대의 법[麗季衰世之法]에서 나온 것임에랴.10)

서유구는 「의상경계책」에서 토지제도의 전면적 개혁을 주장했다. 결부법結負法으로 시행되던 토지제도를 경무법頃畝法으로 바꾸자고 한 것인데, 그는 토지에 바탕을 두고 경계經界를 위주로 하는 중국의 경무법은 훌륭한 제도이고 조세租稅에 바탕으로 두고 토지의 크기를 조절하는 조선의 결부법은 이웃나라에 알려지는 것이 부끄러울 정도라고 비판했다.11)

경무(頃畝)란 경계의 사방 면적이고, 결부(結負)는 조세의 양을 조절하는 것이다. 토지를 다스리면서 사방 면적을 버려둔다면 옷을 마름질하면서 척촌(尺寸)의 길이를 버려두고, 집의 칸 수를 세면서 기둥의 숫자로 하지 않는 것과 무엇이 다르겠는가?
중국의 경법(頃法)은 먼저 경계의 사방 면적을 가지런히 하고 토지의

---

9) 「擬上經界策上」 위의 책, 卷11, 策.
　　"我國之制, 何嘗責稅於陳地, 而成周之法, 亦何賞以旣墾之田, 倍授於一夫乎?"
10) 위의 글.
　　"藉令肇自三國, 南解瑠璃之世, 何如文武成康之治, 蓋蘇文金庾信之經濟, 何如周元聖召康之制作. 有王者作, 當先用夏變夷, 況出於麗季衰世之法乎?"
11) 위의 글.
　　"孔子曰, '名不正則言不順, 言不順則事不成', 我國結負之名, 誠不可使聞於鄰國."

비옥함과 척박함을 보아 조세를 올리거나 내리므로 전지(田地)를 위주로
하는 것이다. 우리나라의 결법(結法)은 먼저 조세의 양을 조절하는 것을
정하고 토지의 비옥함이나 척박함을 보아 경계를 늘이거나 줄이므로 조
세를 위주로 하는 것이다. 전지를 위주로 하기 때문에 경무부경(頃畝夫
井)이 모두 전지를 뜻으로 하며, 조세를 위주로 하기 때문에 결부파속(結
負把束)을 모두 조세로 명명하는 것이다. 그렇게 이름 지은 의의를 살피
면 법을 제정한 본뜻을 알 수 있다.12)

　서유구는 결부법의 폐단을 지적했다. 명분과 실제가 맞지 않고 본말
이 바뀌었으며, 토지 면적의 계산법이 복잡하여 서리胥吏들의 농간이 작
용할 가능성이 크고, 토질의 변화를 제대로 반영하지 못한다는 것인데,
그 때마다 중국의 경무법과 조선의 결부법을 대비시켜 중국 제도의 장
점을 강조했다.

　서유구는 결부법을 경무법으로 바꾸는 양전 사업을 벌일 때 주척周尺
을 기준으로 하자고 주장했다. 서유구는 신新나라 왕망王莽 때 주조된 화
천貨泉 1매를 구했는데, '화천의 지름이 1촌寸'이라는 『한서漢書』「식화지
食貨志」의 기록을 근거로 척尺을 만들고, 이를 명明 주재육朱載堉의 『율려
정의律呂精義』와 청淸 옹방강翁方綱의 『양한금석기兩漢金石記』 기록과 비교
하여 '주척周尺의 진도眞度'를 얻은 것으로 판단했다. 서유구는 양전에서
는 중국의 옛 제도처럼 600척尺=100보步=1무畝의 단위를 써야 하며, 그렇
게 하는 것이 『경국대전經國大典』의 규정에도 부합한다고 주장했다.13)

---

12) 위의 글.
　"夫頃畝者, 境界之方面也. 結負者, 租稅之劑量也. 制田而捨方面, 何異裁衣
　而捨尺寸, 數屋而不以楹架哉? 中國之頃法, 先齊境界之方面, 而視土沃瘠,
　上下其租稅, 是以田地爲主者也. 我國之結法, 先定租稅之劑量, 以視土肥
　确, 展縮其境界, 是以租稅爲主者也. 以田地爲主, 故頃畝夫井, 皆以田地爲
　義, 以租稅爲主, 故結負把束, 皆以租稅爲名, 觀其命名之義, 而制法之本意,
　可見矣."

서유구는 조선의 농정에 사용할 종자와 기계도 중국에서 도입하자고 제안했다. 서유구는 먼저 중국의 농법을 도입하려고 했다. 그는 중국에서 쟁기질을 할 때에는 이랑을 좁고 고르게 하여 많은 종자를 심으면서도 뿌리가 토양에 착근되고, 파종하는 종자도 일정하다는 장점이 있다고 평가했다. 이에 비해 조선에서는 쟁기질과 파종이 잘못되어 전국의 300만 경頃 토지에서 나오는 생산량이 중국의 수백 리 군현郡縣에서 나오는 양과 비슷하다고 비판했다.

> 밭갈이[耕]는 토지를 다스리는 것인데 우리나라의 밭갈이는 도리어 토지를 잃어버렸고, 씨를 뿌리는 것[種]은 곡식을 생산하는 것인데 우리나라의 씨 뿌리기는 도리어 곡식을 잃어버렸다. 그리하여 손에 있는 300백만 경의 토지를 손해에 또 손해를 보고 감소시키고 또 감소시켜, 이용후생(利用厚生)하는 방도가 중국의 수백 리 군현에 비겨보아도 오히려 부족하여 부끄러운 기색이 있다. 그 까닭이 어디에 있는가? 한마디로 하자면 밭 갈고 씨 뿌리는데 법이 없기 때문이다.[14)]

서유구는 농작물의 종자를 중국에서 도입하자고 했다. 그는 토질에 따라 적합한 중국의 종자를 거론하면서 조선의 연행사燕行使가 매년 중국을 방문할 때 높은 가격을 아끼지 말고 좋은 종자를 구입하여 보급한다면, 재황災荒을 구제하는데 크게 도움이 될 것이라 주장했다.[15)]

---

13) 위의 글.
　"『經國大典』所載, '我國各等田一結, 準中國幾畝云'者, 皆非其實, 此步法之亟宜改正者也."
14) 「擬上經界策下」 『金華知非集』 卷12, 策.
　"夫耕所以治地, 而我國之耕, 反以失地. 種所以生穀, 而我國之種, 反以失穀. 遂以提封三百萬頃之地, 而損之又損, 減之又減, 其利用厚生之道, 方之於中國數百里郡縣, 而猶歉然有愧色. 其故安在? 蔽一言曰, 耕種之無法也."
15) 위의 글.
　"臣謂, 每歲節使之行, 不惜重價, 多方購求, 按法蒔藝, 轉相傳種, 則不過一

서유구는 말[馬]과 양[羊]의 종자도 중국에서 도입하자고 했다. 그는 말은 더위를 잘 견디지 못하므로 서북 지역의 목장에서 기르는 것이 적합하며, 관북關北의 개시開市에서 매년 빈마牝馬 수십 필과 모마牡馬 5~6필을 구입하여 번식시킨 후 이를 군용軍用으로 사용하자고 제안했다.[16] 또한 그는 압록강 이북에서는 어린 아이도 양이나 돼지를 100~200 두頭씩 기르며 고기와 의복을 해결한다고 하면서, 서북 지역의 목장에서는 양도 길러야 한다고 주장했다. 그는 매년 연행사가 중국을 방문할 때마다 빈양牝羊 100구口와 저양羝羊 10구씩을 구입해 오고, 연변沿邊 지역에서는 개시開市를 통해 양을 구입하여 번식시키면 중국에서 구입하는 전모氈帽나 소고기를 대체할 수 있을 것으로 보았다.[17]

서유구는 양잠養蠶을 장려하기 위해 중국에서 뽕나무 종자와 양잠 기구, 방적기를 도입하자고 제안했다. 그는 난하灤河의 서쪽에서 자라는 뽕나무의 종자가 매우 좋은데 이를 다량으로 구입하여 사군四郡 지역에 심고, 중국의 잠적蠶績 기구를 도입하고 국내에서 그 제도대로 제작하여

二年, 人享其利, 不煩勸相, 亦救災荒之一道也."
서유구는 농작물의 종자를 中國에서만 구입하려고 한 것은 아니었다. 가령 후추[胡椒]의 경우에는 日本에서 종자를 구입하자고 했다(金容燮 (1970),「新·舊農書의 綜合과 그 農學思想」『朝鮮後期農業史研究』Ⅱ, 一潮閣, 386면).

16) 위의 글.
"臣聞馬爲火畜, 性不耐暑, 宜於西北而不宜於東南, 故自古養馬, 必在西北. 觀於周之汧渭, 魏之河西, 唐之八坊, 可見矣. 臣謂, 宜擇關西北饒水草之地, 樹柵爲阹, 移設牧場七八處. 每年關北開市, 購牝馬數十匹, 牡馬五六匹, 漸次取字, 以給軍國之用."

17) 위의 글.
"臣聞, 鴨江以北畜牧蔽野, 三尺之童, 能牧羊豕一二百頭, 食肉衣裘, 皆辦於此. 臣意, 西北沿江之地, 與彼壤地相接, 風土之氣, 諒不甚遠. 新闢之地, 材木委積, 棧柵所需, 取之不竭. 每於節使之行, 買來北羊百口, 羝羊十口, 關北沿邊之地, 則直爲交易於開市. 擇水草便宜處, 廣設棧柵而牧之, 百夫長千夫長之願以己資, 貿來畜牧者聽. 數年蕃殖, 漸次傳種於內地, 則氈帽不藉於中國, 而擊鮮不專於牛犢矣."

서북 둔전의 장長을 통해 보급하자고 했다. 그는 양잠을 통해 명주실이
풍부해지면 복식이나 장례에 필요한 비단을 북경에서 구입하지 않아도
될 것이라고 했다.[18]

서유구는 중국을 통해 전래된 서양이 제도를 활용하기도 했다. 그는
중국에는 고대부터 토지 면적의 계산법이 있지만 손자孫子의 『산경算經』
이후 자세한 계산법이 전해지지 않는 것으로 파악했다. 그는 양전을 할
때에는 신법新法의 구고삼각지법句股三角之法을 이용하도록 했는데, 이는
『기하원본幾何原本』, 『수리정온서數理精蘊書』와 같은 서학西學의 성과를 참
조한 것이었다. 서유구는 또한 유법지전有法之田을 측량할 때에는 구고법
句股法을 사용하고, 무법지전無法之田을 측량할 때에는 삼각법三角法을 이
용할 것을 제안했다.[19]

이상에서 보듯 서유구는 중국의 제도를 농정 개혁의 모범으로 파악
하고, 중국의 종자와 기계를 도입하여 조선의 농업 생산력을 향상시킬
것을 제안했다. 그러나 그가 중시한 것은 중국의 제도를 그대로 시행하
는 것이 아니라 조선의 현실에 맞게 조정한 제도였다. 서유구는 각지의
북극고도北極高度를 측정하여 시각을 정확하게 계산해야 한다고 했는데,
이는 중국에서 도입된 시헌력時憲曆의 범례를 따르면서도 조선의 한양漢

---

18) 위의 글.
　　"臣又伏聞, 灤河之西, 彌望沙田, 皆栽桑柘, 其葉肥沃, 大異東産. 今若多購
　　其種, 廣植於四郡, 而倣元魏桑田露田之制, 栽桑田畔者, 爲桑田, 不栽桑者,
　　爲露田, 露田三頃, 准桑田一頃, 必滿桑田十頃, 然後始付解額. 又求中國蠶
　　績之具, 如蠶網 蠶架 繅車, 織機等器, 按式製造, 令屯田之長, 勸相而督
　　課之, 則絲縷豊溢於國中, 而養生送死之需, 不待遠貿於燕市."
19) 「擬上經界策上」, 위의 책, 卷11, 策.
　　"然自孫子『筭經』以下, 言其法者, 略而不詳. 近世新法, 如『幾何原本』, 『數
　　理精蘊』諸書, 皆不少槪及, 蓋以其觕率而略之也. 臣嘗用新法句股三角之
　　法, 擬作量田數法十五題, 謹開錄如後. …… 蓋有法之田 ,皆當以句股法御
　　之, 無法之田, 皆當以三角法御之, 方與圜積與邊, 各有比例, 惟在善用法者,
　　通變而不窮爾."

陽과 팔도八道 감영, 사방四方 변읍邊邑의 북극고도를 일일이 측정하여 각 지역의 정확한 시간을 계산하는 방식이었다.[20]

서유구의 이러한 태도는 『임원십육지林園十六志』를 편찬할 때에도 유지되었다.

> 우리들의 삶은 토양이 각기 다르고 습속이 같지 않으므로 생활에 필요한 것에는 고금(古今)의 차이가 있고 내외(內外)의 분별이 있다. 따라서 중국에서 필요로 하는 것을 우리에게 그대로 시행한다면 어찌 장애가 없겠는가?
>
> 이 책은 오로지 아국(我國)을 위해 만들었기 때문에 당장 적용할 수 있는 방안만을 채택했고 합당하지 않은 것은 취하지 않았다. 또한 좋은 제도가 있어 지금 시행할 수 있는 데도 우리들이 아직 강구(講究)하지 못한 것은 모두 상세히 기록했다. 이는 후대 사람들이 모방하여 시행하기를 바라기 때문이다.[21]

이를 보면 서유구가 도입하려는 중국의 제도는 조선의 현실에 적절하게 응용할 수 있는 제도로 국한되었다고 하겠다.

---

20) 「擬上經界策下」위의 책, 卷12, 策.
   "而中國時憲曆, 必以北極緯差, 定各地之晝夜刻分, 赤道經差, 定各地之節氣時刻. …… 臣謂, 宜令書雲觀 造銅鑄象限儀八座, 分送八路, 實測觀察營極高. 而四界邊邑, 如北之慶源·慶興, 南之海南·康津, 西之義州·昌城, 東之東萊·機張等邑, 亦令量田官吏, 測量極高, 各以實測度分上聞. 下之雲觀, 推各地晝夜刻分, 載之日曆, 如中國時憲曆書凡例."

21) 「林園十六志例言」『林園十六志』권1.
   "吾人之生也. 壤地各殊, 習俗不同. 故一應施爲需用, 有古今之隔月, 內外之分, 則豈可以中國所需, 措於我國而無礙哉? 此書, 專爲我國而發, 故所採, 但取目下適用之方, 其不合宜者, 在所不取. 亦有良制, 今可按行, 而我人未及講究者, 並詳著焉, 欲後人之倣而行也."

3. 京師 : 농정의 주도 및 시험 지역

서유구가 구상하는 농정 개혁안은 먼저 경사京師-한양에서 새로운 제도와 농법을 시험하여 성과가 있으면 이를 전국으로 확산시키는 방안이었다. 따라서 경사는 그가 구상하는 농정의 중심지이자 시험지라고 할 수 있다. 또한 그가 언급하는 경사는 도성 지역으로 국한된 것이 아니라 '경사수십리지지京師數十里之地'나 '기전백리내외지지畿甸百里內外之地'라는 표현에서 보듯 한양의 근교近郊는 물론이고 경기도 일대를 포함했다.22)

서유구의 개혁안에서 경사 지역이 농정을 주도하는 것은 개혁을 이끌어 나갈 호조戶曹나 비변사備邊司, 관상감觀象監, 서운관書雲觀 같은 관청이 이곳에 집중되었기 때문이다. 서유구는 결부법을 경무법을 바꾸는 양전의 수법數法-계산법에 대해 15개의 문제를 작성했는데, 이를 익히는 것은 호조와 관상감에서 출발했다. 그는 호조의 산원算員 8인人과 관상감의 역관曆官 8인을 선발하여 새로운 계산법을 익히게 하고, 산원과 역관 1인씩을 팔도로 파견하여 계산법을 확산시키자고 제안했다.23) 따라서 서양의 구고삼각지법句股三角之法을 익히는 최초의 장소는 서울이고 그 실무자는 호조와 관상감의 관리였다.

---

22) 「擬上境界策」에는 '四都'와 '八道'를 병칭하여 하나로 사용한 사례가 있다(『金華知非集』 卷12, 策, 「擬上經界策下」. "西北屯之穀, 輸于北漢山城, 東南屯之穀, 輸于京城, 並另設倉廠而藏之, 廠必甓築, 穀勿襲變. 甓築則遠雀鼠之耗, 襲變則不能耐陳也. 行之數年, 灼見成效然後, 分遣其徒于四都八道, 以一傳十, 以十傳百, 敎導其耕播芸耨之法."). 그러나 대부분의 경우 四都는 "畿甸 100里"로 표현되는 京師 지역에 포함되는 것으로 보인다.

23) 『金華知非集』 卷11, 策, 「擬上經界策上」.
"臣嘗用新法句股三角之法, 擬作量田數法十五題, 謹開錄如後. 乞下有司, 選戶曹筭員八人, 觀象監曆官八人, 證訂推衍. 仍分送其人于諸道, 每一道送二人. 選列邑吏胥中粗解乘除者, 于營下而敎習之, 俟其通透, 各歸其邑, 以次傳習. 則不出三四月, 可得通曉筭術之吏數十百人, 庶不至臨事扞格曠日費時矣."

　　서유구는 전국의 양전을 총괄할 전사專司를 서울에 설치한 다음 비변
사의 인력을 배치하게 했다. 그는 비변사의 관리 가운데 양전 사무를 잘
아는 사람 8인을 선발하여 전사專司에 소속시키고 각각 1도道의 양전을
감독하게 했는데, 이들은 양전사목量田事目을 정하여 전국으로 배포하고
팔도에서 보고하는 장부를 검토하는 등 제도적 일관성을 유지하는 임무
를 담당했다.[24]

　　서유구는 서운관書雲觀에서 전국의 시각을 정하게 했다. 서유구는 당
시 사용하던 한양의 북극고도는 기전畿甸 200리里(북극고도 1度를 200里로 계산
함) 이내에만 적용되는 것이므로, 전국의 북극고도를 따로 측정해야 한
다고 주장했다. 그는 서운관에서 구리로 주조한 상한의象限儀 8좌座를 팔
도의 감영으로 보내어 각 감영의 북극고도를 실측하게 하고, 변읍邊邑의
북극고도는 양전을 담당하는 관리가 실측하여 보고하면, 서운관에서 전
국의 자료를 종합하여 각지의 시각을 최종적으로 정하게 했다.[25]

　　경사는 새로운 농업기술을 미리 시험하는 장소이기도 했다. 서유구

---

24) 위의 글.
　　"臣謂, 宜令廟堂, 擇備局諸宰中通鍊事務者八人, 分掌八路量田, 如今諸道
　　句管堂上之例. 不必分遣諸道, 只令會議籌司, 講定應行事目, 頒之八路, 俾
　　各按而行之. 八道道臣, 皆兼均田使之銜, 使之內外相維, 往復商確, 仍設專
　　司於京, 以句撼簿書. 凡有稟裁, 許以草記取旨, 庶幾事有統攝, 無道各異例
　　之弊矣."
25) 「擬上經界策下」위의 책, 卷12, 策.
　　"臣謂, 宜令書雲觀, 造銅鑄象限儀八座, 分送八路, 實測觀察營極高. 而四界
　　邊邑, 如北之慶源慶興, 南之海南康津, 西之義州昌城, 東之東萊機張等邑,
　　亦令量田官吏, 測量極高, 各以實測度分, 上聞. 下之雲觀, 推各地晝夜刻分,
　　載之日曆, 如中國時憲書凡例, 用作用天分地之指南, 則其有補於欽若授時
　　之烖化, 豈云淺尠哉."
　　서유구는『林園十六志』에서 자신과 뜻을 함께하는 士들이 각자가 사는 지
　　역에서 象限儀를 이용하여 經度와 緯度를 실측하여 오류를 수정해 나가야
　　한다고 주장했다(『林園十六志』권3, 本利志 3, 審時, 經緯度, 「論東國經緯度
　　」. "凡我同志之士, 或倦遊名勝, 或卜居邱園, 卽從其所到所居地方, 用象限
　　子午線等儀, 實測經緯里差之度, 零零湊合, 逐加訂正.").

는 새로운 수리水利 시설을 제일 먼저 경사에서 시험하자고 제안했다.26) 그는 주사籌司-비변사 안에 수리 사업을 담당할 전사專司를 설치하여 묘당廟堂-의정부에서 선발한 수리에 밝은 사람 3~5인에게 수리의 방법과 수리 시설의 건축법을 가르치고, 수형水衡-水利 사업을 전담하는 관리는 준설 작업에 필요한 기구와 수차水車를 제조하여 '경사 수십 리 내외의 지역京師數十里內外之地'에서 시험하게 했다.27) 서유구는 한강변에서 준설이 시급한 곳으로 세 곳 西氷庫 아래~鷺梁 위, 鷺梁 아래~龍山 위, 楊花渡 아래[鹽倉]~幸州 아래,28) 갑문[閘竇]의 설치가 필요한 곳은 5곳 王山川이 渼陰渡로 들어가는 곳, 良才川이 三田渡로 들어가는 곳, 中泠浦가 豆毛浦로 들어가는 곳, 蔓川이 麻浦로 들어가는 곳, 沙川이 西江으로 들어가는 곳, 제방의 축조가 필요한 곳은 2곳楊州의 渼陰 들판, 高陽의 回川坪을 제시했으며, 동교東郊와 서교西郊에는 지세地勢에 따라 크기가 다른 세 가지 물길大溝, 小溝, 細溝을 만들어야 한다고 제안했다.29)

서유구는 새로운 농법의 효과를 입증해 보일 시험지로 둔전屯田-京屯의 설치를 권장했는데, 경사의 사방에 네 곳의 둔전을 설치하는 것에서 시작되었다. 둔전을 설치하는 장소와 규모, 방법을 정리하면 다음과 같다.

---

26) 徐有榘는 「擬上經界策」에서 水利 기술을 疏導法, 防衛法, 瀦蓄法, 節宣法 등 네 가지로 구분하고 이에 해당하는 중국의 水利 시설과 그 유용함으로 소개했다(문중양(2000), 『조선후기 水利學과 水利담론』, 집문당, 218~219면).

27) 「擬上經界策下」 『金華知非集』 卷12, 策.
"宜令廟堂, 不拘資格, 急選通曉水利者三五人, 開局於籌司. 而宰相領其事, 講究開挑開築閘竇之法, 仍令水衡監造器械, 如濬鍤龍爪等器, 龍骨筒車龍尾玉衡恒升等車. 濬鍤者, 所以套鑱而間溝於田作者也. 龍爪者, 所以繫纜而爬沙於江河者也. 龍骨龍尾, 用之於江河而挈水者也. 玉衡恒升, 用之於井泉而吸水者也. 器械旣備, 先試之京師數十里內外之地."

28) 준설 작업에 대해서는 徐浩修가 『海東農書』 권1, 「水利」에서 제시한 바 있다.

29) 「擬上經界策下」 『金華知非集』 卷12, 策.
"漢江上下流之急宜疏濬者三, …… 如此, 則環京師數十里之地, 可以不病於潦旱, 而歲歲豊熟矣."

① 동둔(東屯)

경성에서 동쪽으로 10여리 떨어진 중령포(中泠浦)의 서쪽 사방 수리 (數里) 지역 → 용조(龍爪) 등의 기계로 물길을 만들고, 언덕을 쌓아 밭두 둑을 회복시켜 도전(稻田) 50~60경(頃)을 얻음

동쪽으로 4~5리 더 나가 배봉산(拜峰山) 아래에 태복시(太僕寺) 목해 (牧廨)가 있던 곳 → 그 앞의 수전(水田)·육전(陸田)과 중령포(中泠浦) 서 쪽의 토지를 합하여 수백 경(頃)을 구입하고 목해(牧廨)에 둔전소(屯田 所)를 설치함

② 서둔(西屯)

경성에서 서쪽으로 40여리 떨어진 곳의 양철평(楊鐵坪) → 산곡(山谷) 에 제방을 설치하여 물을 비축하고 도성의 분양(糞壤)을 옮겨 땅을 기름 지게 하여 수십~100경(頃)을 얻음

서남쪽으로 몇 리를 더 가면 연의궁(衍義宮) 구기(舊基) 앞에 모래밭 이 된 민전(民田) 수십 경(頃)이 있음 → 관(官)에서 구매하고 역부(役夫) 를 모집하여 모래를 걷어내고 양철평의 토지와 합하면 수백 경(頃)이 됨

③ 남둔(南屯)

시흥(始興) 안양(安陽)의 들판 10리 → 안양교(安陽橋)의 물을 관통시키 고 갑문을 많이 설치하여 수량을 조절하면 도전(稻田) 수백 경(頃)이 됨

④ 북둔(北屯)

양주(楊州) 의정(議政)의 들판, 도봉산(道峰山)과 수락산(水落山)의 사 이에 있음 → 4척(尺)의 구(溝)와 8척의 혁(洫)을 종횡으로 만들면 속전(粟 田) 수백 경(頃)이 됨

서유구는 경사 지역에 설치한 네 둔전에서 총 1천 경頃의 토지를 확 보하고, 매 10경마다 우리耦犂를 끄는 소 4두頭, 역거役車 2승乘, 전부佃夫 5인을 배치하게 했다. 이중에서 소는 더위를 잘 견디는 영남의 소를 징 발하게 했다. 또한 전부佃夫는 도전稻田－水田의 경우에는 영남 좌도左道

의 사람을, 속전粟田-旱田의 경우에는 양서兩西－海西, 關西 지방의 사람을 선발하며, 이들이 경기 사람과 섞여 살면서 자신들의 농법을 전수하게 했다.[30] 그리고 매 둔屯마다 농사일을 잘 아는 사람 1인을 전농관典農官으로 만들어 감독하게 했는데, 전농관은 팔도八道의 도신道臣이 매년 추천하는 사람 중에서 임명했다. 경둔京屯의 전농관은 나중에 각자의 주군州郡으로 돌아가 이곳에서의 경험을 전수하며, 훌륭한 성과를 거둔 사람은 목민관으로 발탁하자고 제안했다.[31]

서유구는 경둔에 새로운 농법과 농기계를 투입하면 각 둔마다 2만~3만 곡斛1晦=1斛, 1頃=100斛의 소출이 있을 것으로 계산했고, 그 중 절반은 필요 경비로 사용하고 나머지 절반은 재해와 비상시 사용분으로 비축하되 서둔과 북둔의 것은 북한산성北漢山城에, 동둔과 남둔의 것은 경성에 비축하도록 했다. 그는 곡식 창고는 반드시 벽돌로 만들도록 했는데[甓築], 이는 곡식의 소모와 변질을 방지하기 위해서였다.[32]

---

30) 위의 글.
  "四屯, 各隨地形便宜, 或占三百頃, 或占二百頃, 要令揔四屯, 滿千頃而止. 每十頃, 用耦犁四牛, 役車二乘, 佃夫五人. 其耕牛, 當徵於嶺南, 嶺南産者, 耐暑善耕也. 其佃夫之治稻田者, 當募嶺南左道人, 是善治稻田也. 治粟田者, 當募海西關西人, 是善治粟田也. 皆使與畿人錯居而敎習之, 制其室廬厚其稍廩, 蠲其征徭節其勞逸, 令人人樂事赴功."
  이상에서 稻田은 水田農法인 移秧法을, 粟田은 旱田農法인 畎種法을 의미한다(金容燮(1984), 「18,9 世紀의 農業實情과 새로운 農業經營論」『增補版 韓國近代農業史研究』, 一潮閣, 155면).
31) 위의 글.
  "令八道道臣訪求明於農務者一二人, 每歲首薦剡, 與經明行修, 同擬以聞. 先試京外屯田典農官, 如有實蹟卓異者, 畀以字牧之任, 則擧一勸萬, 比屋上農矣. …… (四屯) 每一屯, 選明於農務者一人, 爲典農官領其事, 如漢搜粟都尉農都尉之制."
  유봉학은 농사일에 밝은 典農官을 地方官으로 진출시키자는 서유구의 주장에 대해, 農學을 士의 필수 학문으로 인식했던 朴趾源보다 한 걸음 더 나아간 것으로 파악했다(유봉학(1995), 「徐有榘의 學問과 農業政策論」『燕巖一派 北學思想 硏究』, 一志社, 204~205면).

　　서유구는 경둔을 설치하는 비용 및 인력에 대한 방안도 제시했다. 먼저 비용에 있어, 그는 동둔의 경우 감목監牧하던 해우廨宇를 그대로 사용하고, 조적미糶糴米 1천 곡斛을 활용하되 절반으로 제방을 쌓고 기계를 제조하며, 나머지 절반은 식비와 소 사육비로 사용하면 충분할 것으로 판단했다. 서둔, 남둔, 북둔의 경우에는 전곡錢穀을 담당하는 관청戶曹, 宣惠廳, 均役廳, 司僕寺, 訓練都監, 禁衛營, 御營廳, 摠戎廳에서 비상시를 위해 비축한 은전 6만 민緡을 내어 매 둔마다 2만 민씩 지급하며, 이 자금으로 토지를 구입하고 건축을 세우며 기계를 제조하고 첫 해의 식비로 사용하도록 했다. 또한 둔전의 소는 도살 금지법을 어긴 사람에게서 받는 벌금으로 충당하도록 했다.33)

　　다음으로 인력[佃夫]에 있어, 영남 사람은 금위영禁衛營과 어영청御營廳의 상번군上番軍 중에서 20~30세에 해당하는 건장한 사람을 선발하고, 양서관서, 해서 사람은 각도의 속환贖鍰을 활용하여 장객莊客을 모집하며, 경기 지역의 사람은 기전畿甸 100리 이내의 유리인遊離人 중에서 선발하도록 했다.34)

---

32) 위의 글.
　　"臣意, 治田如此, 以中年率之, 一畮可得穀一斛, 一頃得百斛, 一屯得二三萬斛. 用其半, 爲本屯官民廩食裘葛及餇田飼牛葺理室廬修補器械之費, 儲其半, 爲水旱不測之備. 西北屯之穀, 輸于北漢山城, 東南屯之穀, 輸于京城, 並另設倉廠而藏之. 廠必築, 穀勿輒變, 甍築則遠雀鼠之耗, 輒變則不能耐陳也."
33) 위의 글.
　　"東屯本有監牧廨宇, 可以仍舊貫而不煩改爲. 又聞有糶糴米數千斛, 平分爲二, 用其一, 築圩濬浦, 製造器械. 儲其一, 依舊斂散取殖, 以爲餇田飼牛之費而裕如矣. 所當劃錢穀者, 惟南西北三屯耳. 今京司司錢穀之衙門皆有封椿銀錢, 以備不虞, 不虞者, 水旱師旅之謂也. …… 宜令戶曹, 宣惠廳, 均役廳, 司僕寺, 訓局, 禁衛營, 御營廳, 摠戎廳, 各出錢萬緡, 或五六千緡, 分與三屯各二萬緡, 以買田營室造器及初年廩食之費. …… 屠宰牛犢, 邦有常禁. 而近頗解弛, 犯者狼藉, 今若申嚴其法, 摘發有術, 則一年鍰金之入, 可給京外屯田之牛而有餘, 數年蕃殖, 畜養日繁, 則敦耕之政, 解網之仁, 一擧而兩得矣."

이상에서 보듯 서유구의 개혁안에서 경사 지역은 농정을 주도하는 곳이자 새로운 농법을 시험하는 지역이었다.

4. 八道 : 농정의 시행 지역

경사가 새로운 농법을 시험하는 지역이라면, 팔도는 경사에서 시험한 농법을 본격적으로 시행하는 지역이었다. 서유구는 팔도를 '양서삼남열읍兩西三南列邑'이라 표현했고, 팔도에 설치된 둔전을 '내지둔전지지內地田之地', '팔도영하둔전八道營下屯田'이라 불렀다.

서유구는 경사-팔도 도신道臣-각읍 수령이라는 행정상의 위계질서를 따라 중앙에서 시험한 새로운 농법이 지방으로 전달되도록 했는데, 지방에서도 도신(=관찰사)이 관장하는 읍에서 먼저 시행한 이후 열읍列邑으로 확산시키는 방법이었다. 관찰사와 수령에 위상의 차이가 있듯이 영하읍營下邑과 열읍에도 위상의 차이를 두었던 것이다.

서유구는 경사에서 양전사목量田事目을 정하여 팔도의 관찰사에게 배포하면, 관찰사가 우선 영하읍에서 시행해 보고 난 다음 열읍에서 시행하게 했다. 이는 새로운 제도가 지방의 실정에 적합한지를 시험하기 위해서였다.[35] 또한 그는 양전을 할 때 관찰사가 균전사均田使를 겸하면서

---

34) 위의 글.
　"至於佃夫, 臣謂募於嶺南者, 就禁衛御營上番之軍, 選年二十以上三十以前 強勤力穡人, 許令率其妻孥, 用保米資其道路之費, 則人人樂赴矣. 其募於兩 西者, 臣聞, 海西關西治田之家, 每於歲首雇募莊客, 一人一歲之直, 不過三 百錢. 若令兩道道臣, 用各樣贖鍰, 雇募善農人, 量道里遠近, 人給五七百錢, 則數百之衆, 可一日而雇也. 近年畿甸百里內外之民, 襁負而至都下者, 踵趾 相屬, 此皆困於催科, 急於避役, 輕棄田宅, 甘爲仳離, 未必皆游惰不事農之 民, 聚什佰而選其一二焉. 授以室廬, 與嶺南兩西之佃戶, 相錯而居, 則轉相 勸倣, 窳俗可變矣."
35) 「擬上經界策上」위의 책, 卷11, 策.
　"臣願, 以臣所論八弊五議, 下之有司, 熟議可否. 如無參商, 畫卽講確條例,

도내의 양전을 총괄하고, 열읍에서는 수령, 우관郵官, 조관朝官을 역임한
사람, 사인士人 중에서 적임자를 균전관均田官으로 임명하여 읍내의 양전
을 관장하게 했다.36) 양전의 계산법도 팔도의 감영에서 열읍으로 전달
되었다. 서유구는 새로운 수법數法－계산법을 익힌 호조와 관상감의 관
리가 감영으로 내려와 열읍의 이서吏胥 가운데 승제乘除－계산을 잘 아는
사람을 선발하여 가르치고, 교육을 마친 이서들은 각자의 읍으로 돌아
가 자신들이 익힌 계산법을 전수하게 했다.37)

　서유구는 경사 지역에서 시험한 수리의 방법과 기계도 팔도의 방백方
伯－관찰사를 통해 전국으로 확산시키도록 했다. 그는 의정부가 새로운
수리 시설과 수차水車를 관찰사에게 장려하고, 관찰사는 수령을 인도하
여 수리를 일으키고 수해를 제거하도록 했다. 지방에서 수리를 일으키
는 방식에는 두 가지가 있었는데, 규모가 크면 관청에서 비용을 제공하
고, 규모가 작으면 부호富戶가 참여하도록 권유하고 현저한 실적을 보인
사람은 관리로 발탁하도록 했다.38) 또한 재해가 발생하면 노약자에게는

頒諸八道道臣, 先從營下邑, 試其便否, 俟事與手熟, 法與人慣, 以次及於列
邑. 則數年之後, 通國之經界, 正矣."
36) 위의 글.
"八道道臣, 兼均田使之銜, 使之內外相維, 往復商確. …… 臣謂, 宜倣朱子
經界狀推擇官吏遺意, 先令道臣, 察一道守宰之能否, 或三四邑而擧一人焉,
或八九邑而擧一人焉. 守令不足, 則擇於郵官. 郵官不足, 則擇於道內寄寓朝
官. 又不足, 則擇於士人, 以其名聞, 權付軍銜. 並以均田官爲名, 使之審思
熟慮於其始, 而委任責成於其終."
37) 주 23)과 동일함.
38) 「擬上經界策下」『金華知非集』卷12, 策.
"京師歲歲豐熟, 則八方必將轉相倣則, 乃以已試之器與法, 頒之八路. 廟堂飭
勵方伯, 方伯董率守令, 詢究某處水利當興, 某處水害當除, 合用役丁幾何,
合用錢糧幾何. 大者發官帑, 少者勸富戶, 陂池之閼塞者, 濬而拓之, 溝澮之
壅滯者, 決而達之. …… 如有成績著見, 民享其利者, 量加旌擢以聳勸之."
徐有榘는 1798년 淳昌郡守로 있을 때에도 富戶의 財力을 이용하여 水利를
일으키는 방안을 제안한 적이 있다(「淳昌郡守應旨疏」『金華知非集』卷1,
"臣謂, 宜令列邑, 詢究興修的確之處, 境內富戶, 聽其募丁赴役, 日役百夫以

진휼賑恤을 하지만 건장한 사람에게는 매일의 식량을 지급하면서 하천을 뚫거나 제방을 쌓도록 하여 영원한 구황책救荒策이 되게 했다.[39]

　서유구는 팔도에도 둔전을 설치하여 경둔京屯에서 효과가 입증된 농법과 농기계를 보급하게 했다. 그는 각 감영에서는 영하읍營下邑에 300~400경 내지는 700~800경의 둔전[營屯]을 설치하고, 수군절도영水軍節度營, 육군절도영陸軍節度營, 열읍의 도호부都護府에서는 각지의 편의에 따라 둔전[邑屯]을 설치하되 그 제도는 경둔과 같은 방식으로 하게 했다. 그리고 수확을 하면 역시 절반을 경비로 사용하고 나머지 절반을 근처의 산성에 비축하여 비상시를 대비하도록 했다.[40]

　서유구는 팔도에 둔전을 설치하는 비용으로 별비전別備錢을 활용하자고 제안했다. 그는 별비전의 1/3 내지 2/3를 활용하여 초기 설치비로 사용하고, 관찰사의 임기가 끝났는데 늠봉廩俸에 여유분이 있으면 추가로 수십 경을 구입하여 둔전으로 만들 것을 권장했다. 또한 양서兩西 삼남三南의 열읍에서는 송구영신送舊迎新이나 경사京司에서 요구하는 비용을 감당하기 위해 마련한 공사고公使庫를 이용하는데, 대읍大邑에서는 수백 경頃, 소읍小邑에서는 70~80경의 토지를 둔전으로 마련하고, 수확이 되면 3/4은 공사고로 돌리고, 1/4은 창고에 비축하여 재해와 비상시를 대비하도록 했다.[41]

上, 差定監董牌將. 事竣之後, 道臣以其名聞, 視其募丁之多寡, 赴役之久近, 疏鑿之廣狹, 或單付樞衛, 或量與資級. …… 此聖敎中'興水功'之一事也.").
39) 위의 글.
　"臣謂, 今後如有賑濟地方, 先令地方官, 査審飢民老弱疆壯之數. 籍其老弱爲一等, 壯健爲一等. 老弱者, 設粥以賑之. 壯健者, 日給米三升, 或開濬溝渠, 或增築圩岸, 則賑政水利, 一擧兩得."
40) 위의 글.
　"各就營下近處, 設置屯田, 多或七八百頃, 少或四五百頃. 其設施規制, 一倣京屯, 水陸節度營及列邑都護府, 皆聽便宜置屯田, 每收穫旣畢, 輸其半于近處山城. 不出十年, 在在積穀, 倉庾充溢."
41) 위의 글.

이상에서 보듯 서유구는 팔도를 경사에서 효과가 입증된 새로운 제도를 본격적으로 시행하는 지역으로 파악했다.

5. 四郡六鎭과 島嶼 : 국토방위 지역

서유구는 서북의 사군육진四郡六鎭과 해안의 도서島嶼 지역은 팔도 안에 포함되지만 변경 지역이라는 점에서 별도로 다루었다. 이곳은 농업의 생산성을 높여 비축미를 늘릴 뿐만 아니라 국토를 방위하는 지역임을 중시한 때문이다. 서유구는 사군육진 지역을 '서북연변천리지지西北沿邊千里之地', '연강천리지지沿江千里之地', '거강십리이내지지距江十里以內之地'라 불렀고, 해안의 도서 지역을 방어하는 것을 '동남고어지책東南固圉之策'[42]이라 했다.

서유구는 둔전을 설치한 이유가 변방의 방어를 충실하게 하고[實邊圉] 군량미의 공급을 줄이기 위한 것[省饋餉]인데, 경사와 팔도에 설치한 둔전은 '내지에 축적을 하는 방안[內地貯積之計]'이라고 했다. 이와 별도로 그는 서북의 사군육진과 동남의 도서 지역에 둔전을 설치하자고 제안했는데, 이는 '변방의 방어를 공고히 하는 방안[實邊固圉之策]'이라 규정했다.[43]

"諸道觀察營, 例有別備錢, 卽前後道臣任滿將歸, 留置俸廩羨餘, 以備不虞者也. 臣謂, 八道營下屯田, 隨該道別備錢多寡, 除用三分一, 或三分二, 用作初年設施之費. 嗣後道伯任滿, 如有廩俸贏餘, 增置屯田幾十頃. …… 兩西三南列邑, 多有公使庫設置者. …… 以策應送舊迎新及京司上營之徵求. …… 若取各邑公使庫本利, 變賣置屯田, 大邑置數百頃, 小邑置七八十頃. 今以八十頃爲率, 苟能樹藝有法, 則中年所收之半, 當不下四千斛. 糶其四分之三, 付之公使庫, 爲一年公使之需, 取其一, 另貯倉廠, 十年之積, 當爲萬斛, 水旱緩急, 可以有備無虞, 而科外之橫斂, 亦可漸次杜絶."

42) 島嶼의 대부분은 西南 해안에 존재하므로 '東南固圉之策'보다 '西南固圉之策'이란 표현이 더 적합하다.

43) 「擬上經界策下」『金華知非集』卷12, 策.
"大抵屯田之制, 始自漢昭帝張掖之屯, 大備於趙克國『金城方略』, 皆所以實邊圉省饋餉也. …… 臣之上所言屯田, 蓋欲倣棗祗韓浩之言, 爲內地貯積之

서유구는 육진 지역에 해당하는 무산茂山 북쪽에서 부령富寧의 차유
령車踰嶺 북쪽에 이르는 120여 리의 땅과 말우시배ㅜ乙于施培에서 두만강
을 따라 회령會寧의 풍산보豊山堡에 이르는 백수십 리의 땅은 모두가 옥
토沃土로 개간이 가능한 땅인데 오랫동안 버려두었으며, 1673년(현종 14)에
남구만南九萬이 육진에 읍邑을 설치하자고 제안했지만 실현되지 못했음
을 지적했다. 또한 그는 사군 지역은 건국 초부터 진보鎭堡를 설치하고
태종~세종대에는 연려延閭, 무창茂昌, 우예虞芮, 자성慈城을 군郡으로 승격
시켰지만 세조대에 여진인兀良哈 忽刺溫이 들어와 살육을 벌인 이후 이
곳을 비웠으며, 1794년(정조 18)에 사군의 입구에 해당하는 삼천방三川防 지
역의 개간을 겨우 허가한 상황이라고 밝혔다. 그러나 이곳은 이미 수십
년 전부터 유민流民들이 사방에서 몰려와 수만 호戶를 이루었고, 오랫동
안 묵힌 땅이라 지력地力도 좋으므로, 조정에서 이곳을 내버려두는 것은
서북 연변의 천리 땅西北沿邊千里之地에서 매년 생산되는 수백만 석石의
곡식을 버리는 것이라고 비판했다.[44]

서유구는 사군육진 지역에 부민富民을 끌어들여 토지를 개간하자고
주장했다. 그는 이곳에 자신의 경제력으로 1백 명의 전부佃夫를 모집하
여 토지를 개간하는 사람은 백부장百夫長으로 임명하고, 1천 명의 전부佃
夫를 모집하여 개간하는 사람은 천부장千夫長으로 임명하며, 이들에게 작
록爵祿을 주되 백성을 다스리는 임무는 부여하지 않았다. 다만 이들 가

計, 而若夫實邊固圉之策, 則臣請繼此而陳之."
44) 위의 글.
　"自茂山, 北行至富寧車踰嶺之北, 一百二十餘里, …… 多土沃可耕處. 自ㅜ
　乙于施培, 沿江東下, 至會寧豊山保, 一百數十里, …… 亦多饒沃平曠, 可爲
　數千百人耕稼之場者. 顯廟癸丑, 道臣南九萬, 陳疏諸置邑鎭, 而議格不果
　行. 關西茂昌等四郡, 自國初置鎭堡. 太宗朝陞延閭爲郡, 世宗朝陞茂昌, 虞
　芮, 慈城爲郡. 至世祖朝, 以江北兀良哈忽刺溫部落, 無時侵掠, 移其民空其
　地. …… 先朝甲寅, 先許三川坊耕墾, 卽四郡之初界也. 臣聞流戶四集, 于今
　數十年, 已過萬餘戶. 曠廢之餘, 地力尤倍, 種粟一升, 能出七八斛. 以是推
　之, 朝家之棄穀於西北沿邊千里之地者, 不知幾百萬石."

운데 10경 이상의 토지를 개간한 실적이 있는 사람에게는 매년 봄과 가을에 관서관찰사와 관북관찰사의 주관 하에 강계江界와 육진六鎭에서 무학武學에 응시할 자격을 주고, 무예[騎射, 擊刺]를 시험하여 우수한 실력을 보인 사람을 무과출신武科出身으로 선발하는 특전을 부여하자고 했다.[45]

서북 지역을 개척하여 국경을 튼튼히 하려는 서유구의 방안은 몇 단계로 나뉘어 순차적으로 진행되는 방식이었다. 첫 번째는 이상에서 언급한 대로 부민을 적극 유치하여 서북 지역의 비옥한 토지를 개간하는 단계였다. 다음으로 서북 지역의 토지가 개간되어 거주민이 늘어나면, 양강兩江 – 압록강, 두만강에서 10리 이내의 지역을 내지內地와 같은 방식으로 둔전[民屯]을 개발하여 1/10세를 거두되 그 절반을 비상용으로 비축하는 단계였다.[46] 마지막으로 이렇게 10년 정도를 비축한 후 다시 토지를 개척하여 양강 일대를 조선의 국경으로 확정하고, 양강 연안의 요해처에 군읍郡邑을 건설하거나 진보鎭堡를 설치하는데, 읍邑에는 5천 경頃, 진鎭에는 3천 경의 둔전을 설치하도록 했다. 읍진邑鎭의 둔전[官屯]에서는 주객제主客制 즉 1/2의 조租를 거둬들여 그 중 1/3을 비상시를 대비해 비축하게 했다.[47]

---

45) 위의 글.
"募佃夫, 備工本, 入耕, 能以百夫耕者, 授以百夫之地, 爲百夫之長. 能以千夫耕者, 授以千夫之地, 爲千夫之長. 命以爵而授以祿, 則應募者麕集, 可以不費官帑, 而事擧矣. …… 以我國道科之制, 墾田十頃以上, 許付武學解額. 每年春秋, 關西觀察使之巡到江界, 關北觀察使之巡到六鎭, 試以騎射擊刺之法, 拔其優者, 以其名聞, 賜武科出身. 考功察能, 以次擢拔, 不以流外限其用, 則人人競勸矣."

46) 위의 글.
"於是, 就距江十里以內之地, 畫井分田, 一如內地屯田之制. 三年之後, 視田高下, 定什一之稅. 用其半, 爲本屯長俸祿. 儲其半, 以備緩急."

47) 위의 글.
"十年之後, 貯積充溢, 然後益復拓地, 以江爲界. 擇要害之地, 建郡邑, 設鎭堡, 每一邑, 置屯田五千頃, 每一鎭, 置屯田三千頃. 官自募民耕之, 收其租如主客例, 平分爲三, 用其一, 廩徒餉士, 用其一, 爲官俸, 貯其一, 以備緩急."

이렇게 되면 서북 지역에는 민둔民屯과 관둔官屯이라는 두 가지 종류의 둔전이 존재하는데, 민둔은 안쪽에 위치하고 관둔이 그 바깥을 둘러싸는 모양이었다. 또한 관둔에서는 병력을 내어 민民을 방어하되 조調를 면제받고, 민둔에서는 포布를 내어 병력을 지원하지만 병역은 면제받도록 했다.[48]

서유구는 서북 둔전의 장점으로 토지를 개간하고 백성들을 이주시키며 군진郡鎭을 설치함으로써 국경 지역의 방어를 굳건히 할 수 있다고 판단했다. 그는 이를 통해 청나라 사람들이 채삼採蔘이나 엽초獵貂를 위해 함부로 국경을 넘어가는 것을 막을 수 있고, 3~5리마다 벽돌로 만든 공심적대空心敵臺를 설치하고 군량미를 보관하며 수졸戍卒에게 병농兵農을 겸하게 하여 경계 거리를 좁힐 수 있으며, 서북 지역에 있던 진보鎭堡를 국경 지대로 전진시킴으로써 그보다 후방에 있던 진보 시설을 혁파할 수 있다고 보았다. 서유구는 양강 연안에 있는 천리 땅이 조선의 소유가 되는 것은 서북 둔전을 설치하여 운영하느냐에 달려있다고 주장했다.[49]

서유구는 해안의 도서 지역에도 둔전을 설치하자고 제안했다. 그는 조선은 삼면이 바다로 둘러싸인 가운데 곳곳에 도서가 있어 큰 것은 둘레가 300리, 작은 것은 둘레가 60~70리가 되는데, 이곳에도 경작이 가능

---

48) 위의 글.
　"使民屯居內, 官屯居外. 官屯, 出兵以衛民而免其調. 民屯, 出布以養兵而免其戍. 內外互爲維持, 官民相爲經緯, 其條例纖穰."
49) 위의 글.
　"臣聞, 近自百年以來, 彼人之爲採蔘獵貂犯越四郡之境者, 百千爲羣. 防汛之卒, 過之而不敢問. 今幸彼之綱維未弛, 尙可怵之以邊憲, 不至肆其跳梁耳. 彼皆熟知其閒曠可墾也, 狺然呑噬之心, 未嘗一日忘也. 一朝天下有事, 呼吸乍急, 則勝國之往轍不遠. 臣恐沿江千里之地, 非復國家之有, 而西北之民自此無寧歲矣. 及今兩界晏謐之時, 墾田實民, 烟爨相接, 置郡設鎭, 砦堡相望, 則藩垣壯固, 穿窬斂跡, 可以永杜後日舐糠及米之患, 其利一也. …… 有十利而無一害, 何憚而不爲哉. 此西北實邊之策也."

한 옥토가 많은 것으로 보았다. 그런데 당시 서남 해안의 섬은 대부분 목장으로 이용되었는데, 그는 말의 성질이 더위를 견디지 못하므로 말의 사육장으로는 서남 해안보다 서북 지역이 더 적합하다고 보았다. 서유구는 탐라耽羅-제주도를 제외한 서남해의 목장을 모두 폐지하고, 목장을 감독하던 해우廨宇와 늠록廩祿을 활용하여 전농관典農官을 두며, 이곳에 민民을 모집하여 내지의 둔전과 같은 방식으로 운영하자고 했다. 서유구는 도서 지역의 둔전을 10년 정도 경영하여 비축된 재화로 해로海路의 요해처에 진보鎭堡를 설치하고 병농兵農을 겸하기를 서북 지역과 같이 하다면, 해방海防이 더욱 공고해질 것이라 주장했다.[50]

서유구는 경사와 팔도의 둔전을 안으로 근본을 튼튼히 하는 방안으로, 사군육진과 도서의 둔전을 밖으로 변방을 굳건히 하는 방안으로 보았다. 그는 둔전의 경영을 통해 내외의 경제력이 충실해지면 환상還上의 폐단이나 군보軍保의 부담도 점차 제거할 수 있을 것이라 판단했다.[51]

6. 맺음말

서유구는 「의상경계책」에서 당시의 지역을 중국, 경사, 팔도, 사군육진과 도서로 구분해서 보았다.

---

50) 위의 글.
  "我國三面環海, 島嶼錯落. 大則周圍數三百里, 小則六七十里, 多膏腴可耕之處. 而其在西南海者, 什七爲牧馬之場. …… 臣聞馬爲火畜, 性不耐暑, 宜於西北, 而不宜於東南. 故自古養馬, 必在西北. …… 臣謂, …… 耽羅外西南海牧場, 並罷之. 因其監牧之廨宇廩祿, 置典農官, 募民耕種, 一如內地屯田之制, 則積年糞壤, 其利數倍. 行之十年, 富有貯積然後, 擇海路要害處, 設爲鎭堡, 寓兵於農, 如西北鎭堡之爲, 而復予近鎭魚鹽之利, 以糴內地米穀, 則海防益鞏矣. 此又東南固圉之策也."

51) 위의 글.
  "內壯根本, 外固邊圉, 財穀克溢, 公私給足然後, 傷農則糴, 傷末則糶, 倣常平之制, 革還上之弊. 查檢漏戶, 揀則大小, 復庸調之稅, 罷軍保之役."

서유구는 중국을 농정의 모범이 되는 지역으로 보았는데, 중국의 제도를 따라 전제田制를 결부법結負法에서 경무법頃畝法으로 바꾸고, 농작물이나 말과 양의 종자, 각종 농기구와 양잠 기구를 중국에서 도입하자고 제안했다. 그렇지만 그가 중시한 것은 중국의 제도를 도입하여 그대로 시행하는 것이 아니라 조선의 현실에 맞게 조정한 것이었다.

경사는 조선의 농정을 주도할 뿐만 아니라 새로운 농법의 시험지였다. 이 지역이 농정을 주도한 이유는 개혁을 이끌어 나갈 관청들이 모두 이곳에 집중되어 있었기 때문이다. 서유구는 전국의 양전을 총괄할 전사專司를 서울에 설치하고, 호조와 관상감에서는 양전의 계산법을, 시운관에서는 북극고도를 측정할 상한의象限儀를 제작하여 전국에 보급하게 했다. 또한 경사는 새로운 수리 시설을 시험하는 장소였고, 경사의 외곽에 설치된 네 곳의 둔전인 경둔京屯은 새로운 농업기술을 시험하는 장소였다. 서유구는 경둔에 새로운 농법과 농기계를 투입하여 농업 생산량을 증대시키도록 유도했고, 이곳에서 효과를 본 방안을 전국으로 확산시키게 했다.

팔도는 경사에서 시험한 농법을 본격적으로 시행하는 장소였다. 서유구는 팔도의 관찰사를 균전사均田使로 임명하여 도내의 양전量田을 감독하고, 각 읍의 수령이나 우관郵官, 사인士人 가운데 적임자를 균전관均田官으로 임명하여 읍내의 양전을 관장하게 했다. 서유구는 경사에서 시험한 새로운 수리법을 관찰사를 통해 열읍으로 확산시키고, 팔도의 감영과 열읍에서는 각각의 형편에 맞게 둔전을 설치하고 경둔과 같은 방식으로 운영함으로써 경제력을 비축하게 했다.

서유구는 사군육진과 도서와 같은 변경 지역에도 둔전을 설치하자고 제안했다. 경사와 팔도의 둔전이 내지에 축적을 하는 방안이라면 변경 지역의 둔전은 자국의 국방을 공고히 하는 방안이었기 때문이다. 서유구는 부민富民을 모집하여 서북 지역을 개간한 후 양강兩江-압록강, 두만강 연안의 토지를 개발하고, 현지의 형편에 따라 군현이나 진보를 설치하는 방안을 제안했는데, 양강 지대를 국토로 확보하려면 둔전의 설치가 필수적이라고 보았다. 또한 서남 해안의 도서 지역에 설치된 목장을 서북으로 이전시키고 이곳에 둔전과 진보鎭堡를 설치하여 경제력을 키우고 해방海防을 튼튼히 할 것을 제안했다.

서유구의 조선의 전국을 경사, 팔도, 변경으로 구분하고 각 지역의 특성에 맞게 농업 생산력을 높이는 방안을 제시했다. 이들은 다시 경사·팔도 지역과 변경 지역으로 구분되는데, 서유구는 전자에서는 부국, 후자에서는 강병에 주안점을 두어 부국강병을 이루고자 했다. 또한 각지의 둔전을 경영하는 주체도 지역에 따라 구분되었는데, 전자에서는 농무農務에 밝은 사람을 전농관典農官으로 임명하고 지방관으로 등용될 기회를 주었지만, 후자에서는 부호富戶를 유치하여 백부장百夫長, 천부장千夫長으로 임명하고 개간 실적에 따라 무반武班으로 진출할 기회만 열어 주었다.52)

서유구의 농정 개혁안은 중앙 관청 - 팔도 관찰사 - 각읍 수령으로 연결되는 기존의 행정 체계에 바탕을 두고 실현되도록 기획되었다. 이 때 경사 지역은 농정의 개혁을 주도하고 새로운 농법과 기계를 시험하는 장소로 제안되었는데, 이곳은 개혁을 이끌어갈 관청이 집중되고 새로운 농업기술과 농기계에 관한 정보가 가장 앞선 지역이기 때문이다. 서유구는 서울을 중심으로 하는 수도권 지역을 자신이 구상한 농정 개혁안을 실천해 나갈 중심지로 파악했다.

---

52) 유봉학(1995), 「徐有榘의 學問과 農業政策論」『燕巖一派 北學思想 研究』, 一志社, 220~222면.

白雲 沈大允의 근대성 사유체계 일고찰

−19세기 실학 정신과 근대성과의 관련성 파악을 중심으로−

장병한 | 靈山大學校 학부대학 교수

1. 머리말*

실학이란 개념과 그 사상적 의의는 동아시아 각 나라의 역사와 시대, 또는 학자와 학파에 따라 다양하게 정의되어 왔고, 현재 또한 여러 의견들이 상존한다. 따라서 그 개념과 의의에 대한 가부可否를 단정한다는 것은 쉽지 않다. 그런 가운데 근자에 들어 한때 침체에 빠져 있던 실학에 대한 논의가 다시 급부상하고 있다. 그런 과정에서 실학개념의 방향성, 실학과 성리학과의 영향관계를 비롯한 다양한 문제점들에 대한 논의가 제기되었다.[1] 특히 성리학과 실학의 단절 및 연속성의 문제에 있어서는 대체로 성리학과 실학이 큰 테두리에서 동질성과 연속선을 유지한 면도 있지만, 이와 다르게 실학만이 가지는 다른 특질이 존재함을 밝히는 것으로 정리되고 있다.[2] 이와 관련하여 한 선학자의 한국 실학의 개념과 의의에 대한 정의가 주목을 끈다. 즉 "실학이란 형이상학적 사변적 학풍의 비생산적 논쟁이 만성화되어 있거나 어떤 이념과 체제에 묶이어 시대현실에서 멀어져 가고 있을 때에 그것을 극복하기 위하여 현

---

* 이 논문은 2009년 10월 30~31일에 걸쳐 한국 실학학회가 주최한 〈제10회 동아시아 국제학술대회: 실학박물관 개관기념〉에서 발표한 논고를 첨삭 보완한 것이다.
1) 그간 실학과 실학파 문학의 虛와 實에 대한 제반적인 논의과정과 문제 제기 및 미래의 숙제에 대한 것과 조선후기 실학연구의 문제점과 방향에 대해서는 아래 논문 참조.
   진재교(2003), 「실학과 문학의 허와 실에 대한 변증」, 『한문학보』 제9집, 우리한문학회, 211~245면.
2) 성리학과 실학의 연속과 단절의 문제에 대한 주요논문으로는 아래 논문 참조.
   尹絲淳(2003), 「성리학과 실학, 그 근본 사고의 同異性에 대한 고찰 - 이황과 정약용을 중심으로」, 『태동고전연구』 19집, 1~30면; 金泰永(2003), 「조선 성리학과 실학의 역사적 연관」, 『태동고전연구』 19집, 31~61면; 宋載卲(2003), 「성리학파 문학과 실학파 문학의 연속과 단절」, 『태동고전연구』 19집, 63~78면.

실에 즉(卽)한, 실제 사정에 즉한 관학적 파악으로 문제 해결을 추구하려
는 학문 방향을 말한다. 그렇기 때문에 이조 후기에 태동된 한국 실학은
오늘날에도 여전히 현재성을 지니고 있다"[3]는 것이 그것이다. 물론 여
기서의 현재성에는 실학의 미래적 가치의 중요성노 함께 아우르고 있다
는 것으로 이해할 수 있다. 여기서 특히 실학의 현재성을 강조한 부분은
19세기 실학을 연구하고 있는 필자에게 경각심을 일깨우곤 한다.

위의 실학의 현재성과 미래성의 언급과 관련하여, 미래의 실학 성격
과 범주를 정하는 방법론이 제기되었는데, 즉 "20세기에 실학이란 용어
로 인식했던 대상은 허구가 아닌 풍부한 내용의 정신유산임은 물론이요,
또한 그것을 인식한 자체가 결코 무시할 수 없는 역사로서 세기를 넘어
존중해야 함을 전재해야 한다."[4]는 것이 그것이다. 요컨대 20세기에 구
체화된 실학은 단지 허구화된 것으로 치부할 것이 아니라, 풍부한 민족
의 정신을 담고 있는 국가의 유산으로서의 역사성을 가진 것으로 보아
야 한다는 것이다. 여기에 다시 실학의 역사성과 관련하여, 20세기 실학
의 성격은 또한 '탈중세적'이라든지, '근대지향적'이라든지 하는 개념이
적용될 수 있다는 주장과 함께, 특히 종래 학계에서 실학의 근대성과 개
화사상의 연계에 대해서는 관심이 비상하다는 점이 지적되고 있다.[5] 여
기 다시 실학의 근대성과 개화사상의 연계에 대한 학자들의 연구적 관
심의 한 연장선에서, 최근에 유가 전통의 주체적이고 자립적인 근대성

---

3) 李佑成(1999), 「創刊辭」, 『한국실학연구』 창간호, 6면.

4) 임형택(2003), 「21세기 다시 읽는 실학」, 『대동문화연구』 제42집.

5) 임형택(2000), 『실사구시의 한국학』, 창작과비평사, 20면.
  임형택 선생은 상위 논문에서 실학의 '탈중세성', '근대지향성'이라는 성격을
  규정할 수 있는 일례를 들고 있다. 즉 "燕巖 朴趾源이 사물인식의 논리로
  '變'의 변증법에 착안하고, 茶山 丁若鏞이 新我舊邦을 자기학문의 목적으로
  설정하였듯, 변역에 역점이 주어져 있었다는 것이 그것이다. 여기 변역하는
  전환기를 당해서 실학은 시대상황에 적절하게 대응해온 측면이 있는 가운
  데, 특히 근대성과 관련하여 종래 학계에서 실학과 개화사상의 연계에 대해
  서는 관심이 비상하기도 했다."는 것이 그것이다.

을 강조한 연구 성과를 주목할 필요가 있는데, 거기에서 우리 경험과 전통으로부터 더 나은 삶과 사회를 위한 대안을 찾아보자는 제안도 있었다. 말하자면 지금까지 서구 주도의 자본주의적 근대성이 효력을 다하고 있는 지금 유가 전통의 지혜와 사유방식을 재해석하고 복원할 필요가 있다는 것이 그것이다.[6]

본고의 주제는 위의 선학자들의 실학과 관련된 여러 주장 즉 현재성, 역사성 및 '탈중세적', '근대지향적'인 성격과 개화사상과의 연계성, 이어 특히 유가 전통의 주체적이고 자립적인 근대성 확립을 위해, 유가 경전의 재해석과 복원이 필요하다는 제안에 착안하여 나온 것이다. 그래서 19세기 중·후반 서구주도의 근대화가 시작될 즈음, 유가 전통의 자립적 근대성의 올바른 가치 정립을 위해 노력한 것으로 드러나고 있는 백운白雲 심대윤沈大允(1806~1872, 이하 '백운'으로 약칭함)의 실학적 사유 체계에 대해 살펴보고자 한다. 그러면서 그의 그러한 19세기 실학적 사유체계가 한국의 자립적 근대성의 사상 체계와는 어떤 관련적 의미를 가질 수 있는 지를 가늠해 보는데 그 목적이 있다.

주지하듯, 백운은 우리나라 19세기 초중반에 걸쳐 살면서 경학·사학 등 관련 저술 업적을 많이 남기고 있다.[7] 일찍이 『조선의 양명학파』를 저술하였던 일본 학자 다까하시 도루高橋亨(1878~1967)는 백운의 학문적 원류를 하곡 정제두(1649~1736)에 닿아 있음을 밝히면서, 그를 조선 19세기 '양주음왕陽朱陰王'의 양명학자로 규정하였다.[8] 뿐만 아니라 근대 한말

---

6) 이승환(2004), 『유교담론의 지형학』, 푸른숲, 254~270면.
7) 백운의 전기와 학적 전통 및 저술에 대한 것은 아래 저서 참조.
   임형택(2002), 「19세기 西學에 대한 경학의 대응 - 정약용과 심대윤의 경우」, 『실사구시의 한국학』, 창작과비평사; 진재교(1999), 「심대윤의 국풍론」, 『한문학보』 1, 우리한문학회; 장병한(1995), 『심대윤 경학에 대한 연구』(성균관대학교 박사학위논문).
8) 다카하시 도루(高校亨), 이형성 편역(2001), 『조선유학사』, 한국철학총서 18, 예문서원, 318~325면. 필자는 「19세기 陽明學者로 규정된 沈大允의 思惟體系에 대한 一考」(한국실학연구 제10호, 2005.12)에서, 다카하시 도루가 백운

양명학의 대가인 난곡 이건방(1861~1939)[9]의 제자로서『양명학연론』등을 저술하여 조선 양명학 연구에 크게 공헌하였던 위당 정인보(본관이 東萊, 1892~?)는 백운의 경학세계를 평하여 '중국 청대의 반성리학자 명성이 나 있는 대진(字 東原, 1724~1777)에게 가까운 면이 있으면서도 굉사힌 면에 있어서는 그보다 더욱 낫다'고 하였으며,[10] 그리고 '백운의 경설이 정주자설과 많은 부분 서로 어긋나서 당시에 행해지지 못하였다'[11]고 평하고 있다. 그리고 근자에『심대윤 전집』이 발간되면서, 임형택은 그 해제에서 백운의 학문적 세계관에 대해 '한국의 마지막 실학자'로, 또 그의 학문성향을 '양명 좌파적 성향'을 가진 것으로 규정하였다.[12] 게다가 백운은 다산 정약용(1762~1836)보다 한 세대 뒤를 살았는데, 그의 저작 중의『흠서박론欽書駁論』은 바로 다산의『흠흠신서』를 읽고 이에 대한 자신의 반론을 펼친 것이다.[13]

의 학적 체계를 '陽朱陰王'의 양명학자로 규정한 것에 대한 異見을 제시한 적이 있다. 異見의 자세한 내용에 대해서는 필자 논문 참조.

9) 난곡은 李忠翊의 玄孫으로서 가학을 계승하여 鄭濟斗 - 李匡明 - 李忠翊으로 이어지는 양명학의 전통을 이은 강화학파의 핵심인물로서 근대 한말 양명학의 대가이며, 고종 때의 양명학자인 寧齋 李建昌(1852~1898)과도 교유하였다.

10) 심대윤,『閑中隨筆』, 정인보의 「識」(연세대학교 所藏).
장병한(2003), 「대진과 심대윤의 理欲觀 문제」,『한문교육연구』제21호(한국한문교육학회, 2003.12).

11) 심대윤,『福利全書』, 정인보의 「識」(고려대 소장).

12) 임형택(2005), 「심대윤 전집 해제」,『심대윤 전집』(성균관대학교 대동문화연구원 刊). 필자는 「19세기 陽明學者로 규정된 沈大允의 思惟體系에 대한 一考」(한국실학연구 제10호, 2005.12)에서, 임형택 선생이 백운의 학적 체계를 양명좌파라고 규정한 것에 대하여, 일부는 그러한 측면이 있는 것은 사실이지만 유가전통에 대한 문제의식과 근본적인 사상의 중심에서 볼 때, 백운의 학적 체계와 양명좌파와는 많은 격차가 있다는 견해를 제시한 바 있다. 자세한 내용은 상위 논문 참조.

13) 심대윤(2005), 「欽書駁論」『심대윤전집』1, 성균관대학교 동아시아학술원 대동문화연구원 刊, 167~218면.

위의 백운의 개략적인 학적 전통과 후대 선학자들의 평가에서 드러나듯, 백운의 사상 체계에서는 19세기 실학적이고 근대적인 어떤 성향들이 내재해 있음을 충분히 간파할 수 있다. 본고에서는 그러한 그의 실학적 사유체계의 몇 가지 전개양상을 살펴보고, 이를 19세기 유가 전통의 자립적 근대성의 정립을 위한 하나의 사상적 구체화의 모델로서 제시하고자 한다.

2. 19세기 실학적 사유체계의 학적 배경

1) 위기진단과 無形之學의 비판

19세기 중반에서 후반에 이르는 조선 사회는 국내외적으로 격변의 위기적 국면에 처해 있었다.[14] 이러한 위기 국면 도래의 원인처에는 여러 복잡다단한 국내외의 정세와 정황들이 상존해 있겠지만, 무엇보다 가장 주요한 근본적 원인은 국민의 정서에 직접적으로 영향을 끼치는 국가의 통치 이념과 종교 사상이라고 할 수 있다. 그런데 백운은 당시 국가 통치이념인 정주학을 육칠 백년 이래 우리나라 사회에 해악을 끼친 해독적 요소로 규정하는 한편 또 그 학적 주역主役인 정주학도들을 세속적이고 비루한 학자 즉 세유世儒라고 비난하고 있다.[15]

---

14) 1790년 북경교회 제사 거부 명령, 1791년 진산사건, 1801년 신유사옥, 1811년 홍경래 난, 1838년 己亥獄事, 1840년 아편전쟁, 1860년 북경함락과 崔濟愚 동학창도 및 영·불 연합군 북경점령, 1862년 三政의 紊亂과 삼남지방을 중심으로 한 농민 봉기(壬戌民亂, 晉州民亂), 대원군의 쇄국정책, 1866년 丙寅洋擾, 1871년 辛未洋擾, 1876년 일본의 강제개항, 1894년 동학농민전쟁 등 일련의 사건들이 당시 역사 정황의 심각성을 잘 말해 주고 있다.

15) 심대윤, 『논어』 774면, "予之說, 多舛世儒者焉, 爲是怛然不釋也. 然天下之被其毒者六七百年, 而非其本心也. 其本心則欲爲救世也, 乃无妄之災眚也." 여기서의 『논어』는 심대윤이 『논어』에 주석한 책명을 칭한다. 본고의 인용자료는 『논어』 16책(성대 대동문화 연구원에서 간행한 경학자료집성32)에

그리고 16세기 전후에 일부 남인 사대부 계층을 중심으로 비밀히 전파되었던 천주학은 19세기 중·후반 당시에는 서민층과 빈민층으로 파고들면서 심각한 종교 사회적 파장을 일으키고 있었다.16) 백운은 당시 정부의 천주학 신자들에 대한 박해로 인하여 많은 사람들이 죽임을 당하는 상황을 목격하고 고뇌한다. 그러면서 그는 천주학설을 괴설怪說로 규정하기에 이른다.17) 그는 당시의 시국 상황을 진단하여, "고명한 자는 허황되고 황량한 길로 치달아 실리實理를 버리고 위행僞行을 숭상하고, 우매한 자는 칠흑같이 어두운 속으로 빠져 정情에 따라 멋대로 행동하여 방향을 알지 못하니, 교화가 날로 없어지고 풍속이 날로 피폐해져 화란이 날로 생겨나게 되었다. 따라서 사람을 살리려는 도는 장차 없어지려 하고, 천지의 도는 장차 닫혀지려 하고 있다. 이 때문에 근심스레 나는 오래도록 앓아누워 마음에 상처를 입고 있다."18)고 하였다. 백운은 당시 고명한 사대부와 지식 계층뿐만 아니라, 하부 일반 백성들 모두 자신들이 가야 할 삶의 방향 감각을 상실한 채로 저포자기적 상황에 빠져있는 것으로 진단한다. 이로 인하여 민풍이 삭막하고 국가적 재앙과 민란이 연이어 일어나고 있다는 것이다. 그래서 그는 지금 막 나라가 망실될 것만 같은 위기의식을 느끼면

수록되어 있는 것을 저본으로 한다.

16) 임형택(2000), 『실사구시의 한국학』, 창작과비평사, 202~203면 참조.
   燕巖 朴趾源(1737~1805)은 일찍이 천주교가 쉽게 민간으로 파고들어 갈 수 있는 요인으로, 식자층일 경우는 '새로움을 숭상하고 拘檢을 싫어하는 자들은 눈이 환해진 듯 좋아할 것이고', 서민층인 경우는 '貧窮에 시달리고 財利를 좋아하는 무리들은 휩쓸리듯 좇는다'라고 지적하였다.

17) 심대윤, 『象義占法』(한국경학자료집성 116, 성대 대동문화연구 간), 347~348면, "近有一種怪說, 號爲天主學. 重信而樂死, 雖斬殺而不可禁. 予懼斯民之無類."

18) 심대윤, 「福利全書序」『복리전서』(서울대 규장각본) 1면, "高明者, 騁乎虛誕冥茫之途, 背實理而崇僞行, 愚迷者, 墜於煙霧塗泥之中, 任情妄作而不知方向, 敎化日亡而風俗日弊, 禍亂日滋. 生人之類將滅, 而天地之道將廢. 是用恂恂子疚懷若傷在心."

서 상심하곤 하였다.

백운은 당시 그와 같은 위기 도래의 근원지로서 정주학과 천주학의 무형의 학적 체계에 있음을 지적하고 비판한다.

> "지혜가 미치지 못하는 데도 고심하여 생각하기를 그치지 않는다면 곧 무형(無形)의 형(形)을 보게 되는 데 이른다. 뜰에 토끼가 있지 않으나 의심(疑心)하여 정신을 한 곳에 집중(集中)하여 주시(注視)하면 3년이 되어서는 토끼가 진짜 나타나는 듯한 착각에 빠지게 된다. 뜰에 진짜 토끼가 있어서가 아니라 그 의혹(疑惑)으로 인해서 없는 데도 있는 것처럼 되는 것이다. 옆에 있는 사람이 없다고 말하면 더욱 더 자세히 주시(注視)하여 더욱 있는 듯한 착각(錯覺)에 빠지게 된다. 자기에 대한 주장이 더욱 더 강해지면 죽을 때까지 이러한 의혹은 풀리지 않는다."[19]

백운은 당시 정주학자들이 『논어』에서 말한바 즉 '생각만 하고 배우지 않아 위태로운 지경에 빠진 격[思而不學則殆]'이라고 비판한 것이다. 그는 정주학을 맹신하는 학자들을 세유라고 지칭하면서, 이들이 '없는 것을 있다'고 맹신한다면, 세상 사람들로부터 불신과 조소를 받게 됨을 면하지 못할 것이라고 단정한다.[20] 그가 말한바 즉 '옆에 있는 사람이 없다고 하면 더욱 더 주시하여 있는 듯한 착각 속으로 빠져 든다'는 것에서, 당시 세유들의 무형적 진리 체계에 대한 침혹의 폐해성을 여실하게 볼 수 있다. 여기서 '없는 것을 있다'고 착각하는 대상은 물론 성리학의 관념적 리와 천주학의 천주를 말한다. 백운은 "리·성誠·경敬은 본래 의

---

19) 『논어』, 506면, "知之所不及, 而苦思不置, 則乃見無形之形. 夫疑庭之有兎, 而凝精而注視, 則三年而見其兎矣. 庭非有兎也, 因其惑而無之有也. 傍人告之以無, 則愈益注視, 而愈益有矣. 自信愈篤, 而其惑終身不解矣."

20) 『논어』, 506면, "世儒非不英才也, 特其坐是, 而見無爲有也. 故以其才之英, 而不免爲常人之所疑笑而不信, 學者, 可不戒哉."

거할 수 있는 형적이 없으며 일정한 자리도 없다. 다만 일물—物을 바탕 삼아 있는 것이다. 곧 이 리·성·경 세 가지는 형체가 있는 만사에 있는 것이고 만사가 이 세 가지의 무형에 있는 것은 아니다."[21]고 하여, 정주 학의 절대적 진리체계로서 육칠 백년 동안 맹신시되어 왔던 리·성·경 이 무형의 학임을 비판하고 있다. 이들 리·성·경은 유형의 사물을 바 탕삼지 않으면, 그 존재 가치를 인정받을 수 없음을 분명히 했다. 그리 고 백운은 당시 만연하고 있었던 천주학을 이단의 학으로 규정하고, 그 들 천주학자들의 황당한 천당·지옥설로서 화복의 저울대로 삼아, 백성 들을 유혹하고 협박하고 있음을 아울러 비판하였다.[22]

2) 理學 비판과 氣學의 實學 정립

백운은 당시 국가와 국민의 폐해적 진원지로서 정주학을 주목하고, 이 정주학이 이단의 학문인 불교의 허무학에 가깝다고 비판한다. 그러 면서 그는 이러한 허무의 정주학을 극복하기 위해 자신의 학적 체계를 유학의 실학과 유형학에 두고 있음을 밝힌다.[23] 그리고 그는 아울러 진 晋나라 이래 사대부들이 허의虛義만을 말하고 일의 실제적 사실을 살피 지 않은 것으로 인하여, 사람들의 말과 사상이 실제적인 사실에서 멀어 지고 공허한 허의로만 치닫게 되었음을 진단한다.[24] 그래서 그는 이러

---

21) 『논어』, 518면, "理也誠也敬也者, 本無形迹之可據, 不能專位而體物而存者 也. 乃三者存於萬事也, 非萬理俱於三者也."
22) 『복리전서』, 28면, "異端之書曰, ----以是敎民, 欲其心絕肉屬之親, 而獨重 敎師, 以爲得民利己之計也. 然又恐民之不從, 故曰爲善者, 登于天堂, 爲惡 者, 入于地獄, 把持禍福之權, 而誘脅之, 愚民陷於術中, 而不悟其說, 可一言 而破也."
23) 『논어』, 506면, "吾道實其有, 釋氏虛其無, 聖人體物, 釋氏絕物, 正相反也. 世儒常言釋氏最爲近理, 此乃求聖人之道於釋氏之近處也."
24) 『논어』, 654면, "自晋人以來, 談虛義而不審之於事實, 置其事實而談虛義. 故 其言曰遠於事實, 而不相準."

한 공허한 학문체계를 극복하고 실제적인 사실학에 나아가는 즉 수신 · 치인학으로서의 실학을 확립하기 위해서는 지천知天과 지인知人에 시작하여 물리와 물정을 널리 궁구하는 데 힘써, 현혹과 위행僞行으로부터 벗어나야 한다고 주장한다.[25]

백운은 그의 유가 전통의 수신 · 치인학 즉 실학 체계를 정립하면서, 그는 유가 전통의 본체론적 우주관을 담지하고 있는 『주역』을 경전적 근거로 삼는다.[26] 그는 거기에서 만물 생성 본체로서의 태극을 기氣로 정립한다. 이른바 즉 '태극즉기'이다. 그는 이러한 『주역』의 기학에 기반하여, 천과 지의 본질을 모두 기에 기초한 기와 형으로 파악한다.[27]

백운은 위의 천과 지의 본질에 대한 규명을 이어, 인의 생성에 대해서도 다음과 같은 이론을 제시한다.

"어떻게 하여 사람이 생길 때 오로지 부모의 정(情)을 받은 것이 아니고, 천(天)의 기(氣)를 받은 것임을 분명히 알 수 있는가? 사람에게는 처음 종자(種子)가 있지 않았고, 천(天)의 기(氣)가 쌓여서 형(形)이 생겨 자연히 사람의 종자가 있게 되었다. 이로서 천기(天氣)가 사람을 만들었음을 알 수 있다. 사람이 이미 종자(種子)가 생겨남에는 다시 기(氣)를 쌓아

---

25) 『논어』, 655면, "是以其學也, 始乎知天知人, 而博乎物之理. 其用工也, 格乎人物之情, 而達乎事之幾. 是故明於事實, 而不可眩以僞, 乃可以修身也, 乃可以治人也.", 『논어』, 632면, "君子四十以前, 力學以畜其德, 四十以後, 出仕而措之, 陳力以就列焉, 是乃實學也."

26) 『象義占法』, 〈周易象義占法自序〉의 글을 이어서 〈周易上經〉이란 題下에 무려 6張 2184字나 되는 글이 있다. 여기서 그는 易과 太極의 관계, 兩儀로부터 64卦까지의 분화과정과 원리, 先天 · 後天과 氣 · 數 · 形 · 理의 관련성, 易 · 象 · 理의 법칙, 上經과 下經의 구조와 원리 등을 서술하고 있다.

27) 『복리전서』, 2면, "天, 氣也, 地, 形也. 氣之始生, 名曰太極, 太極, 陽也. 氣以動爲性, 太極動而有屈伸, 陰陽生焉. 玄妙之理, 二者相合而成物, 二者相配而生物.--陰陽與陰陽相配而形生. 形生于氣, 形氣相合而成形, 此謂地之形也."

서 사람을 생겨나게 하지 않았다."[28]

백운은 사람의 생성과 관련하여 처음에는 종자가 없었는데, 이후 천의 기가 쌓여서 사람의 형체 모양으로 한 종자가 생겨나게 된다. 그래서 인간은 부모의 정情만을 받고 태어난 것이 아니라 천의 기를 받았음을 알 수 있다. 따라서 사람 종자가 이미 생겨난 이후에는 종자를 만들 필요가 없다. 다만 자기 조상을 이어서 마침내 부모의 정을 받고 태어난다. 그런데 여기 인간이 생길 처음에는 하늘에서 기를 받아 태어났지만, 이는 하늘이 어떤 주재적인 마음이 있어 주는 것이 아니고, 모두 부조의 감소感召 작용에 의해 그 정기精氣를 전수 받아 종자가 되어 자손이 생기게 된다는 것이다. 말하자면 인간의 생성 주체는 어디까지나 조상에게 있는 것이고 천天의 주재적인 것에 있지 않다는 것이다. 이 때문에 후손들은 자신의 시조를 하늘에 짝하여 높이 받드는 제례의 명분이 있게 된다.[29] 그리고 인간 이외의 만물 즉 고기와 자라 같은 것도 물과 흙의 기가 서로 짝하여 두텁게 쌓이게 되면 저절로 종자가 생겨 후대로 이어지게 된다.[30]

백운은 천지인 삼재三才와 그 외 만물의 생성 모두가 자연적 기에 기

28) 『복리전서』, 6~7면, "何以明知人之生也, 不專稟於父母之情, 而亦稟於天之氣也. 人之未有種也, 天之氣積而生形, 自然有人. 是知天氣之成人也. 人之旣有種也, 不復積氣而生人."

29) 『복리전서』, 4면, "是故先王之禮, 以始祖配天. 人之稟氣於天, 而爲有生之始者, 猶傳祖之精氣而爲種子也, 故配天於始祖也. 人雖稟氣於天, 而爲有生之始. 然非天之有心而與人也, 自其父祖感召而致之也, 猶酌水於江以爲飮食, 伐木於山以爲器用, 專歸功於酌之者與伐之者, 而江與山無德焉. 是故不以天地爲父母, 而以所生爲父母, 屬莫大於父而母次之, 以義則父祖無輕重何也. 無祖則無父, 無父則無己也, 以恩則父母隆而祖殺何也. 父母親近祖遠疏也."

30) 『복리전서』, 3면, "氣積而生形, 形動而復生氣, 氣之性, 以類相感應. 人物之始生, 天氣之陰陽與地氣之陰陽, 相配積焉. 無種而自然生物, 卽氣積而生形之理也. 譬如水土之氣, 相配而厚積則魚鱉自生."

초한 종자 생성론을 내세우고 있다. 이에 더하여 백운은 귀신의 생성에
도 기학 체계에 근거하여 설명하고 있다. 말하자면 이 기가 형에 짝하게
되면 지각을 가지게 되고 변화 또한 부릴 수 있는 경지 즉 신神에 이르
게 된다.31) 백운은 이러한 과정을 기-정-형-신의 관계 즉 삼극삼층의
도로서 설명하고 있다. 상세하면 기와 기가 합하여 형을 이루고, 기와
형이 합하여 정精을 이루고, 기와 정이 합하여 신을 이루게 된다. 그런데
이러한 기-정-형-신의 생성 범위는 천지·일월·성신·산천·강해의
신과 토석·초목의 령靈에까지 확장이 가능하다. 말하자면 인간의 조상
과 함께 천지만물에 깃들어 있는 모든 신령들도 신의 범위에 포함되는
것이다. 이들은 모두 영명변화하여 유구하게 불멸하며 조화의 주인이
되어, 인간의 요수壽夭와 화복의 정사에 관여하는 권능을 갖게 된다.32)
그런데 '귀신과 신령들은 실정實情이 있어 가림이 없으며 총명·허령하
여 정직하고 성일誠一한 자질과 능력을 갖기 때문에, 인간이 아첨하여
복을 얻을 수 있다거나 기도하여 화를 면할 수 있는 여지는 전혀 없게
된다.33) 따라서 사람의 선악이 천지의 길상吉祥 재려災厲의 기와 상응해
서 화복이 되는데, 이때 화복은 하늘이 사람의 행위를 낱낱이 세어 살펴
서 내리는 것이 아니라, 어디까지나 사람이 스스로 부르는 즉 자소自召
한다는 것이다.34) 말하자면 인간의 화복에는 하늘의 절대적인 의지, 귀

---

31) 『복리전서』, 6면, "無物而不存, 無形而不透者, 氣也. 其强莫撓, 其健無息,
能爲萬物之師. 然隱而不可見也, 無知而不能變也. 搆精而施化者, 形也, 其
質有定, 其理有常(凡物有形然後, 各有其理, 牛有牛之理, 馬有馬之理), 能爲
萬物之體. 然靜而不能動也, 塞而不能明也. 氣與形配然後, 有知覺, 有變化,
明而爲人, 幽而爲鬼神, 主利害禍福之用也."
32) 『복리전서』, 2면, "氣不能有知, 託形而有知, 氣不能有變, 託形而有變矣. 是
故氣形相配而精生, 氣精相配而神生, 神生而有知覺有變化矣. 於是乎, 有天
地日月星辰山川江海之神, 土石草木之靈, 是不雜於血肉之形氣者也. 靈明
變化無上而悠久不滅, 爲造化之主而行禍福之政焉."
33) 『복리전서』, 27면, "鬼神有情而無蔽, 鬼神聰明虛靈, 正直而誠一者也. 不可
諂媚而得福, 不可祈禳而免禍."

신이나 신령의 전적인 힘의 작용에 의한 것이 아니다. 어디까지나 인간 자신의 주체적인 도덕의 선악행위의 여하에 따라 화복이 결정된다. 인 도의 선악 행위에 의한 자소 원리 즉 '선에는 복, 악에는 화'라는 원칙에 따라, 하늘이나 귀신은 화복을 부여한다. 백운은 인간의 화복에 따른 도 덕적 책임을 인간 자신의 자유의지에 있음을 밝히고 있다.

3. 실학적 사유체계의 전개 양상

1) '與衆同行'과 '敬天愛民'

한편 19세기 마지막 실학자로 평가받고 있는 백운은 이전의 성리학 적 진리 체계로서 맹신시되어 왔던 리와 당시 종교 사회적 파장을 야기 하고 있던 천주학의 천주를 절대 진리체계로 수용하기를 거부하였다. 그 러면서 그는 그와 같은 이전의 형이상학적 진리체계를 극복하기 일환책 으로 부부와 대중의 인도를 내세우고 있다. 그는 "평범한 부부의 윤리에 합치된다는 것은 천하의 모든 사람이 실천할 수 있는 도이다. 천하의 모 든 사람이 실천할 수 없는 도는 천하 사람들의 실천적인 도가 아니다."[35] 라고 하여, 일반 모든 대중과 함께 할 수 있는 도만이 진정한 도가 될 수 있다고 하였다. 그의 이러한 발언은 인간 대중과 실천의 현실 세계로부 터 유리된 성리학의 리와 천주학의 천주에 대한 비판적 입장에서 나온 것이다.

백운은 천하 만세와 대동할 수 있는 진리 체계는 대중과 함께 도를 실천하는 것에 있음을 밝히고 있다.

---

34) 심대윤, 『中庸訓義』, 634면, "凡人之善惡, 天地之吉祥災沴之氣, 感應而爲禍 福. 福者, 非天之枚擧歷察乎人人而降之也, 人之自召之也."

35) 『중용훈의』, 『한국경학자료집성』17, 648면, "道之能同於夫婦, 故參於天地, 同於夫婦者, 天下之達道也, 天下之人人不可通行者, 非天下之達道也."

"무릇 홀로 의탁하면 근심스럽고 위태로우며, 무리지어 거처하면 편안하고 즐거우니, 사람과 합하는 것이 하늘과 합하는 것이고, 사람을 떠나면 하늘에서 떠나는 것이다. 그러므로 군자는 감히 자만하지 않고 오직 천하의 인심(人心)을 잃을까 두려워한다. 무릇 과(過)하고 불급(不及)한 것은 모두 천하와 화합할 수 없는 것으로, 마치 홀로 깊고 높으며 멀리 떨어져 있는 곳과 험하고 구석진 구부러진 길을 가는 것과 같다. 군자(君子)가 천하만세(天下萬世)와 대동(大同)하는 것은 마치 대중(大衆)과 함께 평탄하고 편안한 길에서 동행(同行)하는 것과 같은 것이다."36)

백운은 사람과의 화합이 바로 하늘과의 화합이라고 주장한다. 인간이 살아가고 있는 현실권에서 사람과 함께 살아가야 한다는 의식, 즉 '대동의식'만이 군자의 이상적인 학문 태도이며 천인합일天人合一의 경지에 이를 수 있다. 백운은 『좌전정론左傳定論』에서 "백성의 소리를 듣고 어기지 않는 것이 곧 신을 따르는 것이고 천을 따르는 것이 된다. 천이라는 것, 인이라는 것, 신이라는 것은 하나로 합치되는 것이다."37)라고 하여, 천과 인과 신을 동일한 지위의 선상에 놓고 있다. 그리고 백운은 "하늘을 공경하는 것은 백성을 사랑하는 것이다. 애민은 수신하는 것이고, 수신은 정심하는 것이다. 정심은 수신하는 방법이고, 수신은 애민하는 방법이다. 애민은 경천하는 방법이니, 두 가지 이치가 없다."38)고 하여, 경

---

36) 『논어』, 643~644면, "凡孤寄則憂危, 群處則安樂, 合于人則合于天矣, 離乎人則離乎天矣. 故君子不敢自恃, 而惟恐失天下之心也. 夫過不及, 皆不能和合於天下, 如獨行乎高深幽絕之地, 險僻邪曲之徑也. 君子大同於天下萬世, 如與衆同行於平坦安便之路也."

37) 심대윤, 「左傳定論」, 558면, "論曰, 聽於民而不違焉則順於神矣. 順於天矣, 天也, 人也, 神也, 一致焉而已矣"

38) 「左傳定論」, 562면, "敬天者, 愛民, 愛民者, 修身, 修身者, 正心, 正心所以修身也. 修身所以愛民也, 愛民所以敬天也, 無二致也.", 심대윤의 『左國定論』(『심대윤전집』 제1책)은 「國語定論」(537~554면)과 「左傳定論」(555~568면)으로 묶어져 있음. 본고에서는 이를 저본으로 함.

천애민을 실천하는 것이 바로 군자의 진정한 수기치인의 방도임을 밝히고 있다. 때문에 인간과 현실을 멀리하여 '고기독행孤寄獨行'하는 것은 공허한 학문이 될 수밖에 없다. 따라서 크고 위대한 대한 경지를 이루고 있는 천지도 본래 그러한 것을 획득한 것이 아니라, 만물과 함께 할 때만이 가능한 것이고, 전지전능한 성인도 평범한 부부들 속에서 그들과 함께 도를 수행하는 과정에서만 성취될 수 있다. 그렇지 않으면 천지도 다른 만물과 같이 일물에 지나지 않고, 성인도 하나의 부부에 지나지 않는다. 오로지 천하만인과 대동할 수 있는 것만이 성인이 성인되는 이유이다.[39] 말하자면 인간은 천이고 신이기 때문에 인간 및 부부 또 대중과 함께 실천하고 사고하는 삶, 즉 '여중동행與衆同行'의 삶을 지향하는 것만이 군자가 지향해야 할 진정한 학문 태도로서 대동세계를 창출할 수 있다. 그리고 유가의 전통적인 수기치인의 실학적 방도 또한 경천애민의 실천에서 그 가능성을 찾을 수 있다.

2) '利=實・不利=虛'와 '與人同利=義'

백운은 당시 정주학도들의 가도학假道學을 비판하여, 그들은 평소 말로는 '나는 일찍이 이익을 구한 적이 없다'고 하여 고상한 척하면서도, 실제 그들의 행실을 보면, 음식・의복・궁실・전택・기용・거마 등과 같은 명예와 이익을 탐하여 구비하고 있지 않음이 없다고 고발한다.[40] 이

---

39) 『중용훈의』, 646~647면, "故人惟有所憾, 而乃天地之所以爲天地也, 若令天地別有所爲於萬物之外, 則是亦爲一物矣, 何能包貫萬物, 而爲無窮乎. 聖人非別有所能於夫婦之外, 而夫婦之所能, 聖人亦有不知者, 以其能取於夫婦. 故大同於天下萬世, 此乃聖人之所以爲聖人也."

40) 『논어』, 656~657면, "君子者, 乃善爲名利者也. 小人者, 乃不知爲名利者也. 世儒則直言人不可爲利, 亦不可爲名, 是兩絶之也. 兩絶之, 則其所行者, 果何事, 其所言者, 果何道也. 夫利與名者, 天之命, 而人之性也, 終不可得而絶之也. 乃其言云耳, 而其行則不能矣, 聽其言, 則曰我未嘗求利也, 而觀其行,"

와 같이 비판하는 가운데, 백운은 인간의 명예와 이익은 하늘이 명하여
준 것으로 인간의 본성이기 때문에 죽을 때까지 끊을 수 없는 것이라고
단언한다. 말하자면 인간의 명예와 이익에 대한 욕구는 인간 존재의 본
질이기 때문에, 이를 거부한다면 인간으로 존립할 수 없다는 것이다. 그
러면서 그는 "사람이 살아가는 것 자체가 바로 리利와 명名일 뿐이니, 명
도 또한 리이다. 리와 명이 없으면 사람이 아니다. 사람이면서 명과 리
를 추구하지 않는다고 하면, 어찌 사람이라 할 수 있겠는가?"41)라고 하
여, 인간의 존재적 의미와 궁극적 삶의 목적과 가치가 모두 명리의 추구
에 있음을 주장한다. 그는 이에 대한 경전적 근거로서『서경』을 내세운
다. 그는 거기에서 "욕欲은 천명의 본성으로서 인과 물이 모두 함께 받은
것으로 이역증감移易增減할 수 없다. --이 때문에 욕은 성性이 되어 심정
의 주인이 된다. 사람으로서 욕이 없다면 목석과 다름없을 것이니, 언
동·시청·사려·식색은 모두 욕이 있기 때문에 일어나는 것이다. 사람
으로서 욕이 없다면 어떻게 사람이라 할 수 있겠는가?"42)라고 하여, 인
간의 욕망은 천성으로서 인과 물이 모두 함께 받은 것으로 규정하였다.
　　백운은 다른 자리에서43) 군자의 진정한 실학은 실익이 실덕이고 불
리不利가 허학임을 분명하게 아는 것에 있다고 하였다.

　則飲食衣服宮室田宅器用車馬. 凡人所賴而爲利者, 無不備矣, 其不爲不求
　利也, 可知矣."
41)『논어』, 655면, "夫人之生也, 有利與名而已. 名亦利也, 無利與名, 則是無人
　也. 人而不求名利, 而何以爲人哉."
42)『복리전서』, 8면, "書云天生民有欲, 欲者, 天命之性也. 人物之所同得, 而不
　可移易增減者也--是故欲爲性, 心情之主也. 人而無欲, 則無以異於木石也.
　言動視聽思慮食色, 以有欲故作也. 人而無欲, 何以爲人哉."
43)『國語』〈周語〉上의 첫 조목인 [祭公이 견용을 정벌하려는 穆王에게 간언하
　다.(祭公諫穆王征犬戎)]라는 記事에서, 백운은「國語定論」에서 "채공이 先王
　의 利害의 향방을 밝혀서 문장으로 자신을 잘 닦아 이익에 힘쓰고 해로움
　을 피하게 하였다."라는 말을 인용하고, 이에 대한 자신의 정론을 전개한
　것이다.

"이 사람(채공)은 도(道)를 아는 자이다. 그런데 후대의 군자들은 모두 '나는 실학(實學)에 힘쓴다'라고 말은 하면서도 사실 행동은 그와 반대로 하고 있는 것은 허(虛)와 실(實)의 분변을 알지 못하는 것에 연유하는 것이다. 리(利)는 실(實)이고 불리(不利)는 허(虛)이다. 리(利)라고 하는 것은 사시(四時)에 있어서는 추(秋)가 되고, 오행(五行)에 있어서는 금(金)이 되고, 오덕(五德)에 있어서는 의(義)가 된다. 실(實)을 이르는 데는 추(秋)만 같은 것이 없고, 리(利)를 굳세게 하는 것은 금(金)만 같은 것이 없고, 성취(成就)는 의(義)만 같은 것이 없다. 그러므로 리(利)는 실(實)이고 불리(不利)는 허(虛)라고 말한다. 사람이 사는 것은 오직 리(利)와 명(名)뿐이다. 리(利)에는 공(公)과 사(私)의 구분이 있고, 명(名)에는 허(虛)와 실(實)의 차이가 있으니, 군자(君子)와 소인(小人)이 판가름 나는 것이다. 리(利)는 실덕(實德)이고 리(利)되게 하는 것은 문덕(文德)이다. 리(利)와 해(害)를 밝히고 문덕으로 수양하면, 성인(聖人)이 될 수 있고 왕(王)도 될 수 있다. 채공은 아마도 도(道)를 아는 자라고 할 수 있다. 그 말이 정말 넉넉하도다."[44]

백운은 채공이 선왕의 이해利害의 향방을 잘 밝혔다는 것에서, 실학을 실천한 사람으로 규정한다. 그래서 문장으로 자신을 잘 닦아 이익에 힘쓰고 해로움을 피한 것이다. 결국 백운은 채공이 이익을 취하고 해로움을 잘 피한 것에 실학을 개념지우고 있다. 반면 지금 후대의 군자들은 모두 자신들이 '실학에 힘쓴다'고 말로만 할 뿐, 실제적인 행동에서는 그

---

44) 「國語定論」, 537면, "祭公曰, 先王明利害之鄕, 以文修之, 使務利而避害, 論曰, 是其知道歟. 後世之士君子, 具日我務實矣, 然而其行反焉. 由不知虛實之辨也. 利者, 實也, 不利者, 虛也. 利也者, 於時爲秋, 於行爲金, 於德爲義, 成實者, 莫如秋, 剛利者, 莫如金, 成就者, 莫如義, 故曰利者, 實也, 不利者, 虛也, 人之生也, 惟利與名, 利有公私之分, 名有虛實之異, 君子小人之判也. 利者, 實德也, 所以利之者, 文德也. 明乎利害而修之以文, 可以聖矣, 可以王矣. 祭公, 是其知道歟. 何言之富也."

렇지 못하다는 것이다. 과거의 역사적 실제를 빌려 현실의 모순적 상황
을 비판한다. 말하자면 지금 실학하는 사람들은 말과 행동이 정반대로
어긋나 있다. 이는 허와 실의 분변을 잘 알지 못한 것에 연유한다. 진실
로 무엇이 실이 되고 허가 되는 지를 분간하지 못함을 반성해야 한다는
것이다. 진정한 실학은 이익이 되는 것이 실이고 불이익이 되는 것이 허
임을 자각하여 실익을 취하는데 있다. 맹자가 말한바 즉 "어찌 반드시
리利라고 합니까? 인의가 있을 뿐입니다."라고 한 것과는 많은 격차가 있
다. 그렇다고 백운이 무차별, 무분별의 이익만을 추구해야 하다는 것은
아니다. 백운은 '리욕' 문제와 관련하여 "자기 쪽만 이익 되게 하는 것을
리라 하고, 사람들과 함께 이익 되게 하는 것은 의義라 한다"[45]고 하여,
'백성과 함께 이익을 공유하는 정신' 즉 '여인동리與人同利'의 이익 정신
이 진정한 의라고 강조하고 있다. 인간 사회의 진정한 실학의 의는 자기
와 타인이 함께 상호 이익이 될 수 있는 방향을 모색하는데 있다.

3) '公私輕重=一'과 '變通=成仁'

송대 성리학을 집대성한 주자는 천리와 인욕의 공사 관계를 일의 도
덕적 시비是非 관계로 확대하여 규정한다. 천리와 인욕은 대척관계로서
양립할 수 없는 것으로 파악하고, 모든 일에는 양단이 있음을 전제한다.
그러면서 옳은 것[是]은 천리의 공에, 그른 것[非]은 인욕의 사에 소속시킨
다.[46] 말하자면 모든 일에 있어 공적인 편에 서있을 때는 옳은 것으로
처분된 것이고, 사적인 편에 서있을 때는 그른 것으로 판명되는 즉 공사

---

45) 『논어』, 535면, "偏利己曰利, 與人同利曰義."
46) 『주자어류』 권13, 「學七·力行」, "人只有箇天理人欲, 此勝則彼退, 彼勝則
　　此退, 無中立不進退之理----人之一心, 天理存, 則人欲亡. 人欲勝, 則天理
　　滅, 未有天理人欲夾雜者, ----凡一事便有兩端, 是底卽天理之公, 非底乃人
　　欲之私."

를 도덕적 시비의 잣대로 정이화轉移化한다.

한편 백운은 『예기』「예운」의 대동 개념에서, 자신의 공사론을 전개하고 있다. 먼저 「예운」의 원문에서 보면, 천하의 모든 자식은 천하의 모든 어버이를 어버이로 여겨야 하며 천하의 모든 어버이 또한 천하의 모든 자식을 자식으로 여겨야 한다고 하였다. 이는 개인의 사적인 어버이와 자식은 없고 공적인 어버이와 자식만이 있게 되는 모순을 낳는다. 뿐만 아니라 인간의 모든 재화와 힘은 공적인 것이 우선이기 때문에 사적인 것은 뒤임이 강조된다.[47] 요컨대 「예운」에서 말하는 대동의 대도는 인간 개인의 사익과 권리는 공공의 이익과 권리를 위해서 자제되고 억제되어져야 함을 강화하는 논리의 하나이다.

그런데 백운은 자신의 〈정해〉에서, 위의 「예운」의 대동관련 구절에 대해, "기록하는 자가 거짓으로 한 것이다記而妄也."[48]고 하여, 성경에서 삭제할 것을 제안하였다. 그러면서 그는 다음과 같은 〈정해〉를 개진한다.

> "다른 사람의 어버이 보기를 자기 어버이 같이 하고, 남의 자식 보기를 자기 자식 같이 한다면, 이것은 어버이를 없게 하고 자식을 없게 하는 道이다. ---자기 어버이 보기를 남의 어버이 같이 본다면, 자기 임금 보기를 다른 나라의 임금 같이 본다하더라도 공공(公共)의 것이라 할 수 있다는 말인가? 무릇 천하(天下)의 대도(大道)가 이루어지는 것은 하나 '공(公)'의 글자에 달려 있다. 공(公)에는 천하(天下)의 공(公)이 있고, 일국(一國)의 공(公)이 있고, 일가(一家)의 공(公)이 있고, 일인(一人)의 공(公)이 있다. 그래서 각 높이는 바가 있고 각 친(親)하는 바가 있다. 소공(小

---

47) 『禮記』「禮運」, 원문: "大道之行也, 天下爲公, 選賢與能, 講信修睦. 故人不獨親其親, 不獨子其子, 使老有所終, 壯有所用, 幼有所長, 矜寡孤獨廢疾者, 皆有所養, 男有分, 女有歸, 貨惡其棄於地也, 不必藏於己, 力惡其不出於身也, 不必爲己, 是故謀閉而不興, 盜竊亂賊而不作, 故外戶而不閉, 是謂大同."
48) 심대윤, 「禮運」『禮記正解』(『韓國經學資料集成－禮記』九卷, 十卷), 734면, 〈正解〉: "記而妄也."

公)으로써 대공(大公)을 폐해서는 안 되지만, 대공(大公)으로써 소공(小公)을 멸할 수도 없다. 소공(小公)이 멸(滅)하면 대공(大公)도 따라서 멸하게 되고 대공(大公)이 폐하게 되면 소공(小公)도 따라서 폐하게 된다. 소공과 대공이 각각 그 지위를 얻어서 서로 그 자리를 빼앗지 않는 것을 이름하여 천하(天下)의 대공(大公)이라 한다. 이 때문에 사(私)로서 의(義)에 충실하면 이는 사(私)적이지만 공(公)적인 것이 되고, 공(公)이라도 의(義)에 거슬리면 이는 공(公)적인 것 같지만 사(私)적인 것이 된다."[49]

백운은 천하의 공, 일국의 공, 일가의 공, 일인의 공 모두 각각 사적으로 높이는 바와 친한 바가 있으므로, 이들의 권익 모두는 균등하게 중요하다고 한다. 따라서 소공이 대공 또는 대공이 소공을 일방적으로 희생시켜서는 안 된다. 말하자면 천하의 대공익도 중요하지만 이에 못지않게 개인 사가의 소공익도 존중되어져야 한다는 것이다. 따라서 진정한 대동사회의 대도는 대공과 소공이 상호 서로의 권익을 존중하는 것에 있다. 그러면서 백운은 표면적이고 형식적인 공사의 고정된 잣대에 집착하다 보면, 오히려 사이비似而非의 모순적 공사론에 빠질 수 있음을 경고한다. 백운은 「증자문曾子問」의 〈정해〉에서 "선왕의 도는 사익 때문에 공익을 폐할 수도 없고 또한 공익 때문에 사익을 폐할 수도 없다. 임금은 공존公尊이고 어버이는 사친私親이다. 하지만 ──만약 임금의 복을 입고 있는 중에, 어버이가 죽었는데도 불구하고 성복, 빈장, 전제를 하지 않으면 이는 임금만 있고 어버이가 없게 된다. 어찌 어버이 없는 나라가

---

49) 「禮運」『禮記正解』, 734~736면, 〈正解〉: "視人之父, 猶己之父, 視人之子, 猶己之子, 此無父無子之道也. ──視其父如他人之父, 視其君如他國之君, 而謂之公, 可乎. 夫天下之大道成就, 一公字而已. 公有天下之公, 有一國之公, 有一家之公, 有一人之公, 各有所尊, 各有所親, 不以小公廢大公, 不以大公滅小公, 小公滅而大公從而滅矣. 大公廢而小公亦廢矣. 小大之公, 各得其位而不相奪倫. 命之曰, 天下之大公. 是故私而衷於義者, 私而公也. 公而悖於義者, 公而私也."

있을 수 있는가? 임금과 어버이라는 공사의 분수는 있지만 예의 경중은
같은 것이다. 임금의 복이 자신에게 있다하더라도 어떻게 부모의 상복
을 폐할 수 있겠는가?"50)라고 하여, 공적인 임금의 복 때문에 사적인 어
버이의 복을 폐할 수 없다고 단언한다. 이는 앞서 대공과 소공의 상호
존중의 차원을 넘어 소공인 사익에 우선권을 부여하자는 소리로 들린다.

백운은 진정한 공사의 기준은 의이며, 이 의가 있는 곳이 진정한 공
이 되며, 지공至公의 도는 인의 덕목이 됨을 주장한다. 그래서 예로써 그
분수의 등쇄等殺를 밝힐 때는 반드시 의로써 그 취사를 결정해야 한다.
이때 의에 기준하여 변통성을 발휘한 후에야 인仁에 이를 수 있으며 성
인의 일을 완성할 수 있다. 따라서 천하사람들은 각각 자기 어버이를 친
히 여기고 자기 자식을 사랑하고 자기 임금을 높이고 자기 어른을 공경
할 때만이 이른바 대동의 정치가 될 수 있는 것이다. 그렇지 않고 표면
적인 공익만을 우선시하고 사익을 억제시킨다면 이는 국가의 대란大亂
으로 이어질 수 있음을 경고한다.51) 백운의 공사론은 기존의 절대 가치
론인 송대 성리학의 공적-시是, 사적-비非라는 고정화된 잣대에 얽매
이지 않고 있다. 오직 의義에 근거하여 공과 사의 변통성이 가능함을 전
제한다. 그래서 진정한 대동정치는 자기 어버이와 임금 및 자식을 먼저
높이고 사랑하는데 있다고 한다.

---

50) 「曾子問」 『禮記正解』, 693면, 〈正解〉: "先王之道, 不以私廢公, 亦不以公滅
私, 君公尊也, 父私親也. 公尊, 義之主也, 私親, 恩之主也, 義不可廢也, 恩不
可賊也. 故君父之倫, 竝行而不失, 有君服則不敢私服, 不以私廢公也, 親死
則旣成服殯葬奠祭以私服行事, 事畢反君服, 不以公滅私也. 若有君服, 親死,
不成服, 不殯葬, 不奠祭, 是有君而無父也, 焉有無父之國乎. 二大倫廢其一,
可乎. 君父有公私之分, 而輕重一也. 父服在身, 亦不廢期功之事, 君服在身,
況可廢父母之事乎."

51) 「禮運」 『禮記正解』, 734~736면, 〈正解〉, "惟義所在曰公. 故仁者, 至公之道
也, 而禮以明其等殺, 義以斷其取舍, 知以隨其變通然後乃成仁也. 成仁而聖
人之能事畢矣. 天下各親其親慈其子尊其君敬其長而 所謂大同之治, 可致
矣. 不然則吾見其大亂也, 何治之能有."

4. 결론

근자에 들어 한때 침체에 빠져 있던 실학에 대한 논의가 다시 급부상하고 있다. 이에 본고에서는 선학자들의 실학과 관련된 여러 주장 즉 현재성, 역사성 및 '탈중세적', '근대지향적'인 성격과 개화사상과의 연계성이어, 특히 유가 전통의 주체적이고 자립적인 근대성 확립을 위해, 유가전통의 지혜와 사유방식의 재해석과 복원이 필요하다는 제안에 착안하여, 19세기 유가 전통의 자립적 근대성의 올바른 가치 정립을 위해 노력한 것으로 드러나고 있는 백운 심대윤(1806~1872)의 실학적 사유체계에 대해 살펴보았다.

백운의 가문은 영조 때 영의정을 지낸 고조부 심수현에 이르기까지는 청송 심씨 사대부의 쟁쟁한 소론 벌열 집안이었다. 하지만 그 다음 증조부 심확이 역모죄에 연루되어 죽임을 당하면서 집안이 낙척하게 되었다. 백운 역시 사환의 길을 포기하고 경학과 역사 연구에 몰두하였다. 그 결과 현재 경학과 역사 저술 분야에서 모두 대략 120여 책을 남기고 있으며, 이 가운데 경학 저술만도 대략 43책이나 된다. 여기 경학에 드러난 그의 학적 체계는 이전 정주학적 주석체계에 대해 비판을 통한 극복의 위치에 있었던 백호 윤휴(1617~1680)와 서계 박세당(1629~1703),[52] 다산 정약용(1762~1836)과 19세기 위대한 기학을 창출했던 혜강 최한기(1803~1877)[53]의 학문과 사상의 맥을 잇고 있는 것으로 파악되고 있다. 따라서 백운은 19세기 한국 실학의 대미大尾의 지점에 서 있다고 할 수 있다.

백운은 당시 19세기 정치·종교·사회 제반의 국내외적 격동기를 살면서, 국가와 국민의 대동 일체의 복리福利로운 삶을 위해 무엇을 할 것

---

52) 장병한(2006), 「박세당과 심대윤의 〈中庸〉 해석 체계 비고」『한국실학연구』 11호, 한국실학학회 참조.
53) 장병한(2007), 「19세기 혜강 최한기와 백운 심대윤의 氣學 비고」『한문학보』 제16집, 우리한문학회 참조.

인가를 고뇌하였다. 그는 당시 시국을 진단하여 "천지의 도가 장차 닫혀
지려 한다."고 하였다. 그만큼 급박한 위기의식을 감지한 것이다. 그런
가운데 그는 곤궁한 사士로서의 처지에도 불구하고 위대한 유가전통의
자립적 근대성을 확보기 위해 진력하였다. 그는 먼저 그의 학직 체세를
수기치인의 실학으로 규정하고, '성즉리'학이 무형의 학임을 비판함과 동
시에 당시 국가적 폐해를 끼치고 있던 천주학을 괴설과 이단으로 진단하
였다. 그는 이의 대안으로『주역』에 근거하여 태극즉기 · 성즉기 · 성즉리
를 우주론과 인성론의 기초로 내세우고, 기 - 정精 - 형 - 신神의 삼극삼층
의 도로서 인물의 범신론적 신 · 령관을 확립하였다. 그러면서 인간의 화
복 문제와 관련하여, 천과 신의 절대적이고 주재적인 작용을 부정하고
인간의 자유의지에 따른 도덕적 책임에 연유하고 있음을 밝히고 있다.

그리고 그의 기학에 기반한 실학의 사유체계에 있어서는 첫째, 사람
이 곧 천이고 신이라는 슬로건 아래 '여중동행'과 '경천애민'사상을 일깨
우고 있다. 둘째, 유가경전인『서경』에 근거하여 인간의 명예와 이익에
대한 욕구는 인간 존재의 본질임을 일깨우는 한편, 사람을 이롭게 하는
것이 실학이고 그렇지 못한 것은 허학이며, 진정한 의는 사람과 함께 이
로움을 같이하는 것으로 정의하여, '리=실 · 불리=허'와 '여인동리=의'를
제시하였다. 셋째,『예기』「예운」의 대동관련 구절을 성경에서 삭제할
것을 제안하고, 공적인 임금의 복 때문에 사적인 어버이의 복을 폐할 수
없다는 즉 사익이 공익보다 우선하는 것이 대동 정치라고 주장하였다.
한편 19세기 공사론에 있어, 공과 사의 경중은 같다라는 '공사경중=일'과
또 예의 변통이 있어야 진정한 인을 완성할 수 있다는 '변통=성인成仁'을
제안하여, 과거 주자가 옳은是 것은 천리의 공, 그른非 것은 인욕의 사라
는 고정화한 공사론적 가치 체계를 극복하고자 하였다.

위에서 본바, 19세기 백운의 기 · 신론에 기반한 실학적 사유체계에는
이전 성리학적 중세 사회의 진리체계 즉 리, 천, 일一, 정靜, 공에 의해 질
곡되었던 기, 인민, 다수대중, 동리同利, 욕구, 변통, 사私와 같은 근대의

정신적 가치가 요동치고 있다. 이와 같은 백운의 실학적 사유체계는 앞서 선학자들이 실학과 관련된 여러 주장-학문의 현재성, 역사성 및 '탈중세적', '근대지향적'인 성격과 개화사상과의 연계성 이어, 특히 유가 전통의 주체적이고 자립적인 근대성 확립을 위해, 유가 경전의 재해석과 복원이 필요하다-에 부응할 수 있는 학적 체계라고 할 수 있다. 백운은 19세기 중·후반 서구주도의 근대화가 시작될 즈음, 유가 전통의 자립적 근대성의 올바른 가치 정립을 위해 진력하였음을 여기에서 다시 확인 할 수 있다.

明淸시기의 經世實學 사조와
사회비판 사조를 논하다

王 杰 | 中國中共中央黨校 哲學部

1. 程朱理學의 쇠퇴와 두 갈래 사조의 흥기

누구도 모든 사상문화 형태의 발전에는 전후前後 계승성이 있다는 사실을 부정하지 않는다. 앞 시대의 사상은 뒤 시대에 갑자기 사라질 수 없고, 뒤 시대의 사상도 반드시 앞 시대에서 그 맹아를 확인할 수 있다. 역사상의 모든 사상가·사상유파들은 모두 전시대인前時代人들이 이룩한 사상관점의 기초 위에서 형성·발전되었다. 모든 사상가들은 반드시 전시대인의 사상 혹은 학술성과를 흡수해야 했는데, 이는 역사상 모든 시기에 있어서, 사상이 존재하고 발전할 수 있는 전제조건이자 기초였다. 명말청초 대부분의 사상가들은 학술분야에서 각자 치중하는 바가 서로 달라서, 혹은 경학經學, 혹은 사학史學, 혹은 철학, 혹은 실용實用에 중점을 두었다. 그러나 한 가지 부정할 수 없는 사실은, 그들 대부분이 주학朱學 혹은 왕학王學에서 분화되고 탈태했다는 점이다.

처음에는 거의 모두가 정주이학程朱理學 혹은 육왕심학陸王心學의 추종자 내지 신봉자여서, 이론상 혹은 사상적 근원에서 주학 혹은 왕학과 복잡한 관계를 유지하고 있었다. 예를 들면 황종희黃宗羲·손기봉孫奇逢·이옹李顒·당견唐甄 등은 기본적으로 육왕심학 계통에 속했고, 고염무顧炎武·왕부지王夫之·육세의陸世儀 등은 기본적으로 정주이학 계통에 속했다.

그 누가 되었든 특정한 역사적 환경의 생성물로서 "이미 정해진 사회 역사 환경"에 교화와 영향을 받을 수밖에 없다. 어떤 사상이 전성기에 있을 때, 일부 사람들은 이 사상을 계승·전파, 확대·발전시키고, 어떤 사상이 점차 쇠퇴할 때, 일부 사람들은 이 사상을 수정·개혁하며 심지어는 격렬히 비판하기도 한다. 특히 사회 변동이 발생하고 민족의 흥망성쇠라는 관건적인 시기에 처했을 때, 일부 사람들의 전통적 사상을 의심하고 비판하는 정신은 더욱 강렬하게 나타나기도 한다. 다시 말해 모든 사상형태는 그것이 존재하기 시작한 때로부터 그 내부에 이미 자기비판·자기부정의 요소를 내재하고 있으며, 필연적으로 자기와 반대쪽으로 발전해 나갈 여지를 내포하고 있는 것이다.

정주이학을 예로 들어보자. 이학理學은 북송 중기에 흥기하여 송宋·원元·명明 세 왕조의 무려 600년에 이르는 시기동안 발전과 변화를 거쳤다. 그리하여 전후로 정주이학과 육왕심학이라는 두 개의 큰 이학 유파를 형성하였다. 두 유파는 학문을 탐구하는 방법상에서 치중하는 바가 서로 달랐다. 정주이학은 '격물궁리格物窮理'를 중요시하고 육왕심학은 '발명본심發明本心'을 중요시했다. 이외에도 두 유파는 중요한 이론문제들, 예를 들면 '심즉리心卽理'와 '성즉리性卽理', '인심人心'과 '도심道心', '천리天理'와 '인욕人慾', '무극無極'과 '태극太極', '형이상形而上'과 '형이하形而下' 등의 문제들에서도 비교적 큰 논쟁과 차이가 존재하였다. 그러나 본질적으로는 일치하였다. 즉 "同植綱常, 同扶名敎, 同宗孔孟"[1]이었던 것이다.

명대 후기에 이르자 봉건제도는 점점 몰락해갔고 이학은 이미 "근거 없이 입에서 나오는 대로 지껄이며[游談無根]", "모두 발굴해내어 이제는 더 이상 반짝일 것이 없는[竭而無餘華]" 것으로 전락하였다. 온통 '송나라 사람들의 어록'과 '책론策論'을 베껴 쓰는 것을 자기 학문의 규범으로 삼았으며, 심각하게 실제를 이탈하여 공소하고 쓸모없는 학문이 되었던 것이다. 이는 송명 이래의 학풍에 극히 나쁜 영향을 끼쳤던 바, 일반 선비들로 하여금 심성心性을 공론空論하는 데 빠지게 하고, 실제에 부합되지 않게 하였으며, 시대의 조류나 추세를 파악하지 못하게 하였다. 이러한 공소하고 쓸모없는 학풍은 송명시기, 사회가 날로 쇠퇴하고 관리들의 품행이 극도로 부패하게 되는 상황을 초래하였다.[2] 명대 후기가 되

---

1) 黃宗羲, 『象山學案』, 『宋元學案』 권58.
2) 비록 원대(元代) 이학가(理學家)들이 이학(理學)을 전파하고 해석하는 과정에서, 이학의 이러한 공소한 폐단을 바로잡는 데 주의를 돌리기 시작했을 뿐만 아니라, 이학은 경학(經學)에서 나왔고 소학(小學)을 중요시할 것을 제기하고, 세상을 경영하고 백성들의 일상생활 등에 관심을 돌릴

어 각종 모순이 날로 드러남에 따라 이학이 정치에 부속되는 현상은 점
점 뚜렷해졌고, 그 부패함도 더욱 남김없이 드러나 사회에 극히 심각한
후과를 조성하였다.

이학이 가져다준 사회적 폐단을 바로잡기 위하여 학자들은 명대 중
엽부터 각각 자기 나름의 유파를 세웠다. 이로 인하여 학술은 두 개의
방향으로 전개되었는데, 한편으로는 왕학 운동, 다른 한편으로는 고학
古學, 經學을 복원하는 운동으로 전개되었다. 왕양명王陽明은 육구연陸九淵
의 사상을 계승하는 것을 자신의 임무로 삼아 그것으로 이학을 대체하
려 하였다. 일순간에 민간에서 일어난 사상형태인 왕학은 점차적으로
사회에서 인정받는 주류적 사상관념이 되어 갔고, 이에 반해 이학은 일
반 선비들의 경멸을 받게 되었다. 정주이학과 육왕심학이라는 완전히
다른 두 가지 가치 관념의 점차적인 교체라는 관점에서 볼 때, 당시 사
회에서 보편적으로 인정을 받는 가치관은 왕학이었지만 정부 당국의
이데올로기는 여전히 정주이학이었다. 이는 바로 한 사회에 흔히 존재
하는 다양한 가치관의 표현형식이기도 하며, 한 사회의 서로 다른 계층
이 확립한 서로 다른 가치표준이기도 하다. 위에서 좋아한다고 해서 아
래에서도 꼭 좋아하는 것이 아니고, 위에서 싫어한다고 해서 아래에서
도 꼭 싫어하는 것은 아닌 것이다. 이것이 바로 사회역사 발전의 변증
법이다.

중국의 봉건제도가 날로 몰락해감에 따라 이학이든 왕학이든, 발전
하면 할수록 최초의 바람과는 위배되어 갔고, 그 폐단도 남김없이 드러
나게 되었으며, 문장도 온통 진부하고 잡다하게 되었다. 이리하여 명조
중·후기 봉건사회의 모체 속에서 송명이학宋明理學을 비판하는 과정 중
에, 경세치용을 제창하는 실학사조가 점차적으로 형성·발생하게 되었
다. 이 실학사조는 명말청초에, 주요하게는 경세실학經世實學 사조로 표

것을 강조하였지만, 최종적으로는 이학의 공소함과 오랜 폐단을 바로잡
지 못했다.

현된다. 명말청초의 경세실학 사조는 구체적으로 두 방면으로 표현된다. 하나는 이학이 심성을 공론하는 데 대해 경세치용經世致用을 주장하는 것이고, 다른 하나는 이학이 책을 덮어놓고 읽지 않는 데 대해 유가의 원래 경전으로 돌아갈 것을 주장하는 것이다. 명말청초에 이미 사상의 동향에 민감한 일부 사상가들은 명대 후기 사상가인 양신楊愼, 이지李贄 등이 일궈놓은 이학 혹은 심학心學을 비판하는 기초 위에서, 계속적으로 이학 혹은 심학의 폐단에 대한 반성과 비판을 진행하였다. 그리하여 일종의 새로운 경세실학 학풍을 제창하기 시작했다. 이런 새로운 학풍은, 맹아상태에서부터 점차적으로 발전하기 시작하여 이학, 심학과 함께 나란히 새로운 사상관념 및 가치형태가 되었다. 이는 일종의 적극적이고 진보적이며 전도와 활력이 있는, 사회발전수요에 적응하는 새로운 사상관념이 분명하였다. 그리하여 이 학풍은 사회의 새로운 조류, 새로운 실학정신이 되었다.

　명·청시기 경세실학 사조는 '경세치용'을 가치의 핵심으로 삼았고, 정주이학의 "책을 덮어놓고 읽지 않고, 근거없이 입에서 나오는 대로 지껄이는" 것을 비판하는 기초 위에서, 대대적으로 경세치용, 실사구시의 학문을 제창하였다. 그리고 학술연구의 범위를 유가경전으로부터 자연, 사회와 사상문화 분야로까지 확대시켜 나갔다. 구체적으로는 천문天文·지리地理·하조河漕·산악山岳·풍속風俗·병혁兵革·전부田賦·전례典禮·제도制度 등이 모두 학문의 연구 분야에 속하게 되었다. 솔직히 말해 대부분의 명말청초 사상가들, 이를테면 고염무·황종희·왕부지·안원顏元·이공李塨·주지유朱之瑜·방이지方以智·진확陳確 등은 이 경세실학 사조의 참여자와 추진자들이었다. 만일 큰 정치사회적 변동이 없었고, 사회 체제가 전환되어 도덕적으로 규범에 위배되거나 마음에 진동을 주는 일이 없었다면, 아마 이런 사상가들은 여전히 주학 혹은 왕학의 세계를 맴돌면서 쓸쓸히 홀로 걷고 있었을 것이다.

　그러나 역사는 가정을 허용하지 않는다. 사회의 급격한 변혁은, 한편에서는 고유한 도덕관·가치관의 붕괴를 가져왔고, 다른 한편에서는 사회의 많은 선구자·선각자들로 하여금 사회변혁의 물결 속에서 시대의 흐름을 제대로 파악하여 전통적인 도덕관·가치관을 새롭게 평가하게 하였다. 그들은 전통적인 낡은 가치관에 대하여 전면적인 반성과 비판을 진행하였으며 동시에 새로운 사상, 가치관을 적극적으로 제창하였다. 이렇게 함으로써 그들은 사회에 새로운 가치관을 제공하였고, 사회를 이끌어서 이학의 분위기에서 벗어나게 하고 중세에서 빠져 나오게 하려하였다. 이러한 사실들을 통해 우리는, 학술문화의 발전은 다른 문화의 발전과 마찬가지로 앞사람의 사상성과를 계승하는 기초 위에서 점차적으로 형성·발전되는 것이며, 변혁과 연속, 창조와 계승의 변증법적 통일이라는 사실을 알 수 있다.

2. 理學에서 性命·性理를 空論하는 데 대하여 공격하고 實學·實行·實用을 숭상하고 제창하다

경세실학 사조는 이학이 성리性理를 공론하는 것에 대한 비판의 결과이다. 경세 사상은 중국에서 그 역사가 유구하다. '경세經世'라는 단어는 제일 일찍 『장자莊子』의 "春秋經世先王之志, 聖人議而不辯"에 보인다.[3] 경세치용은 중국문화에서 일관된 사상전통으로서 중국의 지식인들이 그 가치목표와 도덕이상을 실현하는 내적정신이다. '경세' 사상은 시기마다 그 함의가 서로 다르다. 때로는 주체의 도덕수양을 강조하고, 때로는 나라를 다스리고 안정시키며 천하를 평정하는 것을 강조하고, 때로는 실행·실용을 강조하며, 때로는 일을 함에 있어서 성공과 이익을 추구하기를 강조한다.

일반적으로 중국의 전통적인 '경세'사상은 아래와 같은 가치추세를

---

3) 『莊子·齊物論』.

표현하고 있다. 사회가 안정되거나 '태평성세'일 때는 비교적 평범하게 표현되고, 사회의 체제가 전환되거나 위급할 때는 비교적 뚜렷하게 표현된다. 명말청초, 중화의 대지에서는 경세치용을 제창하는 많은 사상가들이 용솟음쳐 나왔다. 그들은 경학으로 이학의 폐단을 제거하고, 고학을 복원하는 것을 자신의 임무로 삼거나 혹은 독자적으로 새로운 풍격이나 방법을 창조해내어 제자학諸子學 연구의 기풍을 일으키기도 했다. 혹은 '세상에 적절히 도움이 되는' 학문을 탐구하고 실공實功·실용實用을 추구하였으며, 또한 서학西學에 정통하고 '질측지학質測之學'의 연구에 심혈을 기울였다.

그들은 자신의 학술분야에서 각각 독보적인 위치를 차지했지만 한 가지만은 똑같았다. 그것은 바로 이학의 공소한 폐단을 공격함과 동시에, 힘써 경세치용·실학·실용을 제창했다는 것이다. 또, 학풍·학술상에서 거짓된 것을 버리고 실질적인 것을 숭상하였으며, 허위적인 것을 폐지하고 실용적인 것을 추구하는 새로운 기풍을 조성하였다. 그들은 공동으로 사회의 진보적인 방향을 대표했고 시대발전의 요구에 부합되는 학파-경세실학파를 형성하였다.

명·청시기에 이학의 질곡에서 해방되려는 강렬한 요구에 부응하여, 명대 중·후기부터 강남지역에서 출현한 자본주의 맹아는, 이미 현저하게 뚜렷해져서 명말청초에 흥기한 경세실학 사조에 대응하여 촉진작용을 일으켰다. 명말청초의 경세실학 사조는 바로 이학과 왕학말류가 공리공담空理空談만 일삼고 나라를 그르치는 것을 총화하고 비판하는 시대적 분위기 속에서 점차적으로 형성·발전된 것이다. 이 사조의 대표적 인물로는 진자룡陳子龍·육세의·이시진李時珍·양신·서광계徐光啓·이지·방이지·고염무·황종희·왕부지 등이 있다. 그들은 대부분 마음속에 세상을 구제할 포부를 갖고 나라와 백성에게 관심을 가졌다. 그리고 독서함에 있어서 공리공담을 일삼지 않고 실용적인 학문을 중요시하였다. 이러한 사실들을 볼 때, 명말청초에 제창된 새로운 학풍은 주로 송명이학의 '공소

空疏한 기풍'에 초점을 맞추어 발생된 것이라 할 수 있다.

학풍문제는 단지 순수한 학술적 문제만은 아니다. 한 시대 학풍의 형성과 변화는 당시 사회의 정치·경제·문화사조와 긴밀한 관계가 있다. 경세실학파의 학술취지는 바로 "거짓된 것을 버리고 실질적인 것을 숭상하며", "허위적인 것을 폐지하고 실용적인 것을 추구하는" 것이다. 물론 이학 역시 그 초창기에는 경전에 의심을 품고 경전 주석을 따르지 않는 등 창의적인 정신을 갖고 있었음을 부정할 수 없다. 하지만 경전에 대한 의심은 흔히 주관적인 독단에 치우쳤고, 경전 주석을 따르지 않는 것은 흔히 경전을 함부로 해석하거나 심지어 경전을 고치는 정도에까지 이르렀다. 그리하여 학계에는 견강부회하고 허위적인 것을 따르는 나쁜 기풍이 성행하게 되었다. 명대 중·후기에 양신은 이미 공개적으로 정주이학을 "배워도 쓸모없는" 학문이라고 질책하면서, 이학의 근본적인 잘못은 바로 한대漢代·당대唐代 사람들의 유가경전에 대한 연구 성과를 부정한 데 있으며, 이로부터 "자기 의견만을 고집하고", "선현들을 모조리 없애버리는"[4] 경지에 빠지게 되었다고 지적하였다. 또한 육왕심학에 대해서는 "배워도 실질이 없는" 학문이라고 질책하면서, "점차적으로 현실에 맞지 않는 담론을 하고 선학禪學으로 빠지는"[5] 길로 나아갔다고 지적하였다.

명나라 말기의 유명한 사상가인 이지 역시, 정주이학을 담론하는 사람들은 사실은 "입으로는 도덕을 말하지만 마음속으로는 높은 관직에 있으려 하고, 뜻은 거대한 부를 쌓는 데 있으며, 이미 높은 관직을 얻고 거대한 부를 쌓았지만 여전히 태연하게 도덕과 인의를 말하는" 위선자이고, "입으로는 도덕을 말하지만 뜻은 도둑질에 있으며", "이불과 옷은 품위가 있지만, 행동은 개·돼지와 같은" 풍속을 더럽히는 자들이라고 폭로하였다. 또한 그는 이러한 무리들은 비록 입으로는 "나는 세속을 격

---

4) 楊愼, 「文字之衰」『升庵全集』 권52.
5) 楊愼, 「云南鄕試録」『升庵全集』 권2.

려하고 세상 사람들을 충고하고 격려하려고 한다'라고 말하지만, 사회 도덕과 기풍을 망친 것은 "주돈이周敦頤·정자程子·장재張載·주자朱子를 강학하는 자보다 심한 것이 없다"[6]라고 하였다.

명나라 말기 또 다른 유명한 사상가인 여곤呂坤은 학술은 반드시 "나라의 존망, 백성의 생사, 심신의 사악함과 바름"을 목표로 삼아야 한다고 지적하고 이것을 '유용한 실학'이라고 불렀다.[7] 고반룡高攀龍도 "학문은 공리공담이 아니다. 중요한 것은 실행에 있다"고 강조하면서 만약 "학문이 백성들의 일상과 통하지 않으면 학문이 아니다"라고 했다.

명나라가 망한 후, 사상가들은 더욱더 문화적 원인에서 사회정치적 문제를 해석하였다. 그리하여 송명이학이 가지고 있는 '현실에 맞지 않는 담론과 공소한 학풍'을 명나라가 망한 근본적인 원인으로 간주하였다. 이공李塨은 "명나라 말기에는 조정에 의지할 만한 신하라고는 하나도 없어 대사마당大司馬堂에 앉아서 『좌전』에 비점이나 하고 있고, 적병이 성 아래 임박하였는데도 시나 짓고 진강을 하였다"[8]라고 하면서 명나라가 멸망한 원인을 "종이 위에서 열람한 것이 많으면 세상일을 열람한 것이 적고, 필묵의 정신이 많으면 경세제민의 정신이 적었다"[9]에 귀결시키고 있다. 이는 실로 정곡을 찌르는 견해이고 예리한 관찰력이다.

황종희는 명조 이래 이학에서 성리를 공론하는 폐단에 대하여 맹렬하게 공격하였는바, "명나라 사람들은 강학할 때 어록의 찌꺼기나 인습하고, 육경을 근본으로 삼지 않았다. 책 보따리를 싸매고서 일을 좇아 유세하며 더욱 폐단으로 빠져들었던 것이다. … 그러나 경술經術에 구속되는 것도 용用에 적합하지는 않다"[10]라 하였고, 송명宋明시기 유자들에 대해서는 "그 이름을 빌려 세상을 속였다. … 하루아침에 대부지우大夫之

---

6) 李贄, 「又與焦弱侯書」, 『焚書』 권2.
7) 呂坤(1962), 「楊晉庵文集序」, 『呂坤哲學選集』, 中華書局, 30면.
8) 李塨, 「書明劉戶部墓表后」, 『恕谷集』.
9) 馮辰等, 『恕谷年譜』.
10) 蔡冠洛編(1927), 『淸代七百名人傳』(3), 世界書局, 1577면.

憂가 생겨 보국報國해야 할 날을 당하게 되면, 바보처럼 입만 벌리고서 운무雲霧 속에 앉아 있는 것처럼 되어 버리니, 세도世道가 이 때문에 땅에 떨어지고 부패한 것이다"11)라고 여겼다.

육세의는 당시 육예六藝를 제외한 "천문天文, 지리地理, 하거河渠, 병법兵法" 등을 모두 실용적인 학문으로 간주하였다.12) 고염무는 '공소한 학문'을 반대하고 '경세치용'을 힘써 제창하였으며, '수기치인의 실학'으로 '명심견성明心見性의 공언空言'을 대체하고 문장은 반드시 "천하에 이로워야 하고 미래에 유익해야 함"13)을 주장하였다. 그가 『일지록日知錄』을 저술한 목적은 바로 "학술을 밝히고 인심을 바로잡아, 난세를 다스려 태평지사太平之事를 흥하게 함"14)에 있었다. 그는 "문장이 경술정사經術政事에 관계되지 않으면 할 바가 못 된다"15)고 생각하였다.

고염무는 당시 현실에 부합되지 않는 이학의 담론을 위진魏晋시기와 비교하면서 "오늘날 현실에 부합되지 않는 담론은 앞 세대보다도 더하다. 옛날 현실에 부합되지 않는 담론은 노장老莊을 말했지만, 지금 현실에 부합되지 않는 담론은 공맹孔孟을 말한다"고 지적하였다. 그는 과장하여 사실에 부합되지 않게 말하는 자들에 대해 "육예六藝의 글을 익히지도, 백왕百王의 전범을 상고하지도, 당대의 일을 통할統轄하지도 않고서, 공자께서 학문과 정치를 논하신 큰 단서들은 모두 일절 묻지 않은 채, '일관一貫'이니 '무언無言'이니 하면서 명심明心과 견성見性의 공언空言들로 수기修己와 치인治人의 실학을 대체해 버렸다. 팔다리를 게을리 놀림에 만사가 황폐해졌고, 조아爪牙가 없어짐에 천하가 어지러워져, 신주神州는 전복되고 종사는 폐허가 되어버렸다"라고 하였다.16) 고염무가 보

---

11) 黃宗羲, 「贈編修弁玉吳君墓志銘」 『南雷文定後集』.
12) 『淸史稿·陸桴亭傳』 권480 참고.
13) 顧炎武, 『日知錄』 권19.
14) 顧炎武, 「初刻日知錄自序」 『亭林文集』 권2.
15) 江藩, 『國朝漢學師承記』.
16) 顧炎武, 「夫子之言性與天道」 『日知錄』 권7.

기에, 현실에 맞지 않는 이학의 담론이 바로 명조의 멸망을 초래했던 바, 이는 그가 역사에 대한 회고와 이학에 대한 비판적인 반성 가운데서 얻어낸 역사적 결론으로서, 명말청초 사상가들의 이학에 대한 공통된 인식과 역사적 자각을 반영한 것이었다.

이이곡李二曲은 '명체적용明體適用'을 제기함과 동시에 "참된 지식은 실행이 있고, 실행은 바로 참된 지식이다"[17]라고 지적하였다. 또한 "酌古准今, 明體適用"의 실학으로 "憑空蹈虛, 高談性命"의 속학俗學을 대체할 것을 주장하였으며, "明體而不適用"하는 사람들을 모두 '썩은 선비'로 보았다. 역사에서는 이것을 "말마다 실천으로 귀결된다"고 칭한다. 왕부지도 '明體適用'을 주장하고 "言必徵實, 義必切理"[18]를 제창하였으며, 부산傅山 역시 "興利之事, 須有實功"[19]이라고 생각하였다. 유명한 사학가인 전조망全祖望은 부산을 두고 "세상을 구제하는 것으로 자신을 나타내려 했고 공언을 하찮게 여겼다"라고 평가하였다. 주지유朱之瑜는 "학문을 논함에 있어서 실용이 있고 없음을 표준으로 해야 한다. 이른바 실용이라는 것은 하나는 자기 심신에 유리한 것을 말하고, 다른 하나는 사회에 유리한 것을 말한다"[20]라고 했다.

고염무, 황종희, 왕부지, 당견 등의 사상가들이 정주이학이나 육왕심학을 감싸거나 이학에 대해 유지하는 부분이 있었던 반면, 명말청초 다른 계통의 사상가인 안원, 반평격潘平格, 진확, 부산 등은 이학 혹은 심학에 대하여 다 같이 뒤집어엎어 조금의 여지도 남겨두지 않았다.

안원은 학문을 함에 있어서 실학·실용을 제일 강조하였다. 그는 한진漢晉의 장구章句가 범람하면서부터, 현실에 맞지 않는 착실하지 못한 담론이 날로 성행하였다고 여겼다. 특히 송대 유자들에 대해서는 "저술

하고 의론한 공력은 많지만, 실학·실교實敎의 공력은 적다"고 하였다.[21] 그의 학문 요지는 "몸으로 익혀 행하는 것은 많고 마음으로 노고勞枯하 는 것은 적으며 … 실제 일을 하기 위하여 학문을 구하는 것이니, 실제 일을 하는 것이 바로 학문이다"[22]라는 것이다. 안원은 한 가지 일에 있 어 실용적인 가치가 있고 없음을 판단하는 제일 좋은 검증표준으로 실 천을 들었다. 그러면서 이학가理學家들이 공론하는 "그 마땅함誼을 바루 고 그 이익은 도모하지 않으며, 그 도를 밝히고 그 공은 헤아리지 않는 다"는 것을 근본적으로 바로잡고 여기에 날카롭게 맞서 "그 마땅함은 바 루어 그 이익을 도모하며 그 도를 밝히고 그 공을 헤아린다"라고 제기하 기까지 하였다. 그리하여 자신의 학문연구를 실학·실습實習·실행으로 귀결시켰다. 양계초梁啓超는 안원을 두고 "주륙한송제파朱陸漢宋諸派가 의 거하는 바를 모두 들어 단번에 타파하였고, 2천여 년의 사상계에 극히 세차고 진지한 대혁명운동이었다"[23]라고 평가하였다.

반평격은 이학가들이 양심을 버리고 잡다한 불교·도가 사상을 배웠 다고 질책하면서, 근본상 진정한 유자라고 말할 수 없다고 하였다. 그의 반이학反理學 사상은 청대 초기에 많은 중시를 받아 "유가의 관음觀音"으 로 불렸다. 진확은 다른 방면에서, 정주이학이 수백 년 동안 입론의 근 거 중 하나로 든『대학大學』에 의심의 창끝을 겨누었다. 진확은『대학변 大學辨』을 지어『대학』은 성현이 전한 경전이 아님을 밝혔다. 이리하여 이학의 토대는 흔들리게 되었고, 이에 부응하여 부산은 제자학을 제창 하면서 먼저 '자子'가 있고 그 다음에 비로소 '경經'이 있게 되었다고 함 으로써 유가의 독보적인 지위를 흔들었다. 그리하여 청대 제자학 연구 의 새로운 학풍을 일으켰다.

요컨대 명말청초의 사상가들은 이미 이학의 공리공담이 사회에 더할

---

21) 顔元,『存學篇』권1.
22) 顔元,『顔習齋先生年譜』권下.
23) 梁啓超(1996),『中國近三百年學術史』, 東方出版社, 105면.

수 없이 큰 해를 끼쳤음을 인식하고 있었던 것이며, 이학의 잘못을 바로 잡고 비판하지 않으면 "천하를 망치는" 결과를 초래할 것이라는 사실을 의식하고 있었던 것이다. 때문에 이학이 "현실에 맞지 않는 담론을 하고 나라를 그르친다"는 당시 사상가들의 보편적 인식은 경세실학 사조가 발생·발전할 수 있는 계기이기도 하였던 것이다.

3. "經學을 버리고 理學은 없다"는 학풍의 점 차적인 변화·발전과 학술상의 방향전환

"경학經學을 버리고 이학理學은 없다"라고 하는 것은 성리를 공론하는 이학을 반대하는 것과 관계된다. 왜냐하면 중국의 경학 전통에는 시종 일관 '구실求實' 정신이 존재했고, 이런 '구실' 정신은 이학이 공리공담만 일삼는 것을 비판하는 이론적 무기로 사용될 수 있었기 때문이다. 경학 은 진한秦漢 이래 중국학술의 주요한 형식으로 중국전통학술의 주류라 고도 할 수 있다. 때문에 풍우란馮友蘭 선생은 그의 저작에서 한대 동중 서董仲舒로부터 청대 후기 강유위康有爲까지의 중국 학술을 중국 철학사 의 '경학 시대'라고 불렀다.[24] 2천여 년을 내려오면서, 거의 모든 중국의 학문은 '경학'과 아주 가까운 관계를 가지고 있었다. 그렇기에 무엇에 대 해 제창하는 사람이든 아니면 그에 대해 반대하는 사람이든, 논쟁의 초 점은 항상 경학의 영역을 떠난 적이 없었다. 각종 학파와 어떤 관점에 대한 논쟁, 이를테면 한漢·송宋 논쟁, 금문今文·고문古文 논쟁, 이기理 氣·심성心性·도기道氣 논쟁 등은 모두 경전에 대한 서로 다른 해석방법 으로부터 야기된 것이었다.

중국 경학의 발전 형태에 대하여는 역대로 여러 가지 다른 관점이 존 재했지만, 경학의 사회적 기능이라는 관점에서 볼 때 세 가지 서로 다른 표현방식이 있다고 할 수 있다. 첫째, 사회정치적 시각에서 경학을 말하

---

24) 馮友蘭(1984), 『中國哲學史』 上册, 中華書局, 485면.

면, '구용求用'을 목적으로 하는 것으로 표현할 수 있다. 이 경우 금문경
학今文經學이 대표적이다. 둘째, 역사·문화의 시각에서 경학을 말하면,
'구실'을 목적으로 하는 것으로 표현할 수 있다. 이 경우 고문경학古文經
學이 대표적이다. 셋째, 철학 본연의 시각에서 경학을 말하면, '이치를 깨
닫는 것'을 목적으로 하는 것으로 표현할 수 있다. 이 경우 송학宋學이
대표적이다.

금문경학은 경전을 연구함에 있어 경전의 '미언微言'을 빌어 사회정
치의 '대의大義'를 밝힌다. 금문경학의 입장에서는 나라를 경영하고 세
상을 구제하는 것과 무관한 학문은 모두 현실에 맞지 않는 학문인 것
이다. 고문경학은 경전을 연구함에 있어 사실을 토대로 하여 진리를
탐구할 것을 주장하고 증거가 없는 말은 믿을 수 없다고 강조한다. 고
문경학은 치밀한 학문연구 태도와 실증적인 방법을 제일 중요시하며
서양의 과학적 정신을 많이 갖고 있다. 송명이학은 후세사람들에 의해
성리를 공론한다는 비난을 받았지만, 그들 입장에서는 성리만이 제일
실제적인 것이다. 만약 몸을 닦고 성정을 수양하고 나라를 다스려 안
정시키는 일을 담론하면서 성리를 떠나 이야기한다면, 그것이야말로
근본을 버리고 말단을 쫓는 것이라고 여기는 것이다. 그런데 여기서
문제가 되는 것은 이학가들이 자신의 주장을 전개하면서 으레 경전을
이탈하거나 자신의 견해를 억지로 경전에 더해 넣기도 하며 심지어는
경전을 버리고 마음대로 자신의 견해를 발휘함으로써 근거 없이 입에
서 나오는 대로 말하는 경지에 빠진다는 것이다. 만약 사람의 정신이
라는 층위에서 이들을 고찰한다면, 이학가들은 확실히 사람의 매우 '실
제적인' 내용을 잡고 있는 바, 일종의 '뒤바뀐' '구실' 정신이라 할 수 있
겠다.

경학은 양한兩漢시기에 크게 발전한 뒤 곧 잠잠해져, 각각 현학玄學·
이학으로 대체되었다. 사상사 발전의 시각에서 보면, 이학은 당대唐代 한
유韓愈·유종원柳宗元 이래 유학 복원운동에 대한 이론적 총화이고, 유

儒·불佛·도道 삼교가 서로 논박·흡수·융합된 기초 위에서 형성된 하나의 새로운 사상이론 체계이다. 이런 점에서 보면, 이학은 자기 존재의 합리성과 필연성을 갖추고 있는 것이다.

이학 내부의 두 유파는 서로 수백 년 동안 우열을 다퉜지만, 모두 치명적인 약점을 가지고 있다. 그것은 바로 그들이 '이理' 혹은 '심心'을 구체사물을 초월한 독립적인 본체로 간주하고, 그것을 모든 것을 평가하는 가치적 근원으로 삼았다는 것이다. 구별이 있다면 단지 이학은 봉건 윤리도덕을 위하여 최종적인 근거를 찾았고, 심학은 인생人生·인성人性을 위하여 가치적 근원을 찾았다는 것이다. 이렇게 하여 그 이론자체에 회피할 수 없고 해결할 수 없는 패러독스를 남겨두었다. 심지어는 그 말류나 자신의 주장을 진리로 여기며 혹은 광선狂禪에 가까워졌다.

정주이학이든 육왕심학이든 모두 이학 내부의 두 유파에 지나지 않는다. 때문에 청대 사람들은 일반적으로 이학을 송학이라 부르고 이학가들은 송유宋儒라고 불렀던 바, 실제로는 그 안에 정주지학程朱之學과 육왕지학陸王之學이 모두 포함된 것이었다. 정주이학에서 이른바 '이理'와 육왕심학에서 이른바 '심성心性'은, 명말청초의 사상가들 눈에는 모두 '거짓되고 실용적이 아닌 것'으로 보였다. 명말청초 사상가들이 볼 때, '이'니 '심성'이니 하는 것들은 자기 본래의 영역에서 이탈하여 이학가들에 의해 마음대로 장식되고 왜곡된 것으로 보였다. 이학가들에게 왜곡된 '이'와 '심성'의 본래 면모를 회복하기 위해서는, 그것들로 하여금 '신격화된 상태'에서 벗어나게 해야 했고, 반드시 유가 원전原典으로 되돌려야 했다. 이때 유가 원전으로 되돌아가는 것은 "고학을 복원하는" 형식으로 표현된다.

명대 말기 학술사상계에는 "책을 덮어두고 읽지 않고 근거 없이 입에서 나오는 대로 말하는" 공소한 기풍이 가득 차 있었다. 경세·치국의 도道에 대해서는 조금도 관심을 가지지 않았으며 "중대한 사건이 발생해도 그들은 관계하지 않고 단지 강학만 일삼을 뿐이었다."[25] 이러한 퇴폐적

풍기에 초점을 맞추어, 명대의 홍치弘治·가정嘉靖 연간에 이미 많은 학
자들이 힘써 "고학을 복원하려고" 노력하였다. 이를테면 홍치·가정 연
간의 전후칠자前後七子는 문학에서 '복고復古'를 주장하여, "문장은 반드
시 진한秦漢을 본받고, 시는 반드시 성당盛唐을 본받을 것"을 제창하였다.
그들은 고서를 읽고 옛 글자를 알며 고음古音을 변별할 것을 주장하였다.
이에 근거하여 일부 학자들은, 명대 홍치·가정 연간의 전후칠자들이 문
학에서 주장한 '복고'를 청대 고증학의 근원으로 보기도 한다. 이리하여
음운·문자에 관한 학문이 학자들의 관심을 모으기 시작했고 일련의 전
문적인 저작들, 예를 들면 조위겸趙撝謙의 『육서본의六書本義』, 조환광趙宦
光의 『육서장전六書長箋』, 양신의 『고음총목古音叢目』·『고음렵요古音獵要』·
『전주고음략轉注古音略』, 진제陳第의 『모시고음고毛詩古音考』·『굴송고음고
屈宋古音考』 등이 잇따라 세상에 나왔다.

　　양신은 학식이 넓은 것으로 이름이 났는데, 많이 듣고 많이 보며 널
리 배우고 실용적인 것을 숭상할 것을 주장하였다. 그는 일종의 새로운
학풍과 학문연구방법을 제창하였던 바, "책을 읽어 옛일에 정통하고 고
증학을 숭상하는 기풍은 실지로 여기서부터 일어난"26) 것으로 여겨진다.
이외에도 양신과 동시대이면서 조금 뒤인 진요문陳耀文, 왕세정王世貞, 호
응린胡應麟, 초횡焦竑, 방이지 등은 고학 복원 운동에 있어서 적극적인 추
진제 역할을 하였다.

　　그런데 사람들은 왕양명이 경학의 부흥에 대해 일으킨 사상해방의
가치와 의의를 흔히들 소홀히 여기는 경향이 있다. 왕양명은 그의 저작
에서 여러 번 '심학'의 시각에서 '경학'의 중요성을 강조하면서, "육경六經
은 다른 것이 아니라, 내 마음의 떳떳한 도이다.", "육경이라는 것은 내
마음의 기적記籍이다. 육경의 실제는 내 마음에 갖추어져 있다"27)라고

---

25) 黃宗羲, 『東林學案』, 『明儒學案』 권60.
26) 嵇文甫(1996), 『晚明思想史論』, 東方出版社, 145면.
27) 王陽明, 「稽山書院尊經閣記」『王文成公全書』 권7.

지적한 바 있다. 대만학자 채인후蔡仁厚는 왕양명의 이런 사상을 "경학은 바로 심학이다"[28]라는 사상으로 개괄했다. 왕양명은 바로 "육경은 바로 훈고訓詁의 지리支離함에서 분열되어 나온 것이며, 사장辭章과 과업科業의 문장에서 무성하게 뻗어 나온 것이다."에서 느낀 바가 있어 "뜻 있는 선비는 일어나 행할 것을 생각해야 한다"라는 제의를 했던 것이다.[29]

당시 왕학은 이학을 대체하려는 강력한 기세였기 때문에 왕양명이 경학을 대하는 태도는, 경학의 부흥에 대해서도 마찬가지로 중요한 작용을 하였다. 우리는 응당 왕양명의 시대와 그의 후학시대, 주요하게는 명대 후기 광선狂禪에 치우친 왕학王學을 엄격하게 구분해야 한다. 이는 우리가 모든 역사문제를 취급하고 분석하는 기본적인 입장 중의 하나이다. 명대 후기, 왕학의 세력이 지나치게 강대하고 주류적인 사조로 되었기 때문에 고학을 부흥하는 운동은 아직 왕학의 그림자 아래에 가려져 있었고, 경학을 이학의 체계 속에서 분리시키는 사람이 없었다. 명말청초의 사상가들은 명나라가 멸망한 뼈저린 역사적 교훈을 총화하면서, 왕학말류王學末流가 범람하여 "천하의 생원들로 하여금 경전에 통달하여 고금을 알지 못하게 하고 육경의 요지를 똑똑히 알지 못하게 하였으며 그 시대의 임무를 통찰하지 못하게 했음"을 절감하였다. 이리하여 경학은 날로 생소해졌다.

이러한 때에 고염무가 제일 처음으로 "경학은 바로 이학이다"라는 깃발을 높이 들고, 위로는 이학의 폐단을 바로잡고 아래로는 청대 고증학의 선구자가 되었다. 그는 이학에서 고증학으로 방향을 전환시키는 관건적인 인물이 되었다. 고염무는 "유가경전을 통달하는" 것은 '치용'에 있음을 제창하면서 현실과 접촉하여 사회에 나타나는 실제적인 문제를 연구할 것을 주장하였다. 또한 "경학의 근원과 흐름을 똑똑히 밝힐 것"을 강조하면서, "고금에 어찌 이른바 이학이란 것이 별도로 있을 수 있

---

28) 蔡仁厚(1982), 『新儒家的精神方向』, 臺灣學生書局.
29) 王陽明, 「別三子序」『王文成公全書』권7.

겠는가. 경학이 바로 이학이다. 경학을 버리고 이학을 말하는 자들이 있은 뒤로 사설邪說이 일어나, 경학을 버리면 이른바 이학이란 것이 선학禪學이 됨을 알지 못한다"[30]라 하였다. 그리고 "옛날의 이른바 이학은 경학이고, …오늘의 이른바 이학은 선학이다"[31]라고 지적하면서 세상에 유행되는 '이학'을 '선학'이라고 폄하하였고 그것을 정통적인 유학에서 배제하였다. 고염무가 제기한 "경학을 버리고 이학은 없다", "경학은 바로 이학이다"라는 학술 강령은 그 당시 사상, 신앙이 모두 심각한 위기에 처한 상황에서 확실히 학풍을 되돌리는 공적이 있었다.

그는 첫째로 경학을 학문의 근본으로 삼을 것을 명확히 하였고, 둘째로 잡다하게 불교·도교의 교리를 배우고 단장취의斷章取義하는 오늘날의 이학을 반대하였다. 그는 경학의 기초 위에서 새롭게 이학의 계통을 세우기를 바랐다. 셋째로 그는 모든 학문은 모두 '치용'을 위한 것이라 생각했다. 고염무는 진정으로 경학을 이학의 계통으로부터 분리해냈고 경학으로 하여금 독립적인 연구학문이 되게 하였으며 청조 3백 년 동안의 경학발전에 중요한 영향을 끼쳤다. 고염무가 제기한 "경학을 버리고 이학은 없다", "구경九經을 읽으면 문文의 시초가 절로 고찰되고, 문이 고찰되면 음音의 시초를 절로 알게 된다."라는 원칙[32]은 청대로부터 근현대에 이르는 학술에 중요한 영향을 끼쳤다. 이로부터 경학은 또다시 학문의 변두리에서 중심부로 이동하게 되었으며, 이학지허理學之虛로부터 경학지실經學之實로 방향을 바꾸게 되었다. 양계초는 명말청초의 "고학을 복원하는" 이 현상에 대하여 매우 통찰력 있는 평론을 하였다. "200여 년 동안의 학술사를 종합하여 볼 때, 전사상계全思想界에 미친 영향을 한마디로 말하면 '복고로써 해방을 삼는다'는 것이다. 첫 번째 흐름은 송末으로 복고하여 왕학에 대하여 해방을 얻는 것이었고, 두 번째 흐름은 한당

---

30) 全祖望(1982), 『結埼亭文集選注·亭林先生神道表』, 齊魯書社, 114면.
31) 顧炎武, 「與施愚山書」『亭林文集』 권3.
32) 顧炎武, 「答李子德書」『亭林文集』 권4.

漢唐으로 복고하여 정주학程朱學에 대하여 해방을 얻는 것이었으며, 세 번째 흐름은 서한西漢으로 복고하여 허신許愼과 정현鄭玄에 대하여 해방을 얻는 것이었고, 네 번째 흐름은 선진先秦으로 복고하여 일체의 전傳과 주注에 대하여 해방을 얻는 것이었다. 이미 선진으로 복고하고 보면, 공자와 맹자에 대하여 해방을 얻지 않고서는 그치지 않을 것이다."33) 그러나 우리는 이른바 '복고'라는 것은 절대 원래의 형태를 따라 고대 사회로 되돌아가는 것이 아니라, 특정한 역사적 조건에서 출현하는 '복고'의 형식으로서, 실제로는 일종의 '사상해방' 운동이고, '복고'라는 허울 아래 새로운 사상내용을 주입시킨 것임을 알아야 한다. 이런 의미에서 말하면 명말청초 사상계의 '복고' 운동은 2백 년 뒤인 5·4시기 '공자를 타도하는' 신문화 운동의 사상·문화적 선도 작용이었던 것이라 할 수 있다.

4. 西學東漸과 자연과학사상의 부활

명말청초 경세실학 사조의 또 다른 표현형식은 명대 중·후기에 진행된 '서학西學'의 전파이다. 일부 학자들은 '서학'의 전파를 강희康熙 중엽 1691년을 경계로 하여 전후 두 시기로 나누는데,34) 본 논문에서 서술하는 '서학'의 전파는 대체적으로 그 첫 번째 시기에 해당된다. '서학'이 제창한 과학적인 정신과 방법은 당시 경세실학 사조의 새로운 형세에 적응하여 중국의 전통적인 학술패턴으로 하여금 일정 정도의 전변을 가져오게 하였다. '서학'의 전파는 당시 중국인의 이론적 시야와 사유공간을 넓혀주었고, 날로 고조되는 경세실학 사조의 내용을 풍부히 했으며, 명말청초 경세실학 사조의 중요한 구성부분이 되었다.

주지하다시피, 중국 고대역사에서 일찍이 두 차례 큰 규모의 외래문화 전파가 있었다. 하나는 한당 시기 인도 불교문화의 전파이고, 다른

---

33) 梁啓超(1998), 『淸代學術槪論』, 上海古籍出版社, 7면.
34) 楊東純(1996), 『中國學術史講話』, 東方出版社, 259면.

하나는 명말청초 서양 기독교문화의 전파이다. 이 두 차례에 걸친 외래 문화의 전파는 중국본토의 문화학술 패턴의 변화와 조절에 아주 중요한 영향을 끼쳤다. 기독교가 제일 먼저 중국에 전파된 것은 당조唐朝였다. 당시에는 '경교景敎'라 불리다가, 원대에 다시 전파되어 '십자교十字敎'라 불렸다. 그러나 이 두 차례, 서로 다른 시기에 전파된 기독교는 중국 고유의 문화패턴에 별로 중요한 영향을 끼치지 못했다.

명조 중·후기로부터 청조 전기에 이르기까지 서양의 많은 선교사들이 중국에 왔고, 그들은 종교 활동을 진행함과 동시에 서양의 과학, 예를 들면 천문天文·지리地理·수학數學·물리物理·화학化學 등을 중국에 소개하였다. 이로부터 당조·원조元朝 이래 세 번째로 규모가 큰 서학동점西學東漸과 중서中西 문화의 소통 및 교류가 시작되었다.

가장 먼저 중국에서 선교활동을 펼친 사람은 명대 만력萬曆 연간에 중국에 온 예수회 선교사 마테오 리치였다. 그는 당시 중국사회의 수요에 적응하기 위하여 일련의 중국 실제정황에 부합되는 '합유合儒', '보유補儒', '초유超儒'의 평화적인 선교정책을 제정하였다. 그는 "정치상에서 귀족통치를 옹호하고 학술상에서 높은 수준이 있어야 하며 생활상에서 융통성 있게 중국의 풍토와 인정에 적응해야 한다"35)고 하였다. 이때부터 서양에서 중국으로 와 선교를 진행한 사람 중 이름을 알 수 있는 사람만 해도 무려 65명 이상이나 된다.36)

서양 선교사들의 서양 자연과학지식에 대한 소개는 중국 고유의 문화구조와 사유패턴에 중요한 변화를 발생시켰다. 중국문화의 도덕윤리와, 몸을 닦고 성정 수양하는 것을 중시하며 자연과학을 경시하는 등의 특점은 중국문화에 있어 선진 이래로 거의 고정불변한 발전 맥락이요, 하나의 패턴이었다. 이러한 것들에 서양 과학지식의 전파와 함께 변화가 일어났다. 서양 과학지식의 전파는 유가 경전에만 빠져 있던 중국 지식계

---

35) 『中國史硏究動態』 1980년 6기를 참고하라.
36) 梁啓超(1996), 『中國近三百年學術史』, 東方出版社, 38면.

로 하여금 서양의 일부 새로운 지식·사상 등을 접촉하고 받아들이게 하였으며, 이로 인해 중국문화의 내용과 함의는 확대되고 풍부해졌다.

명대 중·후기부터 청대 중기에 이르기까지, 당시 선도적 위치에 서 있던 많은 경세실학 사상가들이 서양의 과학지식을 신전·번역·소개함에 따라 서양의 기계機械·물리物理·측회測繪·역산曆算 등의 수많은 과학지식이 끊임없이 중국으로 전파되었다. 통계에 따르면, 지금까지 수집할 수 있는 서양에서 중국으로 전해진 과학기술 도서목록은 대략 1500종 정도가 된다고 한다.[37]

그러나 당시 서양 선교사 자신들의 선교목적과 학술상의 편견으로 인해, 유럽 문예부흥사조 이래의 새로운 사상·성과들은 감추어지고 누설되지 않았다. 당시 서양에서 제일 선진적인 자연과학사상, 예를 들면 코페르니쿠스의 태양중심설, 갈릴레이-뉴턴의 역학, 데카르트의 해석기하, 보일의 신원소설 및 선진적인 실험법·귀납법·연역법 등에 대해서 선교사들은 한 마디도 꺼내지 않았다. 반대로 그들은 중세 시기 스콜라 철학의 대가인 토마스 아퀴나스를 규범으로 받들었고, 단지 프톨레마이오스의 지구중심설, 유클리드의 기하학, 아리스토텔레스의 4원소설 등만을 중국에 소개하였다. 때문에 일부 학자들은, 중국지식계가 접촉할 수 있었던 것은 단지 서양 중세기의 과학사상체계였기에 당시 서양의 과학사상이 중국문화에 끼친 영향을 과대평가해서는 안 된다고 여긴다. 이런 관점은 전반적으로는 괜찮지만 전면적인 것이 되지는 못한다. 당시 중국지식계에서 서학을 연구하고 배우는 것은 이미 시대적 유행이 되었던 것은 말할 것도 없고, 일부 분야에서 "예수회 선교사들이 전파한 기하학에 속하지 않는 수학발명과 기술은 유럽에서 제일 새로운 것이었다."[38] 또한 등옥함鄧玉函·왕징王徵이 함께 번역한『원서기기도설遠西奇器圖說』은 "아르키메데스로부터 당시의 서양 역학力學과 기계학機械學 지식

---

37)『人才』雜誌 1983년 3기를 참고하라.
38) [英李約瑟: 中國科學技術史 3권, 115면.

을 종합하였고"[39] "당시 세계에서 제일 새로운 물리학 서적이었다."[40] 때문에 당시 서양과학사상이 중국 사상문화에 끼친 영향을 낮게 평가해서는 안 된다. 설령 그렇다 하더라도 당시 서양과학의 전파는 명말청초의 지식인들로 하여금 전통적이고 폐쇄적인 상태에서 벗어나게 하였고, 낡고 보수적인 사유패턴을 타파하여 "중국의 지식과 문화에 전례 없는 새로운 자극을 가져다주었다."[41]

서광계徐光啓와 이지조李之藻는 명대 후기에 나타난 여러 가지 폐단을 극복하기 위하여 서양 자연과학의 실용 추구 정신을 극도로 중요시하였다. 그들은 "서양을 넘어 그것을 이기려면 반드시 그것을 잘 알아야 하며, 잘 알기 전에 반드시 먼저 번역해야 한다"[42]는 구호를 높이 외쳤다. 심지어 그들은 10년 정도의 시간을 이용하여 "세상에 유용한" 도서들을 "점차적으로 광범하게 번역하려고"하였고 '서학'으로 민지를 계발시키고 중국학술의 폐단을 바로잡으며 나아가 명왕조의 사회정치적 위기를 해결하려 했다.

명말청초의 사상가들은 서광계와 이지조가 세운 자연과학관의 기초 위에서 서양의 자연과학성과를 적극적으로 받아들여 '서학'을 환영하는 태도를 취하였다. 황종희는 경세실학 사조의 사회문화배경 아래에서 서양의 자연과학성과에 아주 큰 관심을 가졌다. 그리고 이러한 과학 활동을 널리 보급하고 전파하는 데 적극적으로 참여하는 과정에서 많은 자연과학 저작들을 저술하였다. 예를 들면, 『수시력고授時歷故』·『대통력추법大統曆推法』·『개방명산開方命算』·『측도요의測圖要義』 등과 같은 것들이 있다. 방이지는 서양의 자연과학을 더욱 극도로 추앙하였다. 그리고 자연사물을 연구하는 학문을 '질측지학質測之學'이라 불렀는데 '질측質測'이

---

39) 王冰(1986), 「明淸時期(1610-1910)物理學譯著書目考」, 『中國科技史料』 7권, 5기.
40) 『方豪文錄』, 上海編譯館(1948), 290면.
41) 『故宮博物院院刊』 1983년 2기를 참고하라.
42) 王重民輯校(1984), 『徐光啓集』, 上海古籍出版社.

라는 단어의 뜻은『주역周易』「계사전繫辭傳」에서 취한 것이다. 그는 "유
럽의 질측은 아주 정밀하고", 서학은 "질측에서 상세하다"는 결론을 내
렸다. 또한 자신의 유명한 자연과학 저작인『통아通雅』·『물리소지物理小
識』에서 물리·화화·역산曆算·의학醫學·수리水利·화기火器·의표儀表 등
서양의 자연과학 지식과 공예 기술을 널리 소개하였다. 특히 명말청초
의 저명한 자연과학자인 왕석천王錫闡과 매문정梅文鼎은 서양의 자연과학
지식을 참고·흡수함과 동시에 적극적으로 천문학과 수학에 대한 연구
작업을 벌였다. 그들은 중서中西의 학문에 대해 모두 실사구시적인 과학
태도를 취하여 "중서의 편견을 없애고", "여러 장점을 힘써 모아 그 회통
함을 살피고, 명목에 구애받지 말아서 그 정수精粹를 취한다"라고 주장하
였다. 왕석천은 맹목적으로 서법을 떠받는 것을 반대하여 "서법이 지금
에 효험이 있는 것이라 하는 것은 괜찮지만, 만일 바꿀 수 없는 법이라
하여 힘써 일삼으며 나아가기를 구하는 것은 안 될 일이다"[43]라고 지적
하면서 "중국과 서양의 것을 겸하여 취할 것"을 주장하였다. 매문정은
서학西學의 문제를 대함에 있어서 "오로지 자기 편견에만 사로잡혀 변변
찮은 것을 지키면서 겸수兼收의 뜻을 폐하는 것", "특이한 것 세우기를
좋아하여 계고稽古의 공을 이지러지게 하는 것"을 반대하고 "법에 채택
할 만한 것이 있다면 어찌 동서東西를 논하겠는가? 이치에 마땅히 밝혀
야 할 바라면 어찌 신구新舊를 구분하겠는가?"[44]라고 주장하면서 서학에
대하여 "이치는 그 옳은 것을 구하고, 일은 그 쓰임에 적합한 것을 구한
다"라는 가치관을 취했다. 완원阮元은『주인전疇人傳』에서 두 사람에 대
하여 "왕씨는 정밀하고 핵심적이며 매씨는 넓고 크니, 각기 그 지극함에
나아간 것이다"[45]라고 아주 높이 평가하였다. 이들은 서양의 자연과학
사상이 중국에 전파되고 보급되는 데 매우 중요한 공헌을 하였다. 강희

---

43) 王錫闡,『曉庵新法序』.
44) 梅文鼎,『塹堵測量』.
45) 阮元,『疇人傳·王錫闡』.

시대에 제정한 관용을 베풀어 흡수하고 끌어들이는 일련의 정책들은 서
학이 중국에서 전파되고 보급되는 데 아주 좋은 사회문화적 환경과 정
치 분위기를 만들어주었다. 왕석천과 매문정은 바로 이러한 시대적 배
경 아래에서 탄생한 유명한 과학자라고 할 수 있다.

그러나 우리는 청대 초기부터 서학을 받아들임에 있어서 줄곧 "절도
있게 그 기능을 취하고 그 학술을 전파하는 것은 금지한다"는 정책을 취
함으로써 서양의 사회과학이 '이단사상'으로 간주되어 전파에 매우 큰
장애가 있었음을 알아야 한다. 또한 사람들의 서학에 대한 인식도 서광
계와 이지조의 시대보다 상당히 뒤쳐졌고, 서광계와 이지조 시대가 갖
추고 있었던 "무엇 때문인가를 추구하려고 하는" 이론상의 적극적이고
진취적인 정신과 "훤히 알고", "서방을 이기고 넘어서는 것"을 목적으로
하는 과학의식이 결여되었음도 알아야 한다.46) 더욱이 청대 초기의 "서
학동원西學東源"이라는 낡은 가치 관념의 지배로 인하여 중국 자연과학
계가 서양 과학기술을 학습하는 기세는 한층 더 약화되었다. 강희 후기
에 서학에 대한 태도의 전변과 서양 선교사들의 중서 문화 전파와 교류
에 대한 중심의 전이 즉 서학동점西學東漸으로부터 동학서점東學西漸으로
변화에 따라 서학의 전파는 점점 쇠퇴하다가 나중에는 중단되었다.

서양 과학사상의 전파와 명대 말기에 나타난 많은 과학자들, 예를 들
면 서광계, 이지조, 방이지, 매문정, 왕석천, 설봉조薛鳳祚 및 『본초강목本
草綱目』, 『천공개물天工開物』, 『농정전서農政全書』 등 과학기술의 대작들은
모두 중국의 전통적인 과학기술사상 발전에 있어 마지막 고봉을 이룸과
동시에, 명·청 이후 특히 건가乾嘉 고증학의 치학治學 범위와 방법에 아
주 깊고 큰 영향을 일으켰다.

---

46) 徐光啓, 『毛詩六帖』.

5. 봉건군주 전제제도를 비판하고 人性 자유와 사상 해방을 높이 외치다

명말청초의 경세실학 사조와 함께 동시에 진행된 것은 활기 있게 일어난 인문계몽 사조이다. 명말청초의 경세실학 사조가 '과학'이라는 측면에 중점을 두고 있었다면, 인문계몽 사조는 '제도'·'민주'라는 측면에 중점을 두고 있었다 할 수 있다. 명말청초, 인문계몽 사조는 외부의 힘에서 온 것이 아니라 이학 내부에서 발생한 자기비판·자기부정의 결과였다.

이학이 존재할 수 있었던 토대 중의 하나가 바로 우주본체론의 시각에서 유가의 삼강오륜의 합법칙성을 논증하는 것이었기 때문에 그것은 처음부터 이중성을 갖고 있었다. 이학이 봉건사회후기의 6백 년에 달하는 기간 동안 정부의 통치 이념으로 작용할 수 있었던 것은 그것이 존재하는 사회적 토대와 사회기능과 갈라서 생각할 수 없다. 이학이 지나치게 정치화, 용속화되고 성리를 공론하여 아무런 쓸모가 없게 되자, 사회구조가 바뀌고 민족과 정치가 위기에 처했을 때 항상 사상가들의 비판대상이 되었다. 이때 사상의 내부에서는 일종의 자기비판·자기부정의 이성적인 자각과 정신이 배태되고 있었고, 봉건예교의 속박에서 벗어나 개성자유, 개성해방, 개인의 행복, 개인의 이익을 추구하고 진리를 추구하는 정신적인 동력과 계몽의식도 배태되고 있었다. 이로부터 인문계몽 사조의 한 가닥 서광이 비치기 시작했다.

근대의 계몽사조와 대비하여 학술계에서는 일반적으로 이 시기의 계몽사조를 '조기 계몽사조'라 부른다. 앞에서 말했듯이 경세실학 사조와 인문계몽 사조는 함께 명말청초 사회의 진보적 사조의 주류를 형성하였고, 이 둘은 흔히 뒤섞여 있었다. 어떤 경우 한 사상가의 사상관점이 동시에 위의 두 사조의 특징과 의의를 지니기도 했다. 그렇기에 우리는 이러한 구분의 진정한 가치를 변증법적으로 이해해야 한다. 명말청초의

인문계몽 사조는 주로 사회정치·경제·사상문화·교육·윤리도덕 등의
방면에서 나타난다. 지금부터 주로 봉건군주 전제제도를 비판하는 시각
에서 명말청초의 인문계몽 사조를 거시적으로 서술해 보겠다.

명말청초는 각종 모순이 복잡하게 뒤얽혀있던 시기였다. 이 시기, 무
려 2천 년 동안 지속된 봉건전제제도가 최고봉에 이르렀으며 그 폐단도
남김없이 드러났다. 청대 초기의 특정한 사회역사 환경으로 인하여 사
상가들은 이미 비판의 초점을 한 집안 한 성씨의 흥망으로부터 전체 봉
건제도에 대한 심층적인 반성으로 방향을 바꾸었다.

명말청초의 사상가들이 봉건군주 전제제도에 대하여 진행한 대담한
폭로와 심각한 비판에는 두 가지 함의가 내포되어 있다. 하나는 '봉건군
주'에 대한 폭로와 비판이고, 다른 하나는 '봉건전제제도'에 대한 폭로와
비판이다. 주지하다시피 고대 중국에는 줄곧 '비군非君'·'군위해君爲害'의
사상의식과 전통이 존재하여 왔던 바, 채상사蔡尙思 선생은 중국 사상사
에서 '군주'·'왕권'을 대하는 여러 가지 관점을 "종법제도에 의해 세습되
는 것, 현인賢人을 선택하여 현인에게 양보하는 것, 허군虛君·무군無君 등
몇 개의 큰 유파"로 귀납하였다.[47] 맹자의 '민귀군경론民貴君輕論'에서부
터 포경언鮑敬言의 '무군론無君論', 등유鄧牧의 '군위해론君爲害論'에 이르기
까지 이들은 모두 '봉건군주'를 공격하였다. 명대 후기에 왕간王艮, 하심
은何心隱, 이지를 대표로 하는 '태주학파' 왕학 좌파는 명대 후기 인문계
몽 사조정통적인 사상가들은 그들의 사상을 이단이라 불렀다의 주요한
대표인물이다. 그들은 2천여 년 동안 지속된 봉건군주 전제제도의 오랜
폐단에 대해 보다 심층적으로 이해하였고, 봉건군주 전제제도에 대하여
무자비하게 비판함으로써 명말청초의 봉건전제제도에 대하여 의심하고
폭로하고 비판하는 흐름의 서막을 열어놓았다. 이들의 주장은 명말청초
인문계몽 사조의 중요한 내용이 되었다.

이지는 '폄존억성貶尊抑聖'의 방식으로 봉건군주를 호되게 비판하였

---

47) 『文史哲』 1987년 제2기.

다. 그의 눈에는 군주건 성인이건 모두 일반 사람으로 보였다. "높이 날
지도 못하고", 늘 "지위나 재산에 따라 사람을 차별하여 대하는 마음"을
가지고 있으며 심지어는 "일반 사람들이 못하는 것은 성인도 할 수 없
기" 때문에, 그는 사람들에게 "노는 성인을 높이 보지 말라"고까지 훈계
하였다.[48] 이지의 이러한 사상은 당시 사회에서 귀머거리도 들릴 정도
로 큰 영향력이 있었다. 이로 인해 지배계급의 잔혹한 박해와 진압을 받
았던 바, 명대의 통치자들은 그의 사상언론을 "감히 난도亂道를 제창하고
세상 사람들을 미혹시키는 것"으로 규정지었고 모든 "이미 출판되었거
나 아직 출판되지 않은" 서적들을 "모두 태워버리고 남겨두지 못하게"[49]
하였다. 청대 통치자들은 그를 "狂悖乖謬, 非聖無法"으로 간주하였고
"그 사람은 죽일 수 있고 그 책은 없애버릴 수 있다"[50]고 하였다. 이러한
사실들을 볼 때, 이지의 사상이 당시 사회에서 거대한 반향을 일으켰음
을 알 수 있다.

통치자의 입장에서 보면 현행 체제와 제도를 비판하거나 봉건전제제
도의 토대를 흔드는 사상언론은 말할 것도 없고, 단지 한두 마디의 말,
무의식중에 드러낸 사상일지라도 필히 말살시켜 조금의 인정도 두지 않
았다. 원래는 현행 제도에 대한 비판과 무관한 사상과 언론인데도, 흔히
통치자들은 함부로 의심하여 견강부회하는 뛰어난 능력을 잘 발휘하였
다. 이 점은 청대의 '문자원안文字寃案'에서 가장 뚜렷하게 나타난다. 왕
간이 일반 사람들을 존중하고 백성들의 인륜과 일상을 '도道'로 간주한
것에서부터 하심은의 "욕망이 없으면 마음도 없다", 이지의 "옷을 입고
밥을 먹는 것이 바로 인륜의 이치이다"에 이르기까지 그들이 제창한 것
은 일종의 인성·자연으로 되돌아가려는 내적 충동임을 알 수 있다. 그
러나 '태주학파'의 이론상의 주요한 공헌은 이학이 사람을 억압하고 속

---

48) 『明燈道古錄』 권 상.
49) 『神宗實錄』 권369.
50) 『四庫全書總目提要』 권50, 178면.

박하는 것을 타파함으로써, 사람들로 하여금 이학의 속박에서 벗어나
자아自我의 가치와 인성의 힘을 보게 했다는 것이다.

명말청초의 사회대변동은 사상가들로 하여금 더는 정주이학·육왕심
학의 공리공담에 빠져있지 않게 하였다. "아무런 근거없이 입에서 나오
는 대로 말하는" 것에서 사회와 현실에 관심을 돌리게 하였으며, 학술연
구와 사회현실을 긴밀하게 연계시켜 학술연구의 영역과 범위를 넓히게
하였다. 또 중국의 2천여 년의 봉건군주 전제제도를 맹렬히 폭로하고 공
격하게 하였다.

명대 중·후기 '태주학파'의 이단적인 계몽사조에 비하여 명말청초의
계몽사상은 투쟁의 창끝을 직접 당시 정치제도·경제제도에 대한 반성
과 비판으로 돌렸다. 황종희는 자신의 유명한 저서인『명이대방록明夷待
訪錄』에서 사회현실에 관련되는 일련의 중대한 이론과 현실 문제들을 제
기하였다. 이를테면 봉건전제제도를 비판하고 민주권리를 제창한 것이
라든지 봉건적 특권을 제한하고 공상工商의 이익을 보호하며 법률적인
평등과 조세개혁을 요구하는 등과 같은 것이다. 황종희는 봉건군주의
"천하의 간뇌肝腦에 해독을 끼치고", "천하의 골수를 기만하고 착취하여
천하의 자녀를 뿔뿔이 헤어지게 하고는 유독 자기 한 사람의 음란함과
즐거움을 위하는" 참혹한 현실을 남김없이 폭로하였다. 또 대담하게 "천
하의 큰 해는 군주"[51]라고 하였다. 또한 "천자가 옳다고 해서 반드시 옳
은 것은 아니고 천자가 그르다고 해서 반드시 그른 것은 아님"[52]을 명확
하게 주장하였고 공개적으로 천자의 권위에 도전하였다. 황종희의 이
저작은 당시에 있어서나 후세에 있어서나 모두 중국사상계에 아주 큰
반향을 일으켰고 '근대사회의 선언서'라고 불린다.

고염무는 경학으로 이학을 대체할 것을 제기함과 동시에 시종일관하
게 "國家治亂之原, 生民根本大計"에 관심을 두었다. 그리고 "육경의 요

---

51) 黃宗羲,『明夷待訪錄·原君』.
52) 黃宗羲,『明夷待訪錄·學校』.

지와 사회의 급선무"에 관계되지 않는 것은 모두 "일절 하지 말아야 한
다"53)고 주장하였다. 그는 군주가 권력을 독점하는 것은 위해성이 엄청
나다고 하면서 사회민중의 국가의 전도와 운명에 대한 관심을 불러일으
키기 위하여 "천하의 흥망성쇠는 필부匹夫에게도 책임이 있다"는 천고의
명언을 내놓았다.

당견은 심혈을 기울인 저작인 『잠서潛書』에서 군주전제제도에 대하
여 날카롭게 비판하였다. 그는 "존귀한 천자도 천제天帝나 대신大神이 아
니라 모두 사람이다."54)라고 말하면서, 군주는 비록 형식상으로는 '군주'
라는 이름을 가지고 있지만, 실제로는 "한 필부匹夫일 뿐"55)이고 고대로
부터 지금에 이르기까지 군주는 모두 포악한 독재자이고 폭군일 뿐이며
"진秦 이래 뭇 제왕은 모두 도둑놈이라"고56)까지 하였다. 그는 "한 사람
을 죽여 그 양식과 재물을 취하는 것은 도둑"이라고 하면서 "천하의 사
람들을 죽여 그 양식과 재물을 모두 빼앗는 것은 왜 도둑이라고 하지 않
는가?"57)라고 하였다. 봉건군주의 존재를 모든 죄악의 원천으로 간주한
것이다. 비록 한 쪽으로 치우침을 면할 수 없지만 실로 대담하고 심각한
문제제기라 할 수 있다.

왕부지는 더욱더 봉건군주 전제제도에 대하여 대담하게 폭로하고 비
판하였다. 그는 "천하는 한 성씨의 사사로운 것이 아니다.", "한 성씨의
흥망은 사적인 일이지만 생민生民의 생사는 공적인 일이다"58)라고 지적
하면서, "한 사람으로 인하여 천하를 의혹되게 해서는 안 되며, 천하를
가지고 한 사람에게 사사로이 해서도 안 된다"59)라고 주장하였다. 부산

---

53) 顧炎武, 『亭林文集』 권2.

54) 唐甄(1963), 『潛書 · 抑尊』, 中華書局, 67면.

55) 唐甄(1963), 『潛書 · 明監』, 中華書局, 109면.

56) 唐甄(1963), 『潛書 · 室語』, 中華書局, 196면.

57) 唐甄(1963), 『潛書 · 室語』, 中華書局, 196면.

58) 王夫之, 『讀通鑑論』 권11, 17면.

59) 王夫之(1956), 『黃書 · 宰制』, 古籍出版社, 17면.

도 봉건군주의 위해성에 대하여 맹렬하게 공격하였다.

전제제도의 기본적인 특징 가운데의 하나가 바로 통치계급의 이익, 봉건군주의 이익을 모든 것의 위에 올려놓고 사람의 생존 권리와 가치를 깔보는 것인 바, 이것이 사회의 극단적인 불평등을 조성하였다. 명말 청초의 사상가들은 군주 한 사람이 대권을 독점하는 것을 위해성으로 인식했고, 아울러 전제체제가 조성한 사회폐단을 인식했다. 또한 봉건군주에 대하여 맹렬하게 공격함과 동시에 봉건군주 전제제도에 대해서도 비판하였다. 그들은 군주제를 개혁하고 군주의 권력을 제한하는 일련의 주장들을 제기하였다. 예를 들면, 황종희는 "학교를 설립하여 시비를 공정하게 하고", "치상置相", "분치分治"의 시각에서 군주제를 개혁하고 군주의 권력을 제한하는 주장을 제기하였다. 그는 '학교'가 시비를 판단하는 유일한 기구가 되게 하려고 했으며 이렇게 함으로써 사회에서 일종의 "천자가 옳다고 해서 꼭 옳은 것은 아니고 천자가 그르다고 해서 꼭 그른 것은 아니다"라는 공통된 인식에 도달하려고 했다. 그는 재상을 두어 군주의 권력을 분할시킬 것을 주장하였고 재상제도를 회복하려는 기본적인 구상을 제기하였다. 또한 나라를 다스림에 있어서 반드시 관리를 두어야 하고 관리로 하여금 관직도 있고 권력도 있게 하며 군주 한 사람이 독단적으로 결정하게 해서는 안 된다고 생각했다. 왜냐하면 관리가 나라를 다스리는 것은 "천하를 위한 것이지 군주를 위한 것이 아니고 만백성을 위한 것이지 한 성씨만을 위한 것이 아니며", "천하의 혼란한 상황을 다스리는 것은 한 성씨의 흥망성쇠에 있는 것이 아니라 만백성의 근심과 즐거움에 있고", "후세의 교만한 군주는 방종하여 천하 만백성을 위하지 않"[60]기 때문이라고 하였다. 황종희의 이런 판단은 군주와 만백성을 연계시켜 고찰한 것이었다. 그는 군주와 백성을 "한 배를 탄 사람"으로 보았다. 이러한 그의 주장은 이미 맹자의 "백성은 귀하고 군주는 가볍다"는 사상을 초월하여 민주주의적인 냄새를 깊이 풍기고 있으며

---

60) 黃宗羲: 『明夷待訪錄·原君』.

명말청초의 인문계몽 사조에 있어 중요한 구성부분이 되었다. 그가 제기한 문제와 이성적인 사고는 모두 시대의 병폐를 날카롭게 지적한 것으로, 명말청초 인문계몽 사조의 중요한 조성부분이 되었다.

경세실학 사조와 동시에 흥기한 것은 인문계몽 사조였다. 명대 중엽에 나타난 자본주의맹아는 명말청초 좋은 발전계기에 놓여있었고 만일 외부 힘의 영향을 받지 않고 명말청초에 나타난 경세치용, 사상해방, 개성자유를 제창하는 흐름을 따라 나아갔더라면 중국도 서양사회와 마찬가지로 매우 빠른 속도로 자본주의가 발전하는 단계에 들어섰을 것이다. 그러나 역사는 가정을 허용하지 않는다. 명말청초의 이런 대규모 사상해방운동은 청조의 일련의 고압적 정책의 실시로 인해 정상적인 사회발전 속도가 외부의 저항을 받아 신속하게 중단되었으며, 사상문화계 역시 치명적인 타격을 입었다. 그리하여 학풍은 재빨리 방향을 바꾸어 정치에서 멀리 떨어진 고증학의 길로 나아갔던 것이다.

김난화(성균관대 동아시아학술원)·이승현(한국고전번역원) 옮김

論明淸時期的經世實學思潮和社會批判思潮

王 杰*

明清之際是可以与春秋戰國之際相媲美的重要時代, 是思想家自覺對秦漢以來的文化傳統及价值觀念進行深刻反省和理性批判的時代。明清之際, 中國社會走到了一个新的十字路口, 處在由傳統社會向近代社會過渡的關鍵時期, 无論是在政治、經濟領域還是在思想、文化領域, 旧的傳統的思想觀念与新的先進的价值理念在這一時期發生了激烈的冲擊和碰撞, 社會面臨着一系列令人矚目的价值冲突和社會轉向。本文將從思想史的視角對明清之際的經世實學思潮与社會批判思潮做一系統全面的考察与評述。

關鍵詞 : 經世實學 理學 心性 西學 經學 人文啓蒙 价值冲突 社會轉向

1. 程朱理學之衰微与兩股思潮之勃興

誰都不能否認任何一种思想文化形態的發展有其前后的繼承性, 前一時代的思想不可能在后一時代突然消失, 后一時代的思想也必然能够在前一時代找到它的萌芽。從歷史上看, 每一个思想家、每一个思想流派都是在繼承前人已有思想觀点的基础上形成、發展起來的, 每一个思想家必須汲取前人已有的思想或學術成果, 這是任何一个歷史時期思想得以存在和發展的前提和基础。明清之際絶大多數思想家雖然各自在自己學術領域的側重点不同, 或側重經學, 或側重史學, 或側重哲學, 或側重實用, 但有一个不容否認的事實, 那就是他們大都是從朱學

---

* 中共中央党校哲学部.

或王學中分化、脫胎而來, 一開始几乎都是程朱理學或陸王心學的追隨者和信奉者, 在理論或思想淵源上与朱學或王學保持着千絲万縷的聯系。如黃宗羲、孫奇逢、李顒、唐甄等人基本屬于陸王心學系統；顧炎武、王夫之、陸世儀等人基本屬于程朱理學系統。作爲特定歷史環境的產物, 任何一个人也无法擺脫"旣定社會歷史环境"的熏陶和影響。当某一思想形態處于鼎盛巔峰期, 某些人或可成爲某一思想形態的継承者、傳播者和發揚光大者；当某一思想形態開始走向沒落走向衰退時, 某些人或可成爲某一思想形態的修正者、改良者乃至激烈的批判者。特別是在社會發生劇烈變動、民族處于興衰存亡的關鍵時刻, 某些人對傳統思想形態的怀疑精神和批判精神就顯得尤爲强烈。就是說, 任何一种思想形態, 從它開始存在的那一刻起, 它內部就已包含着自我批判、自我否定的因素, 就決定了它必然走向自己的反面。

以程朱理學爲例。理學自北宋中期興起以后, 歷經宋、元、明三朝長達六百年的發展演變, 先后形成了程朱理學与陸王心學兩大理學流派。兩派雖問學路徑各有側重, 程朱重"格物窮理"；陸王重"發明本心", 此外兩派在一系列重大理論問題上如"心卽理"与"性卽理"、"人心"与"道心", "天理"与"人欲", "无极"与"太极", "形而上"与"形而下"等都存在較大爭論与分歧, 但在本質上他們却是一致的卽："同植綱常, 同扶名教, 同宗孔孟"。[1] 到明后期, 隨着封建制度走向沒落, 理學已淪變爲"游談无根"、"竭而无余華", 完全以抄襲"宋人語彔"及"策論"爲治學圭臬, 嚴重脫离實際, 變成了空疏无用之學, 對宋明以來的學風造成了极其惡劣的影響, 使得一般士人沉湎于空談心性, 不切實際, 不諳時務。這种空疏无用之風, 導致了宋明時期社會的日益衰落和吏治的极端腐敗盡管元代理學家們在傳播理學, 闡釋理學過程中, 已經開始注意糾正理學空疏之弊, 并提出了理學根于經學、注重小學、强調經世、民生日用等, 但最終沒能扭轉理學的空疏与積弊。隨着明后期各种矛盾的日益凸顯, 理學作爲政治附庸的特点日益明顯, 其腐朽性也更加暴露无疑, 給社會造成了极其嚴重的后果。

爲了矯正理學所帶來的社會弊端, 自明中叶后, 學者各自自立門戶, 學術朝

---

1) 黃宗羲：《象山学案》,《宋元学案》卷58。

兩个方向展開：一方面表現爲王學運動；另一方面表現爲古學經學夏興運動。王陽明以継承陸九渊的思想爲己任，試圖取理學而代之。一時間，作爲一种崛起于民間的思想形態，王學逐漸成爲一种被社會上所認可的主流思想觀念，而理學則被一般士人所藐視。從程朱理學与陸王心學作爲兩种截然不同价値觀念的遞嬗來看，盡管当時社會上普遍認同的价値觀是王學，但作爲官方意識形態的仍然是程朱理學。這就是一个社會往往存在的多元价値觀的表現形式，也是一个社會不同階層所确立的不同的价値標準。上有所好，下未必一定好之；上有所惡，下未必一定惡之，這就是社會歷史發展的辯証法。

　　隨着中國封建制度日益走向沒落，无論是理學還是王學，越發展越背离初衷；越發展其弊端就越暴露无遺，完全墜入尋章摘句、支离繁瑣之途。于是，明朝中後期，從封建社會的母体中產生了一股在批判宋明理學過程中逐漸形成的提倡經世致用的實學思潮，這一實學思潮在明淸之際主要表現爲經世實學思潮。明淸之際的經世實學思潮具体表現爲兩个方面：對理學的空談心性而言，主張經世致用；對理學的束書不觀而言，主張回歸儒家原典。明淸之際已有一些思想敏銳的思想家在明后期思想家楊愼、李贄等人開創的批判理學或心學的基础上継續對理學或心學的流弊進行反思和批判，開始倡導一种新的經世實學學風，這种新的學風由萌芽、漸至發展，成爲与理學、心學相幷立的新的思想觀念和价値形態，顯然，這是一种積極進步的、有前途有活力的適應社會發展需要的新的思想觀念，因而成爲一种新的社會時尚，新的實學精神。

　　明淸經世實學思潮以"經世致用"爲价値核心，在批判程朱理學"束書不觀，游談无根"的基础上，大力提倡經世致用、實事求是之學，把學術研究的范圍從儒家經典擴大到了自然、社會和思想文化領域，對天文、地理、河漕、山岳、風俗、兵革、田賦、典礼、制度等，皆在探究問學之列。无庸諱言，大多數明淸之際的思想家如顧炎武、黃宗羲、王夫之、顏元、李塨、朱之瑜、方以智、陳确等人，是這一經世實學思潮的參与者与推動者。讓我們假設一下，如果沒有大的政治變動和社會變遷，如果沒有社會轉軌所造成的道德失范和心灵震蕩，或許這些思想家仍將徘徊在朱學或王學的世界中踽踽獨行。但是，歷史

不容許假設。社會的急劇變革一方面造成了社會固有道德觀、价值觀的瀕臨崩潰；另一方面也造成了一大批社會的先知先覺者把自己融入社會變革的浪潮，緊緊把握時代脉搏，對傳統的道德觀、价值觀進行重新估价和評判。他們在對傳統旧价值觀進行全面反思和批判的同時，積极倡導一种新的思想，新的价值觀，試圖爲社會提供一种新的价值導向，引導社會走出理學的氛圍，走出中世紀的門檻。可見，學術文化的發展同其他文化的發展一樣，是在継承前人思想成果的基础上逐漸形成、發展起來的，是變革和延續、創新和継承的辯証統一。

2. 抨擊理學空談性命性理 崇尙倡導實學實行實用

經世實學思潮是批判理學空談性理的産物。經世思想在中國源遠流長。"經世"一詞最早載之于 ≪庄子≫一書，"春秋經世，先王之志，圣人議而不辯"。[2) 經世致用是中國文化中一以貫之的思想傳統， 是中國知識分子實現其价值目標和道德理想的内在精神。"經世"思想在不同時期具有不同的含義：有時强調主体的道德修養；有時强調治國安邦平天下；有時强調實行實用；有時强調事功趨利。一般說來，中國傳統的"經世"思想体現了這樣一种价值走向：当社會處于穩定或"盛世"時期，"經世"思想表現得比較平淡；当社會處于轉軌或危机時期，"經世"思想就表現得比較明顯。明淸之際，在中華大地上，涌現出了一大批提倡經世致用的思想家， 他們或以經學濟理學之弊， 以夏興古學經學爲己任；或獨辟蹊徑，開諸子學研究之風气；或探究"切用于世"的學問，以求實功實用；或會通西學，傾心于"質測之學"的研究，盡管他們各自在學術領域各領風騷、各顯風釆，在他們有一个特点是共同的，就是在抨擊理學空疏之弊的同時，竭力提倡經世致用、實學實用，從學風、學術上呈現出一股崇實黜虛、舍虛務實的新風尙，他們共同形成了一个代表社會進步方向、符合時代進步要求的學派－－經世實學派。

---

2) ≪庄子·齐物论≫。

与明淸時期出現的從理學桎梏下解放出來的强烈要求相呼應，明中后期以后在江南地區出現的資本主義萌芽已相当明顯，對明淸之際興起的經世實學思潮起了推波助瀾的促進作用。明淸之際的經世實學思潮就是從總結和批判理學与王學末流空談誤國的潮流中逐步形成和發展起來的，其代表人物主要有陳子龍、陸世儀、李時珍、楊愼、徐光啓、李贄、方以智、顧炎武、黃宗羲、王夫之等人。他們大多胸怀救世之心，關心國計民生；讀書不尙空談，重視實用之學。由此可見，明淸之際提倡的新學風，主要是針對宋明理學的"空疏之風"而產生的。學風問題并不僅僅是純粹的學術問題，一代學風的形成与轉變，与当時社會的政治、經濟、文化思潮密切相關。經世實學派的學術宗旨就是"崇實黜虛"、"廢虛求實"。不可否認，理學在初創之時，頗具有疑經、不守傳注等創新精神，但其疑經往往流于主觀武斷；不守傳注往往流于任意解經甚至改經，以至學界盛行穿鑿附會、蹈空尙虛之歪風。早在明中后期，楊愼就已公開把程朱理學斥爲"學而无用"之學，指出理學之根本錯誤就在于否定漢唐人對儒家經典的研究成果，從而陷入"師心自用"和"一騁己見，掃滅前賢"[3] 的境地；把陸王心學斥爲"學而无實"之學，走上了"漸進淸談，遂流禪學"[4] 的道路。明末著名思想家李贄也揭露說，那些談論程朱理學的人，其實都是一群"口談道德而心存高官，志在巨富，旣已得高官巨富矣，仍講道德，說仁義自若"的僞君子，是一群"口談道德而志在穿窬"；"被服儒雅，行若狗彘"的敗俗傷世者。這群人雖口談"我欲厲俗而風世，"但他們對社會道德和風气的影響，"莫甚于講周、程、張、朱者也。"[5] 明末另一位著名思想家呂坤也指出，學術要以"國家之存亡，万姓之生死，身心之邪正"爲目標，呂坤稱之爲"有用之實學"。[6] 高攀龍也强調"學問不是空談，而貴實行"，如果"學問通不得百姓日用，便不是學問"。

明亡以后，明淸之際的思想家更是從文化的原因來闡釋社會政治問題，把宋

3) 杨愼：《文字之衰》，《升庵全集》卷52。
4) 杨愼：《云南乡试录》，《升庵全集》卷2。
5) 李贽：《又与焦弱侯书》，《焚书》卷2。
6) 呂坤：《杨晋庵文集序》，《呂坤哲学选集》，中华书局1962年版，第30页。

明理學清談空疏之學風看作是明亡的根本原因, 李塨說："当明季世, 朝廟无一可倚之臣, 坐大司馬堂, 批点 《左傳》； 敵兵臨城, 賦詩進講, 覺建功之名, 俱屬瑣屑。"7) 李塨把明亡的原因歸結爲"紙上之閱歷多, 則世事之閱歷少；筆墨之精神多, 則經濟之精神少。"8) 眞可謂一針見血, 入木二分。黃宗羲對明以來理學空談性理的弊端進行了猛烈抨擊, 以爲"明人講學, 襲語彔之糟粕, 不以六經爲根底。束書而從事游談, 更滋流弊。……然拘執經術, 不适于用。"9) 宋明儒者"假其名以欺世。……一旦有大夫之憂, 当報國之日, 則蒙然張口, 如坐云霧, 世道以是潦倒泥腐。"10) 陸世儀把当時除六藝之外的"如天文、地理、河渠、兵法之類, "皆看作是實用的學問。11) 顧炎武反對"空疏之學", 力倡"經世致用", 以"修己治人之實學"取代"明心見性之空言", 主張文須"有益于天下, 有益于將來。"12) 他撰著 《日知彔》的目的就在于"明學術, 正人心, 撥亂世以興太平之事。"13) 認爲"文不關于經術政事者, 不足爲也。"14) 顧炎武把当時理學的清談与魏晋時期做了比較, 指出："今日之清談, 有甚于前代者。昔之清談談老庄, 今之清談談孔孟。"他指責那些夸夸其談者"不習六藝之文, 不考百王之典, 不綜当代之務, 舉夫子論學論政之大端, 一切不問, 而曰'一貫', 曰'无言', 以明心見性之空言, 代修己治人之實學。股肱惰而万事荒, 爪牙亡而四國亂, 神州蕩覆, 宗社丘墟"。15) 在顧炎武看來, 正是由于理學的清談導致了明朝的覆亡, 這是顧炎武從歷史的回顧中和對理學的批判反思中得出的歷史結論, 反映了明清之際思想家對理學的一种共識与歷史自覺。李二曲在提出"明体适用"主張的同時, 指出"眞知乃有實行, 實行乃爲眞知。"16) 主張用"酌古准今, 明体

---

7) 李塨：《书明刘户部墓表后》,《恕谷集》。

8) 冯辰等：《恕谷年谱》。

9) 蔡冠洛编：《清代七百名人传》(三), 世界书局1927年版, 第1577页。

10) 黃宗羲：《赠编修弁玉吴君墓志铭》,《南雷文定后集》。

11) 参见 《清史稿·陆桴亭传》 卷480。

12) 顾炎武：《日知录》 卷19。

13) 顾炎武：《初刻日知录自序》,《亭林文集》 卷2。

14) 江藩：《国朝汉学师承记》。

15) 顾炎武：《夫子之言性与天道》,《日知录》 卷7。

适用"的實學取代"凭空蹈虛, 高談性命"的俗學, 把那些"明体而不适用"的人皆視爲"腐儒"。史謂其"言言歸于實踐。"王夫之也主張"明体适用", 提倡"言必征實, 義必切理。"17) 傅山也認爲, "興利之事, 須有實功。"18) 著名史學家全祖望評价說, 傅山是"思以濟世自見, 而不屑爲空言。"朱之瑜"論學問, 以有實用爲標准。所謂實用者, 一曰有益于自己身心, 二曰有益于社會。"19)

如果說顧、黃、王、唐等思想家或偏袒程朱、或偏袒陸王, 對理學還有所保留的話, 那么, 明淸之際另一系統的思想家顔元、潘平格、陳确、傅山等人則對于理學或心學, 一齊推倒, 沒有絲毫保留。顔元爲學最强調實學實用, 他認爲, 自漢晋章句泛濫以來, 淸談虛浮日盛, 尤其是宋儒"著述講論之功多, 而實學實敎之力少。"20) 其爲學之要旨是"習行于身者多, 勞枯于心者少。……爲做事故求學問, 做事卽是學問。"21) 顔元認爲, 要看一件事有无實用价値, 實踐是最好的檢驗標准。他把理學家空談的"正其誼不謀其利, 明其道不計其功", 予以根本扭轉, 針鋒相對地提出了"正其誼以謀其利, 明其道而計其功"。幷把自己的治學之道歸結爲實學、實習、實行。梁啓超說他"擧朱陸漢宋諸派所凭借者一切摧陷廓淸之, 對于二千年來思想界, 爲極猛烈极誠摯的大革命運動。"22) 潘平格斥責理學家喪失良心、學雜佛老, 根本談不上是眞儒。潘平格的反理學思想, 在淸初頗受重視, 被譽爲"儒門之觀音。"陳确從另一个方面把怀疑矛頭指向程朱理學數百年立論的根基之一《大學》, 作《大學辨》, 闡明《大學》非聖經賢傳, 理學存在的根基被動搖, 与之相呼應, 傅山倡導的諸子學硏究認爲先有"子", 然后才有"經", 動搖了孔門獨尊的地位, 開創了淸代諸子學硏究的新風。總之, 明淸之際的思想家已深刻地意識到, 理學的空談已經對

---

16) 《淸儒学案·李顒·附录》 卷1。
17) 《淸史稿·儒林传》。
18) 傅山：《霜红龛集》卷35。
19) 梁启超：《中国近三百年学术史》, 东方出版社, 1996年, 第83页。
20) 颜元：《存学篇》卷1。
21) 颜元：《颜习斋先生年谱》卷下。
22) 梁启超：《中国近三百年学术史》, 东方出版社, 1996年, 第105页。

社會造成了极大的危害, 不對理學進行糾正和批判, 將有可能導致"亡天下"的
后果。因此, 對理學的"清談誤國"是当時思想家的普遍共識, 也是引發經世實
學思潮滋生和發展的契机。

3. "舍經學而无理學"的學風嬗變与學術轉向

"舍經學而无理學"是与反對理學空談性理密切相關的。因爲在中國的經學
傳統中, 始終存在着一种"求實"的精神, 而這种"求實"精神正可以用來作爲批判
理學空疏无用的理論武器。經學是自秦漢以來中國學術的主要形式, 也可以說
是中國傳統學術的主流, 故馮友蘭先生在其著作中把自漢代董仲舒至晚淸康有
爲時期的中國學術称爲中國哲學史上的"經學時代"。23) 千百年來, 中國的學
問几乎都与"經學"有着极爲密切的關系, 不管提倡者也好, 反對者也罷, 他們爭
來論去的視角從來沒有离開過經學的領域, 各种學派、觀点之爭, 如漢、宋之
爭, 今、古文之爭, 理气、心性、道气之爭等, 都是由對經典的不同詮釋方法
引發而來。中國經學的發展形態, 歷來有几种不同觀点, 但從經學的社會功能
來看, 无非有三种不同表現方式 : 從社會政治的層面講, 經學表現爲以"求用"
爲目的, 今文經學爲其代表 : 從歷史文化的層面講, 經學表現爲以"求實"爲目
的, 古文經學爲其代表 : 從哲學本体的層面講, 經學表現爲以"聞道"爲目的, 宋
學爲其代表。今文經學治經, 皆借經典之"微言"以闡發社會政治之"大義", 在今
文經學看來, 凡是与經邦濟世无關的學問, 皆爲迂闊不實之學。古文經學治經,
最講實事求是、无征不信, 最講嚴謹的治學態度和實証的治學方法, 最具西方
科學的精神。宋明理學雖被后人譏爲空談性理, 但他們却認爲性理是最大的實
際, 若离開性理而談論修身養性、治國安邦, 便是舍本而逐末。這里的問題在
于, 理學家往往要么脫离經典, 把自己的意見强加到經典上面 : 要么舍弃經典,
任意發揮自己的意見, 從而陷入游談无根的泥潭。若從人的精神層面來考察,
理學家們确實抓住了人的某种非常"實際"的內容, 是一种"顚倒了的""求實"精

---

23) 馮友兰 : 《中国哲学史》上册, 中华书局1984年版, 第485页。

神。

　　經學在經過兩漢的興盛后，便沉寂不彰，分別爲玄學、理學所取代。從思想史發展的角度來看，　理學是對唐韓愈、柳宗元以來儒學夏興運動的理論總結，是在儒、釋、道三家相互辯難、相互吸收、相互融合的基础上形成的一个新的思想理論体系，從這一点上說，理學有其存在的合理性和必然性。理學內部兩派雖數百年來互爭高低，但都存在一个致命的弱点，那就是他們都把"理"或"心"看作是超越于具体事物之上的獨立本体，　"理"或"心"是評判一切的价值根源，區別僅僅在于：理學是爲封建倫理綱常尋找最終根据；而心學則旨在爲人生人性尋找价值本原。這樣，　其理論自身就留下了一个无法回避和解決的悖論，以至于其末流或恃己意爲眞理，或近于狂禪，无論是程朱之學抑或是陸王之學，都只是理學內部的兩个流派而已，因此，淸人一般把理學称之爲宋學，把理學家称之爲宋儒，實卽包涵了程朱之學和陸王之學。程朱之所謂"理"與陸王之所謂"心性"，在明淸之際的思想家眼里，都是一种"虛而不實"的東西，它們成爲脫离自己的載体而被理學家任意涂抹粉飾，成爲被歪曲的對象。爲了恢夏被理學家歪曲了的"理"與"心性"的本來面目，使之從"神化"中擺脫出來，就必須回歸到儒家原典。回歸儒家原典是以"夏興古學經學"的形式表現出來的。

　　明末，學術思想界弥漫着"束書不觀，游談无根"的空疏之風，于經世、治國之道毫不關心，"恁是天崩地陷，他也不管，只管講學耳。"24) 針對這股衰世頹風，　明弘治、嘉靖年間已有一大批學者致力于"夏興古學經學"的努力，如明弘治、嘉靖年間前后七子文章之"夏古"，　提倡"文必秦漢，詩必盛唐"；主張讀古書、識古字、辨古音，据此有學者把明弘治、嘉靖年間前后七子文章之"夏古"看作是淸代考据學的淵源。于是音韻、文字之學始引起學者的關注；一批專著如趙撝謙的《六書本義》、趙宦光的《六書長箋》、楊愼的《古音叢目》、《古音獵要》、《轉注古音略》、陳第的　《毛詩古音考》、《屈宋古音考》等相繼面世，如楊愼以博洽著称，主張多聞多見、尙博尙實，提倡一种新學風與新的治學方法，被認爲"讀書博古崇尙考据之風實從此起。"25) 此外，与楊愼同時稍

---

24) 黃宗羲：《东林学案》，《明儒学案》卷60。

后的陳耀文、王世貞、胡應麟、焦竑、方以智等人，對古學經學夏興運動都起了推波助瀾的作用，但人們往往忽視這樣一种事實：卽王陽明本人對經學夏興所起到的思想解放价值和意義。王陽明在他的著作中多次從"心學"的角度强調"經學"的重要性，指出"六經非他，吾心之常道也"，"六經者，吾心之記籍也；而六經之實，則具于吾心"。26) 台湾學者蔡仁厚把王陽明的這一思想概括爲"經學卽心學"思想。27) 王陽明正是有感于"六經乃分裂于訓詁支离，芜蔓于辭章業擧之詞，"于是發出了"有志之士，思起而行之"的倡議。28)

由于王學在当時正處于取理學而代之的强勁勢頭，因而王陽明對經學的態度對經學的夏興也同樣起了相当重要的作用。我們應当把王陽明時代與王陽明后學時代主要是晚明已流于狂禪的王學嚴格區分開來，這是我們看待、分析一切歷史問題的基本立足点之一。晚明，由于王學勢力過于强大，占据主流思潮，古學經學夏興運動還處于王學陰影的籠罩之下，還沒有人能够把經學從理學体系中分离出來。明淸之際的思想家在總結明亡的沉痛歷史敎訓時，痛感王學末流的泛濫无用，使"天下生員，不能通經知古今，不明六經之旨，不通当代之務"，經學日漸荒疏，顧炎武最先高擧"經學卽理學"的旗幟，上承矯正理學之弊，下啓淸代考据學之先，成爲從理學向考据學轉向的關鍵人物。顧炎武提倡"通經"在于"致用"，主張接觸現實，研究社會出現的實際問題；强調"明辨經學源流"，指出"古今安得別有所謂理學者，經學卽理學也。自有含經以言理學者，而邪說以起，不知含經學，則其所謂理學者禪學也。"29) "古之所謂理學，經學也，……今之所謂理學，禪學也。"30) 把流行于世的"理學"貶斥爲"禪學"，把它排斥在正統儒學之列。顧炎武提出的"含經學而无理學"、"經學卽理學"的學術綱領，在当時思想、信仰都出現嚴重危机的情況下，确有扭轉學風之功業：

---

25) 嵇文甫：《晚明思想史论》，东方出版社，1996年版，第145页。
26) 王阳明：《稽山书院尊经阁记》，《王文成公全书》卷7。
27) 蔡仁厚：《新儒家的精神方向》，台湾学生书局，1982年。
28) 王阳明：《别三子序》，《王文成公全书》卷7。
29) 全祖望：《鮚埼亭文集选注·亭林先生神道表》，齐鲁书社，1982年版，第114页。
30) 顾炎武：《与施愚山书》，《亭林文集》卷3。

一是明确了以經學爲治學之本；二是他反對的是雜襲釋老、斷章取義的"今之理學"， 他期望在經學的基礎上重建理學系統， 三是他認爲一切學問都是爲了"致用"。顧炎武眞正把經學從理學体系中分离開來， 使經學成爲一門獨立的硏究學問， 對有淸一朝三百年的經學發展産生了重要影響。顧炎武提出的"舍經學而无理學"原則及"讀九經自考文始， 考文自知音始"原則[31]成爲影響淸代乃至近現代學術的重要治學原則， 經學又重新由學術邊緣走向學術的中心， 成爲從理學之虛到經學之實的轉向。對于明淸之際的這股"夏興古學"的現象， 梁啓超有一段非常精辟的評論："綜觀二百余年之學史, 其影響及于全思想界者, 一言蔽之, 曰'以夏古爲解放。'第一步, 夏宋之古, 對于王學而得解放；第二步, 夏漢唐之古, 對程朱而得解放；第三步, 夏西漢之古, 對于許鄭而得解放；第四步, 夏先秦之古, 對于一切傳注而得解放。夫旣已夏先秦之古, 則非至對于孔孟而得解放爲不止矣。"[32] 但我們應把握的一点是, 所謂"夏古", 絶不是按照原來形態回歸到古代社會， 而是在特定歷史條件下出現的以"夏古"爲形式, 實質上确是一种"思想解放"運動， 是在"夏古"的外衣下注入了新的思想內容。從這層意義上說, 明淸之際思想界的"夏古"運動, 爲二百年后"五四"時期"打倒孔家店"的新文化運動做了思想文化的前導工作。

4. 西學東漸与自然科學思想的夏活

明淸之際經世實學思潮的另一个表現形式是明中后期"西學"的傳入。有學者把"西學"傳入以康熙中叶1691年爲限分爲前后兩期,[33] 本文叙述的"西學"傳入大致屬于第一期。"西學"所倡導的科學精神和方法适應了当時經世實學思潮的新形勢需要, 使中國傳統的學術格局發生了一定程度的轉變。"西學"的傳入, 拓展了当時中國人的理論視野和思維空間, 丰富了日益高漲的經世實學思潮的

---

31) 顾炎武：《答李子德书》, 《亭林文集》卷4。
32) 梁启超：《清代学术概论》, 上海古籍出版社, 1998年, 第7页。
33) 杨东莼：《中国学术史讲话》東方出版社, 1996年, 第259页。

內容, 成爲明淸之際經世實學思潮的一个重要組成部分。

衆所周知, 在中國古代歷史上, 曾出現過兩次大規模的外來文化的傳入：一次是漢唐時期印度佛敎文化的傳入；另一次是明淸之際西方基督敎文化的傳入。這兩次外來文化的傳入, 對中國本土文化學術格局的變化与調整產生了极爲重要的影響。基督敎最早傳入中國是在唐朝, 当時被称爲"景敎"；元代時再度傳入, 被稱爲"十字敎"。但這兩次不同時期傳入的基督敎對中國固有的文化格局幷沒有產生重大的影響。自明朝中后期到淸朝前期, 大批西方傳敎士來到中國, 他們在進行宗敎活動的同時, 也把西方的科學, 如天文、地理、數學、物理、化學等介紹到了中國, 從而開始了自唐、元以來第三次大規模的西學東漸的過程以及中西文化的溝通与交流。

最早來中國從事傳敎活動的是明万歷年間來華的耶穌會士利瑪竇, 他爲了适應当時中國社會的需要, 制訂了一套适合中國實際情況的"合儒"、"補儒"及"超儒"的和平傳敎政策, 卽"在政治上擁護貴族統治；在學術上要有高水平；在生活上要灵活适應中國的風土人情。"[34] 自此以后, 西方來華傳敎者有名可查者達65人之多。[35] 西方傳敎士對西方自然科學知識的介紹, 使中國固有的文化結構和思維模式發生了重大變化, 中國文化重道德倫理、重修身養性、輕自然科技等特点決定了中國文化自先秦以來几乎一成不變的發展理路和格局隨着西方科學知識的傳入被打開了一个缺口, 它使中國知識界在孜孜沉浸于儒家經典的同時, 開始接觸和吸納西方的一些新知識、新思想, 新領域, 擴大和丰富了中國文化的內容和內涵。從明中后期到淸中期, 由于有当時一大批站在時代前沿的經世實學思想家的宣傳、翻譯、介紹与引進, 西方机械、物理、測繪、歷算等門類繁多的科學知識不斷傳入中國, 据統計, 至今能够搜集到的西方傳到中國的科技書目約爲1500种左右。[36] 但是由于当時這批西方傳敎士自身的傳敎目的和學術偏見, 他們對歐洲文藝夏興思潮以來的新思想、新成就諱

---

34) 參見 《中国史研究动态》 1980年, 第6期。
35) 梁启超：《中国近三百年学术史》, 东方出版社, 1996年, 第38页。
36) 參見 《人才》 杂志, 1983年, 第3期。

莫如深, 對当時西方最先進的自然科學思想如哥白尼的太陽中心說, 伽里略－牛頓的經典力學, 笛卡爾的解析几何, 波義耳的新元素說以及先進的實驗法、歸納法、演繹法等大多只字未提, 相反, 他們都把中世紀的經院哲學大師托馬斯·阿奎那奉爲圭臬, 他們介紹到中國的只是托勒密的地心說, 歐几里德的几何學, 亞里斯多德的四元素說等, 因此, 有的學者認爲中國知識界所能接触到的還只是西方中世紀的科學思想体系, 不可夸大当時西方科學思想對中國文化的影響。這种觀点總的來說是不錯的, 但還不盡全面。且不說在当時中國知識界研習西學已成爲一股時尚, 在有的領域, "耶穌會傳敎士所傳入的不屬于几何學的數學發明和技術在歐洲是最新的。"37) 再如, 鄧玉函、王征合譯的《遠西奇器圖說》匯總了阿基米德到当時的西方力學和机械學的知識", 38) "爲当時世界最新之物理學書。"39) 因此, 我們也不可低估了当時西方科學思想對中國思想文化的影響。盡管如此, 当時西方科學的傳入, 使明淸之際的知識分子從一种傳統封閉的狀態中擺脫出來, 突破陳旧保守的思維模式, 爲"中國的知識和文化帶來了一場前所未有的新刺激。"40)

徐光啓、李之藻針對晚明出現的种种弊端, 极端重視西方自然科學的征實精神, 他們響亮地喊出了"欲求超胜, 必須會通；會通之前, 先必翻譯"41) 的口号, 他們甚至准備用10年左右的時間對"有益世用"的圖書"漸次广譯", 試圖以"西學"來開啓民智, 糾中國學術之弊, 以挽救明王朝的社會政治危机。明淸之際的思想家在繼承徐光啓、李之藻自然科學觀的基础上, 積极吸收西方自然科學成果, 對"西學"采取了歡迎的態度。黃宗羲在經世實學思潮的社會文化背景下, 對西方自然科學成果給予了极大關注, 幷積极投身到這一科學活動的推广和傳播中, 撰著了大量自然科學著作, 如 《授時歷故》、《大統歷推法》《

---

37) [英]李约瑟：中国科学技术史 第3卷, 第115页。
38) 王冰：《明清时期(1610－1910)物理学译著书目考》,《中国科技史料》 第7卷, 第5期, 1986年。
39) 《方豪文录》, 上海编译馆, 1948年, 第290页。
40) 参见 《故宫博物院院刊》 1983年, 第2期。
41) 王重民辑校：《徐光启集》, 上海古籍出版社, 1984年。

開方命算≫、≪測圖要義≫等；方以智更是對西方自然科學推崇備至，他把硏
究自然事物的學問称爲"質測之學"，"質測"一詞的含義可能是方以智取自 ≪周
易·系辭傳≫。方以智得出了"泰西質測頗精"、西學"詳于質測"的結論。他還
在自己的著名自然科學著作 ≪通雅≫、≪物理小識≫中广泛介紹了物理、化
學、歷算、医學、水利、火器、儀表等西方自然科學知識及工藝技術；特別
値得一提的是明淸之際的著名自然科學家王錫闡、梅文鼎，他們在借鑒、吸收
西方自然科學知識的同時，積極開展天文學与數學的硏究工作，他們對中、西
之學均采取了實事求是的科學態度，主張"去中西之見"，"務集衆長以觀其會通，
毋拘名目而取其精粹"，王錫闡反對盲目推崇西法，指出"以西法爲有驗于今，可
也，如謂不易之法，務事求進，不可也。"42) 主張"兼采中西"。 梅文鼎在對待
西學問題上，反對"專己守殘而廢兼收之義"，"喜立异而缺稽古之功"，主張"法有
可采，何論東西？理所当明，何分新旧？"43) 對西學采取了"理求其是，事求适
用"的价値取向。阮元在 ≪疇人傳≫中對兩人做了极高的評价，"王氏精而核，
梅氏博而大，各造其极。"44) 他們對西方自然科學思想在中國的傳播和普及做
出了极其重要的貢獻。康熙時代所制訂的一系列优容礼遇与吸收引進的政策，
對西學在中國的進一步傳播和普及創造了良好的社會文化环境及政治氛圍。
可以說，王錫闡、梅文鼎正是在這一大的時代背景下產生的著名科學家。

　　但是我們也應当看到，由于淸初一直對西學的引進采取"節取其技能，禁傳
其學術"的政策，使得西方社會科學被視爲"异端思想"而傳入渠道上受到极大阻
碍，人們對西學的認識也大大落后于徐光啓、李之藻時代，也缺少了徐光啓、
李之藻時代所具有的那種"但欲求其所以然之故"的理論進取精神和以"會通"、
"超胜"爲目的的科學意識。45) 更由于在淸初"西學東源"陳旧价値觀念的支配
下，使中國自然科學界向西方學習科學与技術的勢頭進一步受到阻滯。隨着康

---

42) 王錫闡：≪晓庵新法序≫。
43) 梅文鼎：≪笙堵測量≫。
44) 阮元：≪疇人传·王錫闡≫。
45) 徐光启：≪毛诗六帖≫。

熙后期對西學態度的轉變以及西方傳教士對中西文化傳播交流重心的轉移卽由西學東漸轉爲東學西漸, 西學的傳入逐漸式微以至最后中斷。還西方科學思想的傳入与明末涌現出的一批科學家如徐光啓、李之藻、方以智、梅文鼎、王錫闡、薛鳳祚以及 ≪本草綱目≫、≪天工開物≫、≪農政全書≫等科技巨著, 共同形成了我國傳統科技思想發展的最后一个高峰, 同時對明淸以后特別是對乾嘉考据學的治學范圍和方法產生了极其深遠的影響。

5. 批判封建君主專制制度 高揚人性自由与思想解放

与明淸之際經世實學思潮相并行的是蓬勃興起的人文啓蒙思潮。如果說与明淸之際的經世實學思潮側重于"科學"的層面, 那么, 人文啓蒙思潮則側重于"制度"、"民主"的層面。在明淸之際, 人文啓蒙思潮不是來自于外部力量, 而是萌生于理學內部自我批判、自我否定的結果。由于理學存在的基础之一就是從宇宙本體論的角度論証儒家綱常倫理的合理合法性, 因此它一開始就具有兩重性：一方面, 它之所以成爲封建社會后期長達六百年的官方意識形態, 与它存在的社會基础和社會功能密不可分；另一方面, 理學的過分政治化、庸俗化及空談性理、空疏无用, 在社會轉型及民族、政治危机時期往往成爲思想家批判的對象, 這時候, 這种理論形態的內部就悄悄孕育着一种自我批判、自我否定的理性自覺与理性精神, 孕育着擺脫封建礼教束縛, 追求个性自由、个性解放、个人幸福、个人利益, 追求眞理的精神動力和啓蒙意識, 從而滋長出人文啓蒙思潮的縷縷曙光。較之于近代啓蒙思潮而言, 學術界一般把這一時期的啓蒙思潮稱爲"早期啓蒙思潮"。前面說過, 經世實學思潮与人文啓蒙思潮共同构成了明淸之際社會進步思潮的主流, 它們之間往往交織在一起, 有時候某一思想家的某一思想觀点, 同時具有以上兩种思潮的特征和意義, 因此, 我們應辨証地理解這种划分的眞正价值。明淸之際的人文啓蒙思潮主要体現在社會政治、經濟、思想文化、教育、倫理道德等方面。下面我們主要從批判封建君主專制制度的角度對明淸之際的人文啓蒙思潮做一宏觀描述。

明淸之際, 各种矛盾錯綜夏雜, 沿襲了近兩千年的封建專制制度達到了登峰
造极的程度, 其弊端已暴露无遺, 由于淸初特定的社會歷史环境, 思想家們已
經把批判的焦点從一家一姓之興亡轉向對整个封建制度的深層反思。明淸之
際的思想家對封建君主專制制度進行的大胆揭露和深刻批判, 包含有兩層含
義: 一是對"封建君主"的揭露和批判; 一是對"封建專制制度"的揭露和批判。
衆所周知, 在中國古代, 一直存在着"非君"、"君爲害"的思想意識和傳統, 蔡尙
思先生把中國思想史上對待"君主"、"君權"的各种觀点歸納爲"宗法世襲、選
賢讓賢、虛君无君等几大派。"46) 從孟子的"民貴君輕論"、鮑敬言的"无君論"
直至鄧牧的"君爲害論", 都對"封建君主"提出了抨擊。晚明時期, 以王艮、何心
隱、李贄爲代表的"泰州學派"王學左派是明后期人文啓蒙思潮在正統的思想家
那里, 把他們的表現稱之爲异端思想的主要代表人物。他們對兩千年來的封建
君主專制制度的積弊有了更深層的理解, 對封建君主專制制度進行了无情的批
判, 從而開啓了明淸之際怀疑、揭露、批判封建專制制度的序幕, 成爲明淸之
際人文啓蒙思潮的一个重要內容。李贄以"貶尊抑圣"的方式對封建君主提出了
嚴厲批評, 在他眼里, 无論是君主還是圣人, 都是一般人, "旣不能高飛遠擧",
也常怀"勢利之心", 甚至有時一般"夫婦所不能者, 則雖圣人亦必不能", 因此李
贄告誡人們"勿高視一切圣人也"。47) 李贄的這一思想言論在当時社會确實振
聾發聵, 震鑠千古, 從而遭到統治層的殘酷迫害与鎭壓, 他的思想言論被明統
治者定性爲"敢倡亂道, 惑世誣民", 所有"已刊未刊"的書籍一律"盡行燒毀, 不許
存留。"48) 淸統治者也把李贄視爲"狂悖乖謬, 非圣无法", 認爲"其人可誅, 其書
可毁"。49) 由此也可看出李贄思想在当時社會所引起的巨大震動。從統治者的
角度來看, 且不說對任何敢于批判現行体制和制度, 對任何敢于動搖封建專制
根基的思想言論, 那怕只是片言只語, 那怕只是思想的流露, 也是絶對扼殺, 毫

---

46) 《文史哲》 1987年, 第2期。
47) 《明灯道古录》 卷上。
48) 《神宗实录》 卷369。
49) 《四库全书总目提要》 卷50, 178。

不留情。就是對那些本与批判現行制度无關的思想和言論，也往往由于統治者
的疑神疑鬼，而极盡牽强附會之能事，這一点在淸代的"文字冤案"中表現得最
爲突出。從王艮對血肉之軀的尊崇，把百姓人倫日用看着"道"，到何心隱的"无
欲則无心"，再到李贄的"穿衣吃飯卽是人倫物理"，可以看出他們所倡導的是一
种回歸人性、回歸自然的內在冲動。但"泰州學派"的主要理論貢獻在于他們打
破了理學對人的壓制和束縛，使人在擺脫理學的束縛中看到了自我的价値和人
性的力量。

明末淸初的社會大變動，使得思想家們不再沉湎于程朱陸王之空談，而是把
關注的目光從"游談无根"的泥潭中轉向社會，轉向現實，把學術研究与社會現
實緊密聯系起來，拓展了學術研究的領域和范圍，對影響中國兩千年的封建君
主專制進行了猛烈揭露和抨擊。与明中后期"泰州學派"的异端啓蒙思潮相比，
明淸之際的啓蒙思想則把斗爭矛頭直接轉向了對現實政治制度、經濟制度的反
思和批判。黃宗羲在其著名著作 ≪明夷待訪彔≫一書中提出了一系列与社會
現實相關的重大理論和現實問題，如揭露封建專制与提倡民主權利；限制封建
特權与保護工商利益；要求法律平等和賦稅改革等。黃宗羲淋漓盡致地揭露封
建君主"屠毒天下之肝腦"，"敲剝天下之骨髓，离散天下之子女，以奉我一人之淫
樂"的慘烈畫面，大胆地提出了"天下之大害者，君而已矣。"[50] 明确主張"天子
之所是未必是，天子之所非未必非。"[51] 公開對天子的權威提出挑戰。黃宗羲
的這部著作无論在当時和后來，對中國思想界所起的作用十分巨大，被譽爲"近
代社會的宣言書。"顧炎武在提出以經學取代理學的同時，始終關注"國家治亂
之原，生民根本大計。"對那些不關乎"六經之旨，当世之務者"，要"一切不爲
。"[52] 他認爲，君主專權，危害极大，爲了喚起社會民衆對國家前途命運的關
切，顧炎武還喊出了一句千古名言："天下興亡，匹夫有責。"唐甄在其精心之
作 ≪潛書≫中，對君主專制制度也提出了尖銳的批判。他說："天子之尊，非

---

50) 黃宗羲：≪明夷待访录·原君≫。
51) 黃宗羲：≪明夷待访录·学校≫。
52) 顾炎武：≪亭林文集≫ 卷2。

天帝大神也，皆人也。"[53) 他認爲君主雖形有"君主"之名，實乃"一匹夫耳。"[54)
自古及今之帝王，皆獨夫民賊而已，"自秦以來，凡爲帝王者，皆賊也。"[55) 唐甄
這樣論証說："殺一人而取其一匹布斗粟，犹謂之賊，殺天下之人而盡有其布粟之
富，而反不謂賊乎？"[56) 唐甄把封建君主的存在看作一切罪惡之源，雖不免偏
頗， 却非常大胆深刻。王夫之更是對封建君主專制制度進行了大胆揭露和批
判，指出："天下者，非一姓之私也。""一姓之興亡，私也；而生民之生死，公
也。"[57) 主張"不以一人疑天下，不以天下私一人。"[58) 傅山也對封建君主的危
害進行了猛烈的抨擊。專制制度的基本特征之一就是把本階級的利益、把封
建君主的利益凌駕于一切之上，蔑視人的生存權利与价值，造成了社會的极端
不平等，明清之際的思想家顯然認識到了君主个人大權獨攬對社會所造成的危
害， 認識到了專制体制所造成的社會弊端。在對封建君主進行猛烈抨擊的同
時，還對封建君主專制制度進行了批判，并提出了一系列變革君主制、限制君
主權力的主張。如黃宗羲從"設學校以公是非"、"置相"、"分治"的角度提出了
變革君主制、限制君主權力的主張，他試圖把"學校"作爲判斷是非的唯一机构，
從而在社會中達成一种共識，卽"天子之所是未必是，天子之所非未必非"。他
主張置相以分割君權，并提出了恢夏宰相制度的基本构想。他還認爲治理國家
必須設置官吏，使其有職有權，不能由君主一人專斷，因爲官吏參与治國，"爲
天下，非爲君也；爲万民，非爲一姓也。""天下之治亂，不在一姓之興亡，而
在万民之憂樂"，"后世驕君自恣，不以天下万民爲事。"[59) 黃宗羲的這些論斷，
把君王与万民聯系起來考察，視君主与百姓爲"共曳木之人"，已超越孟子"君貴
民輕"思想，深含民主气息，爲明清之際人文啓蒙思潮的重要思想构成。所提出

---

53) 唐甄：≪潛书·抑尊≫，中华书局1963年版，第67页。

54) 唐甄：≪潛书·明监≫，中华书局1963年版，第109页。

55) 唐甄：≪潛书·室语≫，中华书局1963年版，第196页。

56) 唐甄：≪潛书·室语≫，中华书局1963年版，第196页。

57) 王夫之：≪读通鉴论≫ 卷11，17。

58) 王夫之：≪黄书·宰制≫，古籍出版社，1956年版，第17页。

59) 黄宗羲：≪明夷待访录·原君≫。

的問題和所進行的理性思考皆爲有感而發, 切中時弊, 成爲明淸之際人文啓蒙思潮的一个重要組成部分。与經世實學思潮同時興起的是人文啓蒙思潮。明中叶出現的資本主義萌芽, 至明淸之際面臨着一个絶好的發展契机, 如果在不受外力的影響下, 按照明淸之際所出現的提倡經世致用、思想解放、个性自由的理路走下去, 中國很有可能与西方社會一樣, 很快步入資本主義高速發展階段。然而, 歷史不容假設, 明淸之際這种大規模的思想解放運動, 隨着淸王朝一系列高壓政策的實施, 正常的社會發展速度受到外部阻力而迅速中斷, 思想文化界遭受了致命的打擊, 學風迅速轉向, 而轉入了遠离政治的考据一途。

『周髀算經』과 西學中源說

-명말 서학수용 이후『주비산경』
독법의 변화를 중심으로-

안대옥 | 고려대학교 민족문화연구원 HK연구교수

1. 머리말

『주비산경周髀算經』은 현전現傳하는 중국의 천문역산서중에서 가장 오래된 책이다. 중국 고대의 우주구조론의 하나인 개천설蓋天說은 바로 이 『주비산경』에 근거하고 있으며 당대唐代에 편찬된 '십부산경十部算經'의 하나로서 유명하다. 개천설은 주지하다시피 '천원지방天圓地方'의 천지구조, 혹은 "하늘은 개립蓋笠과 같고 땅은 복반覆槃과 같다"[1] 2차 개천설은 우주구조론에 의거하고 있는데, 천지의 높고 두터움을 측정하는데 노몬[表, 髀, gnomon]을 사용하며 피타고라스정리에 해당하는 구고술句股術이라는 수학적 수단을 이용하는 점을 주요한 특징으로 하고 있다.

『주비산경』은 청대에 들어서 매우 높이 평가되었다. 강희제 어제御製 『수리정온數理精蘊』에서는 『주비산경』을 서학西學의 근원으로서 "산서의 맨 앞에 두고 수학의 종宗을 분명히 한다"[2]고 할 정도였으며, 조선 후기의 박규수朴珪壽는 "대지 혼원의 체에 관하여 혼천과 개천가가 이를 언급하는데 『주비산경』만큼 상세한 것이 없다"[3]고 평하며 "『주비산경』의 법이 밝혀졌으니 서양의 지구설은 버려도 그만이"[4]라고까지 주장하였다.[5]

그런데 『주비산경』이 역사적으로 늘 높게 평가된 것은 아니었다. 개천설에 뒤이어 한대에 형성된 또 다른 우주구조론인 혼천설渾天說은 혼

---

1) 『周髀算經』 卷下, "天象蓋笠, 地法覆槃."
2) 『數理精蘊』 上篇, 卷1, "弁於算書之首, 以明數學之宗."
3) 朴珪壽, 「地勢儀銘」 『瓛齋集』, 卷4, "大地渾圓之躰, 渾天蓋天家言之, 而莫詳密於周髀之說."
4) 위의 책, "周髀之法明, 而西夷地球之說廢之可也."
5) 실제로 이러한 입장은 근대의 한학자들에게도 이어졌던 것으로 추정된다. 꽤 오래전의 일이지만 한 원로 유학자 한분이 중국과학사를 공부하는 필자에게 "중국과학의 으뜸으로 『주패(비)산경』이 있다"고 하여 필자를 놀라게 한 기억이 있다. 사실상 본고는 이 의문에 대한 하나의 답이다.

천의渾天儀라는 탁월한 관측의기를 통해 곧바로 혼천 - 개천논쟁(이하 혼개
논쟁으로 약칭)에서 우위를 점하였으며, 특히 원래 개천가였던 한의 양웅揚
雄이 혼천가 환담桓譚과의 논쟁을 통해 혼천설을 지지하는 입장으로 전
회하여 개천설의 논리적 약점을 「닌개천팔사難蓋天八事」라는 이름으로
공표한 이후로 명말에 이르기까지 천여 년간, 개천설을 공개적으로 지
지한 사람은 불교에 대한 열광적인 신앙에 기초해 의도적으로 개천설을
주창한 양무제梁武帝를 제외하면 후한의 왕충王充이 유일하였다. 명말의
서광계徐光啓같은 인물은 구고술句股術이 없었다면 『주비산경』은 한갓
'천고의 우론愚論'에 불과하다고 혹평할 정도였다.6) 『주비산경』은 당대
이후로 명말에 이르기까지 오로지 산학서로서 그 명맥을 유지할 수 있
었다고 할 수 있다.

본고의 목적은 명말청초에 발생한 『주비산경』에 대한 평가의 변천을
서학의 지원설地圓說의 수용을 통한 개천설에 대한 독법의 변화를 중심
으로 그 내적 논리를 역사적으로 살펴보는 데 있다.

2. 『周髀算經』 前史

『진서晉書』 천문지를 비롯하여 정사 천문지 등에 의하면, 중국 고대의
대표적인 우주론으로 주요하게 개천설, 혼천설, 선야설宣夜說 등이 알려
져 있다. 시기적으로는 개천설이 그중 가장 오래된 이론으로서 늦어도
전국시대 말기에서 전한 초기에는 대략적인 윤곽을 형성하였을 것으로
추정된다. 반면 혼천설은 한무제의 시기에 형성되었으며 선야설은 가장
뒤늦은 후한시기로 추정된다.7) 이중 선야설은 단편적인 기록을 제외하

---

6) 徐光啓, 「題測量法義」, "至於商高問答之後, 所謂榮方問於陳子者, 言日月
   天地之數, 則千古大愚也. 李淳風駁正之, 殊爲未辨. 若周髀果盡此, 其學廢,
   弗傳不足怪."
7) 개천설을 비롯한 중국의 우주론에 대해서는 錢寶琮(1998), 「蓋天說源流考」
   『李儼·錢寶琮科學史全集』 第9卷, 瀋陽: 遼寧敎育出版社; 李志超(1998), 『天

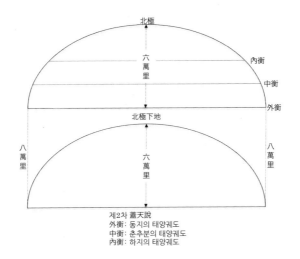

제2차 蓋天說
外衡: 동지의 태양궤도
中衡: 춘추분의 태양궤도
內衡: 하지의 태양궤도

면 일찍이 그 이론이 실전失傳되어 구체적인 내용을 알 수가 없기 때문에 사실상 중국 고대의 우주론의 역사적 전개는 주로 개천설과 혼천설 두 설의 논쟁사라고도 할 수 있다.

혼천설은 장형張衡의 『영헌靈憲』에 기초하고 개천설은 『주비산경』에서 체계화된 이론이다.[8] 또한 관측의기의 측면에서 보자면 개천설이 노몬을 이용한 구고 측량에 기초해 있고 혼천설은 상대적으로 새로운 관측의기인 혼천의의 발달에 따라 형성된 이론체계라고 할 수 있다.

『주비산경』의 내용을 구체적으로 살펴보면, 1 주공周公과 상고商高의 문답 구고술, 2 진자陳子와 영방榮方의 문답 개천설, 3 칠형도七衡圖 이하

人古義-中國科學史論綱』, 鄭州: 大象出版社; 傅大爲(1992), 「論周髀研究傳統的歷史發展與轉折」『異時空裡的知識追逐-科學史與科學哲學論文集』, 臺北: 東大出版; 能田忠亮(1943), 『東洋天文學史論叢』, 東京: 恒星社; 藪內清(1963), 「天文學」『中國中世科學技術史の研究』, 東京: 角川書店; 이문규(2000), 『고대 중국인이 바라본 하늘의 세계』, 문학과 지성사; Cullen, Christopher(1996), Astronomy and Mathematics in Ancient China: the Zhou bi suan jing, CUP 참조.
8) 「趙君卿序」『周髀算經』, "渾天有靈憲之文, 蓋天有周髀之法."

권상, 4 개천설 2차 개천설, 5 천체관측, 6 역법 이하 권하로 대별될 수 있다. 역사적으로는 매문정梅文鼎, 풍경馮經 등에 의해 주창된 주공상고 문답만을 경문으로 이해하는 상고주의적 해석도 존재하지만 후대에는 고증학의 의고주의擬古主義저 영향히에 주공상고문답을 가탁으로 여겨 진자영방문답을 경문으로 이해하는 경향이 강하다.[9]

그런데 상하권에 보이는 개천설은 약간 그 구조를 달리한다. 일반적으로 1, 2차 개천설로 구별하는데 1차 개천설이 천지를 천원지방의 구조로 서로 평행한 평면적 구조로 이해한 반면, 2차 개천설은 "하늘은 개립 삿갓과 유사하고, 땅은 복반뒤집은 대접의 형상과 비슷하다"고 하여 천지를 완만한 입체구조로 해석하는 점에서 그 차이가 존재한다. 이 2차 개천설에 대해서는 학자마다 해석이 서로 조금씩 다른데 일반적으로 알려진 원호형단면을 기준 외에도 삼각형 즉 원추형, 사다리형, 돌기형 등논리적으로 다양한 해석이 가능한 것이 사실이다.[10]

이 2차 개천설의 구조를 살펴보자면 다음과 같다.

"하늘은 삿갓과 비슷하고 땅은 뒤집은 대접의 모습이다. 천지는 각각 중심이 높고 바깥이 낮다. 북극이 천지의 중심이며 제일 높아서 흡사 물이 흘러 사방으로 떨어지는 듯한 형상이며, 삼광(三光태양과 달과 별))이 숨거나 비추거나 하여 낮과 밤이 생긴다. 하늘의 중심은 외형(外衡), 즉 동지 때의 태양의 위치보다 6만 리 높고 북극 아래의 땅도 외형 밑의 땅보다 6만 리 높다. 외형은 북극 바로 밑의 땅보다 2만 리 높다. 하늘도 땅도 같은 정도로 융기해 있어 태양하늘]은 땅으로부터 늘 8만 리 떨어져 있다."[11]

---

9) 曲安京(2002), 『周髀算經新議』, 西安: 陝西人民出版社, 4~5면.

10) 曲安京, 위의 책, 92~96면. 일반적으로 잘 알려진 모델인 圓弧形 모델은 能田忠亮에 의해서 처음으로 모델화 되었다. 能田忠亮, 앞의 책, 81면.

11) 『晉書』 天文志上, "天似蓋笠, 地法覆槃, 天地各中高外下. 北極之下爲天地之中, 其地最高, 而滂沲四隤, 三光隱映, 以爲晝夜. 天中高於外衡冬至日之所

개천설은 하늘과 일월의 운행에 대해서는 '하늘은 좌선, 일월은 우행〔天左旋日月右行〕'이라는 설명방식을 채택하고 있는데 이점은 혼천설의 경우도 그대로 수용하였다고 할 수 있다.

또한 사계절의 변화에 대한 설명으로 칠형도가 제시되었는데 태양의 운행을 칠형육간七衡六間으로 구분하여 외형=제7형이 동지, 제6형이 대한과 소설, 제5형이 우수와 상강, 중형=제4형이 춘추분, 제3형이 곡우와 처서, 제2형이 소만과 대서, 내형=제1형이 하지의 태양의 위치행로이다. 즉 칠형이란 이지이분二至二分 즉 하지와 동지, 춘추분을 포함한 12중기中氣에서의 태양의 궤도를 의미한다. 각형에 대한 직경과 원주 등은 구고술을 이용하여 계산되어 있는데 이로써 태양의 궤도의 높고 낮음을 통해 사계절의 밤낮의 길이의 차이를 설명한다. 『주비산경』이 노몬과 직접적인 관련을 맺고 있는 점이 잘 부각된다고 하겠다.

이러한『주비산경』의 개천설이 천문 현상을 설명하는데 혼천설과 비교할 때 상대적으로 많은 난점을 갖는 것은 매우 분명하다. 예를 들어 혼천설과 달리 개천설의 우주구조론은 그자체로 밤낮의 구별 혹은 일월의 출몰이 왜 발생하는지를 설명할 수 없다. 따라서『주비산경』의 경우는 이를 빛의 도달거리의 한계로서 167,000리를 상정하여 설명하고 있다.[12] 즉 반경이 167,000리인 원이 지평선의 역할을 하는 셈이다.

개천설과 혼천설의 논쟁의 귀추는 사실상 처음부터 명백하였다.[13] 최초의 혼개논쟁은 개천가 양웅과 혼천가 환담사이에서 행해졌는데 양

在六萬里. 北極下地高於外衡下地亦六萬里, 外衡高於北極下地二萬里. 天地隆高相從, 日〔天〕去地恒八萬里." 여기서 '日'은 '天'의 오류이다.

12) 正史에 보이는 最後의 蓋天說 지지자인 梁武帝조차 이 점을 蓋天說의 최대의 약점으로 인식하였던 것으로 보인다. 梁武帝는 이를 金剛山과 黑山을 導入하여 이 두 산이 태양을 가림으로써 晝夜가 발생하는 것으로 삼아 문제를 해결하려고 하였다. 자세한 것은 山田慶児(1975),「梁武の蓋天説」『東方学報』48, 126면 이하. 참조.

13) 山田慶児, 위의 글, 106면.

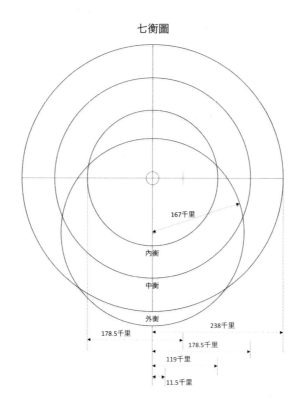

七衡圖

웅은 그 결과 혼천설을 지지하는 입장으로 전환하여 「난개천팔사」를 저술하였다. 그 내용을 간단히 살펴보면 양웅은 1 주천周天의 도수度數에 오차가 있다, 2 춘추분의 밤낮의 시각이 서로 갖지 않다, 3 북극 주위는 반년은 해가 보이고 반년은 해가 보이지 않는데 늘 북두北斗가 보인다, 4 개도蓋圖 즉 성도星圖의 은하수의 모습이 실제와 달리 휘었다, 5 개도와는 달리 별이 늘 반씩半球 보인다, 6 태양은 물밑에서 떠서 위로 상승한다, 7 먼 것이 작고 가까운 것이 크게 보이는 법인데 태양은 멀지만 크고 북두는 가깝지만 작다, 8 개도와는 달리 남방의 별도 조밀하다는 8가지 점을 들어 개천설의 오류를 지적하고 있다.14) 이중 3과 7의 경우는 그다지 설득력이 없지만 적어도 2, 5, 6과 같은 경우는 개천설의 치명적인 약점이라고 하지 않을 수 없다.[15] 이 점은 개천설과 혼천설의 모형을 통해 볼 때 매우 분명하게 드러난다. 어째 되었건 양웅 이래로 개천설을 공개적으로 지지한 경우는 후한의 왕충과 양무제뿐이며[16] 당대 이후의 역가曆家는 모두 혼천가의 계보를 잇는다고 할 수 있다. 이점은 관측의기와 우주론이 인식론적으로 결합되어 불가분의 관계에 있기 때문이기도 하다. 『송서』 천문지를 통해 볼 때 이 점은 분명하게 드러난다.

---

14) 揚雄의 「難蓋天八事」는 『隋書』天文志에 보인다. "漢末, 揚子雲難蓋天八事, 以通渾天. 其一云, 日之東行, 循黃道. 晝[夜]中規, 牽牛距北極(北)[南]百一十度, 東井距北極南七十度, 并百八十度. 周三徑一, 二十八宿周天當五百四十度, 今三百六十度, 何也. 其二曰, 春秋分之日正出在卯, 入在酉, 而晝漏五十刻. 卽天蓋轉, 夜當倍晝. 今夜亦五十刻, 何也. 其三曰, 日入而星見, 日出而不見, 則斗下見日六月, 不見日六月, 北斗亦當見六月, 不見六月, 今夜常見, 何也. 其四曰, 以蓋圖視天河, 起斗而東入狼弧間, 曲如輪. 今視天河直如繩, 何也. 其五曰, 周天二十八宿, 以蓋圖視天, 星見者當少, 不見者當多. 今見與不見等, 何出入無冬夏, 而兩宿十四星當見, 不以日長短故見有多少, 何也. 其六曰, 天至高也, 地至卑也. 日託天而旋, 可謂至高矣. 縱人目可奪, 水與影不可奪也. 今從高山上, 以水望日, 日出水下, 影上行, 何也. 其七曰, 視物, 近則大, 遠則小. 今日與北斗, 近我而小, 遠我而大, 何也. 其八曰, 視蓋橑與車輻間, 近杠轂卽密, 益遠益疎. 今北極爲天杠轂, 二十八宿爲天橑輻. 以星度度天, 南方次地星間當數倍. 今交密, 何也."

15) 錢寶琮, 앞의 글, 453면; 이문규, 앞의 책, 제10장 참조.

16) 梁武帝의 경우, 개천설에 대한 지지가 사실상 佛說에 대한 열광적인 신앙에 기초한 점을 고려한다면 개천설에 대한 이론적인 지지는 王充의 경우가 유일한 예라고 할 수 있는데, 王充의 경우도 적극적이 개천설 지지라기 보다는 오히려 天이 물속을 出入한다고 하는 혼천설의 이론적 약점에 대한 집요한 반대로 이해할 수 있다. 山田慶兒, 앞의 글 참조.

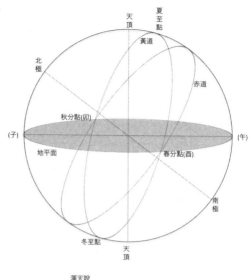

渾天說
북극에서 지평까지 36도의 경우

"천체를 논하는 자 셋(三家)이 있는데 선야설은 그 사법(師法)이 끊어졌다. 주비(周髀)는 법과 수(術數)가 모두 전하지만 천상(天象)을 관측해볼 때 어긋나는 점이 많다. 오직 혼천만이 정밀한데 지금 사관(史官)이 관측에 사용하는 혼천의가 바로 그 법에 따른 것이다."17)

또한 『진서』 천문지에는 아예 선야설과 『주비산경』의 개천설과 같은 잘못된 우주론이 널리 퍼진 이유로 천문사습天文私習의 금령禁令의 존재를 들 정도였다.18)

물론 혼천설에도 약점이 없는 것은 아니었다. 첫째로는 비록 혼천설

---

17) 『宋書』天文志, "言天體者有三家, 一曰宣夜, 二曰蓋天, 三曰渾天, 而天之正體, 經無前說, 馬書, 班志, 又闕其文. 漢靈帝議郎蔡邕於朔方上書曰: 論天體者三家, 宣夜之學, 絕無師法. 周髀術數具存, 考驗天狀, 多所違失. 惟渾天僅得其情, 今史官所用候臺銅儀, 則其法也."
18) 『晉書』天文志, "史官禁密, 學者不睹, 故宣蓋沸騰."

이 우주를 구형으로 설정하였다고는 해도 지구에 관해서는 개천설과 마찬가지로 땅을 엄격하지 않은 의미에서의 평면, 예를 들면 2차 개천설과 유사한 평면으로 인식하였기 때문에 지원설地圓說에 입각한 위도에 대한 고려가 이루어지지 못했고, 둘째로는 개천설의 구고술을 이용하여 노몬을 세웠을 때 천리를 남북으로 이동하면 그림자의 길이의 차가 1촌이 생긴다고 하는 "영차일촌천리景差一寸千里"와 같은 천지의 크기를 측정할 만한 유효한 방법을 갖추지 못했기 때문이다.[19]

위에서 살펴보았듯이 사실상 혼개논쟁은 최종적으로 혼천설의 승리로 귀결되었지만 이는 어떤 의미에서 본다면 중국 천문역법사에서 우주구조론 자체에 대한 관심의 소멸을 의미한다고도 할 수 있다.[20]

3. 李之藻의 『渾蓋通憲圖說』과 地圓說

이러한 『주비산경』의 개천설이 역사의 무대 위로 재차 올라온 것은 예수회 선교사 마테오 리치利瑪竇가 중국에 전한 서양 중세의 천문의기인 아스트로라브planispheric astrolabe의 덕분이었다. 아스트로라브란 유럽의 중세−이슬람 세계에서는 근대에 이르기까지 사용되었다−를 대표하는 천문관측의기의 하나였으며, 때로는 신사의 교육을 위한 도구로서 전문가뿐만 아니라 교양인에게도 널리 애용되었는데,[21] 마테오 리치가

---

19) 예를 들면 「天地名體」『開元占經』 卷1, "或曰, 瞻星望月, 蓋不及渾, 度景量川, 渾不及蓋."
20) 이점은 주요하게 대수적인 방법에 의거하여 역법을 제작한 중국 천문학의 전통과 무관하지 않다. 결국 編曆이 전적으로 대수적인 방법에 의존하는 한 기하학적 모델에 의거한 우주구조론은 혼천의의 성립과 더불어 그 필요성을 상실하였다고도 할 수 있다.
21) 예를 들면 『캔터베리 이야기』의 작자로 유명한 14세기의 영국의 시인 제프리 초서(Geoffrey Chaucer)도 자신의 아들을 위해서 아스트로라브에 관한 해설서인 A Treatise on the Astrolabe: Addressed to His Son Lowys(1391)를 남겼으며, 아스트로라브에 관한 대중적인 참고서로 널리 알려져 있었다.

중국에 건너간 16세기말에도 아스트로라브는 여전히 중시되고 있었
다.[22] 리치가 대학 교육을 받은 코레지오 로마노의 수학자인 크리스토
프 클라비우스 또한 1593년에 아스트로라브에 관한 연구서인 Astrolabium
을 저술하였는데 멀리 중국에서 선교활동 중인 제자 리치에게 이 책을
보내 줄 정도였다. 리치는 이지조와 함께 이 책을 한역하였는데 곧『혼
개통헌도설渾蓋通憲圖說』(1607)[23]이 바로 그것이다.

  그런데 리치와 이지조는 아스트로라브를 '평의平儀'로 불렀으며 때로
는 '혼개통헌渾蓋通憲'이라고도 불렀다. 이러한 용어는 물론 라틴어
'planisphærum'평면구형의 직역에 가까운 역어라고 할 수 있다. 그는 "전
원全圓 즉 구형을 보존하면 혼천이고, 할원割圓 즉 원을 자르면 개천"[24]이
라고 해석하였는데 이는 아스트로라브의 경우 3차원의 천구를 2차원으
로 투영하여 평면화한 이후에도 천구에서의 교각이 여전히 등각等角으
로 보전되는 특성을 갖기 때문이었다.[25] 따라서 평면이면서도 여전히
'혼도渾度' 즉 구면의 특성을 유지하는 것이 가능한 것이었는데, 논리적
으로 보면 지구가 둥글고, 천구의 중심에 있으며, 또 우주와 비하면 매우
작아서 한 점에 불과하다는 지원설을 배경으로 하여 천구를 기하학적으
로 평사투영平射投影한 방식이다.

  실제로 이지조가 아스트로라브를 통해서 새롭게 발견한 것은 다름 아

---

22) 리치가 학습한 로마의 코레지오 로마노의 커리큘럼에도 아스트로라브의
   학습은 필수였다. 코레지오 로마노의 커리큘럼에 관해서는 安大玉(2007),『
   明末西洋科学東伝史』, 東京: 知泉書館, 제2장 참조.

23) 『渾蓋通憲圖說』과 아스트로라브에 관해서는 安大玉(2002), 「明末平儀
   (planispheric astrolabe)在中國的傳播 - 以≪渾蓋通憲圖說≫中的平儀為例」『自
   然科學史研究』第21卷, 第4期; 安大玉(2007),『明末西洋科学東伝史』, 東京:
   知泉書館 참조.

24) 李之藻,「渾蓋通憲圖說自序」2a, "全圜爲渾, 割圜爲蓋."

25) 이 점은 기술적으로 계산이 복잡한 球面三角法을 실용적 차원에서 대체할
   수 있다는 것을 의미하며 곧 아스트로라브가 중시된 중요한 원인의 하나
   이다.

니라 이러한 서법의 지원설을 매개로 하여 오랫동안 '천고의 우론'으로 전
락되었던『주비산경』의 개천설을 혼천설과 통합할 수 있는 가능성이었다.
이러한『주비산경』의 개천설에 대한 새로운 독법은『혼개통헌도설』의 곳
곳에서 발견할 수 있는데 몇 가지를 간추려 보면 다음과 같다.

"가령 혼천설도 성립하고 개천설도 성립한다고 해서 어찌 하늘이 둘
일 수 있는가?"[26]
"전원이면 혼천이고, 할원이면 개천이다."
"혼천의는 소상(塑像)과 같고 통헌평의(通憲平儀)는 화상(畵像)과 같
다."[27]
"합치면 서로 좋지만 나뉘면 서로 불완전하게 된다. 왜냐하면 혼천의는
하늘을 이야기하지만 땅(厚載)에 대해서는 언급이 없다. 주비는 땅을 겸하
지만 땅의 규모(地員)가 좁아졌기 때문이다. 따라서 그림자의 길이가 천리
에 1촌이라고 하지만 늘 실제와 어긋나고 북극 36도라는 것도 위도가 달라
지면 서로 어긋나게 된다. 혼천으로 개천을 해석할 때 비로소 개천설이 분
명해지고 또 개천으로 혼천을 보완할 때 혼천설도 비로소 완전해진다."[28]

이지조의 생각에 따르면 하늘이란 유일한 것이므로 혼천설과 개천설
의 차이란 동일한 하늘에 대하여 단지 그 묘사의 방법이 서로 다른 것에
불과하다는 것이고, 혼천설이란 전원全圓, 즉 입체적인 구를 이용하는데
반해, 개천설은 이를 잘라서 평면으로 한 것에 지나지 않는다. 따라서
혼천설과 개천설은 서로 모순되는 이론이 아니라 서로 상보적인 관계에

26) 李之藻,『渾蓋通憲圖說』, "假令可渾可蓋, 詎有兩天."
27) 李之藻,『渾蓋通憲圖說』, 卷首,「渾象圖說」, 3a-3b, "渾儀如塑像, 而通憲平
儀則如繪像."
28) 李之藻,「渾蓋通憲圖說自序」, 3a, "合則雙美, 離則兩傷. 何則? 渾儀語天, 而
弗該厚載, 周髀兼地, 而見束地員. 所以景差千里一寸, 按實恒乖. 北極三十
六度, 易地斯齟. 嘗試以渾詮蓋, 蓋乃始明, 以蓋佐渾, 渾乃始備."

있다는 주장이다.

그런데 여기서 두 이론을 매개하는 것이 바로 지원설이다. 왜냐하면 앞에서 언급하였듯이 혼천설이 비록 천구天球의 이론이지만 지구라는 개념이 부재하여 위도가 고정되어 있는 한계가 있고, 개천설 또한 지원설이라는 서법의 도움이 없이는 그 자체로 지원설을 지지하는 이론으로 재해석될 여지가 전혀 없기 때문이다.

그런데 이지조에게 있어 개천설을 지원설과 융합시키기 위해서는 『주비산경』의 개천설이 내포하고 있는 '천원지방'의 관념 또한 수정하지 않으면 안 되었다. 이에 대해 그는 다음과 같은 새로운 해석을 제공하였다.

> "삿갓으로 하늘의 형태를 나타내고 뒤집어진 대접으로 땅의 형태를 나타내는 것은 사람이 땅위에 있는 이상 그렇게 보지 않을 수 있는가? 만약 개천설의 뜻을 곡해하여 땅 밑으로 다시 하늘이 없다고 한다면 건(乾)이 구체(球體)가 될 수 없고, 구체가 되지 않으면 또한 운행이 불건(不健)해지며, 건강치 않으면 산하대지(山河大地)가 무한히 아래로 추락해버리게 되어 건곤(乾坤)이 [그 운행을] 그치게 된다. 응축하여 추락하지 않는 것은 운행하기 때문이며, 운행해서 그치지 않는 것은 원(圓)이다. 하늘의 중심에 한 톨의 좁쌀 같은 것이 땅이며, 땅도 또한 둥글지만 그 덕은 방정(方正)하다. 증자(曾子)가 말하기를 "만약 정말로 천원지방이라면 네 귀퉁이가 서로 맞지 않게 된다"고 하였다. 『주역』의 곤괘 문언전(文言傳)에는 "지정하여 덕이 방정하다"고 하였다.[29]

여기서 우리는 물리적 실재론의 영역에 존재하던 우주구조론이 수사

---

29) 李之藻, 「渾蓋通憲圖說自序」, 2a, "蓋笠擬天, 覆槃擬地, 人居地上, 不作如是觀乎. 若謬倚蓋之旨, 以爲厚地而下不復有天, 如此則乾不成圜, 不圜則運行不健, 不健則山河大地下墮無極, 而乾坤或幾乎息, 且夫凝而不墮者運也, 運而不已者圜也. 圜中一粟爲地, 地形亦圜, 其德乃方. 曾子曰, 若果天圜而地方, 則是四隅之不相揜也. 坤之文曰, 至靜而德方."

학修辭學적 상징과 비유의 차원으로 전환되었음을 확인할 수 있는데 이러한 전회를 가능하게 만든 것이 바로 아스트로라브의 관측의 정확성과 그 배경에 있는 서법, 즉 여기서는 지원설이 보여준 논리적 정합성이라고 할 수 있다. 사실상 이지조의 이러한 사상적 전회는 지원설이 상징하듯이 지리적으로 중국이 더 이상 '가운데 나라[中國]'일 수 없음을 의미하는 것이고 따라서 화이론華夷論적 세계관이 적어도 지리적 영역에서는 더 이상 유지되기 어려운 사실을 상징하고 있다.[30]

　　이지조의 서학관은 비록 과학적 사실보다 경학적 해석을 중시하는 경학주의적 성격을 완전히 탈피하지는 못하였지만 다른 한편 내용적으로는 서학을 통해 경학을 이해하는 새로운 측면 또한 존재한다. 예를 들면 이지조는 서양의 지원설을 증명하는데 그 근거를 『황제내경소문』의 "중북외남中北外南"의 설을 인용하거나[31] 혹은 오랫동안 '천고의 우론'으로 무시되어온 『주비산경』의 개천설을 지원설을 지지하는 유력이론으로 재해석하였지만, 본질적으로는 서학이 옳은가 그른가를 중국의 경전에서 확인하고자 한 것은 아니다. 오히려 역으로 천동설, 혹은 지원설이라는 서학의 이론을 이미 증명되고 자명한 정론定論으로 전제하고 수용의 방편으로 경전에서 그에 부합하는 측면을 찾은 것으로 보아야 할 것이다. 『주비산경』의 개천설이라는 중국 전통의 학문=중학中學에 대해서 이지조가 재평가를 행한 것도 이러한 맥락에서 이해될 수 있고 오늘날의 관점에서 보면 '서법으로 중법을 증명한다[以西證中]'의 논리[32]라고도

---

30) 실제로 과거 중국의 화이론은 문화적이면서 동시에 지리적인 개념을 내표하고 있었고 地中, 즉 땅의 중심이 어디에 있는가에 관한 논의가 존재하였다.

31) "中北外南"이 인용된 이유는 개천설의 구조, 혹은 平儀의 투영법이 어느 것도 가운데를 北極으로 하고 주위로 갈수록 남쪽으로 내려가는 구조를 취하기 때문이다.

32) '以西證中'이란 중국 근대에 형성된 개념으로 서양의 어떤 思想이 중국에 소개될 때 그 이론과 비슷한 경전이 특별히 주목받아 재평가되는 경향을 표현하는 말이다.

할 수 있다. 이점은 이지조와 서광계의『동문산지同文算指』에 대한 평가
에서도 극명하게 드러나는데 이들은 "비록 십부산경이 산일되었다고 해
도 [동문산지가 있으므로] 낡아 떨어진 짚신을 버리는 것과 같다"[33]고 평
할 정도로 서학에 경도되어 있었고 서학과 중학은 화이론적 대립의 대
상이라기보다는 오히려 신구新舊의 차이에 지나지 않았다.[34]

　마테오 리치는 언젠가 자신의 보고서에서 이지조가 자신의 친척에게
유럽인들이 중국인들을 마치 중국인이 오랑캐를 보듯이 할 것이라고 말
했다고 기록하고 있다.[35] 물론 이 말은 예수회 선교사인 리치가 자신의
공적을 선전하기 위해서 과장했을 가능성이 크지만 만약 이 말이 사실
이라면 이지조는 '유럽 컴플렉스'를 고백한 최초의 중국인이 되는 셈인
데 어찌 되었건 지원설의 수용을 중국이 근대적 국제사회 속에 편입되
는 막열음으로 평가하는 것도 불가능하지는 않다.[36] 실제로 이지조를
비롯해 명말에 천주교를 받아들인 인사들에게 지리적 화이론은 많건 적
건 수정이 필요한 논리였다. 예를 들면 명청 교체기의 천주교도인 주종
원朱宗元은 그의 저서『증세약설拯世略說』에서 지리적 화이론을 부정하고
마음의 화이를 다음과 같이 주장하였다.

　　"천자가 사는 곳과 그 주위(輦轂畿甸)는 땅의 화(華)이고 천만리 밖은
　　땅의 오랑캐(夷)이다. 천주를 믿고 수신(修身), 신행(愼行)하는 것은 마음
　　의 화이고 근본을 잊고 불의를 자행하는 것은 마음의 오랑캐이다. [화이
　　지변을] 마음으로 하지 않고 땅으로 한다면 아마도 좋은 분별(好辨)이라
　　고 할 수 없을 것이다."[37]

---

33) 徐光啓,「刻同文算指序」, 4a, "雖失十經, 如棄敝履矣."
34) 마테오 리치와 서광계의 補儒論의 논리구조에 관해서는 안대옥(2009),「마
　　 테오 리치(利瑪竇)와 補儒論」『동양사학연구』제106집 참조.
35) マッテオ·リッチ(1983),『中国キリスト教布教史』二, 東京: 岩波書店, 166면.
36) 祝平一(1998),「跨文化知識傳播的個案研究－明末清初關於地圓說的爭議, 1600~
　　 1800』『歷史語言研究所集刊』第69本, 第3分, 臺北: 中央研究院), 644면.

여기에서 우리는 서학이 학문의 보편적 지위를 획득하였다고 할 수 있을 것이다. 서광계와 이지조 등 명말의 서학 수용파에게는 이러한 서학 우위의 보편주의적 성격이 강하게 드러나는데 이러한 경향은 사실 그들이 주장했던 '중서회통中西會通'의 논리와 더불어 "동해나 서해나 마음도 같고 이치도 같다[東海西海, 心同理同]",38) "예를 잃으면 야에서 구한다[禮失而求之野]", 그리고 "천자가 실관失官하면 사이四夷에서 배운다[天子失官, 學在四夷]"39) 등등의 서학 수용의 구호에서도 분명하게 알 수 있다.

이제까지 우리는 이지조가 지원설을 가지고 개천설을 재해석한 논리에 대해서 살펴보았다. 여기서는 나아가 개천설의 칠형도와 아스트로라브의 투영법에 대해서 기술技術적으로 비교해 보고자 한다. 이지조는 개천설의 칠형도와 아스트로라브의 평사투영법平射投影法, stereographic projection의 차이에 대해서 얼마나 정확하게 인식하고 있었을까? 이 문제에 답하기 전에 우선 개천설의 칠형도와 아스트로라브의 평사투영법의 특징에 대해서 논할 필요가 있다.

먼저 아스트로라브가 갖는 기술적인 특징은 곧 그 투영법인 평사투영법의 특징이라고 할 수 있다. 평사투영법은 일반적인 아스트로라브의 경우 남극에 그 시점視點을 두고 적도면을 투영면으로 하는 스테레오 도법圖法을 의미하며, 그 결과 북극이 중심에 투영되어 북회귀선, 적도, 남회귀선의 순서로 투영되는데, 위의 그림에서 보듯이 북극에 가까울수록 촘촘하게 투영된다. 또한 기술적으로는 1 대원이건 소원이건40) 구면상의 모든 원이 투영면에 원 혹은 직선으로 투사되며,41) 2 구면의 교각이

---

37) 朱宗元,『拯世略說』, "蟊蠚幾甸, 地之華也, 千萬里外, 地之夷也. 克認眞主, 修身愼行, 心之華也. 迷失原本, 恣行不義, 心之夷也. 不以心辨, 而以地辨, 恐所謂好辨者, 不在是也."
38) 陸九淵의 말.
39)『左傳』昭公十七年.
40) 大圓이란 적도나 경선과 같이 球를 중심을 지나는 평면으로 자를 때 생기는 원을 말하며 小圓이란 대원이 아닌 원을 말한다.
41) 예를 들어 正距方位圖法과 같은 투영법의 경우, 赤道는 원이 되나 黃道는

***

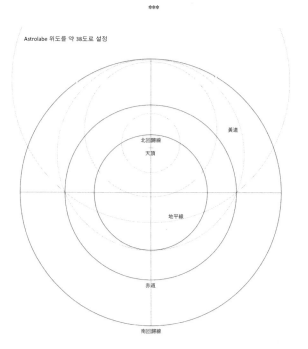

평면에서 등각으로 보존된다는 특성이 있다.[42]

　그런데 칠형도 또한 개도蓋圖 즉 성도星圖인 이상, 우선 중국의 전통적인 방위의 중심인 북극을 중심으로 별자리를 표기하는 것이 당연하며 또한 어떠한 우주론에 기초하더라도 성도를 평면에 묘사하는 한, 방형이건 원형이건 중심인 북극에서부터 방사형放射形으로 구현하는 것이 가장 자연스럽다. 즉, 북회귀선內衡, 적도中衡, 남회귀선外衡이 동일 평면에서 순차적으로 묘사될 수밖에 없는데, 따라서 이러한 두 가지 성격, 즉 중심이 북극이고 내형, 중형, 외형의 순으로 묘사되는 특징만을 가지고

　타원으로 투영될 수밖에 없다. 따라서 위의 아스트로라브와 같이 적도와 황도가 정확히 卯酉에서 교차하는 것이 불가능하다. 따라서 교각의 보전은 굳이 언급할 필요도 없다.

42)　증명에 관해서는 Neugebauer, Otto(1975), *A History of Ancient Mathematical Astronomy*, Berlin, Springer-Verlag., 858~860면 참조.

는 칠형도와 아스트로라브의 차이를 알 수가 없다. 앞의 칠형도와 아스
트로라브의 투영도를 참조할 것.

칠형도의 경우는 앞의 그림을 통해서도 알 수 있듯이 북회귀선에서
적도까지의 거리가 적도에서 남회귀선까지의 거리와 같다는 특징을 갖
고 있다. 다시 말하면 칠형도는 단위 위도의 거리가 일정하게 등분되어
묘사되는 특성을 갖는다. 따라서 칠형도 또는 개도는 투영법의 종류로
는 현재의 정거방위도법正距方位圖法, azimuthal equidistant projection[43]과 유
사하다고 할 수 있다. 정거방위도법에 의거하면서 칠형도의 설명을 정
리해 본다면 칠형도의 구조는 다음과 같은 특징을 갖는다.

(1) 내형의 반경을 119,000리로 하고 내형의 원주를 714,000리라고 한다
(원주율은 3으로 계산).

(2) 내형의 사분원장(四分圓長), 즉 경도 90도에 해당하는 길이 187,500
리로 적도(중형)의 거극도(去極度), 즉 북극부터 적도까지의 거리
로 삼아 적도(중형)의 원을 그린다.

(3) 따라서 내형의 반경은 중형 반경의 2/3가 되고 내형과 중형의 각거
리가 30도가 된다.

(4) 외형의 경우도 마찬가지로 중형에서 30도 떨어지게 되고 외형의
반경이 238,000리가 된다.

이것은 한편에서는 정거방위도법에 근거하면서 동시에 청대의 고관
광顧觀光이 「독주비산경서후讀周髀算經書後」에서 지적하고 있는 것처럼 내
형의 원주의 길이를 기준으로 해서 경도와 위도의 길이를 일치시키려는
방법에 다름 아니다.[44] 고관광은 이에 대해 다음과 같이 설명한다.

---

43) 正距方位圖法은 중국 星圖의 대표적인 투영법이다.
44) 經度와 緯度의 길이를 일치시키려는 七衡度의 시도는 현재의 투영법의 시
점에서는 매우 不可解하고 불합리한 방법이지만 각도의 개념이 엄밀하지

"서양인이 저술한 『혼개통헌도설』을 읽으니 외형이 중형보다 크다는 점에서는 『주비산경』[의 칠형도]와 일치하지만 [혼개통헌의 경우는] 탄젠트(切線)을 이용해 위도를 정하기 때문에 중심에 접근할수록 간격이 조밀해지고 밖으로 갈수록 간격이 벌어지게 되고 하나도 균등하지 않다. 그래서 돌연 깨달았다. 『주비』의 원은 경위도를 하나의 기준으로 통일시키려 했기 때문에 그 곡절이 실제와 그처럼 다른 것이다."[45]

고관광이 논한 것처럼 아스트로라브의 투영법인 평사투영법과 칠형도의 투사방식인 정거방위도법은 완전히 다르다. 그런데 칠형도의 투영법에는 엄격하게 말해 일반적인 정거방위도법과도 약간 다른 측면을 갖는다. 우선, 원주율을 3으로 취한 점은 별도로 치더라도 내형의 위선緯線의 경우, 그 직경은 내형 즉 북회귀선이 대원이 아닌 탓에 적도와 같은 대원의 직경보다 작게 되는데,[46] 이 문제가 생긴 이유는 각도의 개념이 부재한 탓도 있지만 내형의 원주의 길이를 거극도 90도의 길이에 맞추는 것을 제일로 고려했기 때문이다. 여기서 작은 오차를 무시한다 하더라도 이러한 구조를 취하는 한 순수한 정거방위도법과는 달리 내형에서 중형까지의 거리, 그리고 중형에서 외형까지의 거리가 당시에 알려진 황적경사도黃赤傾斜度 인 23.5도가 아니라 30도가 되어버리는 문제를 피할 수 없다. 이점은 성도로서 칠형도가 갖는 매우 치명적인 약점이라고 하지 않을 수 없다. 『주비산경』에 북극선기北極璇璣[47]이라는

않았던 중국 고대의 경우 '度'의 용례가 현재의 각도 보다는 대부분의 경우 長度, 즉 길이로 표시되었던 점을 상기한다면 의도 자체는 충분히 이해될 만하다. 중국의 古度에 관해서는 黃一農(1995), 「極星與古度考」『中國科學技術史論文集』, 臺北: 聯經 참조.

45) 顧觀光, 『周髀算經校勘記』, 「讀周髀算經書後」, 10a-10b, "閱西人渾蓋通憲, 見其外衡大於中衡, 與周髀合, 而以切線定緯度, 則其度中密外疎, 無一等者. 乃恍然悟, 周髀之圓, 欲以經緯通爲一法, 故曲折如此非眞."

46) 이경우는 178,500×cos30°.

47) 北極璇璣의 '璇璣'란 원래 北斗七星의 앞의 四星을 말하며 때론 北極星을

가공의 극 개념이 도입된 이유가 바로 여기에 있는데 그 기능하는 방식을 살펴보면, 북극선기가 1년간 북극北極을 중심으로 일주하는 동안, 1 내형의 경우는 그 북극선기의 회전반경인 11,500리만큼 더하고 2 중형의 경우는 가감하지 않고, 3 외형의 경우는 같은 값을 빼는 방식을 취하여 무리하게 실제의 천상과 어느 정도 부합하도록 하는 방식을 취하였다고 할 수 있다.[48]

그렇다고 한다면 이지조는 과연 이러한 두 투영 방식의 본질적인 차이에 대해 얼마나 정확하게 인식하고 있었을까? 결론적으로 본다면 모호하지만 어느 정도는 구별하였다고 볼 수 있다. 왜냐하면 이지조가 아스트로라브에 대해서 "모양은 개천이지만 그 도수는 여전히 혼도渾度이다"[49]라는 인식을 보여주고 있고 아스트로라브가 "혼천의 도수이면서 개천의 모양渾度蓋貌"[50]라고 설명하고 있듯이, 개도 혹은 칠형도와 아스트로라브를 어느 정도 구별하고 있기 때문이다. 그런데 이지조의 이러한 입장은 모호하다. 따라서 사실상 서학을 정론으로 인정하고 수용함에도 불구하고 섭

상징하곤 하는데, 北斗의 後三星을 의미하는 '玉衡'과 합한 璇璣玉衡은 말 그대로 북두칠성을 의미하기도 하지만 일반적으로 혼천의와 같은 관측기기를 의미한다. 다만 『주비산경』 注에 "極中不動璇璣也. 言北極璇璣周旋四至, 極至也"라고 하였으니 北極璇璣는 문맥상 실제의 북극을 의미하며 그 위치가 계절에 따라 변하는 것으로 해석할 수 있다.

48) 본문에서 필요이상의 技術的인 설명은 피하였지만 구체적으로 설명하자면 다음과 같다. 우선 內衡의 圓周 714,000리를 周天度 365.25로 나누면 1度의 길이가 1954.825리가 되는데, 內衡半徑 119,000리에 北極璇璣의 반경 11,500리를 더하여 130,500리를 얻은 후 앞에서 구한 1度의 길이로 나누면 內衡의 去極度가 66.785度가 된다. 같은 방식으로 外衡의 경우는 外衡半徑인 238,000리에서 11,500리만큼 除한후 같은 1度의 길이로 나누면 마찬가지로 외형의 거극도 115.867度가 구해진다. 물론 춘추분, 즉 적도=中衡의 경우는 加減할 필요가 없다. 이렇게 하면 어느 경우도 당시의 관측치에 크게 벗어나지 않게 된다. 다만 여기서 주의할 것은 주천도를 365.25로 계산하였으므로 현행의 度數로 환산하자면 1度=0.985626가 된다는 점이다.

49) 李之藻, 「渾蓋通憲圖說自序」, 4a, "貌則蓋天, 而其度仍從渾出."

50) 李之藻, 『渾蓋通憲圖說』, 上卷, 1a.

게 중화주의와 타협할 수 있는 논리를 제공하고 있는 점도 분명히 존재한다. 실제로 왕영명王英明이나 웅명우熊明遇 등과 같은 명말의 서학파에게, 서학이 "중국의 고대에 이미 존재하였다"라는 이른바 '고이유지古已有之'의 논리를 제공한 점에서도 이점은 분명하게 드러낸다.

4. 梅文鼎의 『曆學疑問補』와 西學中源說

이러한 서학과 중학中學의 역관계가 완전히 역전된 것은 청의 강희제에 의해 공식적으로 전개된 '서학중원설西學中源說', 즉 서양 학술의 근원을 중국의 고전에서 구하는 중화주의에 근거한 사상 경향이 등장한 이후이며 청대의 역산학자 매문정은 그 서학중원설을 체계적으로 주장한 대표적인 인물이다. 그러나 이러한 중화주의에 경도된 서학중원설이 청대에 공식화될 수 있었던 배경에는 역설적으로 만주족인 강희제의 정치적 의도가 깊이 개입되어 있었다는 사실에 주목할 필요가 있다. 물론 여기서 강희제를 서학중원설의 최초의 주창자라고 말하고자 하는 것은 아니다.[51]

강희제가 처음으로 서학중원설을 주장한 것은『어제삼각형추산법론御製三角形推算法論』[52]에서라고 알려져 있다.[53] 강희제가 서학중원설을 주

---

51) 西學中源說의 始源을 어떻게 볼 것인가에 관해서는 이미 많은 연구가 있으므로 여기서 일일이 거론할 필요조차 없을 것이다. 예를 들면 黃宗羲의 「敍陳言揚句股術」 등이 잘 알려져 있다.

52)『御製三角形推算法論』은 東洋文庫 소장의『七本頭』寫本의 제6책에 수록되어 있으며 원문은 漢文이고 滿洲語로 번역되어 있는 이른바 滿漢合璧文이다. "曆原出自中國, 傳及於極西, 西人守之不失, 測量不已, 歲歲增修, 所以得其差分之疏密, 非有他術也. 其名色條目, 雖有不同, 實無關於曆原所係於歲修察考之密."(hūwangli i sekiyen dulimbai gurun ci tucifi, umesi wargi ergi gurun de ulame isinahabi; wargi gurun i niyalma memerefi tuwakiyame, kemneme miyalime nakarakū; aniyadari unggime dasatahai, tuttu tere jurcere ubui narhūn muwa babe gemu bahabi, umai gūwa arga akū; terei gebu colo hacin ton udu adali akū ba

창한 이유에 대해서는 여러 설이 있다. 다만 내륙아시아 세계의 대한大汗
인 만주족 출신의 황제 강희제가 한족인 매문정처럼 화이론에 입각해서
서학중원설을 주장하였으리라 여기는 것은 논리적으로도 사실적으로도
매우 부자연스러운 해석임에는 틀림없다.[54] 오히려 최근의 논의에 따르
자면 양광선楊光先 역옥曆獄 이후로 보수화된 한인들에게 서양과학을 수
용시킬 의도가 그 배경에 있었다고 해석하는 것이 보다 합리적이지 않
을까?[55] 실제로 청대 강희제의 시대에 활약한 역산학자들의 상당수는
한인이 아니라 만주 팔기八旗 출신의 기인旗人들이었다.『수리정온』을 비
롯해『역상고성曆象考成』즉『율력연원律曆淵源』의 모두冒頭에는 편찬자의
명부名簿가 기록되어 있는데 그중에는 경위도經緯度 수치를 결정한 '고측
자考測者'와 계산 작업을 수행한 '교산자校算者'의 명부를 살펴보면, 고측
자의 거의 대부분과 교산자의 과반수이상이 그 이름으로 보아 기인으로
추정될 정도이다.[56] 어찌되었건 강희제의 서학중원설과 매문정의 서학
중원설은 서로 다른 맥락으로 해석해야 할 필요가 있다.

그런데 이러한 수용의 방편으로서의 서학중원설을 화이론적 중화사
상으로 물들게 한 인물이 다름 아닌 매문정이었다. 일단 매문정에 의해
정립된 서학중원설의 특징을 간결하게 살펴보면,

---

bicibe, yargiyan i hūwangli arara sekiyen de holbobuha ba akū.) 滿洲語 전사는 뮐
렌도르프식에 따랐다. 귀중한 자료를 구해 준 渡辺純成씨에게 이 자리를
빌어 감사드린다.
53) 渡辺純成(2009),「淸代の西洋科學受容」『淸朝とは何か』, 東京: 藤原書店,
   279면.
54) 청대의 만주족의 아이덴티티에 관해서는 근간의 新淸史(New Ching History)
   의 논의가 유용하다.
55) 渡辺純成, 앞의 글, 279~280면.
56) 渡辺純成, 위의 글, 279면. 考測者의 경우는 10인중에 9인이 旗人으로 추정
   된다. 그중 參領 아지투(阿齊圖)는 康熙52년에 조선 측량을 담당한 인물이
   며, 유명한 삼각함수와 역삼각함수의 冪級數에 관한 저작인『割圓密率捷法
   』의 저자 밍간투(明安圖)는 몽고 正白旗의 旗人이다. 校算者의 경우는 이보
   다 약간 적은 편으로 15인 중 8인 정도로 추정된다.

(1) 『주비산경』의 개천설을 지원설에 입각한 고설(古說)[57]로 단정하고,

(2) 『사기(史記)』에 보이는 "주인(疇人) 자제(子弟)가 분산하여 이적의 땅
으로 갔다"[58]라는 문장을 중학이 서쪽으로 전해진 계기로 삼은 뒤,

(3) 중국은 이를 잃어버렸으나 서양의 경우는 이를 잘 지켜서 계속 발
전시켰으며,

(4) 역법의 경우는 다른 학문과는 달리 예보다 지금이 더 발달하는 경
향이 있으므로(古疎今密) 선진적인 서법을 수용할 필요가 있다.

라는 논리로 구성되어 있다.

일단 구체적인 분석에 들어가기에 앞서 논의의 전개상 먼저 명청교
체 이후의 서학을 둘러싼 환경의 변화를 개괄할 필요가 있다. 그중 중요
한 몇 가지를 언급하면 다음과 같다.[59]

첫째, 천주교의 보유론補儒論의 틀 속에서 중시된 자연철학적 요소,
예를 들면『기하원본幾何原本』의 연역논리를 중심으로 한 '사유로서의 수
리數理의 중시'라고 하는 르네상스적 지식체계가 리치 이래의 예수회 선
교사의 학적 전통주로 이탈리아계 선교사를 중심으로을 이루고 있었던
것과는 달리 청대의 선교사에게 이러한 전통을 확인하는 것은 쉽지 않
다.[60]

둘째, 청초의 주자학 중시 학풍의 발흥으로 인한 서학 수용 패러다임
의 변화, 다시 말하면 서학과 서교를 분리하여 서교를 버리고 서학 즉
수리과학만을 주자학의 체계속에 흡수하려고 하는 경향이 현저한 점을

---

57) 예를 들면 梅文鼎이 「論西曆源流本出中土卽周髀之學」(『曆學疑問補一』所
收)에서 서양의 寒暖五帶說(寒帶 – 溫帶 – 熱帶 – 溫帶 – 寒帶)이 『周髀算經』
의 七衡圖와 같다고 한 점 등을 들 수 있다.

58) 『史記』, 曆書4, "疇人子弟分散, 或在諸夏, 或在夷狄."

59) 청대의 서학수용의 패러다임의 변화는 그 자체로 매우 흥미로운 주제이나
지면의 제약상 다음 기회에 詳論할 예정이다.

60) 흔히 페르비스트(南懷仁)를 최후의 르네상스형 지식인이라고 한다.

들 수 있다.[61] 이는 시헌력時憲曆 반포와 더불어 역법과 관련된 서학만이 중시되는 결과를 초래하였다.[62] 한 가지 예를 들자면 장재張載가 하늘도 일월도 '정正'이라는 논리로 "하늘은 좌선, 일월은 우행天左旋日月右行"이 라는 전통적 역가의 논리를 '의리義理적'으로 부정한 이후에 주자학자들 의 경우는 하늘과 일월이 모두 좌선한다는 논리를 신봉하였는데, 청대 의 주자학자들은 이렇듯 송대 이래로 주자학과 천문역산학이 단절되어 나타난 역가曆家의 역법과 유가의 역법의 분리[63]라는 기현상을 서양의 우주론 혹은 기하모델을 이용하여 절충시키려고 하였다. 강희제에 의해 편찬된『성리정의性理精義』의 경우를 보자면, 서양의 기하학적 모델인 구 중천설九重天說과 주전원설周轉圓說을 도입하여 하늘의 궤도를 대륜大輪으 로, 일월의 궤도를 소륜小輪으로 대치시킴으로써 좌선, 우행의 모순을 해 결하고자 하였다.[64]

셋째, 리치의 적응주의 선교 전략이 주로 지식인을 획득하는 데 중심 이 두어져 있었던 것에 반해 청초 이래의 선교는 만주족 황제의 개인적 후원에 크게 의존하면서 전개되었다. 따라서 황제의 취향에 의해 서학 수용의 환경이 매우 크게 좌우되었다. 대표적인 사례가 강희제라고 할 수 있는데 강희제 개인은 비록 서학에 많은 흥미를 갖고 있었지만 황제 개인의 선호도에 의존하는 한 서학수용은 제한적일 수밖에 없었으며, 실제로 그것이 서학 수용에 부정적인 영향을 끼친 예가 존재한다. 기호 대수학에 대한 몰이해에 따른『알제브라신법阿爾熱巴拉新法』에 대한 평가 절하와 폐기,[65] 그리고 만주어 해부학서『격체전록格體全錄』[66] 출간에 대

---

61) 川原秀城(2008),「梅文鼎與東亞」『宗教哲學』第45期 참조.

62) 엄격하게는 명말의 西局의 개설(1629)로 서학수용이 공식화된 이후의 경향 이기도 하다.

63) 王錫闡,『曉菴新法』, 卷1, 1a, "至宋而曆分兩途, 有儒家之曆, 有曆家之曆."

64)『性理精義』(中華書局, 四部備要本) 卷2, 9a, "朱子以天爲大輪, 日月爲小輪 與今曆九重說合", 같은 책, 卷10, 曆法, 10a, "曆說至今日而大備, 蓋宗動天爲 一大輪, 自恒星至月天以次居內而漸小, 此所謂九重也."

65) 프랑스인 예수회 선교사 푸케(傅聖澤)가 편집한 서양 기호대수학서(1712)로

한 윤리적 고려漢人에 대한 배려에 따른 불허[67]가 그것이다.

넷째, 명말 이래로 장기적인 서학수용의 결과, 서학에 대한 이해가 급진전되었고, 중국인 지식인들만의 노력으로『수리정온』,『역상고성』등의 서학서의 편찬작업이 진행되었다. 다만 필요이상으로 中西의 공통점에 집착하여 원래 서학이 갖고 있는 논리성이 어느 정도 훼손되었음을 인정하지 않을 수 없다.[68]

원래의 논의로 돌아가서 보자면, 매문정에게 있어 서학수용의 동기는 명말의 서학파와는 달리 보유론적이지 않았다. 따라서 서학은 더 이상 보편학으로서 기능하지 않았으며 오히려 그는 주자학적 틀 속에서 서학 즉 서양의 역산학을 그에게 역산학 그 자체에는 동과 서의 구별이 없었다고 할 수 있다 유림의 실학으로서 수용하면서, 동시에 아무 모순 없이 서교 즉 천주교를 철저하게 배척하는 것이 가능하였다. 사실상 매문정은『혼개통헌도설』에서 형성된 이지조의 언설을 거의 그대로 받아들였다. 그럼에도 불구하고 왕영명 등의 '고이유지'의 논리를 확장하여, 나아가 지원설 자체를 중국 기원의 고설古說로 설정할 수 있었던 것은

현재 사본이 바티칸에 소장되어 있다. 강희제는 기호대수학이 전통적인 약호대수학보다 더 일반적인 해법이라는 이해에 도달하지 못하였으며 따라서 황제 한사람의 평가로 기호대수학은 중국수학사의 무대에서 사라지게 된다. 1713년의 황제의 上諭를 보면 이에 관해 다음과 같은 부정적 평어를 내렸다. "阿爾熱巴拉新法, 最難明白他說比舊法易. … 看起來想是此人算法平平爾."

66) 만주어명은 Ge ti ciowan lu bithe이며 한자표기로는 格體全錄 외에도 各體全錄, 骼體全錄 등이 알려져 있다. 편자는 프랑스 예수회 선교사 파레닌(巴多明).

67) 파레닌의 제4서한에 따르면 강희제는 처음에는 漢譯할 계획을 갖고 있었지만 곧이어 출간을 불허하였다. 주로 해부학에 대한 漢人들의 윤리적 반감에 기인하지만 전례문제도 일정정도 영향을 주었을 것으로 사료된다.

68) 梅文鼎의 손자 梅瑴成이나 밍간투(明安圖)가 대표적인 인물이다. 그러나 雍正, 乾隆기에 들어서면서 황제의 취향이 변하여 다시 인물부재의 시기로 전환된다. 물론 이 배경에는 케플러의 타원궤도가 도입되는 등 서양천문학의 수준이 급격하게 고도화된 점도 한 가지 원인으로 거론될 수 있다.

이러한 논리적 전환이 배경에 있었기 때문이다.

매문정에 따르면 지원설로 개천설이 설명될 수 있는 것이 아니라 '천원지방'의 개천설이 원래 바로 지원설이며 따라서 『주비산경』은 지원설을 주장한 고법에 다름 아니라고 정의되었다. 매문정의 입장과 이지조의 관점의 중요한 차이점을 몇 가지 들어보면 다음과 같다.

"개천은 혼도(渾度)를 평면에 쓴 것이다."[69]

"개천은 혼천을 평면으로 투사한 것으로 형태는 평평하지만 그 도는 혼도이다."[70]

"혼개통헌, 즉 아스트로라브는 옛 개천의 유제(遺制)이다."[71]

이지조가 지원설을 통해 개천설과 혼천설의 통합을 의도하였다면, 매문정은 역으로 개천설을 통해 지원설의 정당성을 확보하고 있다. 더욱이 한 걸음 더 나아가 매문정은 서양의 아스트로라브라는 관측의기조차 '옛 개천의 유제'라고 주장할 정도이다. 여기서 혼천설과 개천설은 이지조의 경우처럼 지원설을 통해 통합되는 것이 아니라 오히려 개천설이 혼천설을 내포하는 형식으로 전개된다. 개천설은 더 이상 "천고의 우론"이 아닐 뿐만 아니라, 그에 따르면, 최고의 정밀한 이론이고,[72] 따라서 매문정에게 있어서는 개천설, 다시 말해 『주비산경』만이 최고의 고법일 수 있었다. 그에게는 이지조 혹은 리치가 아스트로라브를 직접 개천의 의기儀器라고 하지 않고 그가 보기에 절충적으로 혼개통헌이라고 이름 붙인 것도 단지 당시 즉 명말에 개천설에 대한 이미지가 매우

---

69) 梅文鼎, 『曆學疑問補』 1, 「論蓋天與渾天同異」, 4a-4b, "蓋天寫渾度于平面."
70) 梅文鼎, 『曆學疑問補』 1, 「論渾蓋通憲卽古蓋天遺法」, 7b-8a, "蓋天以平寫渾, 其器雖平, 其度則渾."
71) 위의 책, "非精於其理者不能也. …至所傳渾蓋通憲者, 則能製造者尠, 以此故也."
72) 梅文鼎, 『曆學疑問補』1, 「論渾蓋通憲卽古蓋天遺法」, 7b, "蓋天以平寫渾, 其器雖平, 其度則渾."

나빴기 때문[73]에 불과하였다. 물론 이러한 주장이 아스트로라브의 평사투영법에 대한 오해 혹은 왜곡에 기초해 있다는 점은 췌언贅言을 요하지 않는다.

비록 결괴적으로 서학인 지원설을 수용한 점에서는 양자가 동일하지만 내적 논리는 완전히 변질되었다. 이점에 근거하면 서광계와 이지조가 갖고 있던 중서中西와 신구新舊 사이의 팽팽한 긴장이 매문정 이래로 일순간에 소멸하였다는 평가[74]도 가능하다고 볼 수 있다.

그러나 기본적으로 매문정은 청초清初를 대표하는 역산학자이며 또한 서학 체계를 충실히 수용한 인물이었다. 따라서 그에게 중화주의에 기초한 경학적 상고주의는 적어도 역산학의 실질적 내용에 있어서 옛보다 지금이 더 정밀하다는 '고소금밀'의 논리와 미묘한 긴장관계를 유지하는 또 다른 측면을 갖고 있었기 때문이다.[75] 또한 상수학이 가학家學인 주자학자였던 매문정의 경우, 주자학의 격물치지 개념은 이른바 서법의 '소이연所以然'의 추구와 쉽게 결합할 수 있는 측면을 갖고 있었다.

---

73) 梅文鼎, 『曆學疑問補』1, 「論渾蓋通憲卽古蓋天遺法二」, 9a, "然則何以不直言蓋天. 曰蓋天之學, 人屛絶之久矣, 驟擧之必駭而不信."

74) 임종태(2004), 215면.

75) 梅文鼎에 의해 확립된 西學中源說은 조선에도 큰 영향을 주었는데 앞에서 언급한 朴珪壽의 언설 외에도 서양 "기예의 精巧함이 創悟에서 나왔다면 그 까닭을 추구하면 무릇 이미 璿璣玉衡과 『周髀』의 法에 다 들어있다"(『闢衛新編』)고 주장한 尹宗儀와 같이, 조선의 실학자들에게도 『周髀算經』은 역산학의 상징으로 인식되었다. 그러나 淸과는 달리 19세기 신유박해 이후로 西敎와 西學을 명확하게 분리하지 못하여 西學=西洋科學 수용을 제도적으로 안정화시키지 못한 조선의 경우는 "周髀의 法이 분명해 졌으니 서양 오랑캐의 地球說은 버려도 좋을 것이다"(朴珪壽)라고 할 만큼, '中西會通'을 위한 서법의 진보성이 표면적으로 완전히 부정되었다(그럼에도 불구하고 朴珪壽가 여전히 실학자일 수 있었던 이유는 최소한 그가 西學과의 交涉속에서 朱子學적 格物致知 개념을 확장하여 曆算學을 儒林의 '實學'으로 인정하였기 때문이라고 필자는 추정한다). 이점에서 보자면 梅文鼎의 경우 그 학적 구성에서 中西會通의 논리가 차지하는 비중이 어떠하였는지를 상상하는 것은 어렵지 않다.

그는 당시에 전해전 한역 서학서를 거의 대부분 그대로 수용하였으며 실제로 표면적인 화이론에도 불구하고 자신의 학적 체계를 거의 전적으로 서학에 의거하여 구성한 인물이었다. 예를 들어 매문정은 「방정론여론方程論餘論」 등에서 다음과 같이 주장하였다.

"수학에는 구장(九章)의 분류가 있는데 요는 두 가지 지류가 존재한다. 하나가 산술이고 하나가 양법(量法)이다."[76]

이 분류법은 그가 전통적인 구장의 분류를 따르지 않고 사실상 『기하원본』에서 소개된 유럽의 분류법에 기초했다는 점을 분명하게 하고 있다. 또한 매문정의 손자인 매각성梅瑴成이 편찬한 『매씨총서집요梅氏叢書輯要』의 경우도 제1권이 서법의 필산筆算으로 시작하는 점도 특기할 만하다. 이점에서 보면 매문정이야 말로 서광계 이래의 '중서회통中西會通'을 진정으로 실천한 인물이라고 하지 않을 수 없고 명말 서학이 수용된 이래 최초로 서학을 역산학의 전범위에 걸쳐서 거의 정확하게 이해한 인물이라고 하지 않을 수 없다. 실제로 청대 후기의 매문정에 대한 비판의 골자는 그가 중법에 대해 무지하였고 단지 서법을 통해 간접적으로만 이해하는데 그쳤다는 점[77]에 있었다는 사실도 매문정이 어느 정도 서법에 심취한 인물이었는지를 잘 설명해 준다.

매문정에 있어 화이론은 어쩌면 이민족 지배하에 놓여있던 한인들의 심리적 마지노선이었을지도 모른다. 그는 지원설의 수용과 함께 이지조에 의해 붕괴되어 가던 '화이지변華夷之辨'을 다음과 같이 되살리고 있다. "땅 지구는 둥글지만 중국이 그 앞면이다"[78]라고. 리理를 통해 지원설을

---

76) 梅文鼎, 『曆算全書』, 卷一, 「方法論餘論」, 1a, "數學有九, 要之則二支, 一者算術, 一者量法."
77) 예를 들면, 청의 李銳의 批判 등이 그러하다.
78) 梅文鼎, 『曆學疑問補』一, 「論地實圓體而有背面」, 13b, "是知地體渾圓而中土爲其面."

받아들인 것처럼 매문정에게 '화이지방華夷之防' 또한 자연의 이치였던 것이다.

5. 맺음말

『주비산경』이 새롭게 재평가된 것은 서광계와 더불어 서학의 수용에 적극적이었던 이지조에 의해서였다. 이지조는 마테오 리치에 의해 전해진 서양 중세의 관측의기 아스트로라브에 대한 해설서인『혼개통헌도설』 1607을 간행하였는데, 그는 천구의 구면을 평면에 투영하는 아스트로라브의 평사투영법을 통해 서법의 지원설과 천원지방의 개천설주로 칠형도와의 유사를 통해의 교통가능성을 발견하였다. 뿐만 아니라 나아가 아스트로라브의 평사투영법의 이론적 특징의 하나인 평면화한 이후에도 구면의 교각이지조의 용어로는 혼도을 등각으로 유지하는 성질에 주목하여 이제까지 서로 모순되어왔던 개천설과 혼천설을 상호 결합시킬 수 있는 방법 또한 발견하였다. 이점은 한편에서는 중국의 혼천설이 사실상 지구개념이 부재한 탓에 혼천의가 관측지의 위도에 고정되어 있는 약점을 갖고 있었기 때문이며, 또 다른 한편에서는『주비산경』 중의 칠형도의 투영법이 갖는 한계 혹은 두 투영법이 갖는 차이점을 이지조가 무시한 결과이기도 하다.

물론 이러한 이지조의 서학 이해에는 논리적 근거를 경전에서 구하는 경학주의가 숨어있음을 간과해서는 아니 된다. 이러한 예로 아스트로라브의 투영의 결과 북극이 중앙에 놓이는 점을『황제내경소문』의 '중북외남'설을 들어 설명한다던지 혹은 'planisphærum'을 혼천설과 개천설을 통합한 '혼개통헌'이라고 명명한 점 등을 통해서 확인할 수 있었다.

그러나 중요한 것은 이러한 경학주의적 서학관이 갖는 실제적 성격이다. 이지조의 경우 경학이 서학 수용의 문화적 여과장치로 작용한 점을 부인할 수는 없지만 한편에서는 역으로 서학의 보편적 성격을 통해 경학의 외연을 확장하려고 한 측면 또한 강하기 때문이다. 이점은 그로 하여금 전통적인 '화이론'에서 벗어나 적극적인 서학 수용을 가능케 한 요인으로 작용하였다.

『주비산경』에 대한 이지조의 새로운 독법이 청대의 서학 수용에 미친 영향은 매우 크다. 왜냐하면 『주비산경』이 이지조의 위의 논리에 의해 이른바 '천고의 우론'에서 지원설을 지지하는 고설古說로 화려하게 부활했기 때문이다. 청초의 매문정은 이지조의 입장을 거의 그대로 수용하여 지원설을 받아들였지만 경학적 상고주의에 있어서는 이지조와 역방향으로 전개시켰다. 즉 매문정의 서학 수용은, 『주비산경』의 개천설을 지원설의 원류로 상정하면서도, '고소금밀'의 논리를 이용하여 서학의 우월성을 인정한 이른바 '서학중원설'에 의거한 결과였다. 따라서 『주비산경』은 서학중원설을 통해 중국 천문역산학의 상징으로 위치질 수 있었다.

매문정의 서학중원설은 이처럼 두 가지 상이한 측면의 긴장관계 속에서 형성되었으며 따라서 화이론과 상고주의로 흘러갈 위험성을 내포하고 있었다. 그럼에도 불구하고 매문정이 청대 역산학의 제1인자일 수 있었던 것은 그가 여전히 서광계 이래의 '중서회통' 이념을 버리지 않았기 때문이었다. 다만 서광계, 이지조와는 달리 매문정은 서교를 배제하고 서학, 엄밀하게는 서양의 역산학만을 수용하는 입장을 취하였는데 서학을 포함한 역산학을 유림의 실학으로서 중시하는 청대 고증학의 선구라고 하지 않을 수 없다.

나카에 토쥬와 구마자와 반잔의 실학
-일본에서의 修己治人의 원형-

오하시 켄지(大橋健二) ∣ 名古屋商科大學

1. 정치와 '실학'

외국과 달리 일본에서는 적어도 제2차 세계대전 이후, 정치가政治家는 존경받지 못하고 있다. 근년의 초라한 역대 수상을 살펴보면, 그들은 오히려 바보취급 당했고 경멸 대상이기도 했다. 정치가가 존경받지 못하기 때문에 정치에 인재가 모이지 않는 악순환이 거듭되었다. 이것이 현대 일본의 정치와 정치가 모두의 열등화를 초래하고 있다. 이번 8월말 총선거에서 전후 일본에서 처음으로 본격적인 정권교체가 이루어졌으나 민주당 신정권은 이런 정치 상황을 바꾸어 줄 수 있을까?

그런데 관료 출신으로 돗토리鳥取현 지사를 두 번 역임한 가타야마 요시히로片山善博(1951~)는 자신의 정치가 체험을 토대로 일본에서 우수한 인물이 정치가가 되기를 꺼리거나 정치가가 존경 받지 못하는 이유를 현행 선거제도에 원인이 있다고 하면서 다음과 같이 말하고 있다.

> 오늘날 정치가 선출의 틀은 구미인 취향이지 일본인 취향이 되지 못한다. 왜냐면 정치가의 선거란 자기가 얼마나 우수한가를 자화자찬하며 선전하고 돌아다니는 활동이기 때문이다. 당치도 않은 자화자찬의 선전으로 선출된 것이 정치가이다. 이에 보통 일본인은 역겨움을 느끼고 있다. 전통적으로 일본인이 이상적으로 보는 리더는 겸허하고 겸손한 사람이었기 때문이다. (「自治と世間體」『環』Vol.37, 2009年)

수십 년 전 사회당이 '나오고 싶어 하는 사람보다 내보내고 싶은 사람'이란 선거 포스터를 만들어 화제가 된 적이 있다. 재능과 인격이 뛰어난 '내보내고 싶은 사람'은 뒤로 물러나고, 자기도취가 강하고 튀고 싶어 하는 사람만 선거에서 눈에 띄는 상황은 그 후에도 별로 변함이 없다.

일본에서 정치란 국가·집단의 통치 작용, 민심 모으기의 기술, 문제 해결의 영위라고 하기보다, 일반적으로는 인격과 정치 수완이 일체가 돼 수기치인의 길[道]로 인식되고 있다. 이는 에도[江戸] 시기의 지배층인 무가[武家]의 기본 교학이던 유학사상이 일본 사회에 깊이 뿌리내리고 있음을 보여 주는 것이리라. 유학의 수기치인 즉 경세제민의 길은 서구 근대의 정치학과 달리 자기구제[修己]와 타자구제[治人]의 동시 수행이라는 극히 인간적 영위로서 인격적, 윤리적이다. 자기 욕망을 누르고 무사무심으로 세상 사람을 위해 힘을 다한다. 일신의 이해에 구속된 '작은 자기'로부터 인아일체[人我一體]의 '큰 자기' 완성이란 뜻에서 '수기'는 경세제민[經世濟民]=수기치인[修己治人]의 출발점이자 목적지이기도 하다.

에도 유학에선 경세제민=수기치인의 길을 '실학'이라 했다. 반면 현대일본에서 '실학'이란 '실제 도움 되는 학문, 실생활에 유용한 학문' 즉 실용성이나 유용성을 뜻한다. 그러나 경세제민의 학, 수기치인의 길로서의 '실학'이란 사적[私的]으로 '도덕실천=인간적 진실추구의 학문'임과 동시에 공적[公的]으로 '정치 실천[實踐]=실리[實理]에 바탕을 둔 실용적 경세제민의 학문'이었다(源了圓, 『近世初期實學思想の硏究』, 1980年). 전자의 사적 실학이 '수기'에 관련된다면, 후자의 공적 실학은 '치인'에 해당된다.

유학 전통에서의 '실학'은 수기윤리도덕와 치인정치실천을 일체화하는 것이다. 유학적 실학의 본질을 수기=윤리학이 아닌 치인=정치학이라 한 것은 오규 소라이[荻生徂徠](1666~1728)였다. 또 정치로부터 종교·윤리를 분리시킨 마키아벨리(1469~1527) 등에서도 보듯, 정치가에게 인격적인 것을 구하지 않는 발상은 구미제국과 달리 현대 일본의 정치에선 결코 일반적인 것이 아니다. 정치란 사적인 '도덕 실천=인간적 진실추구의 학문'이 공적인 '정치 실천=실리에 바탕을 둔 실용적 경세제민의 학문'에 선행한다고 인식되었기 때문이다. 즉 '치인'에 대한 '수신'의 우위이다.

경세제민의 유학은 수기자기구제와 치인타자구제란 두 명제를 내

걸고 양자의 일치를 당위로 본다. '수기'를 중시한 신유학주자학·양명학 특히 양명학은 수기=자기구제·자기완성에의 노력을 강조한다. "개개인의 마음에 중니(仲尼: 공자)가 있음"(「詠良知四首示諸生」)을 역설했던 왕양명王陽明(1472~1528)은 수기자기구제가 치인타자구제의 대전제임을 몸으로 보여준 학자였다.

저장(浙江)성 위타오(余姚)의 고급 관료의 장남으로 태어난 왕양명은 섬세한 구도求道정신과 호매불기豪邁不羈라는 양자 모순적 성격을 갖춘 아이였다. 15살경부터는 임협任俠·기사騎射·시문·도교·불교·주자학을 전전했다. 장난꾸러기로 스포츠에 열중했으나 문학에도 열심이었던 것이다. 회시會試에 합격했지만 인생을 번민하며 우울증에 걸려 버린다. 자살을 생각했을 정도로 염세적 기분에 빠져 31살 때 집을 떠나 산속으로 도피했다. 그리하여 '어떻게 살 것인가'라는 물음의 해답과 마음의 구원을 바라면서 이것저것 시험하며 좌절과 절망을 거듭했던 것이다. 고독과 절망 끝에 부모를 생각하는 마음은 부정 못할 인간의 본능·지정至情이며 이를 부정함은 인간 존재를 근본으로 파괴함과 같다. 이를 깨달은 왕양명은 현실사회에 복귀할 것을 결심한다. 이로써 자기구제와 타자구제의 일체화를 말하는 유교의 진리를 비로소 이해했던 것이다.

왕양명은 치양지致良知로서 천지만물을 일체로 삼을 때 수기치인이 완성된다고 했다. 타자구제·타자완성=치인은 천지만물을 일체로 삼는 자기완성·자기구제의 과정=수기를 통해 이루어져야 하며 수기는 다시 치인을 통해 수기로 회귀하지 않으면 안 된다. 즉 작은 자기 일신의 수기는 타자와 적극적으로 관계하는 '치인'을 통해 큰 자기자타구제·자타완성으로 결실된다는 것이다. 그런데 일본에서 유학의 '실학'을 자기완성·자기구제라는 '수기'의 필연적 전개로 이해했던 사람은 나카에 토쥬中江藤樹(1608~1648)와 그의 제자인 구마자와 반잔熊澤蕃山(1619~1691)이란 양명학자였다.

2. 구도와 절망

공적인 '정치 실천=실리에 바탕을 둔 실용적 경세제민의 학문'과 함께 사적인 '인간적 진신추구의 학문'을 '실학'이라 부른다면 근대 일본의 대표적 철학자 니시다 키타로西田幾多郞(1870~1945)는 후자의 뜻에서 실학자의 한 사람이다. 니시다 철학에는 선禪사상의 영향이 있는 것이 확실하다. 그러나 젊은 날의 니시다는 왕양명의 시문을 열심히 읽었다. 니시다 철학의 핵심어 중 하나인 '순수경험'은 왕양명의 '지행합일'과 매우 유사하다고 지적되고 있다.

니시다는 '인생문제'야말로 철학의 대상이어야 한다고 생각했다. 거기엔 '깊은 생명의 요구'나 '깊은 인생의 비애' 또는 '인격적인 자기 자각'이 있어야 한다. 니시다는 "저는 최근 아무리 귀해도 마음 구원만큼 귀한 것이 없다고 생각하게 되었습니다. 앞으로 몇 년 걸릴지라도 이것만은 꼭 완수할 결심입니다"라고 썼다(明治 32年 9月 15日 付山本良吉宛書簡). 토쿄대학 선과選科 학생이라는 굴욕, 교원으로서의 불우·불만, 이혼과 자식의 죽음 등 불행과 비애. 이러한 자신의 심각한 '인생문제'에 직면한 니시다가 철학에서 구한 것은 바로 '마음구원'이었다. 번민과 비애에 찬 내 마음을 어떻게 구제하는가라는 문제였다.

일본 양명학을 대표하는 나카에 토쥬와 구마자와 반잔의 경우도 역시 '인생문제'에 번민하여 이를 해결할 길을 유학에서 구했다. 그런 뜻에서도 토쥬의 사상을 반잔이 계승하여 이를 정치실천으로 심화, 발전시켰음은 일체적이며 연속적이다. 그렇다면 두 사람의 '인생문제'란 어떤 것이었을까? 토쥬의 경우 그의 탈번脫藩·귀향 배경엔 자기완성의 길을 서두르는 마음과 문약文弱을 멸시하는 사무라이 사회와의 알력에서 유래한 노이로제, 절망이었다. 반잔의 경우는 사무라이=치자治者로서의 무학미숙이 부끄러워 탈번脫藩하여 귀향한 뒤 유학 습득에 뛰어 들었다. 그 배경엔 아사 직전의 빈궁과 일가 이산離散의 비애가 있었다.

토쥬는 도쿠가와 막부 창설(1603)로부터 5년 후인 1608년 고노에구니近 江国 다카시마군高島郡 즉 시가켄滋賀縣 다카시마시에서 농민의 장남으로 태어났다. 9살 때 다이슈大洲번 즉 에히메켄愛媛縣의 부교奉行였던 할아버지 요시키치吉長의 양자가 되어 사무라이가 되었다. 11살 때 처음 『대학大學』의 '천자로부터 서민庶民에 이르기까지 한결같이 수신을 본으로 삼는다'는 구절을 읽고 눈물을 흘리며 감동했다. '유학을 배우면 누구라도 성인이 될 수 있다'는 명제는 자기향상·자기완성에 정열을 쏟던 소년의 마음을 사로잡았다. 수기치인의 요는 '수신=수기'에 있다는 것을 확신한 토쥬는 그 후 오직 주자의 해석에 따라 공부하면서 그대로 실천궁행하는데 힘썼다.

그러나 22살 때 친구의 집을 방문한 토쥬를 본 동료 사무라이가 '공자님이 나타나셨다'고 놀려댔다. 이에 토쥬는 '너 취했냐'고 격노했다. '아니라'고 하자 토쥬는 '공자는 2000년 전에 죽었다. 나를 공자라고 놀리는 것은 내가 학문을 하기 때문인가? 학문을 하는 것은 치자로서 사무라이의 당연한 의무다. 너 같은 놈은 단지 취객 아니면 문맹한 하인이다'라고 어세 높여 꾸짖었다. 동료는 이를 두려워하며 사과한 후 도망쳤다고 한다. 토쥬 연보에는 이를 "아직 급한 성격이 이와 같다"고 기록되어 있다. 유학에 입문한 지 11년 동안 끊임없이 '수신=수기'에 매진했고 후일 '고노에 성인'으로 추앙된 토쥬의 모습은 여기엔 조금도 보이질 않는다.

당시 다이슈번에는 아직 황량한 전국무사戰国武士의 기풍이 남아 있어 학문을 하는 것은 문약文弱의 무리로 경멸당했다. 하물며 주자학에 바탕을 둔 유학의 딱딱한 규정을 일상에 적용함은 전술한 대로 주위 사람들과 멀어지거나 알력을 일으키기 일쑤였다. 이를 보면 수기치인의 길이란 상반된 주위와 따끔따끔한 마찰을 빚는 일상임을 알 수 있다. 강고하면서도 섬세했던 토쥬의 마음은 피로로 황폐하여 이윽고 노이로제에 걸렸다. 수기조차 만족스럽게 하지 못하는 자기에 대한 절망이 27세의 토쥬를 탈번脫藩시켜 귀향시킨 주된 요인이었다.

토쥬는 33살 때 양명학 좌파인 왕용계王龍溪를 읽었다. 이를 계기로 『왕양명전집』을 입수한 그는 이에 흥분하여 주자학의 원리적, 고정적인 '리理의 철학'을 버리고 내적 생명을 존중하는 양명학의 '심心=기氣의 철학'으로 전환했던 것이다.

3. 구도와 빈궁

반잔은 오카야마岡山 번주藩主인 이케다 미츠마사池田光政에게 중용되어 32살 때 봉록 3000석의 정무담당 책임자로 발탁되어 정국을 주도했다. 그러나 주위의 반감과 막부幕府의 기피 등으로 좌절하여 39살에 사임, 은퇴했다. 유학적 이상주의=인정·민본주의가 막부의 혐의를 받아 그 감시 하에 각지를 떠돌며 저술 활동에 전념한 뒤 가난 속에 죽었다.

오카야마번 시절의 반잔은 번을 덮친 대홍수, 기근의 복구 구제를 비롯하여 병비, 문교, 농민보호 등 여러 시책에서 걸출한 재능을 발휘했다. 그리고 은퇴 후엔 산킨고타이參勤交代의 완화나 사무라이 토착론農兵論을 건의하는 한편 효율 우선의 경제 사상을 비판하여 인정, 민본의 경세론을 전개했다. 장자·장횡거張橫渠의 '태허' 사상이나 왕양명의 '천지만물일체'관을 바탕삼아 자연과 인간의 연속성, 일체성을 강조했고 산림보호, 자연파괴를 경계했다. 이 때문에 오늘날 그는 자연과 인간의 조화를 지향한 환경론의 선구자로 재평가 받고 있다.

그런데 정교원리政敎原理를 현실에 적용할 때는 시세나 풍토·인정 등을 종합적으로 판단해야 한다는 토쥬의 '변통의 기전機轉'='시처위론時處位論'은 일본 특유의 사고태도이기도 하다. 한국, 중국엔 별로 없는 이런 상황주의적 발상은 1860년대 서양의 충격이 왔을 때 현실적으로 유효하게 작용하는 구실을 했다. 이는 일본이 재빨리 근대화를 성공시킨 원인의 하나였다고 생각한다.

반잔은 '우려가 쌓인 몸 그래도 있는 힘을 다하자'는 불굴의 정신을 읊은 반잔은 아버지가 실직한 사무라이로 가난했던 탓에 8살에 집을 나와 미토水戸의 번사藩士였던 외할아버지 구마자와 모리히사熊沢守久의 양자가 되었다. 16살부터 한슈 이케다를 섬겼으나 20살 때 무사=치자로서의 학문이 없고 인간적으로도 미숙함을 자각하여 탈번脫藩한 채 홀로 유학을 배웠다. 그리하여 23살에 토쥬(34살)의 문하에 들어가려 했으나 거듭 완고한 거절을 받은 후에야 겨우 입문할 수 있었다고 한다. 그러나 얼마 후 아버지는 관직을 구하러 에도로 향했고 동생은 양자로 나갔다. 집안의 대들보인 토쥬는 귀향했으나 무직이었기 때문에 생활은 궁색했다. 27살 때 그를 걱정한 친구가 오카야마번에 재취직을 알선해 주었다. 이로써 그가 배운 유학의 도 즉 양명학에 바탕을 둔 수기치인을 실천할 수 있는 길이 열린 것이다.

반잔은 어용학자인 하야시 라잔林羅山 등 주자학자나 승려, 주변 적대자에게 배격되었으나 다른 한편 막부 관료나 귀족 등 요로의 인물들로부터 존경을 받기도 했다. 그리고 후세 유학자로부터도 큰 존경을 받았다. 그 이유는 당시 유학자란 문서 교정 등 하찮은 일에 종사하여 유학자 본래의 목적과 크게 달랐기 때문이다. 이렇듯 유학이 무용의 학문이던 시절에 반잔은 오카야마번의 집정으로 경세제민을 실천할 수 있었던 보기 드문 유학자였기 때문이다(南川金渓, 『閑散余録』, 1782年).

4. 수기와 '효'

토쥬는 유학자의 임무를 "좋은 기회를 타고난 때는 천하국가를 다스려 이윤伊尹이나 태공망太公望과 같은 큰일을 이루고, 그렇지 못한 불우·역경의 때는 수신에 힘써 공자나 맹자 같이 민중 교화에 종사한다"(『翁問答』)고 말하였다. 이렇듯 그는 수기를 중시한다. 그 이유는 그가 무사=치자의 길을 스스로 버리고 고향에 돌아와 '촌락 교사'의 길을 걸었기 때문이다.

하긴 경세제민=수기치인의 도는 수신=수기를 기점으로 출발해야 한다. 수기 즉 자기내면의 문제해결은 치인에 선행하기 때문이다. 이는 『대학』의 8조목을 보아도 알 수 있다.

토쥬는 학문의 목적을 마음의 고통을 제거하고 '마음의 안락'을 얻음에서 구한다. 마음은 본래 안락하고 고통 없는 것이다. 그러나 사람이 스스로 만드는 '마음의 어지러움' 때문에 안락을 잃고 고통을 얻는다. 학문이란 이 마음의 어지러움을 씻어 버리고 고통을 제거하여 본체의 안락으로 돌아가는 자기구제의 수단이다.

토쥬가 생각하는 '마음의 어지러움'의 최대는 오만, 만심의 형태로 나타나는 자기중심·자기긍정에로의 치우침이다. 이 배경에는 그가 22살 때 자기를 놀렸던 친구에게 심한 말을 했던 것에 대한 반성도 있었을 것이다. 잘못된 자기중심·자기긍정에서 나온 오만이 타자만 아니라 얼마나 자기의 마음을 황폐화하고 인간성을 파괴시키는지를 그는 몸소 체험했던 사람이다.

> 후회하지 말라. 옛날은 옳고 그름도 없다. 오로지 바로 잡으라. 지금 당장의 일념을.
> 어두워도 단지 그대로 앞으로 나가라. 마음의 달을 맑게 하면서.
> 생각하니 괴롭고 우울한 세상을 배우며 안락할 뿐.
> 마음에 질려 버리는 일만 없다면 생각대로 되어가는 세상.

이들 와카和歌에 보이는 후회와 안도, 그것은 토쥬 유학의 근간이 '수기'에 있음을 보여준다. 오만이 인간의 마음에 생기는 것은 진실한 학문을 모르기 때문이다. 토쥬는 진실한 학문을 모르는 자의 모습을 이렇게 말한다.

> 오만의 마심(魔心)이 깊기 때문에 뭐든지 사회 탓으로 돌리고 친형제

가 하는 일도 근무지의 대우나 친구의 일도 바보 같다고 생각한다. 주위 모두가 마음에 안 든다면서 타인과의 교제를 피하고 홀로 있음을 좋아한다. (중략) 천하의 악역무도를 행하거나 미치거나 또는 보통 사람과 다른 인상이 되는 사람들은 모두 만심이 원인이다. (중략) 자만한 마음의 뿌리가 굳어지고 사심이 생겨 보통과 다른 인상이 되어 사람을 벌레로 밖에 보지 않는다(『翁問答』).

　이는 마치 현대 일본에 많이 생긴 칩거자引きこもり나 가정폭력을 휘두르는 젊은이 또는 이상한 살인사건에 보이는 타벌성他罰性이 강한 범죄자들의 모습을 말하는 듯하다. 그들의 연속적인 출현은 사회적 폐쇄성에도 요인이 있긴 하나 현대 문명 안에서 일본인의 마음을 좀먹는 병적인 '오만의 마심, 자만한 마음의 뿌리'가 있음을 시사한다.

　토쥬의 '마음 구제=수기'의 기본은 이런 오만, 만심에서 비롯되는 '사=개아個我·이기利己·자기중심주의를 버리는 일에 있다. 구체적 방법으로 그는 다음과 같이 '효'를 꼽는다. "인간 마음의 그 어떤 어지러움도 모두 자기중심주의에서 기인한다. 이는 우리 몸을 한 개인의 소유물이라고 잘못 생각하는 데서 일어난다. 효는 이 자기중심주의를 부수어 버리는 주인공이다. 이를 이해 못하면 박학다재라도 진짜 유학자가 아니다"(『翁問答』)라고.

　효는 만인에 공통된 부모 사랑을 근본으로 한다. 타자에 대한 '사랑, 공경愛人敬人'의 두 가지 덕목이 모든 인간생활을 성립시킨다. 토쥬는 "부모 경애를 근본으로 삼고 미루어 타인을 경애하는 도를 행함을 효라고 한다"같은 책고 말한다. 이때 효는 부모 사랑에 그치지 않는다. "효는 태허太虛로 전체를 삼아 영원히 무시무종無始無終이다. 중략 우리 몸은 부모에서 태어났다. 그러나 부모의 몸이 천지에서 생겼고 천지는 태허에서 생겼기에 우리 몸은 본래 태허 신명神明의 분신이자 그 변화이다. 따라서 태허 본래의 신명의 덕을 알고 잊지 않음을 입신立身이라 한다. 이리

하여 몸을 세워 사회 활동함이 사람 된 도리이며 이것이 효행의 기본이다."(같은 책)

그리하여 인간은 '효'를 몸과 마음으로 체현하면서 우주 조화에 주체적으로 참여해야 한다. 왜냐면 "하늘을 만들고 땅을 만들고 사람을 만들고 만물을 만드는 것이 바로 효"(「雜書·孝」)이기 때문이다. 이렇듯 효는 만물생성의 원리이자 또한 "위로 하늘에 통하고 아래로 인사人事에 통하며 생사, 순역, 주야에 통하므로 통하지 않는 것이 없다"(「孝經講釋聞書」)는 바와 같이 천지 만물 상통·감응의 원리이기 때문이다.

'노老'와 '자子'가 합한 '효孝'는 인간사회에서 태허의 모습을 취한 것이다. 태허에서 양기陰陽 이기理氣가 나뉘고 이것이 작용하여 천지만물을 생성한다는 '태허의 신화神化'가 효인 것이다. 토쥬의 효는 그 글자가 상징하듯 태허와 만물, 천지, 해와 달, 부모와 자식, 노인과 어린애, 천자와 서민 등 서로 다른 둘의 상호성·관계성을 표상하는 말이다(『孝經啓蒙』). 이는 '태허'=세계가 상호관계 속에서 생성, 존립한다는 만물의 상호의존, 상호작용을 뜻한다. 이러한 토쥬의 '효'에 바탕을 둔 '태허'를 몸으로 체현하여 정치적으로 실천한 것이 그의 문인 반잔이다.

5. 수기치인의 일체적 파악과 '태허'

반잔의 수기치인의 특징은 '수기'에 집약된 토쥬와 달리 무사=치자로서의 자각과 직업의식에서 양자를 상즉相卽·일체로 보았다는 점이다. 그것은 모든 수기의 영위에 치인의 영위가 내재되어 있으며, 한편 모든 치인의 영위에도 수기의 영위가 내재되어 있음을 이해했기 때문이다. 이에 비해 토쥬의 경우는 전술한 것과 같이 "좋은 기회를 타고난 때는 천하국가를 다스려서 이윤이나 태공망과 같은 큰 일을 이루고, 그렇지 못한 불우·역경 때는 수신에 힘써 공자나 맹자같이 민중 교화에 종사함"에서 보듯 수기와 치인을 이원적 관계로 보았다.

그러나 반잔은 손 씻고 머리 빗는 사사로운 일상 속에도 국정을 맡아 천하국가를 경세하는 마음가짐이 필요하다고 말한다. 즉 "마음 쓰는 곳은 인륜일용人倫日用 속에 있다. 그래서 '唐虞揖讓三盃酒, 湯武征誅一局碁'라는 것"(『集義和書』)이라며 일심의 영위가 그대로 치인의 도에 합치해야 한다는 것이다. 여기서 그는 요임금陶唐氏이 순임금有虞氏에게 선양할 때 마치 석 잔의 술을 마시고 바둑 한판을 두듯이 정사의 큰 일을 일상의 작은 일처럼 행했다는 고사를 인용하고 있다. 이렇듯 반잔은 천하국가의 일이든 일상의 일이든 본질적인 차이를 두지 않는다. 아니 차이를 두어선 안 된다고 본 것이다.

수기와 치인에 한하지 않고 반잔의 세계관, 우주관은 서구근대의 물심이원론과는 대조적인 물심일원론으로 파악함을 특징으로 한다. "만물일체라 함은 천지만물이 모두 태허란 하나의 기氣에서 생겨났기 때문이다. 따라서 인자仁者는 이유 없이 불필요하게 풀, 나무를 베거나 동물을 죽이지 않는다. 초목이 강한 햇볕에 시드는 것을 보면 자신의 마음을 누르고 역으로 비온 뒤 생기를 찾아 번성하면 보고 기쁜 기분이 되는 것도 만물이 모두 일체로 맺어져 있다는 증거이다. 중략 내 마음은 곧 태허이다. 천지만물의 이 세계도 내 마음 속에 있다"(『集義和書』)는 것이다.

학문이란 내 마음을 "천지의 같은 뿌리인 만물일체의 본연에 돌아감"(『神道大義』)에 있다. 이 천지만물일체의 일원론적 세계관은 경세적 실천에선 "산천은 천하의 근본이다. 산은 강의 근원이다. 옛 사람이 남겨준 산의 나무들이나 연못을 부수고 개발하여 일시의 이익을 탐하는 자의 자손은 멸망한다"고 한 산림파괴=자연파괴에 대한 경고를 뒷받침하게 된다. 이는 전후 일본이 고도성장에 취하여 각지에서 벌인 '개발'의 인과응보를 생각하게 한다.

토쥬의 '효'는 '태허의 신화'로서 어디까지나 윤리적 개념에 머물러 있다. 그러나 반잔의 경우 '태허'는 경세적 실천의 사상적 지주가 된다. 반잔은 "천지만물 모두 자기를 가지고 있다. 태허를 마음이라 보면 된다.

타인의 빈천도 나의 빈천과 같다. 그래서 의에 따르고 재물을 아끼지 않는다. 타인의 부귀도 나의 부귀와 같다"(『集義和書』)는 것이다. 장자의 '태허'를 태허철학으로 전개한 것은 주자학의 선구자이며 기일원론자인 장횡거張橫渠(1020-1077)이다. 반잔의 경세론은 그의 영향을 크게 받은 것이다. 장횡거 역시 만물은 '태허'에서 생겨난 일체라 함으로써 사회적 약자가 자신의 가족과 마찬가지이며 이를 구제함은 인간의 당연이라 했다(『正蒙』). 32세의 반잔은 이 장횡거의 태허철학을 해설한 『대화서명大和西銘』을 출판하고 있다. 거기서 반잔은 다음과 같이 말한다.

> 천지만물은 모두 태허에서 생성된다. 이는 세상 모든 존재는 연속되어 하나로 맺어지는 까닭이다. 따라서 하늘로부터 치자로서의 신분, 직분을 받은 자는 인민 생활을 풍족하게 함을 명심하고 의지 할 곳 없는 거지같은 사람을 먼저 구제해야 한다. 나라에 한 사람이라도 춥고 굶주리는 사람이 있음을 부끄러워해야 한다. 각 사람의 재산이 허용되는 한 사회 저변의 약자를 구제해야 한다.

이렇듯 반잔은 장횡거의 태허철학을 기초로 천하만민을 자신의 '동포형제'로 보고 약자 구제가 경세제민의 첫 걸음이자 치자에게 주어진 최대의 책무라 했던 것이다.

6. '허학'의 재평가

토쥬의 '효'론과 반잔의 경세론은 유학사상 이상으로 장자, 장횡거에 일관된 기철학=태허철학에 바탕을 둔다. 이들이 모두 오만, 만심에 대한 '겸謙'을 강조한 것도 기철학=태허철학에 부합한다. 토쥬의 '겸덕=온공자허溫恭自虛'는 자신의 젊었을 때의 쓴 경험에서 얻은 확신이었다. 이에 대해 반잔은 '사람을 낮추는 것이야말로 학문'이라며 '겸은 허명의 덕' 즉

'겸허'를 풀고 있다. 그가 일본 고유의 황실을 '만방무비萬邦無比'라 말한 이유는 황실엔 '무위武威 없음' 즉 '허'의 존재라는 점에 있었다.

오카야마현을 떠나 로닌浪人이 되었던 반잔이 자신을 단지 "무용한 자"나 "산중의 일개 목석"(『集義外書』)으로 자임했던 것은 그가 애독한 『장자莊子』의 '무용의 용'에 근거한다. 유학 사상의 '중간의 주자奏者=전달자'로 자임했던 반잔에게 유학이 만인의 보편사상이 된다면 자기의 사상과 저서는 '불용무용'한 것으로 폐기되어야 할 것이라 말한다. "세상에서 내 이름이 잊히고 형적도 없이 사라지는 것이 유학 사상 전달자로서의 바람이다"(『集義外書』)란 것이다. 이는 겸손이라기보다 오히려 '태허' 속에 태어나 사라지는 '허'적 존재의 세계관이다.

토쥬는 "명덕신민明德親民의 실학"(『林氏剃髮受位辯』)과 "속유俗儒의 허학"(『四書考』)을 구분하여 말하고 있다. 수기에의 정열도 치인에의 자부도 없이 단지 일신의 공리만 구하는 하야시 라잔과 같은 학문을 '허학'이라 하여 경멸했던 것이다. 한편 미나모토 료엔源了圓은 일본 유학에서의 실학에는 유용성, 공리성이 아니라 오히려 그 반대인 비유용성, 비공리성에 가치를 두는 면이 있다고 지적한다(『實學思想の系譜』 1986年). 이런 특징은 요코이 쇼난橫井小楠의 경세론이나 세계관에도 뚜렷이 보이는 바이다.

'허학'이란 '유용성을 버리고 진리를 진리로서 보려는 학문관'이다. '실'이 내용적으로 고정, 고착되어 자유로움을 결하고 있다면 반대로 '허'는 자유무애로 무엇에도 대응할 수 있는 '영활靈活'한 작용이다. 또는 '닫힌 마음'에 대한 '열린 마음'이자 '창조성의 근원'이다. 이런 '허'사상의 계보는 중국의 장횡거나 왕양명이나 일본의 반잔 등에서 보인다. 특히 반잔에게 '허'의 입장은 현저하다. 이들로부터 근대 이래 '실학'의 폭주를 억제할 '허학'의 원리가 재평가되어야 필요가 있는 것이다.

장자와 장횡거의 '태허=기'철학을 이은 반잔 등 일본의 양명학은 강한 '실학' 지향성과 함께 '기=허'로서의 '허학'의 성격을 지닌다. 반잔의 경세론, 자연보호론은 그 예이다. 거기엔 실용성, 공리성의 인간중심주의에 바탕을 둔 서구근대의 '실학'과 다른 물심일원적 '허학' 존중의 인식이 있다. 유학에서의 '실학'은 경세제민, 수기치인을 뜻한다. 토쥬나 반잔은 이를 뒷받침하는 '수기'를 강조했다. 이들의 '수기=실학'은 자연과 인간이란 천지만물의 연속성, 일체성을 배경삼은 '허학'이기노 했다.

오늘날 목전의 이해와 자화자찬에 분주하여 열등화된 현대 일본의 정치, 정치가, 과학적 유용성이나 경제 효율성에 취한 사람들, 자연과 인간의 연속성, 일체성을 잊고 자연을 파괴하고 인간의 마음을 황폐시키는 자기중심주의 그리고 물심이원론에 바탕을 둔 현대문명, 이것들에 대해 토쥬나 반잔이 제시한 '수기'와 '허학'의 의미는 매우 크다고 볼 것이다.

한예원(조선대학교 교수) 옮김

中江藤樹と熊澤蕃山の實學─日本における修己治人の原型─

大橋健二*

政治と「實學」

諸外國とは異なって日本では、少なくとも戰後は、政治家は少しも尊敬されない。近年のお粗末な歷代首相に見るまでもなく、むしろ、馬鹿にされ輕蔑の對象にされたりもする。政治家は尊敬されないから、政治に人材が集まらないという惡循環である。これが現代日本の政治と政治家双方の劣化を招いている。この8月末の總選擧で、戰後日本で初めて本格的な政權交代が行われたが、民主党新政權はこのような政治狀況を変えてくれるだろうか。

ところで、官僚から轉出し鳥取縣知事を2期務めた片山善博1951- は、自身の政治家体驗も踏まえ、日本で優れた人物が政治家になりたがらず、また政治家が尊敬されない理由を現行の選擧制度に原因があるとして、次のように述べている。

今日の政治家選出の仕組みは、歐米人向きであって日本人向きにはできていない。なぜなら、政治家の選擧とは自分がいかに優れているか、これを自畫自贊して吹聽して回る活動だからである。このあられもない自畫自贊の喧伝によって選出されるのが政治家である。ここに普通の日本人は胡散臭さを感じている。古來、日本人が理想とするリーダーは、謙虛で謙遜な人だからである「自治と世間体」『環』Vol.37、2009年。數十年前、社會党が「出たい人

---

* 名古屋商科大学

より、出したい人」という選擧コピーを作って話題となった。才能と人格に秀でた「出したい人」ほど後ろに退いて、うぬぼれ強く目立ちたがり屋の「出たい人」ばかり選擧で目立つという狀況は、その後も大きな変化は見られない。

日本においては政治とは、國家・集団の統治作用、人心收攬の技術・問題解決の營爲としてより、一般的には人格と政治的手腕とが一体化した修己治人の道として認識されている。これは、江戸期の支配層である武家の基本敎學であった儒學思想が深く日本社會に根付き浸透していることを示すものであろう。儒學の修己治人すなわち経世濟民の道は、西歐近代の政治學とは異なり、自己救濟修己と他者救濟治人の同時遂行というきわめて人間的な營みとして、人格的・倫理的に考えられている。自分の欲望を抑え、無私無心に世のため人のために盡す。一身の利害とらわれた「小なる自己」から人我一体の「大なる自己」の完成という意味で、「修己」は経世濟民＝修己治人の出發点であり、ゴールでもある。

日本の江戸期儒學では、経世濟民＝修己治人の道を「實學」という。現代日本では「實學」とは「實際に役立つ學問」「實生活に有用な學問」として實用性や有用性の意味合いで語られるが、経世濟民の學、修己治人の道としての「實學」とは、私的な「道德的實踐＝人間的眞實追究の學問」であると同時に、公的な「政治的實踐＝實理に裏付けられた實用的な経世濟民の學問」であった源了圓『近世初期實學思想の研究』1980年。前者の私的な實學が「修己」に關わるものとすれば、後者の公的な實學は「治人」に相応する。

儒學的伝統における「實學」は、修己倫理道德と治人政治的實踐を一体化するものである。儒學的實學の本質を修己＝倫理學ではなく治人＝政治學であるとした荻生徂徠1666-1728、あるいは政治から宗敎・倫理を分離したマキアヴェリ1469-1527などに見られるように、政治家に人格的なものを求めないという發想は、歐米諸國とは違って現代日本の政治においては、決して一般的なものではない。政治とは、私的な「道德的實踐＝人間的眞實追究の學問」

が、公的な「政治的實踐＝實理に裏付けられた實用的な経世濟民の學問」に先行すると認識されているからである。「治人」に對する「修己」の優位である。

経世濟民の儒學は、修己自己救濟と治人他者救濟という二つの命題を揭げ、兩者の一致を当爲とする。「修己」を重視したのが新儒學朱子學・陽明學であるが、とくに陽明學は、修己＝自己救濟・自己完成への努力を強調する。「箇箇の人の心に、仲尼有り」「詠良知四首示諸生」と孔子仲尼、すなわち修己治人の模範・理想である聖人が箇箇一人ひとりの心のうちに内在していることを力說した王陽明1472-1528は、修己自己救濟が治人他者救濟の大前提であることを身を以て示した儒者である。

浙江省余姚に高級官僚の長男として生まれ、腕白ないたずら坊主であった陽明は、求道的纖細さと豪邁不羈という矛盾する性格を併せ持ち、１５歳のころより、任俠・騎射・詩文・道敎・仏敎・朱子學を轉々とした。すなわちガキ大將で、スポーツに熱中し、文學にこり、超能力のとりことなり、仏敎や朱子學にも手を出した。高級官僚の資格試驗制度である科學の會試に合格したものの、人生に對する煩悶から鬱病を再發してしまう。自殺も考えたほど厭世的な氣分に陷り、３１歳の時、親を捨て山奧に逃避した。いわば「人生いかに生きるべきか」の解答と心の救いを求めて、次から次へ手當たり次第に試みては挫折と絶望を繰り返したのであった。孤獨と絶望の末に、愛してくれた肉親を思う氣持ちは、否定しきれない人間の本能・至情であり、これを否定することは、人間という存在を根底から破壞するに等しいことに氣がつき、王陽明は現實の人間社會に復歸することを決意する。ここに肉親に對する愛情を基本にして、自己救濟と他者救濟の一体化を說く儒敎の眞理を初めて理解した。

日本儒學で、経世濟民＝修己治人を「修己」の一点に集中させたのは、中江藤樹1608-48に始まる陽明學の流派である。王陽明は自己の內なる眞實の心良知に徹底すること致良知において、天地万物を一体とする修己治人が完成されるとする。他者救濟・他者完成＝「治人」は、天地万物を一体とする自己

完成・自己救濟の過程＝「修己」を通して、必至・必然的に行われるもので
あった。修己は治人を通して、再び修己に回歸しなければならない。すなわ
ち、小なる自己一身の修己は、他者と積極的に關わる「治人」を通して、大な
る自己自他救濟・自他完成として結實する。

　儒學の「實學」＝経世濟民・修己治人を、このような自己完成・自己救濟
を志す「修己」の必然的展開として理解した儒學者として、日本陽明學の祖と
される中江藤樹と門人の熊澤蕃山1619-91の師弟をあげることができる。

人間的眞實追究の學問・1—求道と絶望

　公的な「政治的實踐＝實理に裏付けられた實用的な経世濟民の學問」ととも
に、私的な「人間的眞實追究の學問」を「實學」と呼ぶことができるなら、近
代日本を代表する哲學者西田幾多郎1870-1945は、後者の意味における「實學」
者の一人である。西田哲學には禪思想の影響が語られるのが常である。しか
し、西田は若き日に王陽明の詩文を熱心に讀んでいる。西田哲學のキーワー
ドの一つである「純粹経驗」は、王陽明の知行合一ときわめて近いことが指摘
されている。

　西田の考えでは、「人生問題」こそが哲學が對象とされるべきものであ
る。そこには「深い生命の要求」や「深い人生の悲哀」、あるいは「人格的な自
己の自覺」が存在しなければならない。西田は手紙に「どんなに貴いことも、
心の救いより大事なことはないというのは、私が近ごろ強く思うところなの
で、このさき何年も無駄に歳月を費やしても、このことだけは必ずなし遂げ
る決意です」と書いている明治32年9月15日付山本良吉宛書簡。東京大學の選
科學生という屈辱、教員としての不遇・不滿、妻の離縁と子どもの死という
不幸と悲哀——このような自身の深刻な「人生問題」に直面した西田が哲學に
求めたものは、手紙文にあるように「心の救い」である。煩悶や悲哀に打ちひ
しがれるわが心をいかに救濟すべきか、である。

　日本の陽明學を代表する中江藤樹と熊澤蕃山の場合、兩人とも西田と同じように、「人生問題」に煩悶し、この解決の道を儒學に求めた。藤樹の思想を蕃山が承継しこれを政治的實踐で深化發展させたという意味でも、藤樹・蕃山の師弟は一体的・連續的に考察されるべきである。

　では、兩者の「人生問題」とはどのようなものあったのか。藤樹の脱藩・歸鄉の背景にあったのは、一途に自己完成への道を急ぐ切なる思い、文弱をいやしむ武士社會との軋轢、これらに由來するノイローゼ・絶望である。蕃山の場合、武士＝治者としての無學未熟を恥じて退藩し歸鄉後、儒學獨修で味わったのは、餓死寸前の貧窮と一家離散の悲哀であった。

　中江藤樹は、德川幕府の開府1603年から５年後、近江國高島郡小川村滋賀縣高島市安曇川町上小川に農民の長男として生まれた。９歳で伊予大洲藩愛媛縣の郡奉行を務める祖父吉長の養子に出され、武士となった。藤樹１１歳のとき、初めて『大學』を手にして「天子より以て庶人に至るまで、一にこれ皆な修身を以て本と爲す」との一節を讀んで涙を流して感動した。「儒學を學べば誰でも聖人になれる」という宣言は、自己向上・自己完成への情熱を胸に抱く少年の心を激しく奮い立たせた。修己治人の大前提は「修身」＝「修己」であることを確信した藤樹はその後、一途で生眞面目に朱子學の解釋に從って儒學を修め、そこに書かれた教えをそのまま杓子定規に實踐躬行することに努めた。

　ところが、２２歳のある日、知人の家を訪問した藤樹を見て、同僚の武士が「孔子先生がお見えになった」と言った。儒學を熱心に獨學する藤樹を輕くからかったのである。これを聞いた藤樹は激怒し「お前は醉っ拂っているのか」と。同僚がこれを否定すると藤樹はさらに「孔子はすでに２０００年も前に亡くなっている。私を孔子とからかったのは私が學問をしているからか。學問するのは治者としての武士の務めである。お前のような奴は、ただの醉っ拂いでなければ、文盲の下男である」と語氣荒く罵倒した。同僚はこ

の激しい劍幕に恐れをなして、陳謝し逃げ去ったという。藤樹年譜はこれを
「いまだ圭角あることこのようである」と記している。１１歳で儒學＝聖人の
學に志して以來１１年、この間たゆまずに「修身」＝「修己」に邁進し、のちに
「近江聖人」と敬仰された藤樹の姿は、ここには微塵も見られない。

　当時の大洲藩には荒々しい戰國武士の氣風が殘り、學問するのは文弱の
徒と輕蔑された。まして朱子學に基づく儒學の杓子定規の日常適用は、年譜
に記されたような周囲との疎隔や軋轢を生じさせた。ここに見るのは、修己
治人の道とは相反する周囲との摩擦、とげとげしい日常である。剛毅である
同時に纖細な藤樹の心は疲勞・荒廢し、ついにはノイローゼと不眠症に陥っ
た。修己さえ滿足にできない自己への絶望が、２７歳の藤樹を、鄕里に獨り
で暮らす母親の孝養を口實に脱藩させ、歸鄕させた主因であった。

　藤樹は３３歳のとき、陽明學左派の王龍溪を讀んだことを契機に王陽明
全集を入手し、これを讀んで感奮し、朱子學の原理的・固定的な「理の哲學」
から內的生命の要求を重んじる陽明學の「心＝氣の哲學」への轉換を果たすの
である。

人間的眞實追究の學問・2―求道と貧窮

　一方、江戸前期の儒者・政治家で、中江藤樹に學んだ熊澤蕃山1619-91
は、岡山藩主池田光政に重用され、３２歳で知行３００石から３０００石の
政務擔当責任者に大拔擢され藩政を主導した。しかし、周囲の反感と幕府の
忌避などから挫折、３９歳で辭任隱退した。儒學的理想主義＝仁政・民本主
義が幕府の嫌疑を受け、その監視下に各地を轉々と移り住むことを余儀なく
されながら、著述活動に專念し、下總古賀で窮死した。

　岡山藩時代の蕃山は、藩領を襲った大洪水・飢饉の復旧救荒をはじめ、
兵備、文敎、農民愛護の諸施策に傑出した経世の才を發揮し、引退後は、
參勤交代の緩和や武士土着論農兵論を說き、效率優先の經濟思想を批判

し、儒學的仁政主義・民本主義の経世論を展開した。莊子・張横渠の「太虛」思想や王陽明の「天地万物一体」觀に基づいて、自然と人間の連續性・一体性を強調し、山林保護、自然破壞へ警鐘を鳴らした。このため、今日では自然と人間の調和を図った環境論の先驅者としても再評価されている。

なかでも、政教原理の現實適応においては、時勢や風土・人情などを個別的・總合的に判斷すべきだとする藤樹由來の「変通の機轉」＝「時處位人情・時変」論は、日本特有の思考・態度とされている。中國・韓國にはあまりないこのような狀況主義的的發想は、１８６０年代に東アジアを襲った西洋の衝撃ウェスタン・インパクトの際に、有効かつ現實的に作用する役割を果たした。ここに日本がアジアで唯一、いち早く近代化に成功した一因があったと考えられる。

有名な道歌「憂きことのなほ此上に積もれかし　限りある身の力ためさん」と不屈の精神を詠んだ蕃山は、父親が武士としての職を失っていたため、貧窮から８歳で家を出て母方の祖父である水戸藩士熊澤守久の養子となった。１６歳で岡山藩池田光政に仕えたが、２０歳のとき、武士＝治者としての學問のなさと人間的未熟さを自覺し、學問への激しい飢渴感から退藩し、儒學を獨修した。２３歳のとき、學德の高い眞儒として近隣にその名が高かった中江藤樹３４歳に入門を乞うたものの、固く拒否されてしまった。蕃山は「たとえ教えを受けることが叶わなかったとしても、どうか一度、お目通りを許して下さい」と涙ながらに訴えた。何度断られても何日も門のまえに立ちつくしたため、これを周囲が氣の毒に思って藤樹にとりなしてくれたことにより、ようやく入門がゆるされているという。

藤樹に入門中、父親は單身、仕官の口を求めて江戸に向い、弟も養子に出た。一家の柱として藤樹のもとから郷里に戻ったが、定職のない蕃山との家族の主食は、地元貧民が食べるくず米の雑炊、おかずはぬか味噌だけという究極の粗食である。冬は紙で作った衣服を着て寒さを凌いだ。蕃山２７歳のとき、この窮狀を見た知人がこのままでは家族全員が餓死してしまうと

心配し、岡山藩への再就職を世話してくれた。ここに藤樹から教示された儒學の道、すなわち陽明學に基づく修己治人の實踐を可能にする道が開かれた。江戸期の大儒で、若き日の蕃山のように一途な求道と極貧をともに経験した者を寡聞にして知らない。

蕃山は、御用學者の林羅山など朱子學者、排仏論に怒る僧侶、農民愛護策に反發する岡山藩の家老・同僚らから激しく排撃された一方で、幕閣や公家、幕臣ら要路の人々から異常な尊敬を受けた。蕃山が後世の儒者にも大いに尊敬され、羨望の目で見られたのは、当時の儒者の仕事は文書の手直しなどの末技・閑職が中心で國政に任じ経世濟民を実行するという儒學本來の目的とはほど遠く、儒學が單なる「屠龍の技」＝役に立たない無用の學問と化していたのに對し、蕃山は大藩岡山藩で執政として経世濟民を實踐することのできた稀少な儒者と見なされていたからである南川金溪『閑散余録』1782年。

修己の徹底と「孝」

藤樹は、儒者の務めを「機會に惠まれて世に用いられる時は、天下國家を治めて伊尹や太公望古代中國の大政治家のように大きな仕事をなし遂げ、一方、機會に惠まれず不遇・逆境の時は、わが身を修めることに努力して、孔子や孟子のように民衆教化活動に従事する」『翁問答』と說いた。しかし、藤樹の場合、その修己治人は「治人」より「修己」に大きく傾斜している。それは、武士＝治者の道を自ら捨て、故郷に逃げ歸って「村落教師」としての道を選んだことで治人の實踐が限定されたこともある。しかし、藤樹１１歳のとき、『大學』の「天子より以て庶人に至るまで、一にこれ皆な修身を以て本と爲す」に儒學開眼があったことを想起すれば、「修己」重視は当然の歸結である。経世濟民＝修己治人の聖人の道は、「修身」＝「修己」を基点として開始されるべきものであった。「修己」すなわち自己内面の問題解決は、「治人」という外部の問題解決に先行する。これは『大學』の格物・致知・誠意・正心・

修身という「修己」のあとに、「治人」の齊家・治國・平天下と續くことに見る
通りである。

　藤樹は學問の目的を、心の苦痛を取り除いて「心の安樂」を得ることに求
める。心は本來、安樂で苦痛なきものである。ところが、人がみずからつく
り出す「心の惑い」によって、安樂が失われて苦痛が生じる。學問とは、この
心の惑いを洗い捨て苦痛を取り除き、本体の安樂にかへる自己救濟の手段で
ある。

　藤樹が考える「心の惑い」の最大のものとは、高滿高慢・滿心慢心という
形であらわれる誤った自己中心・自己肯定への心の傾きである。かつて２２
歳のとき、輕くからかった同僚を「醉っ拂いの、武士に非ざる文盲・下男」と
激しく罵倒した若き日の苦い経験の反省がこの背景にあろう。誤った自己中
心・自己肯定に由來する傲り、滿心が他者を傷つける以上に、いかにわが心
を荒廢させ、人間性を破壊するか。そこに生ずる不幸と悲劇、藤樹はその恐
ろしさの体験者であった。

　　　　「悔やむなよ　在りし昔は是非もなし　ひたすらただせ　当下一念」
　　　　「暗くともただ一向(ひたすら)にすすみ行け　心の月の晴やせんもし」
　　　　「思ひきや　つらく憂(う)かりし世の中を　學びて安く樂しまんとは」
　　　　「心だにすくむ事のなかりせば　思ひのままの人の世の中」

　これらの倭歌和歌にみられる後悔と安堵、それは藤樹の儒學の根幹が「修
己」にあることを示している。高滿・滿心が人間の心に生れるのは、眞實の
學問を知らないためである。藤樹は眞實の學問を知らない者の姿をこう言っ
ている。「高滿の魔心が深いため、何でも社會のせいにして、親兄弟のする
ことも勤め先の待遇や友人の仕事も馬鹿らしいと思い、周囲の全てが氣に入
らないため、他人と交際することを避け、一人でいるのを好む」「天下の惡逆
無道をなしたり、氣が狂ったり、あるいは普通の人と異なった人相になる人

などは、みなこの滿心が原因である」「自滿の心根かたくなり、邪心が生じて普通ではない人相となり、人をまるで虫としか見ない」『翁問答』。

藤樹の言葉は、現代日本に多發する引きこもりや家庭内暴力の若者、あるいは近年、異常な殺人事件に見られる他罰性の强い犯罪者たちの姿を語っている。彼らの相次ぐ出現は、社會的な閉塞性にも要因があるとはいえ、現代文明の中に日本人の心を病的な「高滿の魔心」「自滿の心根」に変化させる何かがあることを暗に示している。

藤樹の「心の救い」＝「修己」の基本は、このような滿心・高滿を結果する「私」＝個我・利己・自己中心主義を捨て去ることに措定されている。その具体的方法を藤樹は「孝」の一字で說く。「人間のあらゆる心の迷いは、みな自分中心主義に基因している。これはわが身体を一個人の所有物であると勘違いすることから起こっていくる。孝は、この自分中心主義を破り捨ててくれる主人公である。これを理解できなければ、博學多才であっても眞の儒者ではない」『翁問答』という。

孝は、万人に共通する親への愛情を普遍的な人間性の根本とするものである。他者に對する「愛・敬」人を愛し人を敬するの二德があらゆる人間生活を成り立たせる。藤樹は「父母を愛敬するを本とし、推し廣めて他の人々を愛敬し、道をおこなうを孝という」同と語っている。しかし、この孝は、親孝行という肉親的親愛に限定されない。「孝は太虚をもって全体として、永久に無始無終である。……わが身体は兩親から生まれ、兩親の身体は天地から生まれ、天地は太虚から生じたものであるので、わが身体は本來、太虚神明の分身でありその変化である。ゆえに、太虚本來の神明の德を理解して忘れないことを身を立てるというのである。このようにして身を立てて社會的に活動することが人たる道であって、これが孝の行いの基本である」同。人間はこの「孝」を身心に体し、宇宙の造化に主体的・積極的に参与することが求められている。

「孝」はまた、「天を生じ、地を生じ、人を生じ、万物を生ずるは、ただこ

れこの孝なり」『雜書・孝』と万物生成の原理であると同時に、「孝は、上かみ天に通じ、下人事に通じ、生に通じ、死に通じ、順に通じ、逆に通じ、晝に通じ、夜に通じ、通ぜずということなし」『孝経講釋聞書』と天地万物の相通・感通の原理である。

　「老」と「子」の合字である「孝」は、人間社會における太虚の姿をかたどったものである。太虚より陰陽の二氣がわかれ、この二氣が作用して天地・万物を生成するという「太虚の神化」が「孝」である。藤樹の「孝」は、孝＝「老」と「子」という言葉に象徴されるように、太虚と万物、天と地・太陽と月、親と子、老人と幼子、天子と庶民というように、二つの異なるものの相互性・關係性を表す言葉である『孝経啓蒙』。孝は、「太虚」＝世界が、互いの關係の中に生成され存立するという万物の依存的關係性、あるべき相互作用を意味する。藤樹の「孝」が思想的淵源とする「太虚」を身に体して、政治的に實踐し展開したのが１１歳年下の門人、熊澤蕃山である。

　修己治人の一体的把握と「太虚」

　熊澤蕃山の修己治人の特徴は、「修己」に集約された藤樹の修己治人に對し、武士＝治者としての強烈な自覺と職分意識に立つ、修己と治人の相卽・一体的把握にある。それはあらゆる修己の營爲に治人の營爲が內在しており、他方、あらゆる治人の營爲にも修己の契機が必ず內在しているとの理解である。

　藤樹の場合、「機會に惠まれて世に用いられる時は、天下國家を治めて伊尹や太公望古代中國の大政治家のように大きな仕事をなし遂げ、一方、機會に惠まれず不遇・逆境の時は、わが身を修めることに努力して、孔子や孟子のように民衆教化活動に從事する」『翁問答』と修己と治人の關係は、どちらかといえばまだ二元的である。

　一方、蕃山は手を洗い髪をとかすという日常の些事の中にも、國政に任じ天下國家の経世に參与する心の働きがあるべきだという。「心を用ひ給ふ

所は、人倫日用の中にあり。この故に、唐虞揖讓三盃酒、湯武征誅一局碁といへり」『集義和書』と一心の營爲がそのまま、治人の道に合致すべきなのである。すなわち、古代中國の伝說上の聖天子である堯陶唐氏が舜有虞氏に帝位を禪讓し、同じく聖德のあった殷の湯王と周の武王が暴虐無道の君主である夏の桀王や殷の紂王を征誅した時は、あたかも三盃の酒を飲み、一局の碁を囲むかのように、とりたてて事を大きく構えることもなく、日常平凡の小事に對する如きであった。天下國家に任ずる時の心の持ち方と、ふだんの交際や日常生活での心の持ち方に、そこに本質的な差はない。否、治者の心事として、そこに違いがあってはならないとする。

修己と治人に限ることなく、蕃山の世界觀・宇宙觀は、西歐近代の物心二元論とは對蹠的な物心一元的な把握を最大の特徴とする。「万物が一体的に結ばれているというのは、天地の万物はみな太虛の一氣から生まれたからである。ゆえに、仁者は理由もなく不必要に、草や木を切ったり、動物を殺したりはしない。草木が强い日差しにしおれるのを見て、自分の心も沈んでしまい、逆に雨のあとに生氣を取り戻して綠に繁るのを見てうれしい氣持ちになるのも、万物はすべて一体として結ばれているという証據である。……わが心はすなわち太虛である。天地万物、この世界もまた、わが心の中にある」『集義和書』

學問とはわが心を「天地同根万物一体の本然に歸する」『神道大義』ことにある。この天地万物一体の一元論的世界觀は、経世的實踐の場において「山と川は天下の源である。山は川のもとになるものである。昔の人が意図的に殘した山の木々や澤さわを切り崩して開發し、一時の利益を貪ろうとする者の子孫は滅亡するという」と山林破壞＝自然破壞への激しい批判を支えている。戰後の高度経濟成長に踊って、日本各地で山を切り崩すゴルフ場開發の頻發、その後のバブル崩壞に伴うゴルフ場の破綻、これらは蕃山のいった山林破壞に伴う因果応報の好例である。

藤樹の「孝」は「太虛の神化」としてあくまでも倫理的な概念にとどまって

いる。一方、蕃山の場合は、「太虛」は経世的實踐の思想的な據り所であっ
た。蕃山は「天地万物皆己が有なり。太虛を心とすればなり。人の貧賤も己
が貧賤のごとし。故に義に当て財をおしまず。人の富貴も己が富貴のごとし」
『集義和書』という。莊子の「太虛」を「太虛哲學」として展開したのは、朱子學
の先驅者で氣一元論の張横渠1020-77である。蕃山の経世論はここに多くを
負っている。横渠は万物が「太虛」のなかに生じ、ここに万物は同体同物で一
体的に結ばれているとして、社會的弱者・困窮者は自分の身内同然であり、
彼を救濟するのは人間の当然であるとした『正蒙』。知行３０００石の大藩岡
山藩の執政の任にあげられた３２歳の蕃山は、張横渠『正蒙』の「太虛」哲學の
解説書『大和西銘』を版行した。

　蕃山はいう。「天地万物はみな太虛によって生成されている。ここに、世
に存在するあらゆるものが連續的・一体的關係で結ばれている所以がある。
ゆえに、天から治者としての身分・職分を割り当てられた者は、國民全員ひ
とりも殘すことなく生活が豊かになるように心がけ、身寄りもなく道ばたに
さすらう乞食のようなあわれな人をこそ、まず最初に救濟すべきである。國
にひとりでも飢えて凍える者がいるのを恥じおそれるべきである。各人の財
産が許す範囲で力の及ぶ限り、社會の底辺で苦しむ弱者・困窮者を救濟しな
くてはならない」。

　蕃山はこのように、張横渠の「太虛」哲學に基づき、天下万民を自分の「同
胞の兄弟」と見て、社會的弱者の救濟こそが、経世濟民を責務とする治者に
課せられた最大の責務であるとした。

「虛學」の再評価

　藤樹の「孝」說、蕃山の経世論は、儒學思想という以上に莊子・張横渠を
一貫する老莊的な「氣の哲學」＝「太虛」哲學に負うところが少なくない。藤
樹・蕃山の師弟がともに、人間のこころの本來のありかたを慢心に對する「

謙」として強調したのも、「太虛」すなわち莊子の「氣」＝「虛」の哲學に符合する。

　藤樹の「謙德」＝「溫恭自虛」は、自身の若き日の苦澀の体驗で得た確信である。これに對し、「學問とは、人に下ることをこそ學ぶものである」と謙虛の德を說いた蕃山は、「謙は、虛明の德」と「謙」＝「虛」として語っている。蕃山が日本固有の存在として皇室を万邦無比と稱えたのは、皇室には「威も武もない」という、いわば「虛」的な存在であったからである。

　岡山藩を去って浪人となった蕃山が、他人に信じられ國家に役立つ德も才能もない單なる「無用の者」「山中の一木石」である『集義外書』と社會的無用者を自任したのは、その愛讀した『莊子』の「無用の用」に據る。儒學思想の伝達人＝「中間の奏者」を自任した蕃山にとって、儒學が万人にとっての普遍思想となれば、自分の思想や著書は不用無用のものとして捨てられてべきだという。「世間で私の名前が忘れられ、跡形もなくなることが、儒學思想の伝達者としての本望である」『集義外書』という。ここにあるのは謙遜というより、自らを含めあらゆるものが「太虛」の中に生成され、いずれは「太虛」のもとに消え行く「虛」的な存在であるという、さっぱりとした世界觀である。

　藤樹は、實學を「明德親民の實學」「林氏剃髪受位弁」と言い、一方で「俗儒は虛學なり」「四書考」と語っている。修己への情熱も、治人への自負もなく、ただ一身の功利を求める林羅山のような學問を庸儒は「虛學」と呼んで輕蔑した。

　一方、日本の實學研究の草分けである源了圓は、日本儒學の實學には「有用性」に最大の価値を置くことをせず、かえって「功利性の否定」という非功利性・非有用性の一面があることを指摘している『實學思想の系譜』1986年。この非有用性・非功利性という特徴は、藤樹の俗儒・俗士批判、蕃山の新田開發批判や山林保護思想、蕃山に傾倒した横井小楠の経世論・世界認識にも顯著に見られるところである。

　「虛學」とは、「有用性を度外視して、眞理を眞理として見つめようとする

學問觀の主張」である。「實」が內容的に固定・固着し自由さを欠いているの
とは反對に、「虛」は自由無礙にあらゆる出來事に對応できる靈活なはたらき
として「閉じた心」に對する「開いた心」であり、それは「創造性の根源」であ
る。このような「虛」の思想の系譜は、儒學では張橫渠や陽明學に見られ、日
本では熊澤蕃山や大塩平八郎らをあげることができる。とくに蕃山には「虛」
の立場が顯著である。いわゆる實用的有用性の「實學」が近代日本の原動力と
なったという積極的な評価とは別に、近代の「實學」の暴走を抑制する「虛學」
の原理が、現代の「文明の危機」の中で再評価されるべきであるという源了圓
『近世初期實學思想の研究』。

　莊子─張橫渠の「太虛」＝「氣」の哲學の承ける蕃山や大塩ら日本の陽明學
は、强い「實學」志向の一方で、「氣」＝「虛」としての「虛學」の性格を併せ持
つ。蕃山の弱者救濟の経世論、経濟優先批判の山林保護論は、藤樹由來の
陽明學の天地万物一体論や「氣の哲學」＝「太虛」哲學、すなわち人間と人
間、天地自然と人間との連續一体性を不動の眞理として理解したところから
導き出されている。そこには、實用性・有用性という人間中心主義、いわゆ
る西歐近代の「實學」とは異なる非有用性・非實用性の物心一元論的な「虛學」
の認識と尊重がある。

　儒學における「實學」は、経世濟民・修己治人を意味する。藤樹・蕃山は
それを根底で支える大前提として「修己」を强調した。修己はまず、切實な「
人生問題」の解決すなわち自己救濟・自己完成の道として存在する。同時に
それは、「治人」他者救濟・他者完成を基点とする對他的關係性において、自
他の救濟・完成を志向するものである。藤樹・蕃山における「修己」＝「實學」
とは、單なる實利や個我のとらわれを排し、自然と人間という天地万物の連
續性・一体性を背景とする「虛學」でもあった。

　目先の利害と自畵自贊の選擧に奔走して劣化の著しい現代日本の政治・
政治家に對し、あるいは科學的有用性・経濟的効率主義にからめとられて人
と人、自然と人間の連續的・一体性を見失い、自然を破壞し人間の心を荒廢

させる自己中心主義・物心二元論に立つ現代文明の危機に對し、藤樹・蕃山らによって示された「修己」や「虛學」の今日的意義は決して小さくない。

가츠 가이슈의
동아시아 인식과 "文明開化"觀

벳쇼 코이치(別所興一) ㅣ 日本 愛知大學

1. 가츠 가이슈의 사상 형성과 실학관

가츠 가이슈勝海舟(1823~1899)는 막부幕府 말기에서 유신維新 시기에 활약한 정치가로, 통칭 린타로鱗太郎, 이름은 요시구니義邦, 나중에 安房야스요시로 개명, 가이슈海舟는 호이다. 막부 직속이기는 하였으나 벼 41섬을 연봉으로 받는 가난한 무사의 집에 태어난 가이슈는, 젊어서 검도를 배워 스승의 기술을 모두 전수받는 경지에 이르렀으나, 그 스승의 권유로 서양 병학兵學에 뜻을 두고, 난학蘭學(역주: 네덜란드 학문)에 몰두해서, 28세에 난학 학원을 열게 되었다. 1853년 미국의 해군제독 Perry가 함대를 이끌고 왔을 때, 노중老中(역주: 막부의 장관급 직위) 아베 마사히로阿部正弘의 자문에 응하여, 난학 지식을 바탕으로 하는 「해방건언海防建言」[1]이라는 건의서를 제출하였고, 이것을 계기로, 막부의 상급 관리에게 주목을 받아 막부의 난서蘭書 번역 담당으로 추천되었다. 아편전쟁의 소식을 접하고 식민지화의 위기를 의식하고 있던 가이슈가 이 건의서에서 특히 강조한 것은 다음과 같다.

해방(海防)을 추진하는 데 있어 가장 중요한 것은, 막신(幕臣, 역주: 막부) 직속의 무사이니 가문이니 하는 신분적 제한을 없애고, 우수한 인재를 막부의 관리로 등용하는 것이다. 다음으로, 앞으로 해방을 위해서는 서양제국에 뒤떨어지지 않는 군함이 필요하다. 그리고 여기에 드는 고액의 제조비용을 백성들에게 부담시키게 되면 민생이 피폐해지므로, 청나라·러시아·조선 등과 무역을 통해서 벌어들이는 것이 좋다. 또 천문학·지리학·물리학 등을 포함하는 폭넓은 병학(兵學)을 가르치는 교

---

1) 松浦玲·江藤淳他編著(1994), 第2卷 참조.

련학교(敎鍊學校)나 과학기술연구소를 설립할 것을 제언하고자 한다.

가이슈의 이 건의서는, 대체로 막부의 정책으로 채용되었고, 1855년
에는 나가사키長崎에 해군선습소海軍傳習所가 설립되고, 자신이 전습생
100여 명을 지도하는 생도감生徒監이 되어 나가사키에 부임하게 된다. 가
이슈가 3년 수개월의 전습소 생활을 통해 습득한 것은, 단순히 네덜란드
식 해군의 이론·실기 및 그 기초가 되는 각종 과학뿐만이 아니라, 막신
幕臣의 입장을 넘어서는 일본인으로서의 자각이라고 할 수 있다. 즉 가
이슈는 이곳에서의 교육과 개명적인 사츠마薩摩(역주: 九州 서남부 지방) 번주
藩主였던 시마츠 나리아키라島津斉彬(1809~1858)[2]와의 만남을 통하여, 'Nation'
으로서의 자각을 불러일으키고, 구폐에 젖어 있던 막부정치에 대한 비
판의 안목과 막부정치 개혁의 구상을 가지게 되었다.

1860년 1월, 일日·미米 수호통상조약의 비준교환을 위하여 막부가 미
국에 사절단을 파견할 즈음, 이 사절과는 별도로 가이슈를 지휘관으로
하는 간린마루咸臨丸가 전습소의 교육과정인 항해기술을 실습한다는 명
목으로 태평양 횡단 항해를 수행하였다. 2개월 정도 미국에 체류하면서
가이슈가 경험한 것[3]은, 사士·농農·공工·상商의 차별이 없는 합리적인
생활 방식과, 막번제幕藩制 사회인 일본과는 근본적으로 다른 호화로운
"문명양상"이었다. 일본이 구미제국의 식민지화를 면하기 위해서는, 그
들의 진보한 과학기술이나 정치 시스템을 배워야할 필요성을 통감했던
것으로 보인다. 귀국직후에 쓴 수상록인『울타리의 가시나무まがきのい
ばら』[4]에는, 당시 일본의 정치상황에 대한 가이슈의 견해가 숨김없이
표현되어 있다. 원래 이 수상록은 스스로 세상에 공개하지 않고, 후세를

---

2) 別所興一(2004),「幕末の薩摩藩主·島津斉彬の実学観と経世済民の思想」
   (第8回東アジア実学国際シンポジウム), 中国·湖南大學 참조.
3) 松浦玲·江藤淳他編(1994),『勝海舟全集 全22巻』, 講談社, 第8巻 참조.
4) 松浦玲·江藤淳他編(1994),『勝海舟全集 全22巻』, 講談社, 第2巻 참조.

위한 경고의 메시지로 책 상자 깊숙이 간직해 두었던 것이었다. 그 내용의 요점은 다음과 같다.

첫 번째로, 몸소 태평양을 횡단하여, 실제 미국을 보고 온 체험을 바탕으로, 당시의 세계정세를 다음과 같이 소개하고 있다.

> 세계의 형세는 쉽게 한 나라가 사적으로 할 수 있는 것이 아니다. …… 보라! 지구는 이처럼 협소한 것이다. 만약 잘 그 형세에 달통하여, 그 대도(大道)를 열 수 있다면, 무엇을 두려워할 것이며, 무엇을 꺼릴 것인가? 한 번에 두루 돌아보아서 그 무도함을 바로잡고, 그 순순히 따르는 자를 수용하여 만방을 호령하지 못한다면, 우리 황국(皇國)의 식견이라고 할 수 없을 것이다. …… 이적(夷狄)이란 무도하고 무례하여 금수와 격을 같이 하는 것을 말한다. 그들을 모르고 나를 살피지 않고, 함부로 타국을 노예시하는 것을 어찌 천하의 공도(公道)라고 이르겠는가.

이와 같은 세계 인식을 기반으로 하여, 가이슈는 당시 존황양이파尊皇攘夷派의 이론적 지도자였던 미도 로우코水戸老公·도쿠가와 나리아키德川齊昭의 시대착오와 타국을 노예시하는 태도를 비판하고 있다. 두 번째로,

> 교역하고 화친하는 것은, 타국을 존중하고 자국을 낮추고자 하는 것이 아니다. 위로는 국가의 위신을 떨어뜨리지 않고, 아래로는 무고한 만민을 헤아릴 수 없는 전쟁의 고통으로부터 면하게 하고자 함이다. 개방이냐 쇄국이냐 하는 것은, 천하의 형세와 관련된 것이요, 다 같이 안민치평(安民治平)하기 위한 것이지, 감히 일가(一家)가 사적으로 할 수 있는 것이 아니다.

라고 말하고 있다. 즉, 일국의 외교는 도쿠가와德川 일가一家가 사적으로 할 것이 아니기 때문에, 세계의 형세를 잘 살펴서 실수 없는 선택을 할

것을 호소하고 있다. 세 번째로, 대로大老(역주: 막부의 총리급) 이이 나오스케井伊直弼가 강행한 안세이노다이고쿠安政の大獄5)에 대해서는, 그 공포정치의 결과, 천하의 형세에 어두운 소인들이 판을 치고, 뇌물이 횡행하게 된 것을 비판하고 있다.

1862년에 가이슈는 '군칸부교나미'軍艦奉行並(차장급)라는 직책을 맡아, 코베神戶 해군조련소를 설립하여 일본해군의 인재양성을 담당하였다. 그곳에는 막신幕臣뿐 아니라, 반막부적인 움직임을 보이던 사츠마薩摩 · 조슈長州(역주: 山口縣 북서부 지방)의 지방 무사와 토사土佐(역주: 四國 高知縣)번을 탈퇴한 로우닌浪人(역주: 소속이 없는 무사)인 사카모토 료마坂本龍馬 등도 출입하게 되었고, 가이슈 자신도 구미 제국의 강한 군사력을 모르는 막부 수뇌부를 단념한 듯한 발언을 함으로서, 1862년에는 가이슈가 면직되고, 조련소는 폐쇄되었다. 그러나 1866년에는 막부 수뇌로부터 요청을 받고 다시 군칸부교軍艦奉行에 부임하여, 제2차 조슈長州 정벌征伐의 뒤처리를 맡게 되었다. 그 뒤 "막부의 사정私政을 불허함과 동시에 사츠마薩摩 · 조슈長州의 사정私政도 불허한다"는 입장에서, 내전을 중지시키고 거국일치擧國一致 체제를 확립하여 구미 열강에 대치하여 국가의 독립을 보지保持할 것을 목표로, 막부 말기의 유신정국을 지도하게 된 것이다.

가이슈는 학문의 존재 방식에 대해, 청일전쟁 후 만년의 회상적인 좌담을 채록한 『氷川淸話(히카와세이와)』6)에서, 다음과 같이 술회하고 있다.

나는 나가사키(長崎)에 있던 시절, 교사로부터 가르침을 받은 것이 있다. 그것은 "시간만 있다면, 시가를 거닐면서 무엇이든 보고 기억해 두라. 언젠가는 반드시 쓸모가 있다. 병학(兵學)을 하는 사람은 물론이고, 정치가에게도, 이것은 중요한 일이다"라는 가르침이었다.

---

5) 역주: 安政 5~6年(1858~1859), 井伊直弼이 존양파의 주요 인물들 100여 명을 처벌하거나 사형시킨 사건.
6) 松浦玲 · 江藤淳他編(1994), 『勝海舟全集 全22卷』, 講談社, 第21卷 참조.

세상의 풍상(風霜)을 맞아서 인생의 쓴맛을 보고, 세태의 오묘(奧妙)를 꿰뚫어 인정의 은미함을 다한 다음에야, 더불어 경세(經世)의 요무(要務)를 이야기할 수 있는 것이다.

'주의(主義)'라고들 하고, '도(道)'라고들 하지만, 반드시 '이것만'이라고 단정하는 것을 나는 원래 좋아하지 않는다. 단적으로 도(道)라고 하더라도, 거기에는 대소(大小)·후박(厚薄)·농담(濃淡)의 차이가 있다. 그런데 그 중 하나를 들어 다른 것을 배척하는 일은, 내가 취하지 않는 방식이다.

단순히 탁상에서만 하는 학문을 배척하고, 살아 있는 현실과의 격투를 통해 실천적으로 체득하는 '살아있는 학문'의 중요성을 지적함과 동시에, 다만 한 분야의 학문을 닦아서 다소 지혜를 얻게 되면, 그것으로 만족해 버리는 '소학문小學問'이나 '소지식小知識'을 비판하고 있다. 또, 일정한 주의나 방침만을 고집해서 다른 것을 돌아보지 않는 편협한 학문자세를 부정하고, 전체적인 대세와 근본적인 도리를 포착해서 실수 없는 판단을 하는 통찰력과 결단력의 중요성을 역설한 것이라고 할 수도 있을 것이다.

2. 가이슈의 아시아 인식

가이슈의 『幕末日記(바쿠마츠닛키)』[7]에 의하면, 1863년 4월에 찾아온 조슈長州번의 가츠라 코고로桂小五郎(1833~1877; 훗날의 기도 다카요시木戸孝允)와 대마도對馬島의 오오시마 토모노죠大島友之允, 두 사람과 조선 문제를 의론할 적에, 가이슈가

현재 아시아 제국 중에는 구라파에 저항할 수 있는 자가 없다. 이들은

---

7) 松浦玲·江藤淳他編(1994), 『勝海舟全集 全22卷』, 講談社, 第1卷 참조.

모두 규모가 협소해서, 저들의 원대한 책략에 미치지 못하기 때문이다. 이제 우리가 함선을 내어, 널리 아시아 각국의 군주들을 설득하여, 종횡연합(縱橫連合)을 통해 함께 해군을 성대하게 하고, 유무(有無)를 상통하고, 학술을 연구하지 않으면, 그들의 유린을 피할 수 없을 것이다. 가장 먼저 이웃나라인 조선에서부터 이 점을 설득시킨 뒤에, 지나(支那)에 미치고자 한다.

라고 주장한 결과, 두 사람이 전면적으로 동의했다고 쓰여 있다. 서구 열강에 대항하기 위한 일日·한韓·청淸의 '종횡연합' 구상은, 사토 노부히로佐藤信淵(1769~1850)나 요시다 쇼인吉田松陰(1830~1859) 등이 "조선朝鮮·만주滿州·지나支那를 쳐서 따르게 하라"고 주장하면서, 존황양이파의 지사志士들 대부분이 무력에 의한 대외침략을 생각하던 시대상황을 고려해 보면, 시류時流를 넘어서는 탁월한 견해였음을 알 수 있다.

또 메이지明治 시대에 계몽사상가로 활약한 후쿠자와 유키치福澤諭吉(1835~1901)는 당시, 조슈長州번을 무척 싫어해서, 1866년 7월에 쇼군將軍 앞으로 올린 건의 백서에서, "프랑스에 부탁해서 조슈長州번을 무너뜨린 다음, 그 기세를 몰아 막부를 따르지 않는 여러 번藩들도 쳐부수고, 쇼군將軍을 중심으로 하는 강력한 국가를 건설하여, 문명개화해야 한다"고 주장하고 있었다.[8] 이에 대해 가이슈는 막신幕臣이면서도, 어디까지나 일본 전체를 보는 입장에서 생각할 것을 호소했을 뿐만 아니라, 서구 열강의 침략에 대한 방위책으로, 아시아적인 시야를 견지하는 일국만으로는 지킬 수 없는 일의 중요성을 역설한 것이라고 할 수 있을 것이다.

1867년 12월, 왕정복고王政復古의 대호령大號令이 나온 직후에 사직서와 함께 올린 『愼言一書(훈켄잇쇼)』[9]에서, 가이슈는 급변하는 정국에 관련하여 다음과 같이 서술하고 있다.

---

8) 中島岑夫著(1991), 『幕臣福沢諭吉』, ＴＢＳブリタニカ 참조.
9) 松浦玲·江藤淳他編(1994), 『勝海舟全集 全22卷』, 講談社, 第1卷 참조.

대개 정부란 전국을 진무(鎭撫)하고 백성을 무육(撫育)하여 나라를 부유하게 하고, 간신배를 억누르고 어진 이를 높이며, 국민들이 바라는 바를 알며, 외국에 믿음을 잃지 않고, 백성을 수화(水火) 속에서 구제할 수 있어야만, 참다운 정부라고 일컬을 수 있을 것이다. 비유하자면 조지 워싱턴이 나라를 세웠듯이 천하에 큰 공이 있으면서 자기 직책을 사유(私有)하지 않고, 적절히 어루만질 줄 알아야만, 진정으로 선망(羨望)하고 경복(敬服)할 만한 자격이 있다 할 것이다.

오늘에 이르러 또한 의회 정부를 세우자는 의견이 있는데, 가만히 생각해 보면 국민들의 식견이 열리고 있음이 자명하므로 앉아서도 앞날을 충분히 예측할 수 있다. 이제부터 앞으로 국민의 식견이 더욱 더 진보하게 되면, 이를 통솔하는데 공명정대하게 할 것이요, 권모술수를 쓰지 말고 성실고명(誠實高明)하게 한다면, 두 손을 놓고서도 천하를 일신할 수 있지 않겠는가?

막부 말기의 가츠 가이슈는, 정치적으로 고립되어 언제나 자객이 목숨을 노리는 위험에 노출되어 있었으나, 요코이 쇼난橫井小楠(1809~1869) 등으로부터 계시받은 공의정체론公議政体論을 잊어버리지 않고 그것을 실현할 의욕을 변함없이 지속하고 있었다. '요순의 정치'에 상통하는 미국풍의 공화정치를 실현하기 위해서도, 막부의 각료들에게 '사욕을 버리고 공평하게 양찰諒察할 것'을 바라마지 않을 수 없었던 것이다.

1868년 1월 가이슈는, 오쿠보 도시미치大久保利通(1830~1878) · 사이고 다카모리西鄕隆盛(1827~1877) 등, 신정부의 참여 중역들에게 일서一書[10]를 제출하였는데, 여기서 당시의 정국에 관하여 다음과 같은 경고를 발했다.

---

10) 松浦玲 · 江藤淳他編(1994), 『勝海舟全集 全22卷』, 講談社, 第1卷 참조.

멀리는 인도의 파멸(세포이 난을 계기로 식민지가 된 일)과 가까이는 지나(支那)의 장모(長毛 - 長髮賊, 태평천국의 난)의 난에서, 관병들은 시비곡직을 따지면서 동족을 상식(相食)하였고, 서양제국은 그 허점을 이용했으며, 이제 황국(皇國)도 거의 같은 길로 빠져들고 있다. 입으로는 근왕(勤王)을 외치면서 대사(大私)를 품으니, 황국이 무너지고 만민이 도탄에 빠지는 것을 살피지 못한다. 이 상황을 무어라 형언할 수 있을 것인가?

요컨대, 가이슈는 도쿠가와德川 가문의 운명도 사라질 것이지만, 근왕勤王을 표방한 사츠마薩摩·조슈長州번을 정벌하려는 '대사大私'가, 민중을 전란에 휩싸이게 해서, 인도나 중국처럼 서구열강의 식민지 지배를 초래할 것이라 우려하고, 막료들의 영단을 요구하지 않을 수 없었던 것이다. 이러한 시국인식을 가지고 있었기 때문에, 가이슈는 '관군官軍'의 에도江戶 성城 총공격 직전에, 그 참모로 근무하고 있던 지인知人 사이고 다카모리西郷隆盛, 島津齊彬의 심복과 직접 담판을 해서, 에도江戶 시가전을 피하도록 할 수 있었던 것이다.

명치유신 이후 가이슈는, 초기에는 신정부新政府의 요직에 취직하기를 거절하였으나, 1872년 해군대보海軍大輔에 취임하고 이듬해에는 참의 겸해군경參議兼海軍卿에 영전하였으나, 1875년에는 다시 무관無官이 되었다. 1887년 백작의 작위와 추밀원고문관의 직책을 맡기는 하였으나, 만년의 가이슈는 오로지 구막부舊幕府의 역사편찬과 사츠마薩摩·조슈長州번의 벌열 정권을 감시하는 역할을 맡아 시사時事를 방담放談하는 것으로 나날을 보냈다. 특히 메이지明治 중기 최고 권력자로 군림했던 이토 히로부미伊藤博文(1841~1909)에 대해서는, 엄격한 비판의 눈길을 늦추지 않았다.

명치 10년대 후반부터, 후쿠자와 유키치福澤諭吉의 「탈아시아론脱亜論」[11]

---

11) 『福沢諭吉全集』(1960), 第10卷 참조.

등 일본 국내에서는 조선을 문명개화에 뒤떨어진 나라로 열등시하는 여론이 널리 퍼져 있었으나, 일·청전쟁의 전야였던 1894년 4월, 가이슈는 다음과 같은 담화[12]를 발표하고 있다.

> 조선을 두고 '반망국(半亡國)' 혹은 '빈약국(貧弱國)'이라고 경멸하지만, 내가 보기에는 조선에도 이미 소생의 시기가 다가오고 있다. 대개 '완전히 죽어버리면 다시 소생한다'고 하는 일국의 운명에 관한 생리 법칙이 세상에는 있다. 조선도 여태까지는 실로 빈사 상태에 있었지마는 이제부터는 반드시 소생하리라 여긴다. 이것이 조선에 대한 나의 진단이다.
>
> 그러나 조선을 바보 취급한 것도 다만 근래에 와서의 일이다. 옛날 일본 문명의 씨앗은 모두 조선에서 수입한 것이었으니까, 특히 토목공사 같은 것은 완전히 조선인에게서 배운 것이었다. … 수백 년 전에는 조선인도 일본인의 스승이지 않았는가?

가이슈는 세상의 통설에 대항해서 일본 문명의 원류가 조선에서 발했으며, 일본인은 오랫동안 조선인을 스승으로 존경해 온 역사의 경과를 분명히 하였다. 그리고 조선인이 지닌 저력을 평가하고, 조선의 장래에 크게 기대하고 있음을 표명하였던 것이다. 또 일·청 전쟁에 관해서, 가이슈는 대의명분이 없는 전쟁이라 하여 전전戰前·전중戰中·전후戰後를 일관해서 통렬한 비판[13]을 쏟아놓았다.

> 일·청 전쟁에 대해 나는 대단히 반대했었다. 왜냐하면 형제간의 싸움은 개도 싫어한다지 않는가? 가령 일본이 이긴다고 한들 무엇이 어찌 되는가? 지나(支那)는 역시 스핑크스처럼 외국의 것들이 알지 못하는 사이에

---

12) 松浦玲·江藤淳他編(1994), 『勝海舟全集 全22卷』, 講談社, 第21卷 참조.
13) 위의 책 참조.

한정된 것이다. 지나(支那)의 실력을 알고 나면 그것으로 끝, 구미(歐美)에서 잇달아 쉴 새 없이 밀려오게 될 것이다. 즉 구미인이 알지 못하는 사이에, 어떻게든 일본이 지나(支那)와 짜고 상업이든 공업이든 철도든 하기에 달려 있는 것이다. 어쨌든 지나(支那)의 5억 민중은 일본에게 있어 최대의 고객이 아닌가. 또 지나는 옛날부터 일본의 스승이 아니었는가? 그러니 동양의 일은 동양인끼리 어떻게 해결하느냐에 달린 것이다.

문화의 측면에서 오랫동안 일본의 스승이었으며, 형님뻘이었던 중국과 전쟁을 하는 어리석음을 지적함과 동시에, 서구 열강이 동양의 시장을 치고 들어오기 전에 근린국의 친분으로 상호간의 상공업을 발전시키는 편이 상책임을 역설하고 있다. 또 더 나아가 전승 기분에 취해 있는 일본 국민에게는, 다음과 같은 경고[14]를 발하고 있다.

세상에서는 백전백승이라고 좋아들 하고 있지만, 지나(支那)에서는 정작 별다른 느낌도 없는 것이다. 이쯤 되면, 그 나라가 어지간히 크다는 것을 알 수 있다. 지나 사람들은 제왕(帝王)이 바뀌든, 적국이 와서 나라를 빼앗든, 거의 마이동풍(馬耳東風)이다. 야! 제왕이 바뀌었나? 야! 일본이 와서 우리나라를 빼앗았는가? 라고 하면서 예사로 여긴다. 바람이 부는 정도로도 느끼지 않는다. 느끼지 않는 것도 당연하다. 하나의 황실이 망하고 다른 황실로 바뀐다든지, 누가 와서 나라를 빼앗는다든지, 사회 전체는 의연하게 옛 모습을 보존하고 있기 때문에, 국가가 한번 흥하고 망하는 것은 코끼리의 몸을 모기나 등에가 무는 정도로 밖에 느끼지 않는 것이다.

어쨌든 일본인이 전쟁에 이겼다고 너무 뽐내고 있다가는, 나중에 크게 혼쭐이 나게 되요. 칼이나 총으로 전쟁에 이겼다 하더라도 경제 전쟁

---

14) 위의 책 참조.

에서 지게 되면, 그 나라는 대책이 없는 것이니까! 그리고 이 경제 전쟁
에 있어서는, 일본인이 도저히 지나인(支那人)에게 미치지 못한다는 점
을 생각할 때, 나로서는 남몰래 걱정스럽지 않을 수 없어요.

정권의 영고성쇠와 왕조의 흥망을 빈번하게 체험해 온 중국 사람들
에게 있어서, 일·청 전쟁의 패배는 그저 사소한 일에 불과하다. 정부 차
원에서 패배한 전쟁에 거의 타격을 받는 일이 없이, 고집스럽고 강인하
게 살아온 중국 민중에 대해, 가이슈는 외경의 염을 품고 있었던 것은
아닐까? 또 일본은 군사 전쟁에서는 이기더라도, 경제 전쟁에서는 중국
에 지고 있다는 점을 깨닫지 않으면 안 된다는 점을 호소하려 했던 것으
로 보인다. 또 일·청 전쟁의 강화조약에 대해서는 다음과 같이 코멘
트[15]하고 있다.

　　강화담판의 때였나, 당시에 나의 숙(塾, 海軍操練所)에 있었던 무츠
　무내미츠(陸奧宗光(1844~1897)가 외무대신으로 담판을 조정하고 있었던
　관계도 있고 해서, 겸사겸사 당국에 글을 올려서 주의를 주게 되었다. 당
　시 나의 의견은 '일본은 조선의 독립과 보호를 위하여 싸웠으므로, 한 치
　의 땅도 취해서는 안 된다. 그 대신에 많은 배상금을 취하는 것이 매우
　중요하다. 또 당연히 그 배상금의 용도는 지나(支那)에 철도를 부설하는
　데 한정해야 한다. 즉 지나(支那)에서 받은 배상금으로 지나(支那)의 교
　통을 편리하게 하는 것이다. (이렇게 하면) 지나(支那)는 반드시 기쁘게
　응할 것이다.'라는 것이었다.

일본은 전쟁의 목적으로 내세웠던 대의명분 그대로 행동하고, 영토
를 강탈하는 등의 일은 절대로 해서는 안 된다는 점, 전쟁 배상금의 사

---

15) 위의 책 참조.

용은 자국의 이익을 위한 것이 아니라, 철도 등 중국의 교통을 편리하게 해주는데 한정해야 함을 강조하고 있다. 말하자면 중국 측의 원한을 살 만한 일은 피하고, 중국 측에서 좋아할 만한 시책을 채용하는, 이른바 '요코츠나스모橫綱相撲'의 자세로 대처해야 한다는 취지이다. 또 위정자가 전쟁에 대해 가져야할 기본적인 마음가짐에 대해 다음과 같이 설명16)하고 있다.

> 전쟁이라고 하는 것은 결코 쉽게 해서는 안 되는 일이지요. 막부의 말로를 보십시오. 죠슈(長州) 정벌(征伐) 같은 바보 같은 짓을 했기 때문에, 돈만 쓰고 결국에는 막부의 운명을 단축한 셈이에요.
>
> 일본 것들은 지나(支那)가 약하다 약하다고 하지만, 그것은 당연한 결과에요. 이는 이홍장(李鴻章)과 관련된 군대가 활동했기 때문에 가능했던 일이지, 아마도 지나인(支那人) 중에는 일·청 전쟁이 있었던 것도 잘 모르는 사람이 있을 정도였을 테니까!
>
> 지나인(支那人)은 옛날부터 민족을 중심으로 발달해 와서, 정부라고 하는 것에는 거의 무게를 두지 않는 인종이지요, 그것이 바로 요순의 정치이지. 이런 생리를 잘 수용해서 지나(支那)에 대처하지 않으면, 황당한 실패를 볼 수 있어요, (사실) 지나(支那)의 정부 따위는 어찌 되던 상관없는 일이 아닌가요?

가이슈는 막부 말기 이후로 아시아동맹론자였기 때문에, 후쿠자와 유키치福澤諭吉처럼 "문명"국의 일원으로 '야만적인 지나支那를 토벌한다'는 사상에 동조할 수는 없었다. 일·청 전쟁의 전이나 후나, 가이슈는 문명의 선배국으로 중국과 조선에 대한 외경심을 잃지 않았던 것이다. 국가나 정부의 얄팍한 정책보다는 인민의 생활과 사회에 무게를 두는 중

---

16) 위의 책 참조.

국인의 특성을 고대 중국의 '요순의 정책' 이래의 훌륭한 전통으로 평가하고, 앞으로 일본은 오히려 이와 같은 중국에게서 배우는 것이 실수 없는 정책으로 이어질 것이라는 점을 제창한 것이다.

3. 가이슈의 '문명개화'관

대일본제국헌법이 발포된 지 2년 뒤인 1891년 7월, 가이슈는 '문명의 관찰을 잘못하지 말지어다'[17]라는 제목의 평론을 쓰고, 구미제국을 둘러본 정치가나 학자들이 구미제국의 본질을 잘 관찰하지 못한 채, 그 지엽말절적枝葉末節的인 부분들을 몰주체적으로 이식하는 것으로 만족하고 있는 풍조를, 다음과 같이 비판하고 있다.

> 저를 알고 나를 아는 것을 일을 처리하는 요무(要務)로 삼아, 타국의 사물을 관찰하려고 하면, 먼저 우리나라의 사태를 익숙히 알지 않으면 안 된다. 그래서 외국에 유람하여 다만 그들이 부강한 원인을 찾고, 그들의 발달 진보한 큰 모습을 살피면 되는 것이다. (여기에는) 세문번제(細文繁制)처럼, 결코 거액의 자본을 투자해서 몇 년의 세월을 소비할 만한 가치가 있는 것이 아니다. 장난스럽게 지엽말절적인 사물을 모방하여, 그것을 운용하는 본심을 빠뜨린다면, 추호도 나라에 도움이 되지 않는다. … 식견이 정해지지 못하고 나라의 본체(本體)를 알지 못한 채, 서둘러 서양에 노니는 학자들, 그들이 나라에 미치는 효과는 20년 이래 세상이 익히 아는 바이다. 앞으로 양행(洋行)하는 자, 이러한 잘못을 두 번 다시 범하지 않기를 바란다.

서구의 문물이나 제도의 배후에 있는 것을 대국적大局的으로 냉정하

---

17) 위의 책 참조.

게 고찰하는 일을 하지 않고, 겉보기에 신기한 쓸모없는 것들만 모방하려는 풍조를, 가이슈는 견디지 못했던 것이다. 또 일본의 긴 역사나 독자적인 풍토를 제대로 배우지 못한 채, 외국을 유람할 때 간간히 눈에 뜨인 것을 위대한 '문명'의 본체로 착각해서 이식을 권하는 것과 같은 졸속정책을 계속한다면, 도리어 나라에 해악을 끼치는 일이 된다고 확신하고 있었던 것은 아닐까?

일·청 전쟁의 이듬해인 1896년, 전국에 맹위를 떨쳤던 폭풍우가 와타라세渡良瀬 강 유역의 도치기栃木·군마群馬현 지역을 바로 쳐서, 이를 계기로 긴 세월동안 개천 밑바닥에 축적되어 있던 아시오足尾 동산정련소銅山精鍊所의 광독鑛毒이 범람해서 유역 일대를 오염시키고, 농작물을 고사시키는 등, 심각한 피해를 가져왔다. 그때까지 울면서 참고 있었던 유역 일대의 주민들도, 드디어 집단적인 항의행동으로 들고 일어나, 세인의 주목을 끌게 되었다. 이 사건을 고발한 중의원 의원 다나카 쇼조田中正造(1841~1913)를, 많은 세인들은 처음에는 '야마시山師(역주; 사기꾼)'처럼 취급하였으나, 광독鑛毒의 현지를 시찰한 사람들 중에서 인식을 고쳐서 광독 제거의 성명에 찬동하는 자가 나왔다. 당시의 농상무대신農商務大臣인 에노모토 다케아키榎本武揚(1836~1908)는, 현지 시찰에서 받은 충격으로 농상무대신직을 인책 사임하기에 이르렀다.

이에 대하여 후쿠자와 유키치福澤諭吉는 자기가 주관하는 『時事新報지지신보』의 지면을 통해, 현지 시찰을 하더라도 전문가가 아니면 진상을 알 수 없다거나, 한 지방의 일개 사건에 군이 대신大臣이 가볼 필요는 없다는 등의 이유로 반대론을 펼치고 있다. 문명개화를 주창한 후쿠자와 유키치도 피해농민의 구제에는 등을 돌렸던 것이다. 이 광독鑛毒 문제에 대해 가이슈는, 다음과 같이 발언[18]하고 있다.

어떠한가, 광독 문제는 어떠한가? 옛 막부는 야만이고, 오늘날은 문명

---

18) 위의 책 참조.

이라고들 한다. … 문명의 대설비로 산을 굴착하면서, 거기에 따라야할 나머지 설비들은 수반하지 못한 것이다. 이래서야 바다에 소변을 본 것과는 다르지 않겠는가? … 아직도 모르겠는가? … 근본이 잘못되어 있는 것이다.

옛 막부 시대의 자연파괴는 규모가 작았기 때문에, 거기에 따르는 광독의 오염도 경미한 수준에 머물고 있었으나, 오늘날 문명사회에서의 자연파괴는 규모가 큰 만큼, 광독의 오염문제도 경미한 것으로 처리해 버릴 수 없게 되었다. 그만큼 근본적인 개혁이 필요하다는 뜻이다. 광독문제의 타개책으로 가이슈는 다음과 같은 제언[19]을 하고 있다.

> 광독 문제는 바로 중지하는 수밖에 없다. 이제 와서 그 처치법을 강구하는 것은 임시방편일 뿐이다. 먼저 정론(正論)으로 타개하여, 전정부의 잘못을 고치고, 그 대강(大綱)을 바로잡은 다음, 그런 뒤에 처분방법을 의논해야한다. … 전정부의 잘못을 고치는 일은, 현 정부가 해야 할 일이다. 잘못을 감추는 것은 바람직하지 않다.

아시오足尾의 광독문제는 고식적인 미봉책이 아닌, 광독 방지의 목표가 서지 않는 한, 광독발생의 근원인 정련소의 조업을 정지시키는 수밖에 없다고, 가이슈는 명확하게 단정하고 있다. 전 정권 담당자인 이토 히로부미伊藤博文나 무츠 무내미츠陸奥宗光의 정치적 책임을 명확히 해서, 정책을 전환시키는 일이 당장의 큰 정치 과제라는 뜻이다. 이에 더해서 가이슈는 문명개화의 본질을 다음과 같이 지적[20]하고 있다.

> 옛 막부를 야만이라고 한다면, 그것은 그렇다고 치자. 이토(伊藤) 씨

---

19) 위의 책 참조.
20) 위의 책 참조.

나 무내미츠(陸奧) 씨를 문명의 정점이라고들 하지 않는가! 문명이라고 하는 것은 이치를 생각해서 백성에게 해가 되지 않게 하는 것이 아니던 가? 그래서, 문명의 흐름을 따르라고 말하는 것이다.

광독 문제에 관해서는, 야만이라 불리어지는 옛 막부 시대에는 주민을 울리고 괴롭히는 일이 적었으나, 문명개화라고 하는 당시의 일본이 주민을 울리고 괴롭히는 일이 많다. 즉 메이지明治 시대에 오히려 백성의 목숨이나 삶을 지키는 일이 허술하게 취급되고 있다. 그것은 근본적인 구조가 잘못되어 있기 때문이므로, 이를 제대로 개혁할 책임이 있는 것이다. 가이슈는 문명의 본질을 '이치를 생각해서 백성에게 해가 되지 않게 하는 것'이라고 훌륭하게 정의한 다음, 그 당연한 귀결로 위정자들에게 문명의 흐름을 따르라고 요구하고 있는 것이다.

1898년 6월 말, 제3차 이토 히로부미伊藤博文 내각이 퇴진하고 일본 최초의 정당 내각인 제1차 오쿠마 시게노부大隈重信 내각이 탄생했다. 그 직전에 다나카 쇼조田中正造는 광독 제거의 난항을 고심한 끝에, 병으로 사망하기 약 200일 전에 가이슈를 방문하였다. 이때 가이슈는, 다음과 같은 증서21)를 써서, 쇼조正造에게 건네주었다.

> 다나카 쇼조(田中正造), 백년 뒤 정토 또는 지옥의 강을 너머선 그 때에는 반드시 총리로 천거하여 올리겠습니다.
> 신청인, 반사노옹(半死老翁) 가츠 야스요시(勝安芳)
> 아미타 · 염라 양집사 어중(御中)

쇼조正造가 올린 광독제거 청원은 당시, 신정권에서도 그냥 내버려지고 있었는데, 가이슈는 그 고립무원의 쇼조正造에게, 농담이기는 하지만

---

21) 渡良瀬川研究会編(1981), 写真紹介 · 解説 참조.

'그대를 100년 지난 뒤에 정토나 지옥에서 총리대신으로 천거하겠다는 증서를 주었던 것이다. 당시, 메이지明治 시대의 국가는 의원議員의 한 사람이었던 쇼조正造의 직언은 물론 가이슈 자신의 충고도 무시하고, 지방 번벌藩閥에 의한 정권의 책임전가를 계속하면서, 도의에 반한 탈아입구脫亞入歐・부국강병富國強兵 노선으로 돌진하고 있었다. 가이슈는 이처럼 도도한 시세의 조류를 앞에 두고, 실의에 빠진 쇼조正造를 위로하기 위해, 아미타불이나 염라대왕 앞으로 붙이는 증서를 건네주는 수밖에 방법이 없었던 것이다. 거기에 시바 료타로司馬遼太郎(1923~1996)의 소설 『언덕 위의 구름坂の上の雲』에서 묘사되지 않았던 메이지明治 후기의 비극이 가로 놓여 있었다고 말할 수 있을 것이다.

조창록(성균관대 대동문화연구원 책임연구원) 옮김

勝海舟の東アジア認識と"文明開化"觀

別所興一*

1. 勝海舟の思想形成と實學觀

　勝海舟1823~99は、幕末維新期に活躍した政治家で、通称鱗太郎、名は
義邦、のち安房と改名した。海舟は号である。幕府直屬とはいえ年俸米41俵
の貧乏武士の家に生まれた海舟は、若くして劍道を學び、免許皆伝の腕前に
達したが、その師のすすめで西洋兵學を志して蘭學にとり組み、二十八歳で
蘭學塾を開くに至った。1853年のペリー來航時に老中阿部正弘の諮問に応じ
て蘭學的知見に基づく『海防建言』書[1]を提出したことから、幕府の上級役人
に注目され、幕府の蘭書翻譯担当の役職に推擧された。アヘン戦争の情報に
接して植民地化の危機を意識していた海舟がその意見書の中で特に強調した
ことは、次の通りである。

　海防を進める上で一番大切なことは、幕臣や家格という制限を取り拂っ
て幕府の役人に優れた人材を登用することであり、次に今後の海防のために
は西洋諸國に劣らぬ軍艦が必要である。その高額の製造費用を民衆に負担さ
せると民衆が疲弊するから、清國・ロシア・朝鮮などとの貿易によって稼ぎ
出すのがよい。また、天文學・地理學・物理學などを含む幅廣い兵學の教練
學校や科學技術研究所を設立することも提言したい。

　この海舟の意見書は、大筋において幕府の政策に採用され、1855年には

　＊ 愛知大學

1) 松浦玲・江藤淳他編著『勝海舟全集』第 2 巻(講談社 1994年)

長崎海軍伝習所が設立され、海舟自身が伝習生百余名の生徒監として長崎に赴任することになった。海舟が三年数ヶ月の伝習所生活で習得したのは、單にオランダ式海軍の理論・實技やそのベースになる諸科學だけでなく、幕臣の立場を越えた日本人としての自覺であった。すなわち、海舟はここでの教育や開明的な薩摩藩主島津齊彬1809~58[2]との出會いを通じてネーションとしての自覺を呼びさまされ、旧弊にとらわれた幕府政治に對する批判の眼と、幕政改革の構想を持つに至ったのである。

　1860年1月、日米修好通商條約の批准交換のため幕府がアメリカに使節を派遣した際に、同使節とは別に海舟を指揮官とする咸臨丸が、伝習所仕込みの航海技術を實習する名目で太平洋横斷航海に隨行した。2ヶ月ほど滯在したアメリカで海舟が實見した[3]のは、士農工商の差別なく合理的な生活を營む住民の生活と、幕藩制社會の日本とは根本的に異なる豪華な"文明模樣"だった。日本が歐米諸國の植民地化の道を歩まないためには、その進んだ科學技術や政治システムを學ぶ必要を痛感したようである。歸國直後に書いた隨想「まがきのいばら」[4]には、当時の日本の政治狀況に對する海舟の見解が、あらわに表現されている。この隨想は、彼自身公表する意志はなく、後世への警告書として彼の書箱の奥深くしまいこまれたものであった。その内容の要点は、次の通りである。

　第一に、みずから太平洋を横斷し、アメリカを實地に見てきた体験を踏まえて、当時の世界情勢を次のように紹介している。

　　「宇内の形勢はよく一國の私する所にあらず。…それ、地球はかくばかり狹小なるものをや。もしよくその形勢に通じ、その大道を開するに至りては、い

---

2) 拙論「幕末の薩摩藩主・島津齊彬の實學觀と経世濟民の思想」(第8回東アジア實學國際シンポジウム、中國・湖南大學、2004年11月)
3) 松浦玲・江藤淳他編著『勝海舟全集』第8卷(講談社 1994年)
4) 松浦玲・江藤淳他編著『勝海舟全集』第2卷(講談社 1994年)

づれをか恐れ、いづれをか憚からん。一舉周遊、その無道を正し、その順伏を
容れ、万邦を指令せんぞ、わが皇國の見識ならん。…夷狄といふは、その道な
く、その礼なく、禽獣と類を同じくするをいふなり。彼を知らず、己を詳らか
にせず、みだりに他邦を奴視する者は、豈，天下の公道といはん。」

　このような世界認識に基づいて海舟は、当時、尊皇攘夷派の理論的指導
者だった水戸老公・德川齊昭の時代錯誤や他邦奴隷視を批判している。
　第二に、「交易和親なすは、他邦を尊び、自國をおとしめむがためにはあ
らず。上、國威をお　とさず、下、万民の無辜にして測らざる戰苦をまぬが
れしめむとなり。開鎖は天下の形勢に係れり。ともに安民治平のためにし
て、敢へて一家の私する所にあらず。」と說いている。つまり、一國の外交
は德川一家の私するところではないから、よく世界の形勢を考察して、過ち
のない選擇をするように訴えている。
　第三に、大老井伊直弼が強行した安政の大獄については、その恐怖政治
の結果、天下の形勢に暗い小人がはびこり、賄賂が橫行するようになったこ
とを批判している。
　1862年に海舟は、「軍艦奉行並次長」という役職に就き、神戸海軍操練所
を設立して日本海軍の人材育成に当たった。そこには幕臣だけでなく、反幕
府的な動きを示す薩摩・長州藩士や土佐脱藩浪人の坂本龍馬らも出入りする
ようになり、海舟自身も歐米諸國の軍事力の強さを知らない幕府首腦部を見
かぎるような發言をしたことから、1862年には海舟は免職され、操練所は閉
鎖となった。しかし、1866年には幕府首腦から乞われて軍艦奉行に復職し、
第二次長州征伐の後始末をやらされた。その後、幕府の「私政」を許さず、薩
摩・長州藩の「私政」も許さず、という立場から內戰を停止し舉國一致体制を
確立することにより、歐米列強に對峙し國家の獨立を保持することをめざし
て、幕末維新期の政局をリードすることになったのである。
　海舟は學問のあり方については、日清戰爭後の晚年に回想的な座談を採

錄した『氷川淸話』[5]において、次のように述懷している。

> 「おれが長崎にいたころに、敎師から敎えられたことがある。それは『時間さえあれば、市中を散步して、何事となく見覺えておけ。いつかは必ず用に立つ。兵學をする人はもちろん、政治家にも、これは大切なことだ』と、こう敎えられたのだ」

> 「世間の風霜に打たれ、人生の酸味をなめ、世態の妙を穿ち、人情の微をきわめて、しかるのち、共に経世の要務を談ずることができるのだ」

> 「主義といい、道といっても、必ずこれのみと斷定するのは、おれは昔から好まない。單に道といっても、道には大小・厚薄・濃淡の差がある。しかるにその一をあげて他を排斥するのは、おれの取らないところだ」

單なる机上の學問を排して、活きた現實との格鬪を通じて實踐的に体得する"活學問"の大切さを指摘するとともに、「ただ一科の學問を修めて、多少知恵がつけば、それで滿足して」しまう"小學問"や"小知識"を批判している。また、一定の主義や方針に固執して他を顧みない偏狹な學問姿勢を否定して、よく大局や根本道理をとらえて過ちのない判斷をする洞察力・決斷力の重要性を力說しているとも言えよう。

2. 海舟のアジア認識

海舟の『幕末日記』[6]によれば、1863年4月に訪ねてきた長州藩の桂小五郎1833〜77、後の木戶孝允、對馬の大島友之允の二人と朝鮮問題を議論した際に、海舟が『我が策は、当今亞細亞洲中、歐羅巴人に抵抗する者なし、これ皆規模狹小、彼が遠大の策に及ばざるが故なり。今我が邦より船艦を出だ

---

5) 松浦玲・江藤淳他編著『勝海舟全集』第21卷(講談社 1994年)
6) 松浦玲・江藤淳他編著『勝海舟全集』第1卷(講談社 1994年)

し、弘く亞細亞各國の主に說き、橫縱連合、共に海軍を盛大し、有無を通じ、學術を研究せずんば、彼が蹂躪を遁がるべからず。先最初、隣國朝鮮よりこれを說き、後支那に及ばんとす」と主張したところ、二人がこれに全面的に同意したと書いている。西歐列强に對抗するための日・韓・淸の「橫縱連合」構想は、佐藤信淵1769~1850や吉田松陰1830~59らが「朝鮮・滿州・支那を切り隨へ」と唱え、尊皇攘夷派の志士の多くが武力による對外侵略を意図していた時代狀況を考えると、時流を拔いた卓見であったことわかる。

また、明治期に啓蒙思想家として活躍する福澤諭吉1835~1901は当時、長州藩が大きらいで、1866年7月に將軍あてに書いた建白書の中で、「フランスに賴んで長州藩を取り潰し、その勢いをかって、幕府に從わない諸藩もつぶして、將軍を中心にした强力な國家を築いて、文明開化すべきだ」と主張していた。[7]これに對して海舟は、幕臣でありながら、あくまで日本全体の見地に立って考えることを訴えただけでなく、西歐列强の侵略への防衛策として、アジア的な視野を持つ一國だけでは守れないことの重要性を力說していたとも言えよう。

1867年12月、王政復古の大号令が出された直後に退職願いとともに上呈した『愼言一書』[8]の中で、海舟は急轉した政局に關して次のように述べている。

　　「それ政府は、全國を鎭撫し下民を撫育し全國を富饒し、奸を押へ賢を擧げ、國民その向かふ處を知り、海外に信を失はず、民を水火の中に救ふをもって眞の政府と称すべし。譬へばワシントンの國を建つるがごとく、天下に大功あってその職を私せず。靜撫宜しきを失はざるは、誠に羨望敬服するに堪へたり。」
　　「今日に到りては、また會議政府の議あり。靜かに考へれば、邦人その識の開くる所自明にして、坐ながらもって後來を占するに足るべし。今より後、邦

---

7) 中島岑夫著『幕臣福澤諭吉』(ＴＢＳブリタニカ 1991年)
8) 松浦玲・江藤淳他編著『勝海舟全集』第1巻(講談社 1994年)

人識量益々進まば、これを統するに大正をもってし、權謀によらず誠實高明ならば、拱手して天下を一新すべきならむか。」

　幕末期の勝海舟は、政治的に孤立し、いつも刺客に命をねらわれる危險にさらされていたが、横井小楠1809～69らから啓示された公議政体論を忘れることなく、その實現の意欲を相変らず持ち續けていた。"堯舜の政治"に通底するアメリカ風の共和政治を實現するためにも、幕閣に「私心を去って公平の諒察」を持つことを願わずにはいられなかったのである。

　1868年1月に海舟は、大久保利通1830～78・西郷隆盛1827～77ら新政府の參与重役に一書[9]を送り届けたが、その中で現今の政局に關して次のように警告を發している。

　　「遠くは印度の破れ(セポイの亂を契機に植民地化されたこと)、近くは支那の地、長毛(長髮賊、太平天國の亂)、官兵是非曲直を鳴らして同族相食み、西洋諸國その虚に乗ず。今や皇國ほとんど同轍に陷らんとす。口に勤王を唱へて大私を挾み、皇國土崩、万民塗炭に陷るを察せず、これを何とかいはん。」

　要するに海舟は德川家の命運もさることながら、勤王を表看板にした薩長藩閥の"大私"が、民衆を戰亂の巻き添えにしてインドや中國のように西歐列強の植民地支配を招きよせることを憂慮し、參与らの英斷を求めずにはいられなかった。こうした時局認識を持っていたからこそ、海舟は"官軍"の江戸城總攻擊の直前に、その參謀を勤める旧知の西郷隆盛島津齊彬の腹心と直談判して、江戸の市街戰を回避させることができたのである。

　明治維新後の海舟は、初め新政府の要職への就職を拒んでいたが、1872年に海軍大輔に就任、翌年には參議兼海軍卿に榮進するが、1875年には無官となった。1887年に伯爵の爵位と樞密顧問官の役職を得たものの、晚年の海

---

9) 松浦玲・江藤淳他編著『勝海舟全集』第1卷(講談社 1994年)

舟は、もっぱら旧幕府の歴史の編著と薩長藩閥政權の監視役としての時事放談に明け暮れた。特に明治中期に最高權力者として君臨した伊藤博文1841～1909に對しては、きびしい批判の手をゆるめなかった。

　明治の10年代後半から、福澤諭吉の「脱亞論」10)など日本國内において朝鮮を文明開化の遅れた國として劣等視する言説がはびこっていたが、日清戰爭前夜の1894年4月に海舟は、次のような談話11)を發表している。

　　「朝鮮といへば、半亡國だとか、貧弱國だとか輕蔑するけれども、おれは朝鮮も既に蘇生の時機が來て居ると思ふのだ。およそ全く死んでしまふと、また蘇生するといふ、一國の運命に關する生理法が世の中にある。朝鮮もこれまでは、實に死に瀬して居たのだから、これからきっと蘇生するだらうヨ。これが朝鮮に對するおれの診斷だ。

　　しかし朝鮮を馬鹿にするのも、ただ近來の事だヨ。昔は、日本文明の種子は、みな朝鮮から輸入したのだからノー。特に土木事業などは、盡く朝鮮人に教はったのだ。…數百年も前には、朝鮮人も日本人のお師匠樣だったのサ。」

　海舟は世の通說に抗して日本文明の源流は朝鮮に發し、日本人は久しい間、朝鮮人をお師匠樣として尊敬してきた歴史経過を明らかにした。そして、朝鮮人の持つ底力を評價し、朝鮮の將來に大きな期待を寄せていることを表明したのである。また、日清戰爭に關しては、海舟は大義名分のない戰爭として戰前・戰中・戰後一貫して痛烈な批判12)をあびせた。

　　「日清戰爭はおれは大反對だったよ。なぜかって、兄弟喧嘩だもの犬も喰はないじやないか。たとへ日本が勝ってもドーなる。支那はやはりスフインクス

---

10) 『福澤諭吉全集』第10卷(岩波書店　1960年)
11) 松浦玲・江藤淳他編著『勝海舟全集』第21卷(講談社　1994年)
12) 松浦玲・江藤淳他編著『勝海舟全集』第21卷(講談社　1994年)

として外國の奴らが分からぬに限る。支那の實力が分かったら最後、歐米から
ドシドシ押し掛けて來る。ツマリ歐米人が分からないうちに、日本は支那と組
んで商業なり工業なり鐵道なりやるに限るよ。一体支那五億の民衆は日本に
とっては最大の顧客サ。また支那は昔時から日本の師ではないか。それで東洋
の事は東洋だけでやるに限るよ。」

　文化の面で久しく日本のお師匠様であり、兄貴分でもあった中國と戰爭
する事の愚かさを指摘するとともに、西歐列強が東洋市場に割り込んでくる
前に近隣國のよしみで相互の商工業を發展させる方が得策であることを力說
している。さらに、戰勝氣分に醉いしれた日本國民に、次のような警告13)を
發している。

　　「世間では百戰百勝などと喜んで居れど、支那では何とも感じはしないの
　　だ。そこになると、あの國はなかなかに大きなところがある。支那人は、帝王
　　が代らうが、敵國が來り國を取らうが、殆んど馬耳東風で、はあ帝王が代つた
　　のか、はあ日本が來て、我國を取つたのか、などいつて平氣でいる。風の吹い
　　た程も感ぜぬ。感ぜぬも道理だ。一つの帝室が亡んで、他の帝室が代らうが、
　　誰が來て國を取らうが、一体の社會は、依然として旧態を存して居るのだから
　　ノー。國家の一興一亡は、象の身体を蚊か虻が刺すくらいにしか感じないの
　　だ。ともあれ、日本人はあまり戰爭に勝つたなどと威張つて居ると、後で大変
　　な目にあふヨ。劍や鐵砲の戰爭には勝つても、経濟上の戰爭に負けると、國は
　　仕方がなくなるヨ。そして、この経濟上の戰爭にかけては、日本人は、とても
　　支那人には及ばないだらうと思ふと、おれはひそかに心配するヨ。」

　政權の榮枯盛衰、王朝の興亡を頻繁に体驗してきた中國人にとって、日
淸戰爭での敗退など、ほんの些細な出來事でしかない。政府レベルでの負け

13) 松浦玲・江藤淳他編著『勝海舟全集』第21卷(講談社 1994年)

戰にほとんど打撃を蒙ることなく、しぶとくしたたかにやり過ごしてきた中國民衆に對して、海舟は畏敬の念を抱いていたのではなかろうか。また、日本は軍事上の戰爭には勝っても、経済上の戰爭では中國に負けていることを自覺しないといけないと訴えたかったようである。また、日淸戰爭の講和條約について、次のようなコメント14)をしている。

　　『講和談判の時かヱ、あの時はおれの塾(神戸海軍操練所)に居た陸奥宗光(1844～97)が外務大臣として衝に当つて居た關係もあり、かたがた当局へ一書を呈して注意もしたわけサ。おれの意見は日本は朝鮮の獨立保護のために戰つたのだから、寸尺の土地も取るべからず。その代り澤山に償金をとる事が肝要だ。もつともその償金の使途は支那鐵道を敷設するに限る。ツマリ支那から取った償金で支那の交通の便をはかつてやる。支那は必ず喜んでこれに応ずるサ。』

　　日本は戰爭目的に掲げた大義名分通りに行動し、領土の強奪など絶對にやるべきでないこと、戰爭賠償金の使途は自國の利益のためではなく、鐵道など中國の交通の便宜にかなうような使途に限定すべきであることを強調している。つまり、中國側の恨みを買うようなことは避け、中國側から喜ばれるような施策を採用する"橫綱相撲"の姿勢で對處すべきであるという趣旨である。また、爲政者が戰爭に對して持つべき基本的な心構えについて、次のように解説15)している。

　　『戰爭などといふやつは決して容易の事でするものでないよ。幕府の末路などを御覽ナ。
　　長州征伐などと馬鹿な事をやつたから、金は使ふ、結局幕府の運命を縮め

---

14) 松浦玲・江藤淳他編著『勝海舟全集』第21卷(講談社　1994年)
15) 松浦玲・江藤淳他編著『勝海舟全集』第21卷(講談社　1994年)

たわけサ。

　日本の奴らは支那が弱い弱いと言ふが、ソレは当り前だよ。アレは李鴻章
の關係の兵が動いたまでサ。恐らく支那人は日清戰爭のあることさへ知らぬ人
があるくらいサ。

　支那人は昔時から民族として發達したもので、政府といふものにはまるで
重きを置かない人種だよ。これがすなはち堯舜の政治サ。この呼吸をよく飲み
込んで支那に對せねば、とんでもない失敗をするよ。支那の政府などドーでも
よいではないか。」

　海舟は幕末期以來のアジア同盟論者であったから、福澤諭吉のように"文
明"國の一員として「野蛮なる支那を討つ」という思想に同調することはでき
なかった。日清戰爭の前も後も海舟は、文明の先輩國として中國・朝鮮に對
する畏敬の念を失うことはなかったのである。國家政府のうすっぺらな政策
よりも人民の生活・社會に重きをおく中國人の特性を、古代中國の"堯舜の
政"以來のうるわしい伝統として評価し、今後の日本はむしろこうした中國
に學んだ方が過ちのない政策につながると提唱したのである。

3. 海舟の "文明開化" 觀

　大日本帝國憲法發布の２年後にあたる1891年7月、海舟は「文明の觀察を
誤るなかれ」16)と題する評論を書き、歐米諸國を巡遊した政治家や學者たち
が歐米諸國の本質をよく觀察しないまま、その枝葉末節的な部分を沒主体的
に移植して事足れりとしている風潮を、次のように批判している。

　「彼を知り我を知るは處事の要務にして、他國の事物を觀察せんと欲せば先
ず我が國の事態を熟知せざるべからず。而して外國に遊びてただ彼が富強の原

---

16) 松浦玲・江藤淳他編著『勝海舟全集』第2卷(講談社　1994年)

因を探り、その發達進步の大相を察すればすなわち可なり。細文繁制のごと
き、決して巨額の資を投じ幾年の光陰を消するの価値を有せるものにあらざる
なり。いたずらに枝末の事物を模してこれを運用する本心を欠く、國家毫も
禪益するところなし。………識見定まらず、我が國の本体を知らずして早々西
洋に遊べる學者、その國家に及ぼせるの効果は二十年來世の熟知せるところな
り。今後の洋行者、この過ちを再びせざらんことを望む。」

　西歐の文物や制度の背後にあるものを大局的に冷靜に考察することをし
ないで、新奇な外見のくだらないことばかり模倣しようとする風潮に、海舟
は我慢ならなかったのである。また、日本の長い歴史や獨自の風土をきちん
と勉強しないまま、外遊時にたまたま見かけたものを偉大なる"文明"の本体
と錯覺して移植を進めるような拙速政策を續けるならば、かえってわが國家
に害惡をもたらすことになると確信していたのではなかろうか。

　日清戰爭の翌年の1896年、全國に猛威をふるった暴風雨が渡良瀬川流域
の栃木・群馬縣域を直撃し、それを契機に長年月川底に蓄積していた足尾銅
山精錬所の鉱毒が、氾濫によって流域一帯を汚染し、農作物を枯死させるな
ど深刻な被害をもたらした。それまで泣き寝入りしていた流域一帯の住民
も、遂に集団的な抗議行動に起ち上がり、世人の注目を集めるようになっ
た。これを告發した衆議院議員の田中正造1841〜1913を、世人の多くは当初
"山師"呼ばわりをしていたが、鉱毒の現地を視察した人々の中から認識を改
めて鉱毒除去の聲明に賛同する者が出現した。時の農商務大臣の榎本武揚
1836〜1908は、現地視察で受けた衝擊により、農商務大臣を引責辭任するに
到った。これに對して福澤諭吉は、自らが主宰する『時事新報』紙上で、現地
視察しても素人には眞相はわからないとか、一地方一事件にわざわざ大臣が
出かける必要はない、などの理由で反對論を唱えている。文明開化を主唱し
た福澤諭吉も、被害農民の救濟には背を向けたのである。この鉱毒問題につ
いて海舟は、次のように發言17)している。

　　「ドウダイ、鉱毒はドウダイ。旧幕は野蛮で今日は文明だそうだ。…文明の
　　大仕掛で山を掘りながら、其他の仕掛は此れに伴はぬ、夫れでは海で小便した
　　とは違ふがね。…わかったかね…元が間違っているんだ。」

　旧幕時代の自然破壊は規模が小さかったから、それに伴う鉱毒の汚染も
輕微な水準に留まっていたが、今日の文明社會での自然破壊は規模が大きい
だけに、鉱毒の汚染も輕微なものとして處理できなくなった。それだけに根
本的な改革が待たれているというわけだ。
　鉱毒問題の打開策として海舟は、次のように提言[18]している。

　　「鉱毒問題は、直ちに停止の他はない。今になって其の處置法を講究するの
　　は姑息だ。
　　　先ず正論によって撃ち破り、前政府の非を改め、其の大綱を正し、而して
　　後にこそ處分法を議すべきである。…前政府の非を改むるは、現政府の役目
　　だ。非を飾ると云うことは宜しくない。」

　足尾の鉱毒問題は、姑息な弥縫策ではなく、鉱毒防止のめどが立たない
かぎり、鉱毒發生源の精錬所の操業を停止するしかないと、海舟は明確に斷
定している。前政權担当者の伊藤博文や陸奥宗光の政治責任を明確にして、
政策轉換させることが現今の大きな政治課題だというわけである。さらに海
舟は、文明開化の本質を次のように指摘[19]している。

　　「旧幕は野蛮だと言ふなら、夫れで宜しい。伊藤さんや陸奥さんは文明の骨
　　頂だと言ふじやないか。文明といふのはよく理を考へて、民の害とならぬ事を

---

17)　松浦玲・江藤淳他編著『勝海舟全集』第21卷(講談社　1994年)
18)　松浦玲・江藤淳他編著『勝海舟全集』第21卷(講談社　1994年)
19)　松浦玲・江藤淳他編著『勝海舟全集』第21卷(講談社　1994年)

するのではないか、夫れだから文明流になさいと言ふのだ」

　鉱毒問題に關しては、野蛮といわれる旧幕時代には住民を泣かせ、苦し
めることは少なかったのに、文明開化といわれる今日の日本の力が住民を泣
かせ、苦しめることが多い。つまり、明治時代の方が、民の命や暮らしを守
ることが粗末に扱われている。それは根本のしくみが間違っているのだか
ら、それをきちんと改革する責任がある。海舟は文明の本質をいみじくも「よ
く理を考へて、民の害とならぬ事をする」ことと指摘し、その当然の結果とし
て爲政者にはその流儀に從うよう求めている。

　1898年6月末、第３次伊藤博文內閣が退陣し、日本最初の政党內閣である
第1次大隈重信內閣が誕生した。その直前、田中正造は鉱毒除去の難航を苦
慮して、病沒約２００日前の海舟を訪問した。その時海舟は、次のような証
文[20]を書いて、正造に手渡した。

　　　「田中正造　百年の後、淨土又地獄江罷越候節は、屹度惣理に申付候也。請
　　　人　半死老翁　勝安芳　阿弥陀閻魔兩執事　御中」

　正造の鉱毒除去の請願は当時、新政權からも見捨てられようとしていた
が、海舟はその孤立無援の正造に對して、戲れ言ではあるが、あなたを百年
後に淨土か地獄かで總理大臣にしてやるという証文を手渡したのである。当
時、明治國家は一議員の正造の直言はもちろん、海舟自身の忠告も無視し
て、藩閥による政權のたらい回しを續け、道義に反した脱亞入歐・富國強兵
路線を突き進んでいた。海舟はその蕩々たる時勢の潮流を前にして、失意の
正造を慰めるのに、阿弥陀仏や閻魔大王に宛てた証文を手渡すことしかでき
なかったのである。そこに司馬遼太郎1923～96の小說『坂の上の雲』に描かれ

───────────────
　20）渡良瀬川研究會編『田中正造と足尾鉱毒事件研究』4号の寫眞紹介・解說(伝統と
　　　現代社 1981年)

ることのなかった明治後期の悲劇が横たわっていると言えよう。

참고문헌

松浦玲著『勝海舟と幕末明治』(講談社 1973年)

松浦玲著『明治維新私論 アジア型近代の模索』(現代評論社　1979年)

松本三之介著『近世日本の思想像』(研文出版 1984年)

松浦玲著『明治の海舟とアジア』(岩波書店 1987年)

杉浦明平・別所興一編著『江戸期の開明思想』(社会評論社　1990年)

松浦玲・江藤淳他編著『勝海舟全集 全22巻』(講談社 1994年)

M. W. スティール著『もう一つの近代』(ぺりかん社 1998年)

半藤一利著『それからの海舟』(筑摩書房 2003年)

板倉聖宣著『勝海舟と明治維新』(仮説社 2006年)

宮地正人他編著『勝海舟を軸に日本の近現代史を考える』(下町人間総合研究
　　　　所 2009年)

참고문헌

1. 자료

1) 한국 자료

『朝鮮王朝實錄』, 『開元占經』, 『金華知非集』, 『性理精義』, 『宋書』 天文志,

『數理精蘊』, 『隋書』 天文志, 『林園十六志』, 『晉書』 天文志,

『海東農書』(徐浩修),

權斗經 편, 『溪門諸子錄』 筆寫本.

權相一, 『淸臺集』.

김윤식, 『續陰晴史』, 『雲養集』.

南九萬, 『藥泉集』.

朴珪壽, 『瓛齋集』.

박지원, 김택영 편, 『重編燕巖集』, 국립중앙도서관 소장본.

변영만, 實是學舍 고전문학연구회 역주(2006), 『변영만 전집』, 성균관대학교 대동문화연구원.

송백옥, 『東文集成』, 영진문화사 영인본.

신채호, 『改訂版 丹齋申采浩全集』, 형설출판사(1977).

_____, 『단재 신채호 전집』, 독립기념관 한국독립운동사연구소(2007).

심대윤, 「左國定論」·「國語定論」『심대윤전집』, 성균관대학교 대동문화연구원 刊.

_____, 「欽書駁論」『심대윤전집』 1, 성균관대학교 대동문화연구원 刊,

_____, 『論語』 16, 『한국경학자료집성』 32, 성균관대학교 대동문화연구원 刊.

_____, 『福利全書』, 서울대 규장각본,

_____,『福利全書』, 정인보의 「識」(고려대학교 소장)

_____,『象義占法』,『한국경학자료집성』116, 성균관대학교 대동문화연구 刊.

_____,『中庸訓義』,『한국경학자료집성』17, 성균관대학교 대동문화연구 刊.

_____,『閑中隨筆』, 정인보의 「識」(연세대학교 所藏).

안재홍,『민세 안재홍 선집』, 지식산업사(1981~2008).

李瀷,『星湖全集』,『星湖僿說』.

李守淵 등(1972),『陶山及門諸賢錄』退溪全書 4, 成均館大 大東文化研究院.

_____(2002),『青壁集』退溪學資料叢書 52, 安東大 退溪學研究所.

丁若鏞,『與猶堂全書』, 懷擁出版社(2001).

_____,『增補與猶堂全書』, 景仁出版社(1987).

정인보,『담원 정인보전집』, 연세대학교 출판부(1983).

『開闢』『大韓自強會月報』『東光』『東明』『文章』『비판』『三千里』.

『朝光』『青春』『東亞日報』『朝鮮日報』『朝鮮中央日報』.

2) 중국 자료

顧觀光(1883),「讀周髀算經書後」,『顧氏遺書』.

唐甄(1963),『潛书』, 中华书局.

李之藻,『渾蓋通憲圖說』.

梅文鼎,『曆學疑問補』,『曆學全書』.

黎靖德 編(1994),『朱子語類』, 王星賢 點校, 北京: 中華書局.

王錫闡,『曉菴新法』.

王陽明,『王陽明全集』.

趙爽(注),『周髀算經』.

3) 일본 자료

『近世儒家文集集成』(ぺりかん社),『淡窓全集(增補)』(思文閣),

『松宮観山全集』(第一書房),『岩波日本思想史大系 徂徠學派』,『日本倫理彙編』.

南川金渓,『閑散余録』.

熊澤蕃山, 『集義外書』, 『集義和書』.
中江藤樹, 『翁問答』, 『孝經啓蒙』.

2. 연구논저목록

Cullen, Christopher(1996), Astronomy and Mathematics in Ancient China: the Zhou bi suan jing, CUP.

Neugebauer, Otto(1975), A History of Ancient Mathematical Astronomy, Berlin, Springer-Verlag.

葛榮晉(2002), 『韓國實學思想史』, 首都師範大學出版社.

강경원(1994), 「성호 이익의 정치외교 사상」, 『유교사상연구』7.

姜日天(1999), 『朝鮮朝後期北學派實學思想研究』, 民族出版社.

계승범(2009), 『조선시대 해외파병과 한중관계』, 푸른역사.

曲安京(2002), 『周髀算經新議』, 西安: 陝西人民出版社.

關周一(1998), 「對馬·三浦の倭人と朝鮮」, 朝鮮史研究會, 『朝鮮史研究會論文集』36.

宮地正人他編著(2009), 『勝海舟を軸に日本の近現代史を考える』, 下町人間総合研究所.

金容燮(1970), 「新·舊農書의 綜合과 그 農學思想」, 『朝鮮後期農業史研究』Ⅱ, 一潮閣.

_____(1984), 「18, 9世紀의 農業實情과 새로운 農業經營論」 『增補版 韓國近代農業史研究』上, 一潮閣.

금장태(1996), 「淸臺 權相一의 生涯와 思想」 『퇴계학파의 사상』1, 집문당.

金泰永(2003), 「조선 성리학과 실학의 역사적 연관」 『태동고전연구』19집.

김영(1992), 「연암소설에 대한 남북한 문학사의 서술시각」 『열상고전연구』5, 열상고전연구회.

김남기(2009), 「권상일의 학문과 문학세계」 『문경 산북의 마을들』안동대 안동문화연구소.

김남이(2008), 「'연암(燕巖)'이라는 고전의 형성과 그 기원(1)-19세기~20세
    기 초 연암 박지원이 소환되는 방식을 중심으로」『어문연구』 58, 어문연
    구학회.

김남천, 정호웅 편(2000), 『김남천 전집』, 박이정.

김대중(2009), 「'작은 존재'에 대한 星湖 李瀷의 '감성적 인식'」『대동문화연구
    』 65, 성균관대학교 대동문화연구원.

김명호(2001), 『박지원 문학 연구』, 성균관대학교 대동문화연구원.

_____(2005), 「『燕巖集』 번역에 대하여」『대동한문학』 23, 대동한문학회.

김문식(2009), 「楓石 徐有榘의 학문적 배경」, 진단학회 한국고전연구 심포지엄
    발표문, 3~16면.

김병구(2006), 「고전부흥의 기획과 '조선적인 것'의 형성」『민족문학사연구』
    31, 민족문학사학회.

김언종(1994), 「退溪先生言行錄 解題」『국역 퇴계전서』 27, 퇴계학연구원.

김영진(2005), 「박지원의 필사본 小集들과 작품 창작년 고증」『대동한문학』
    23, 대동한문학회.

김용옥(1990), 『讀氣學說』, 통나무.

김종석(1998), 「陶山及門諸賢錄과 退溪學統弟子의 範圍」『한국의 철학』 26,
    경북대 퇴계연구소.

_____(2000), 「陶山及門諸賢錄의 集成과 刊行」, 경북대 퇴계연구소.

김진균(2008), 「崔益翰의 전통주의 비판과 전통 이해의 방식」『열상고전연구』
    27, 열상고전연구회.

김태준(1987), 「동아시아 문학의 자국주의와 중화주의의 위기」『일본학』, 국대
    학교 일본학 연구소.

김태준, 박희병 교주(1990), 『증보조선소설사』, 한길사.

김태준, 정해렴 편역(1997), 『金台俊 文學史論選集』, 現代實學社.

김태준(1933), 『朝鮮小說史』, 淸進書館.

김하명(1955), 『연암 박지원』, 평양: 국립출판사.

_____(1957), 「연암 박지원의 유산과 오늘의 우리 문학」『연암연구론문집』,

평양: 국립출판사.

能田忠亮(1943), 『東洋天文学史論叢』, 東京: 恒星社.

다카하시 도루(高校亨), 이형성 편역(2001), 『조선유학사』, 한국철학총서 18, 예문서원.

渡辺純成(2009), 「淸代の西洋科學受容」 『淸朝とは何か』, 東京: 藤原書店.

두창구(1990), 「연암 연구사에 대한 고찰(Ⅰ)」 『어문연구』 65·66, 한국어문교 육연구회.

문중양(2000), 『조선후기 水利學과 水利담론』, 집문당.

민병수(1978), 「박지원 문학의 연구사적 검토」, 『한국학보』 13, 일지사.

朴忠錫, 「李朝後期における政治理念の展開(二)」 『国家学会雑誌』 第88卷 11·12号.

半藤一利(2003), 『それからの海舟』, 筑摩書房.

백남운(1937), 『朝鮮封建社會經濟史』 上 , 改造社.

_____(1933), 박광순 역(1999), 『朝鮮社會經濟史』, 범우사.

別所興一(2004, 11), 「幕末の薩摩藩主·島津斉彬の実学観と経世済民の思想」(第8回東アジア実学国際シンポジウム), 中國·湖南大學.

傅大爲(1992), 『異時空裡的知識追逐－科學史與科學哲學論文集』, 臺北: 東大出版.

山田慶児(1975), 「梁武の蓋天設」 『東方學報』 48.

山内弘一(1986), 「丁若鏞の事天の学と修己治人の学について」, 『朝鮮學報』 121.

杉浦明平·別所興一編(1990), 『江戶期の開明思想』, 社会評論社.

小島康敬(1994), 『(增補版)徂徠学と反徂徠』, ぺりかん社.

小島毅, 「二つの心－朱熹の批判、朱熹への批判」 『日本中国学会報』 56集.

小川晴久(1989), 「丁茶山の経学解釈とキリスト教」 東大中国学会, 『中国－社会と文化』 14卷.

松本三之介(1984), 『近世日本の思想像』, 研文出版.

宋載邵(2003), 「성리학과 문학과 실학과 문학의 연속과 단절」 『태동고전연구』 19집.

송찬식(1970), 「성호의 새로운 사론」 『백산학보』 제8호.

松浦玲·江藤淳他編(1994), 『勝海舟全集 全22卷』, 講談社.

松浦玲(1987), 『明治の海舟とアジア』, 岩波書店.

_____(1973), 『勝海舟と幕末明治』, 講談社.

_____(1979), 『明治維新私論 アジア型 近代の模索』, 現代評論社.

藪內淸(1963), 『中國中世科學技術史の研究』, 東京: 角川書店.

신남철(1957), 「연암 박지원의 철학 사상」『연암연구론문집』, 평양: 국립출판사.

신용하(2000), 『초기 개화사상과 갑신정변연구』, 지식산업사.

심경호(2008), 「위당 정인보와 강화학파」, 『열상고전연구』 27, 열상고전연구회.

安大玉(2002), 「明末平儀(planispheric astrolabe)在中國的傳播—以≪渾蓋通憲
    圖說≫中的平儀為例」『自然科學史研究』 第21卷, 第4期.

_____(2007), 『明末西洋科学東伝史』, 東京: 知泉書館.

_____(2009), 「마테오 리치(利瑪竇)와 補儒論」『동양사학연구』 제106집.

안영상(2004), 「퇴계학파 내 호발설의 이해에 대한 일고찰」『퇴계학보』 155집,
    퇴계학연구원.

梁啓超(1996), 『中国近三百年学术史』, 东方出版社.

_____(1998), 『清代学术概论』, 上海古籍出版社.

楊儒賓·張寶三編(2002), 『日本漢學研究初探』, 勉誠社.

王夫之(1956), 『黃书·宰制』, 古籍出版社.

王冰(1986), 「明清时期(1610~1910)物理学译著书目考」『中国科技史料』 第7卷
    第5期.

王重民 辑校(1984), 『徐光启集』, 上海古籍出版社.

源了圓(1980), 『近世初期實學思想の研究』, 創文社.

_____(1986), 『實學思想の系譜』, 講談社.

유봉학(1995), 「徐有榘의 學問과 農業政策論」『燕巖一派 北學思想 研究』, 一
    志社.

柳承國(1988), 『韓國思想與現代』, 東方學術研究院.

유탁일(1998), 「朱子書節要의 編纂 刊行과 그 後響」『국역 퇴계전서』 23, 퇴계
    학연구원.

尹絲淳(2003), 「성리학과 실학, 그 근본 사고의 同異性에 대한 고찰—이황과 정

약용을 중심으로」『태동고전연구』 19집.

이가원(1976), 「『睡餘瀾筆』 중에 介紹된 燕巖」『한국한문학연구』 1, 한국한문학회.

이광린(1987), 「개화기 지식인의 실학관」『동방학지』 54·55·56합집호, 동방학회.

李光虎, 「退溪李滉の心学的理学が茶山丁若鏞の道徳形成に及ぼした影響」, 『論文集 実心実学思想と国民文化形成』(2006年 10月 14日, 二松学舎大学で開催されたシンポジウムでの日本語版報告書).

이남영(1978), 「李星湖의 退溪學的精神」『퇴계학보』 17집, 퇴계학연구원.

_____(1982), 「星湖 李瀷의 退溪觀과 그의 實學論」『퇴계학보』 36집, 퇴계학연구원.

이문규(2000), 『고대 중국인이 바라본 하늘의 세계』, 문학과 지성사.

이봉규(2006), 「21세기 실학연구의 문법」『한국실학사상연구』 1, 혜안.

이삼성(2009), 『동아시아의 전쟁과 평화』, 한길사.

이승환(2004), 『유교담론의 지형학』, 푸른숲.

李佑成(1973), 「實學研究 序說」『實學研究入門』, 역사학회 편, 일조각.

_____(1980), 「韓國儒學史上 退溪學派의 형성과 전개」『퇴계학보』 26집, 퇴계학연구원.

_____(1987), 『韓國의 歷史像』, 창작과비평사.

_____(1995), 『實事學舍散』, 창작과비평사.

_____(1999), 「創刊辭」『한국실학연구』 창간호, 한국실학학회.

이원택(2001), 「현종조(顯宗朝)의 복수의리 논쟁과 공사(公私) 관념」『한국정치학회보』 제35집 4호, 겨울호.

이종호(1984), 「이익의 국방론」『마산대학 논문집』 제6권 제2호.

李志超(1998), 『天人古義—中國科學史論綱』, 鄭州: 大象出版社.

이창환(1934), 『朝鮮歷史』, 北星社.

李箎衡(1996), 『茶山經學研究』, 太學社.

이희근(2008), 『우리 안의 그들! 역사의 이방인들』, 너머북스.

임종태(2004), 「이방의 과학과 고전적 전통」『동양철학』 제22집.

임형택(2000), 「실학자들의 일본관과 실학」『실사구시의 한국학』, 창작과비평사.

＿＿＿(2000), 『실사구시의 한국학』, 창작과비평사.

＿＿＿(2000a), 「국학의 성립과정과 실학에 대한 인식」『실사구시의 한국학』, 창작과비평사.

＿＿＿(2000b), 「20세기 초 신·구학의 교체와 실학－근대계몽기에 대한 학술 사적 인식」『근대계몽기의 학술·문예사상』, 민족문학사연구소 편역, 소명 출판.

＿＿＿(2002), 「19세기 西學에 대한 경학의 대응－정약용과 심대윤의 경우」『실 사구시의 한국학』, 창작과비평사.

＿＿＿(2003), 「21세기 다시 읽는 실학」『대동문화연구』 제42집, 대동문화연구원.

＿＿＿(2005), 「심대윤 전집 해제」『심대윤 전집』, 성균관대학교 대동문화연구 원 刊.

임형택·오수경(1988), 「燕巖關係資料 IV部」, 『한국한문학연구』 11, 한국한문학 연구회.

장병한(1995), 『심대윤 경학에 대한 연구』, 성균관대학교 박사학위논문.

＿＿＿(2003), 「대진과 심대윤의 理欲觀 문제」『한문교육연구』 제21호, 한국한 문교육학회.

＿＿＿(2005), 「19세기 陽明學者로 규정된 沈大允의 思惟體系에 대한 一考」『 한국실학연구』 제10호, 한국실학학회.

＿＿＿(2006), 「박세당과 심대윤의 <中庸> 해석 체계 비고」『한국실학연구』 11호, 한국실학학회.

＿＿＿(2007), 「19세기 혜강 최한기와 백운 심대윤의 氣學 비고」『한문학보』 16, 우리한문학회.

장춘익(1999), 「과학과 실천 사이의 지적 상상력」『생태문제와 인문학적 상상 력』, 나남출판.

田代和生(2005), 『倭館: 鎖國時代の日本人町』; 정성일 옮김, 『왜관』, 논형.

錢寶琮(1998), 「蓋天說源流考」『李儼·錢寶琮科學史全集』 第9卷, 瀋陽: 遼寧 教育出版社.

전성운(2004), 「김태준-문학의 과학화와 사회주의 문학 사관」, 『우리어문연구』
    23, 우리어문학회.

全祖望(1982), 『鮚埼亭文集选注』, 齐鲁书社.

정구복(2003), 「『국조정토록』의 자료적 성격」 『장서각』 9집.

정만조(1982), 「英祖 14年의 安東 金尙憲書院 建立是非」 『한국학연구』 1, 동
    덕여자대학교.

정영순(2008), 「북한에서의 실학 연구-1950년대 김하명의 『연암 박지원』을 중
    심으로」 『사학연구』 90, 한국사학회.

정익순(2008), 「유토피아와 가능 세계에 대한 인문학적 상상력」 『철학탐구』
    23, 중앙대학교 중앙철학연구소.

정출헌(2008), 「국학파의 '조선학' 논리구성과 그 변모양상」 『열상고전연구』
    27, 열상고전연구회.

정호훈(2009. 10), 「한국 근·현대 실학 연구의 추이와 그 성격」 『강진다산실학
    연구원 제2회 국제학술대회 발표자료집』.

조광(2004), 「개항기 및 식민지시대 실학연구의 특성」 『한국실학연구』 7, 한국
    실학학회.

조긍섭, 『深齋集』, 『한국역대문집총서』 제1377권, 경인문화사.

조용만(1964), 『六堂 崔南善』, 三中堂.

조창록(2006), 「풍석 서유구의 「擬上經界策」에 대한 일 고찰-그의 文藝論과
    治財觀의 한 면모」 『韓國實學硏究』 11.

中島岑夫著(1991), 『幕臣福沢諭吉』, ＴＢＳブリタニカ.

中純夫(2005), 「丁若鏞의 『大學』解釋について-李朝實學者の經書解釋」 『京都府
    立大學學術報告―-人文·社會』 第54號.

진재교(1999), 「심대윤의 국풍론」, 『한문학보』 1, 우리한문학회.

_____(2003), 「실학파 문학의 허와 실에 대한 변증」 『한문학보』 9, 우리한문
    학회.

차원현(2004), 「1930년대 중·후반기 전통론에 나타난 민족 이념에 관한 연구」
    『민족문학사연구』 24, 민족문학사학회.

蔡冠洛 編(1927), 『淸代七百名人传』, 世界书局.

蔡仁厚(1982), 『新儒家的精神方向』, 台湾学生书局.

천관우(1970), 「韓國實學思想史」『한국문화사대계 6』, 고려대 민족문화연구소.

川原秀城(2008), 「梅文鼎與東亞」, 『宗敎哲學』 第45期.

冯友兰(1984), 『中国哲学史』, 中华书局.

최남선, 『육당 최남선 전집』, 역락, 2003.

최익한(1955), 「박연암의 실학사상」『실학파와 정다산』, 평양: 국립출판사.

祝平一(1998), 「跨文化知識傳播的個案硏究－明末淸初關於地圓說的爭議,
    1600~1800」『歷史語言硏究所集刊』 第69本, 第3分, 臺北: 中央硏究院.

呂坤(1962), 呂坤哲学选集』, 中华书局.

澤井啓一, 「東アジアのなかの徂徠『大学』解釈」『季刊日本思想史』 第70号.

板倉聖宣(2006), 『勝海舟と明治維新』, 仮設社.

片山善博(2009), 「自治と世間體」, 『環』 Vol.37.

하우봉(1989), 『조선후기실학자의 일본관 연구』, 일지사.

_____(2001), 「조선후기 실학파의 대외인식」『한국실학의 새로운 모색』, 한국
    사연구회 편, 경인문화사.

河宇鳳(2001), 『朝鮮実学者の見た日本』, ぺりかん社.

한명기(1999), 『임진왜란과 한중관계』, 역사비평사.

_____(2009), 『정묘·병자호란과 동아시아』, 푸른역사.

한문종(2001), 『조선전기 향화·수직 왜인 연구』, 국학자료원.

한설야(1957), 「연암 박지원의 생애와 활동」『연암연구론문집』, 평양: 국립출
    판사.

한영우(2007), 「실학 연구의 어제와 오늘」『다시, 실학이란 무엇인가?』, 푸른
    역사.

한우근(1980), 『성호 이익 연구』, 서울대학교 출판부.

현상윤(2008), 『기당 현상윤 전집』, 나남출판.

홍기문, 김영복·정해렴 편역(1997), 『洪起文 朝鮮文化論選集』, 現代實學社.

홍병선(2008), 「상상력의 철학적 근거」『철학탐구』 24, 중앙대학교 중앙철학연

구소.

黃一農(1995), 「極星與古度考」『中國科學技術史論文集』, 臺北: 聯經.

嵇文甫(1996), 『晚明思想史論』, 東方出版社.

杨东莼(1996), 『中国学术史讲话』, 东方出版社.

権純哲(1994), 「茶山の王朝体制改革構想と経学」『山口大学哲学研究』 13巻.

マッテオ·リッチ(1983), 『中国キリスト教布教史』二, 東京: 岩波書店.

M. W. スティール(1998), 『もう一つの近代』, ぺりかん社.

찾아보기

필자소개(집필순)

김대중 | 서울대학교 규장각 조교

안병걸 | 안동대학교 동양철학과 교수

송혁기 | 고려대학교 한문학과 조교수

姜日天 | 中國人民大學校 哲學院

코지마야스노리(小島康敬) | 日本 國際基督敎大學

김문식 | 단국대학교 사학과 교수

장병한 | 靈山大學校 학부대학 교수

王 杰 | 中國中共中央黨校 哲學部

안대옥 | 고려대학교 민족문화연구원 HK연구교수

오하시 켄지(大橋健二) | 名古屋商科大學

벳쇼 코이치(別所興一) | 日本 愛知大學

동아시아 실학, 그 의미와 발전 II　　　　값 33,000원

초판 인쇄	2012년 11월 20일
초판 발행	2012년 11월 28일
엮 은 이	경기문화재단 실학박물관
	472-871 경기도 남양주시 조안면 다산로 747길 16
펴 낸 이	한정희
펴 낸 곳	경인문화사
편 　 집	신학태 김지선 맹수지 문영주 송인선 안상준 조연경
주 　 소	서울특별시 마포구 마포동 324-3
전 　 화	02)718 - 4831~2
팩 　 스	02)703 - 9711
홈페이지	http://www.kyungin.co.kr ㅣ 한국학서적.kr
E-mail	kyunginp@chol.com
등록번호	제10-18호(1973. 11. 8)

ISBN : 978-89-499-0902-8 (93910)
ⓒ 2012, Kyung-in Publishing Co, Printed in Korea

※ 파본 및 훼손된 책은 교환해 드립니다.